H. P. LOVECRAFTs CTHULHUS RUF

Adaptiert und gezeichnet von GOU TANABE

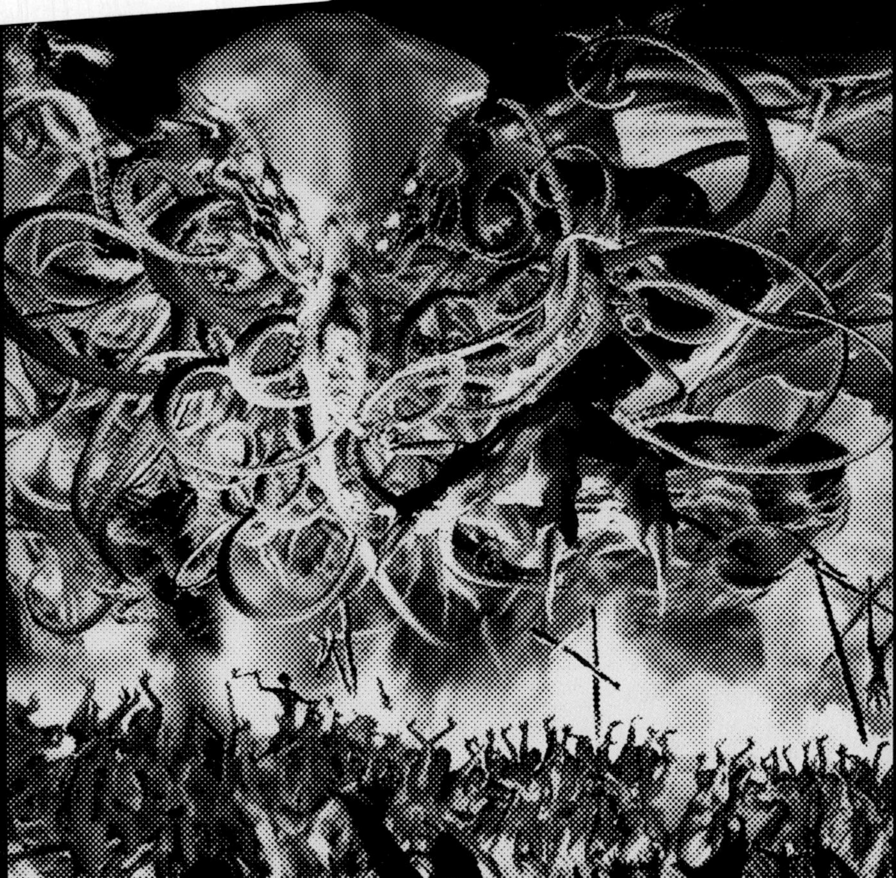

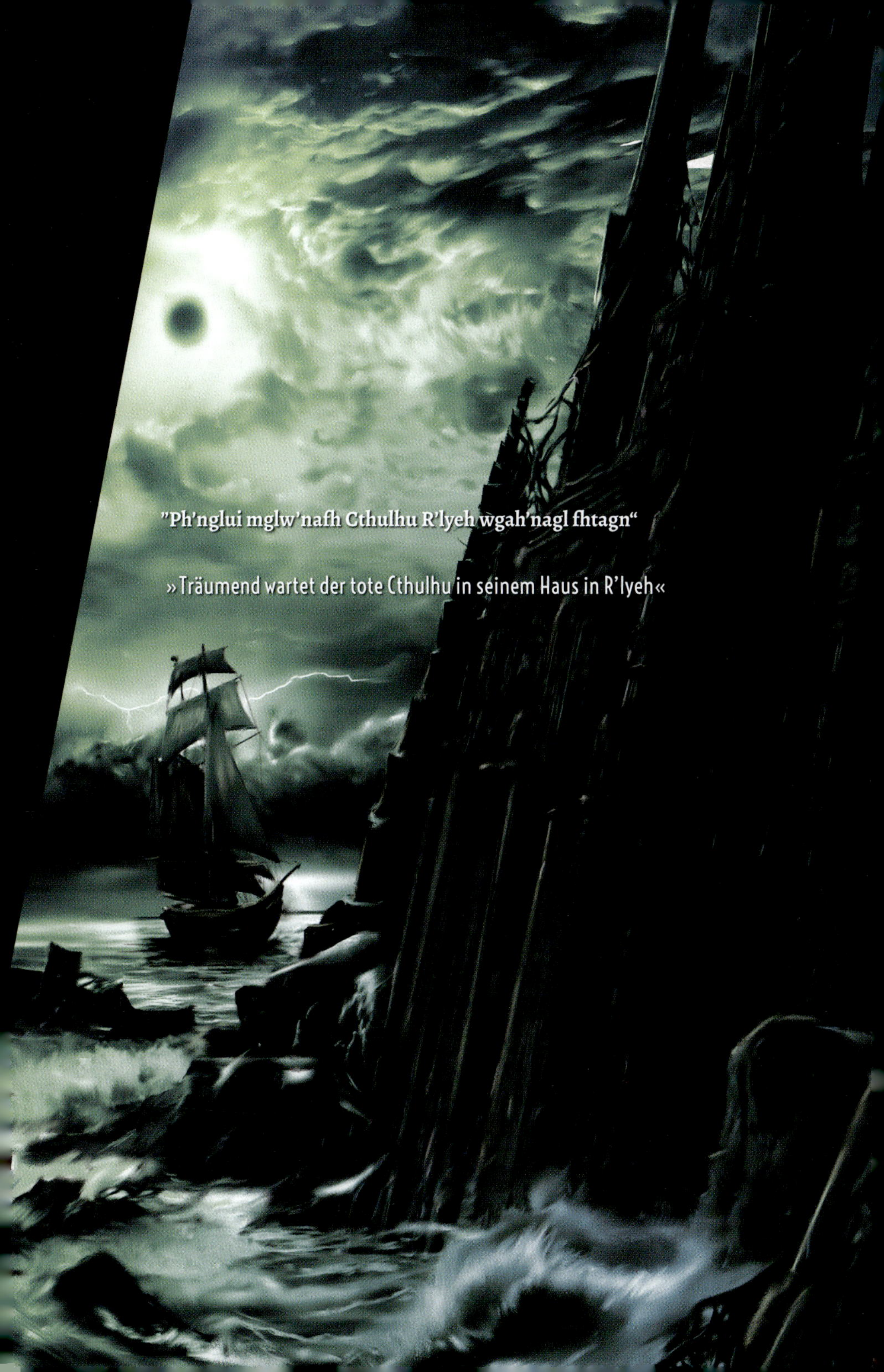

"Ph'nglui mglw'nafh Cthulhu R'lyeh wgah'nagl fhtagn"

»Träumend wartet der tote Cthulhu in seinem Haus in R'lyeh«

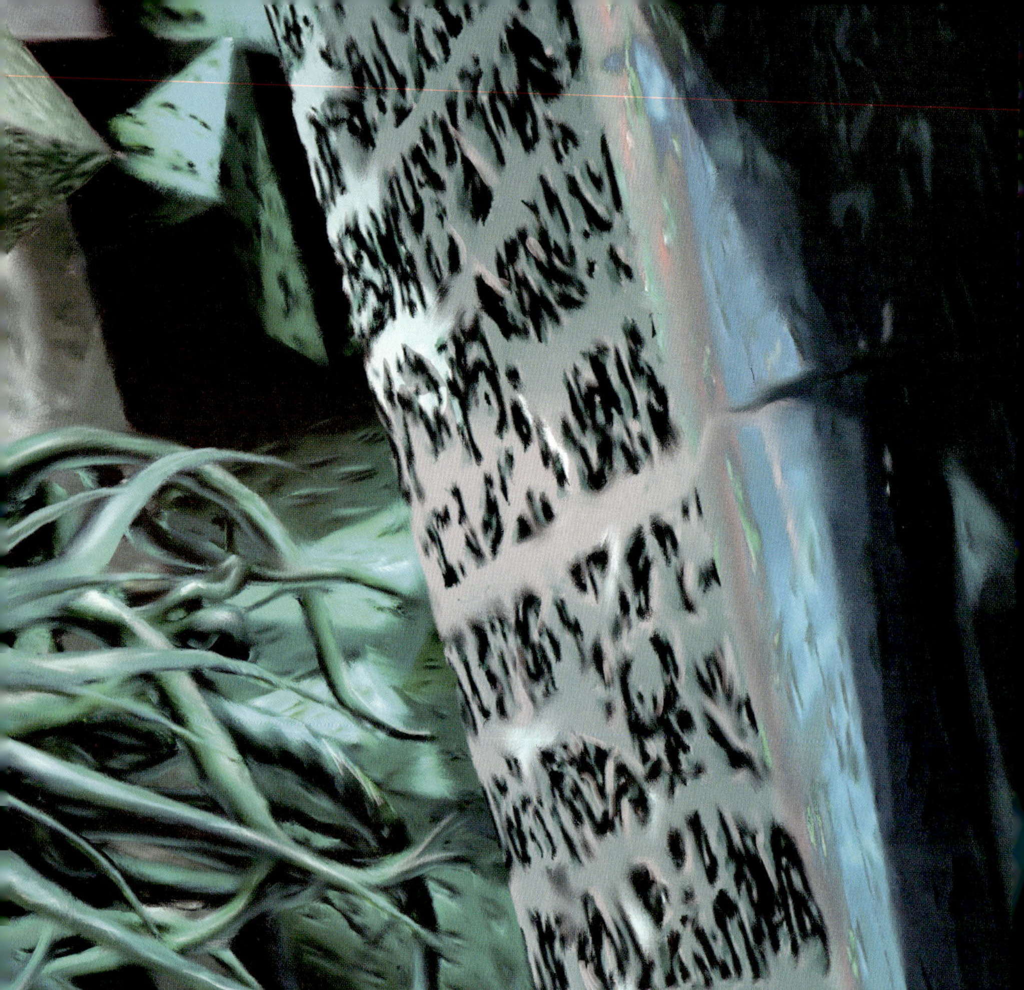

(Found Among the Papers of the Late Francis Wayland Thurston, of Boston)

Of such great powers or beings there may be conceivably a survival...

a survival of a hugely remote period when..

consciousness was manifested,

perhaps, in shapes in forms long since withdrawn before the tide of advancing humanity...

forms of which poetry and legend alone have caught a flying memory and called them gods, monsters, mythical beings of all sorts and kinds...

ALGERNON BLACKWOOD

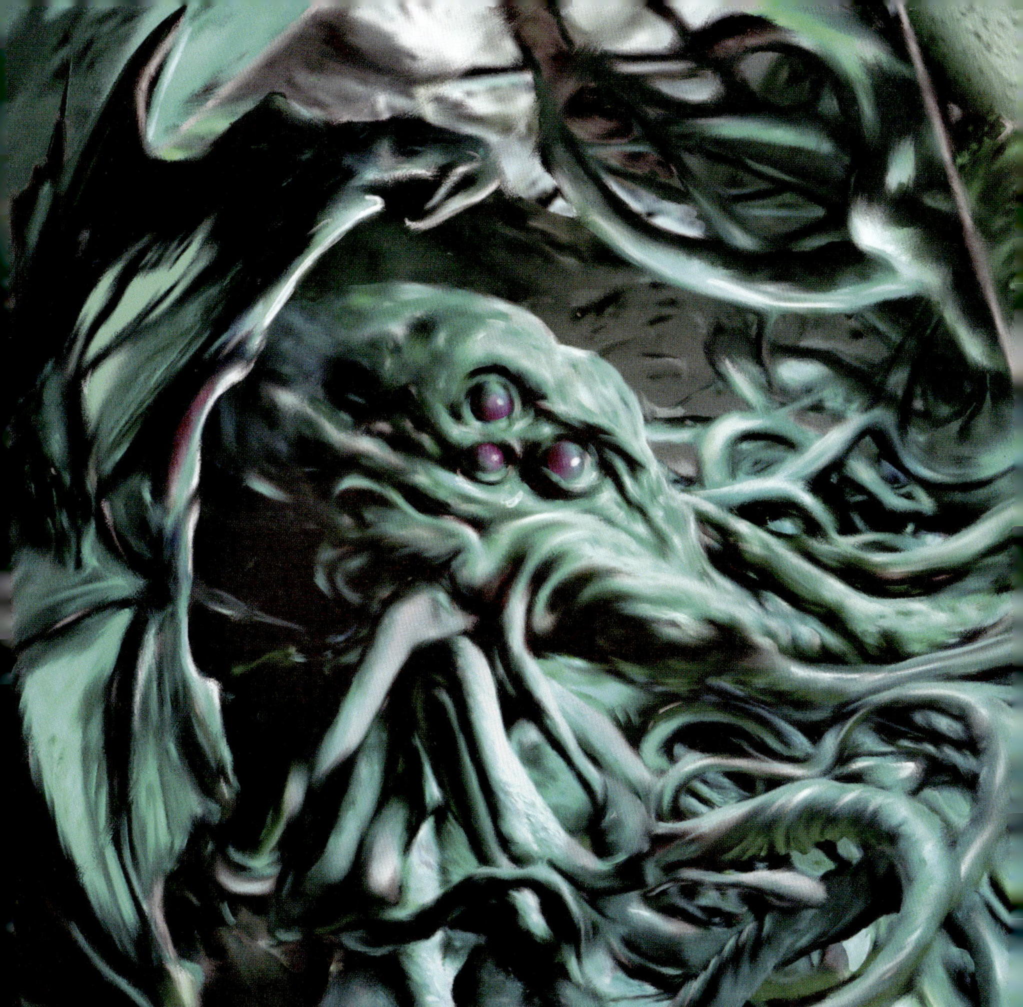

(Notiz, gefunden unter den hinterlassenen Schriften des verstorbenen Francis Wayland Thurston aus Boston)

Irgendwo auf der Erde mögen sie sich noch verbergen, Kreaturen von unvorstellbarer Form und Kraft…

Überlebende aus einer fernen Zeit vor uns…

Denkbar, dass sie sich der alten Welt offenbarten und im Zuge der menschlichen Entwicklung zurückzogen…

Gestalt nehmen sie nur noch als verblassende Erinnerung an, in Dichtung und Legende, wo sie als Götter, Ungeheuer oder alle möglichen mythischen Erscheinungen gelten…

ALGERNON BLACKWOOD

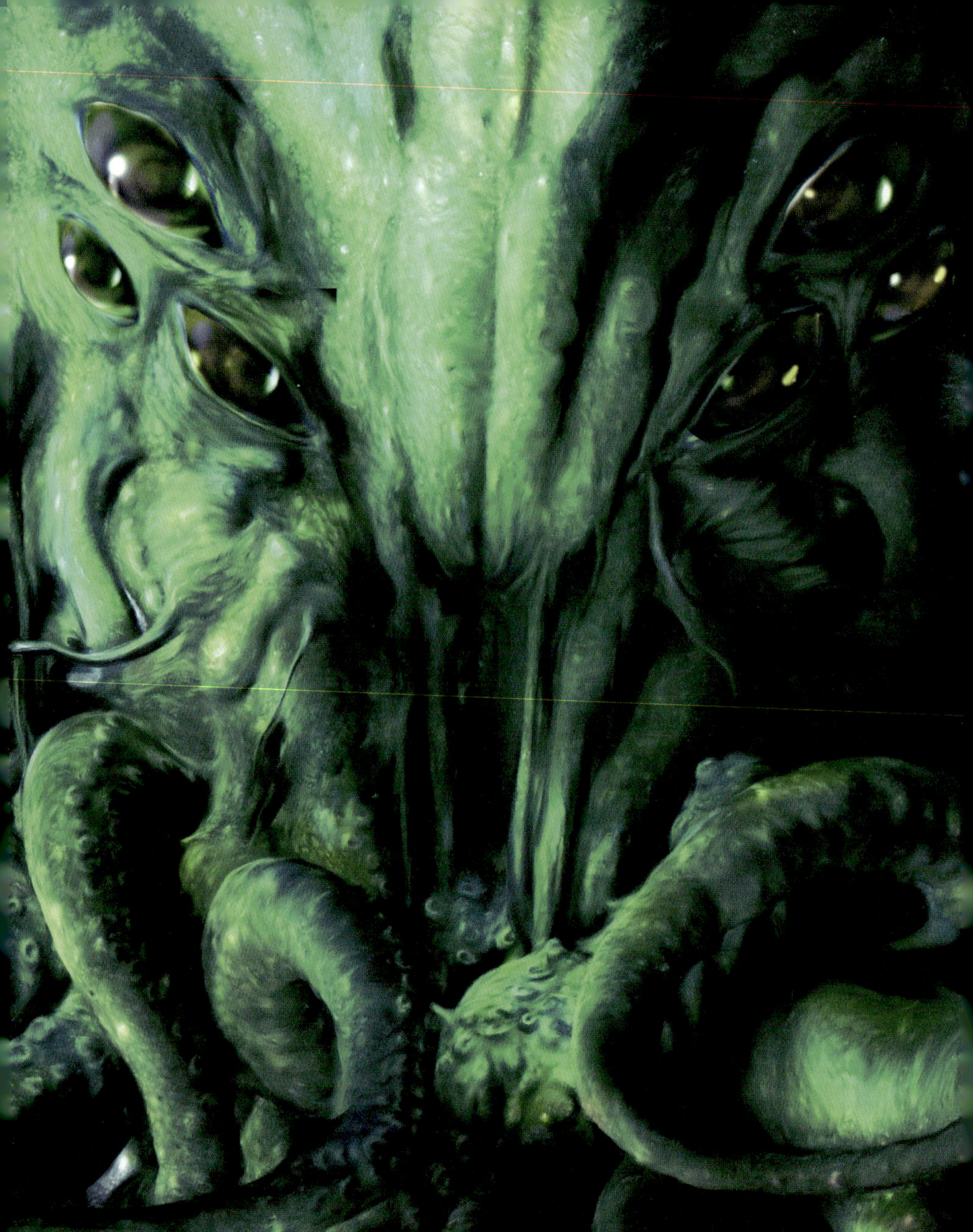

CTHULHUS RUF – ist 1928 im Pulp-Magazin »Weird Tales« erschienen und eine der bedeutendsten Erzählungen von H. P. Lovecraft. Nach ihr wurde der »Cthulhu-Mythos« benannt, eine Sammlung fiktiver Mythen, die neben mehreren Lovecraft-Werken auch die anderer Autoren umfasst – so etwa von Robert E. Howard, dem Schöpfer von »Conan der Cimmerier«.

CTHULHUS RUF

Meisterwerke von
H. P. Lovecraft

GOU TANABE

Nach einer Geschichte von
Howard Phillips Lovecraft

INHALT

1 DAS TÖNERNE GRAUEN

The Horror in the Clay

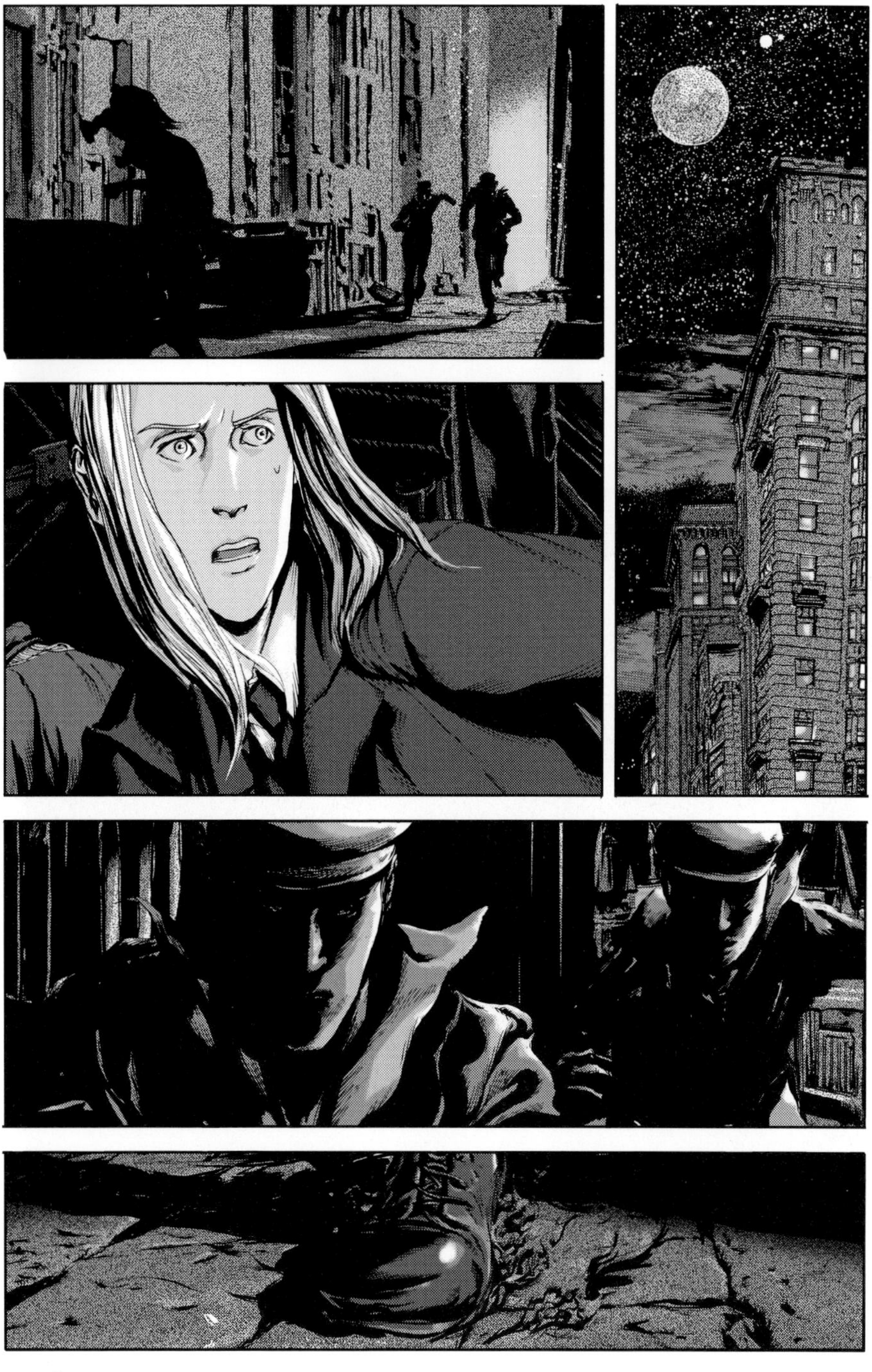

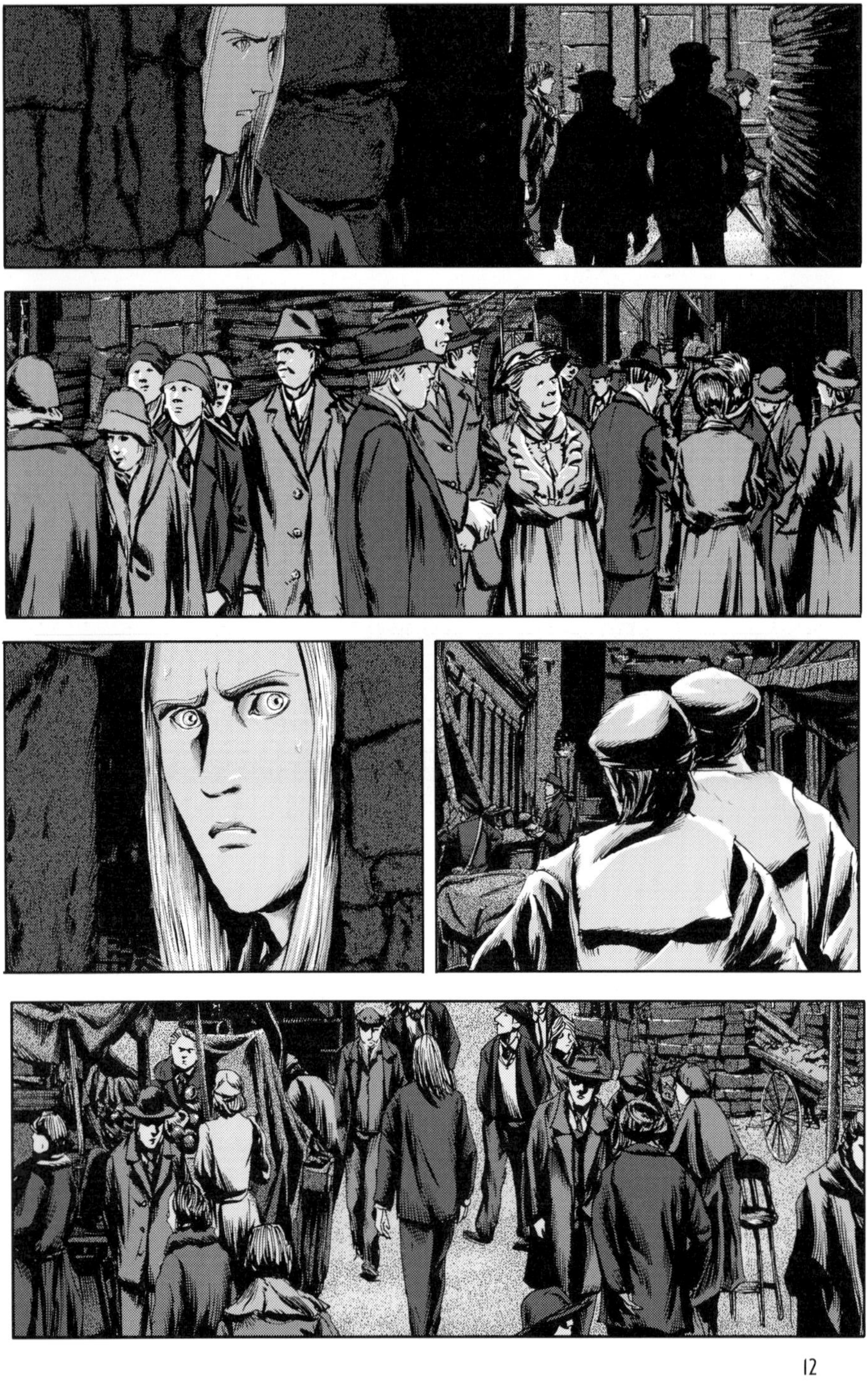

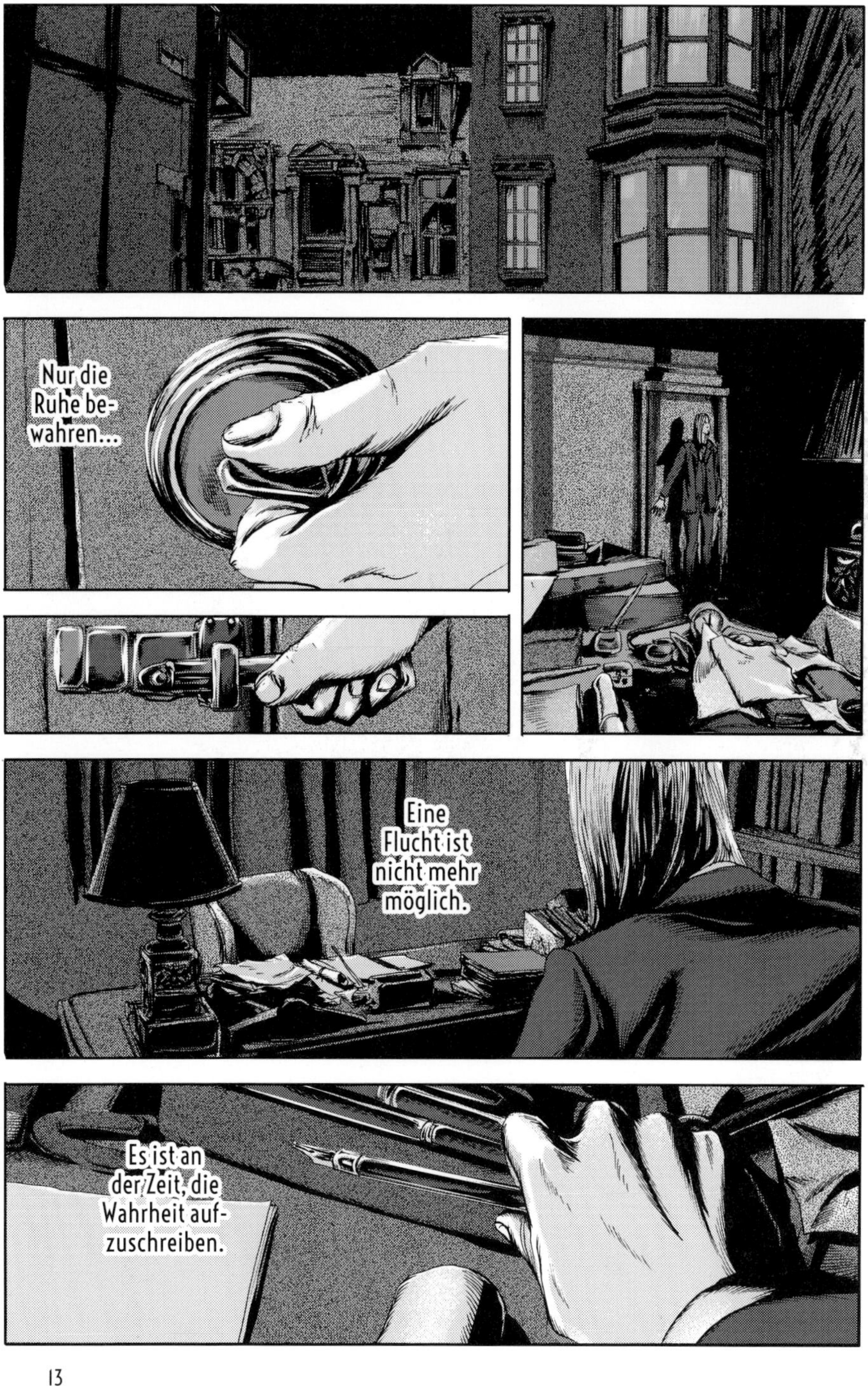
Nur die Ruhe be- wahren…
Eine Flucht ist nicht mehr möglich.
Es ist an der Zeit, die Wahrheit auf- zuschreiben.

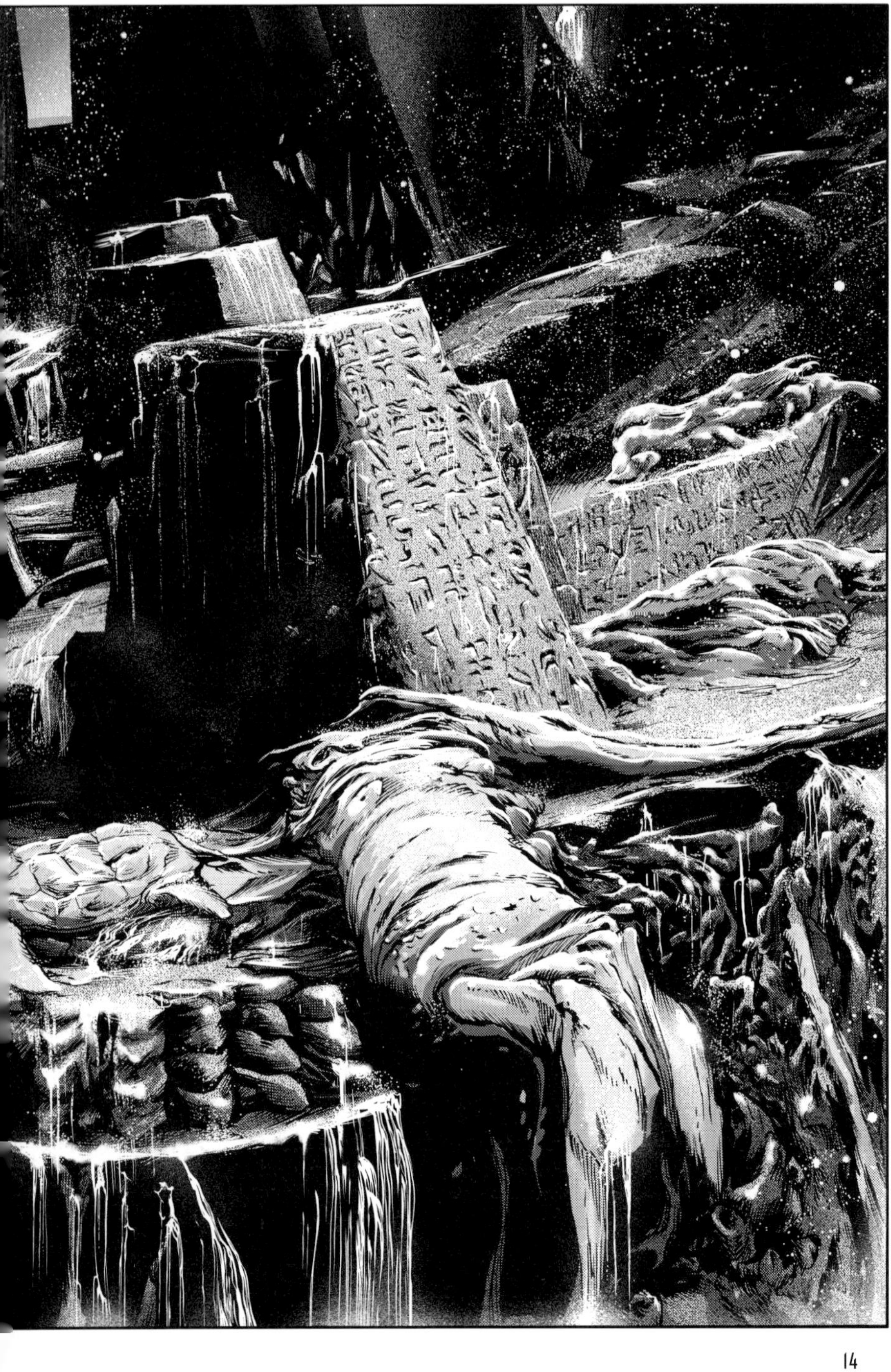

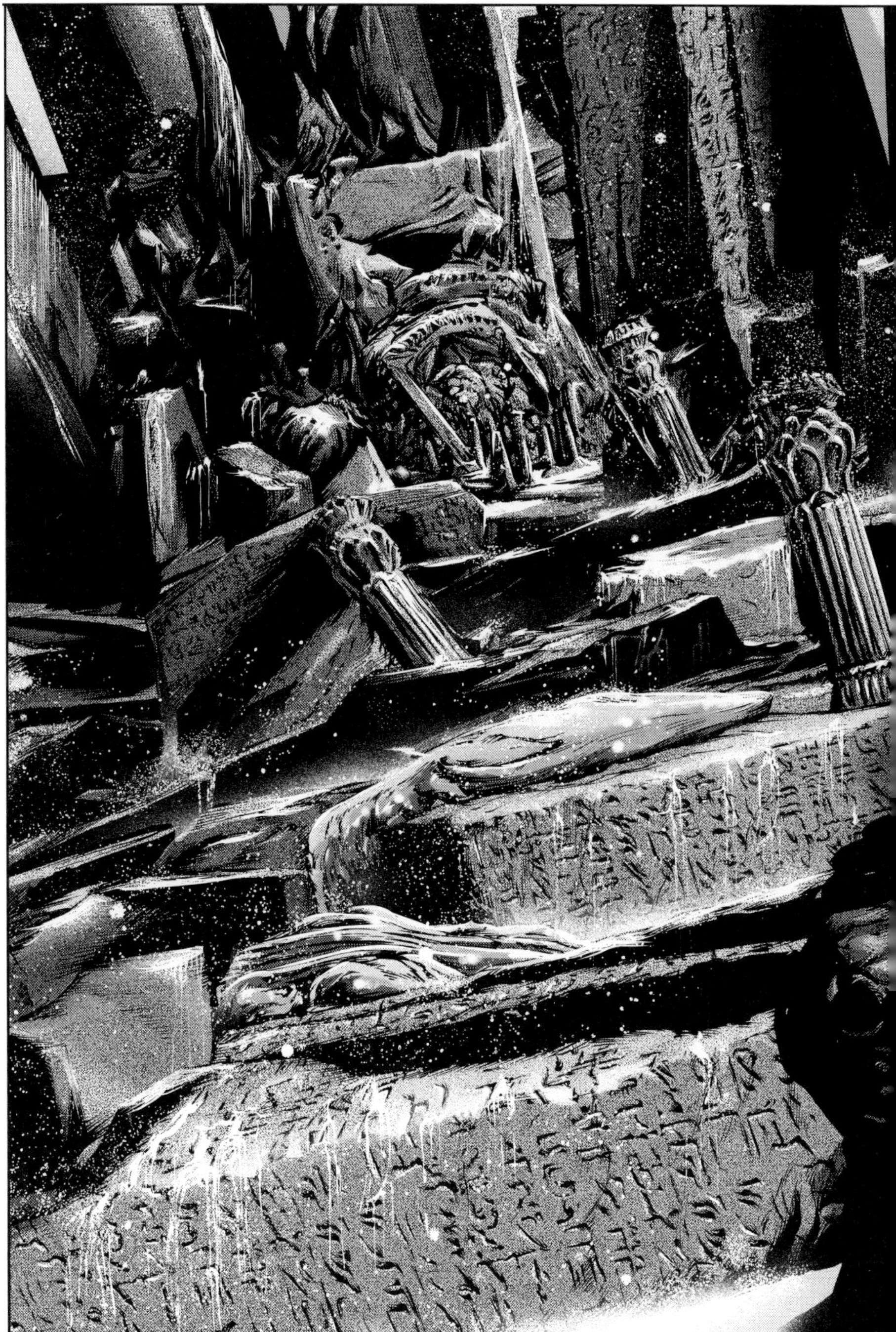

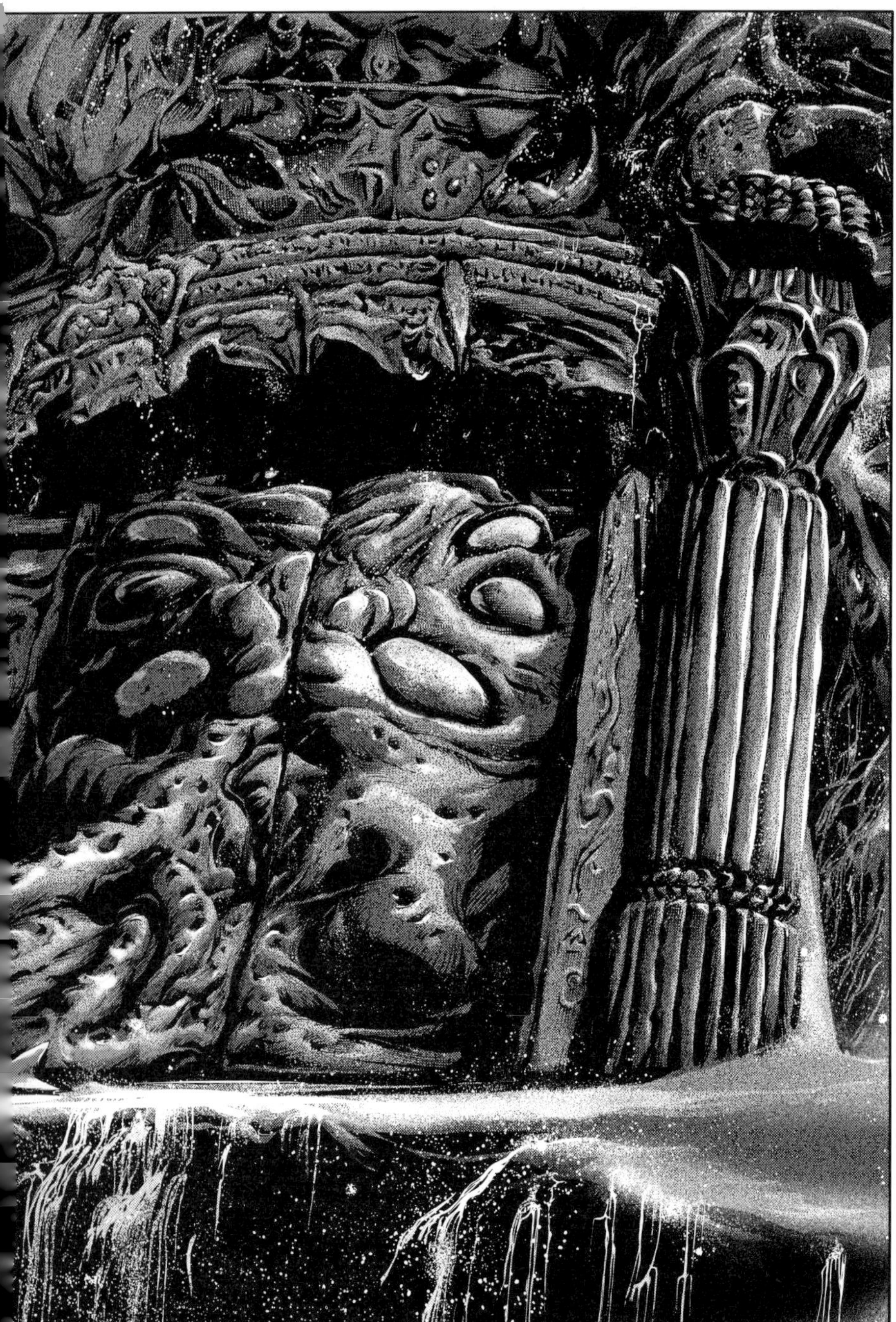

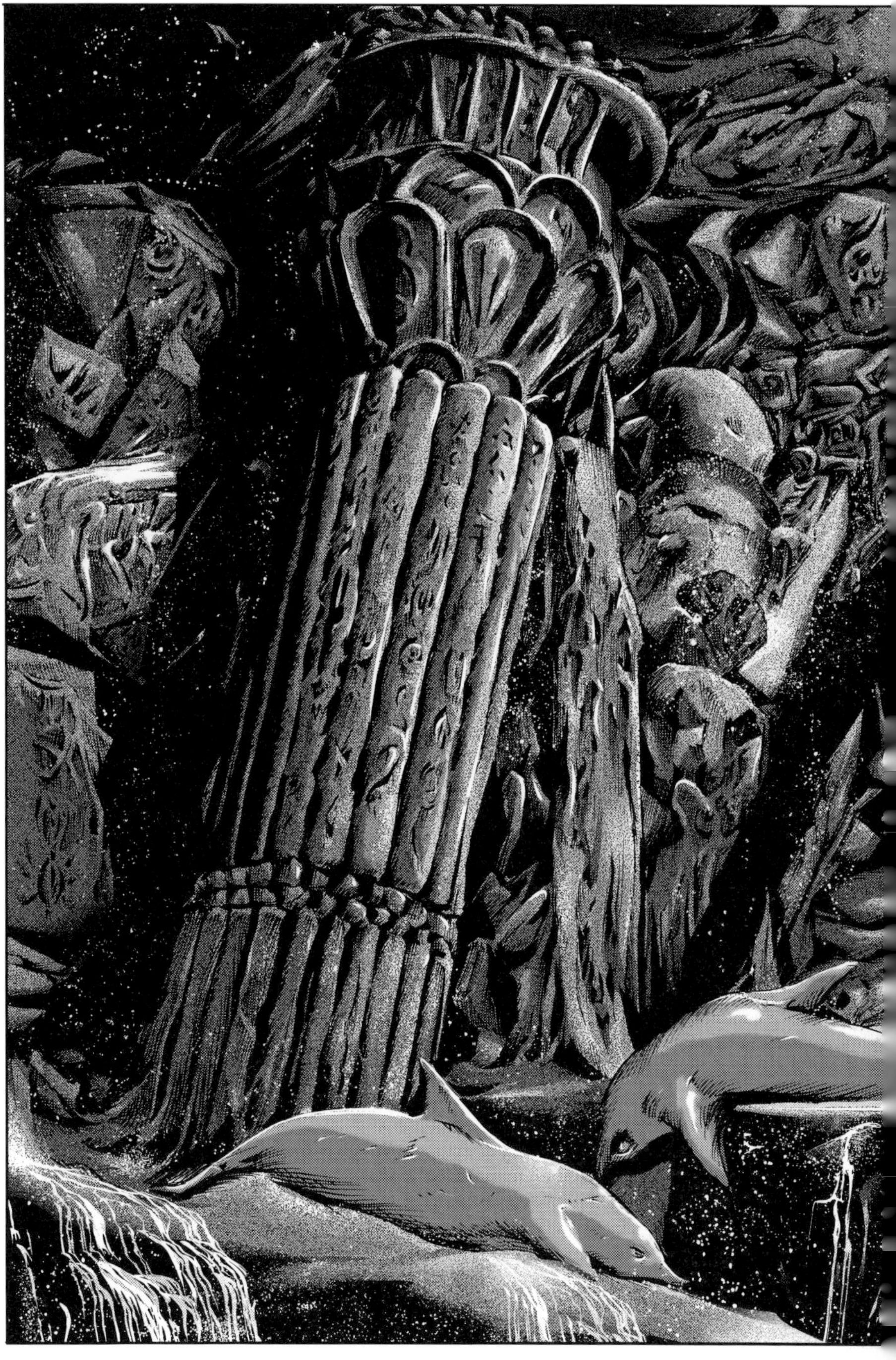

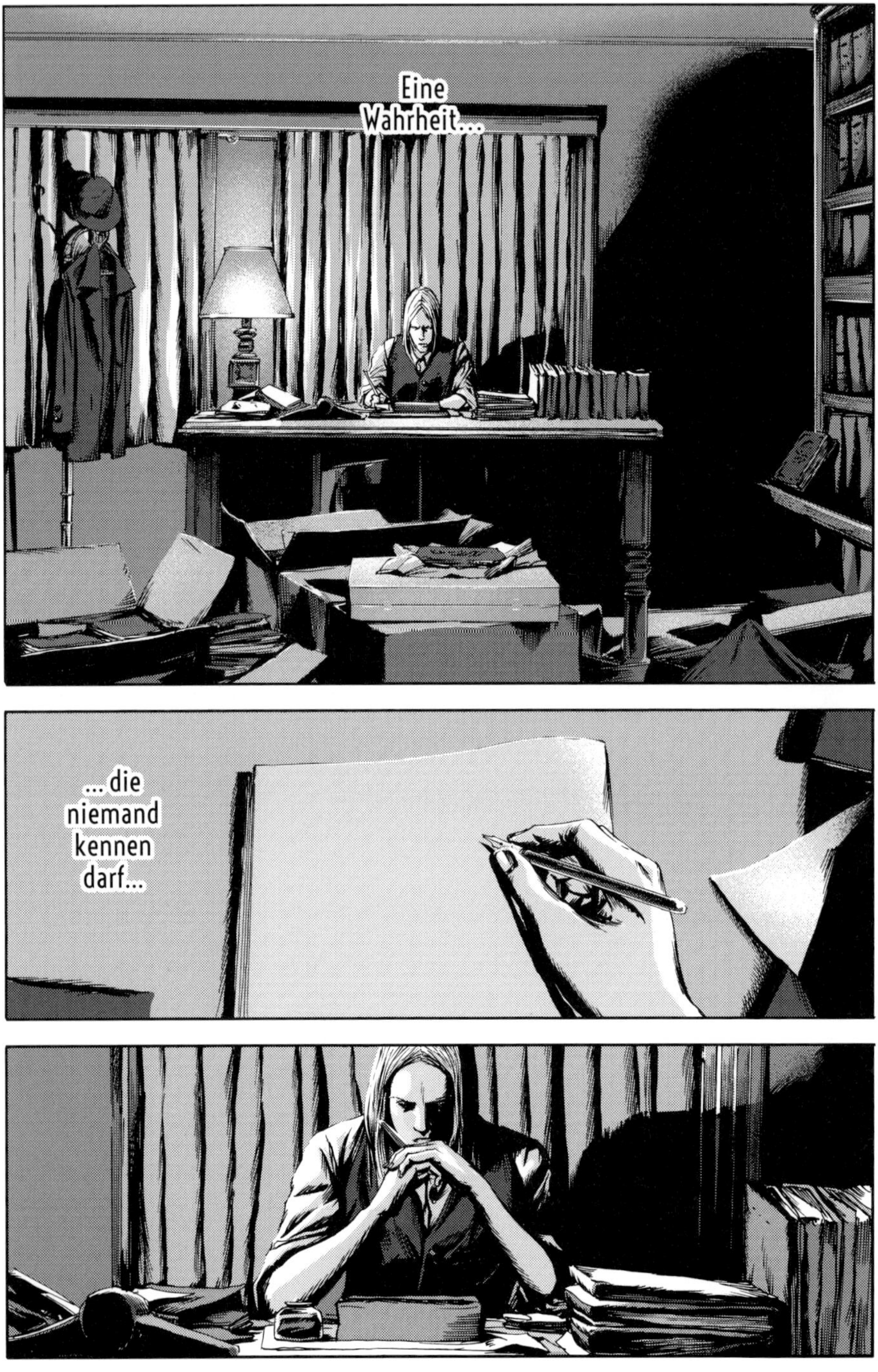
Eine Wahrheit...
... die niemand kennen darf...

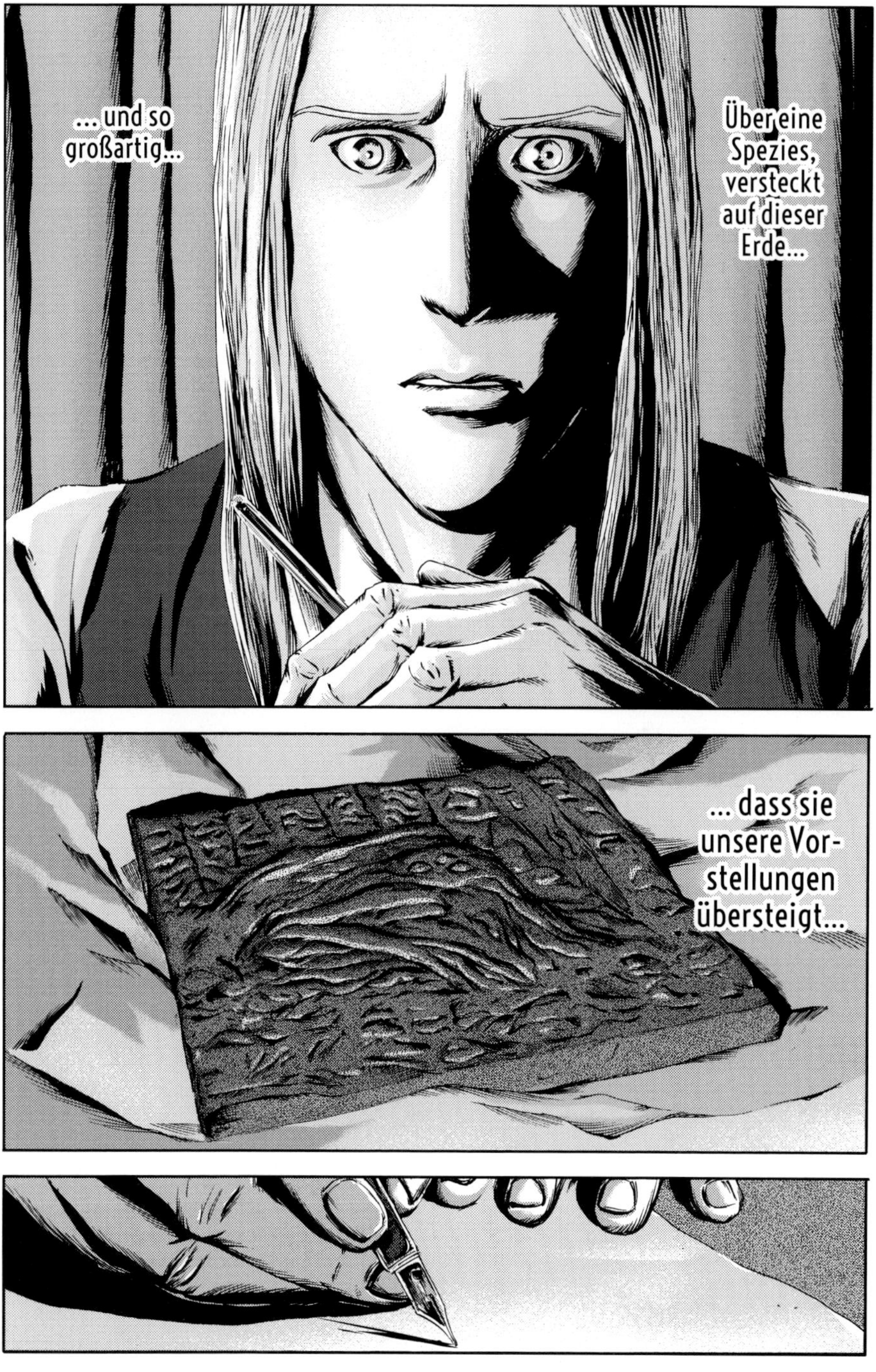
Über eine Spezies, versteckt auf dieser Erde...
... und so großartig...
... dass sie unsere Vorstellungen übersteigt...

of Cthulhu

The Call

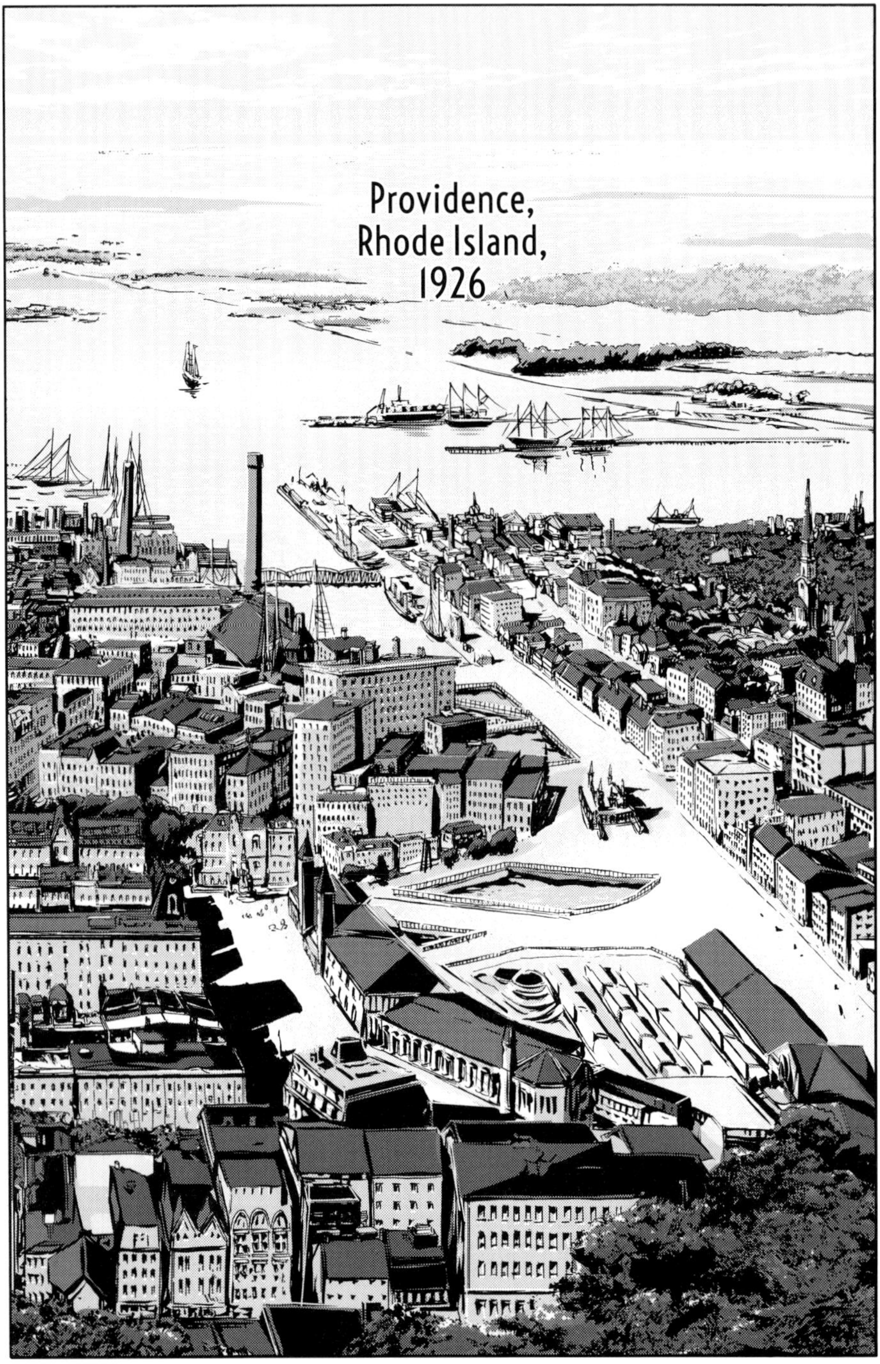
Providence,
Rhode Island,
1926

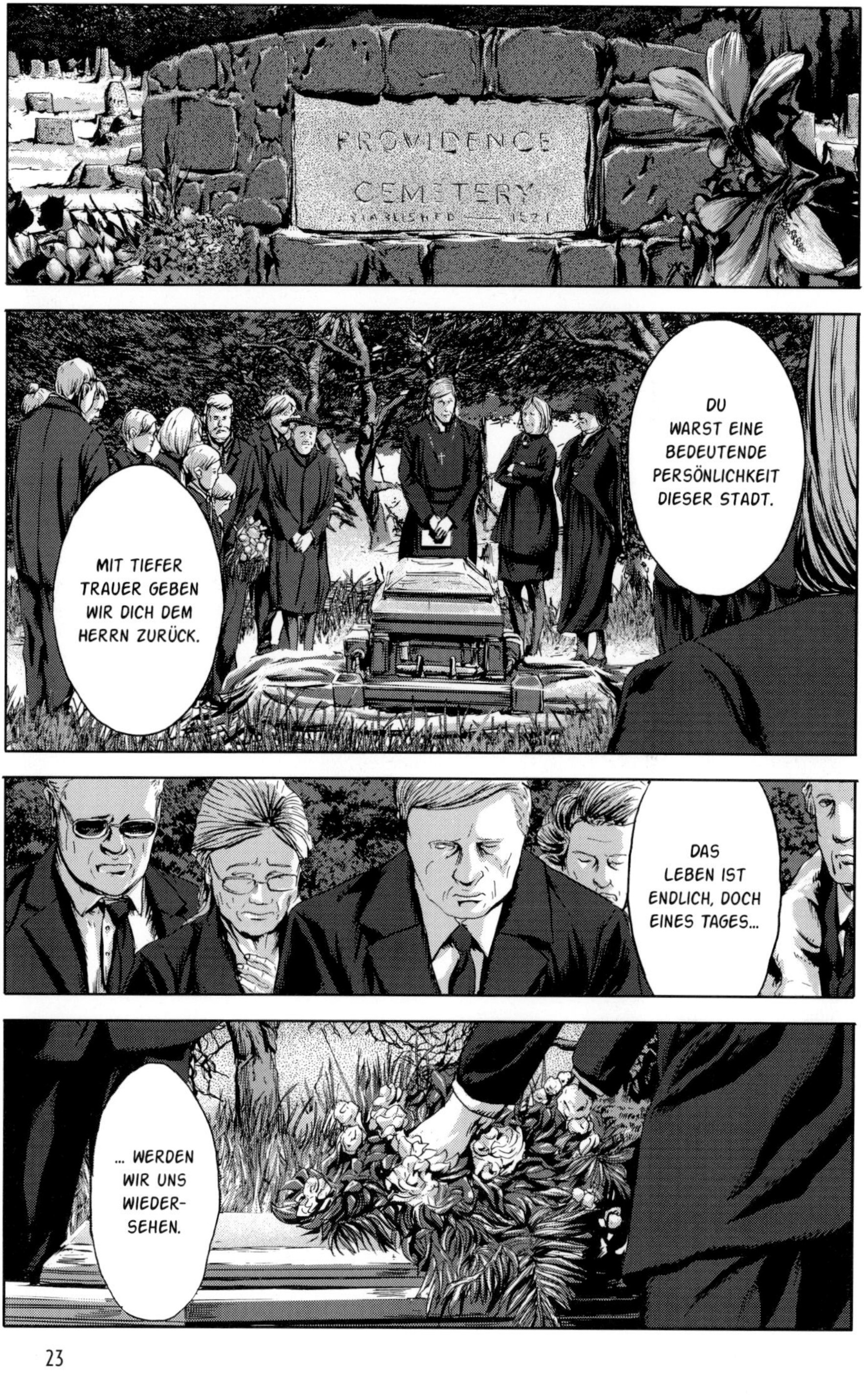
PROVIDENCE
CEMETERY
DU WARST EINE BEDEUTENDE PERSÖNLICHKEIT DIESER STADT.
MIT TIEFER TRAUER GEBEN WIR DICH DEM HERRN ZURÜCK.
DAS LEBEN IST ENDLICH, DOCH EINES TAGES...
... WERDEN WIR UNS WIEDER-SEHEN.

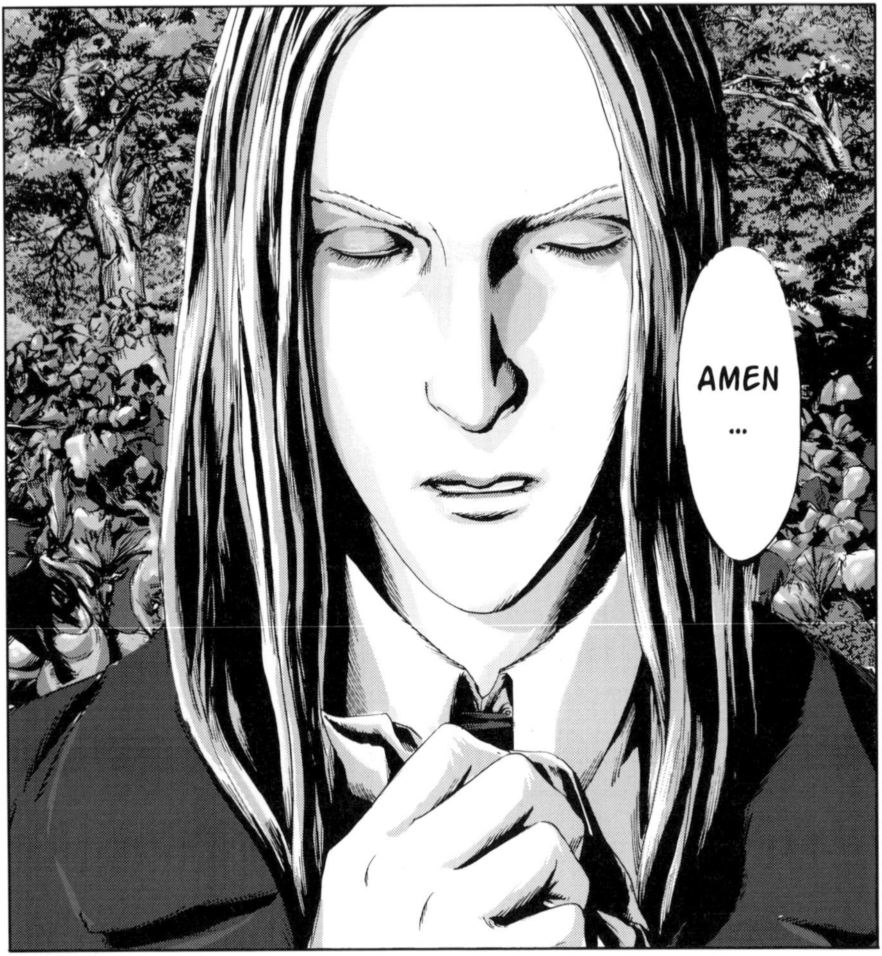
AMEN
...

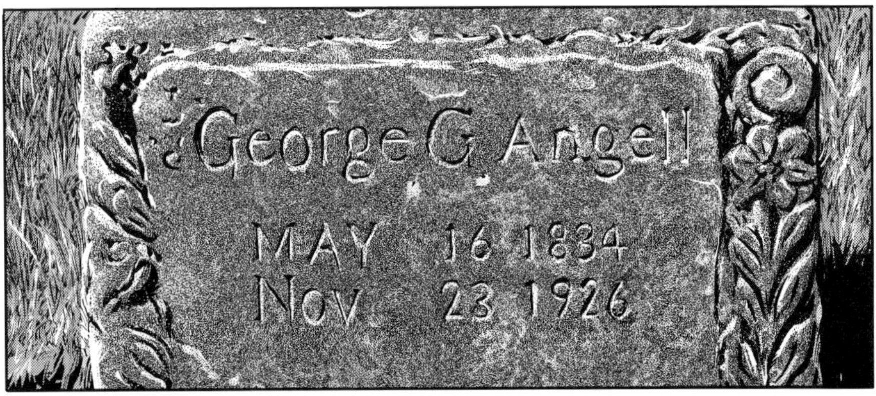
George G. Angell
MAY 16 1834
Nov 23 1926

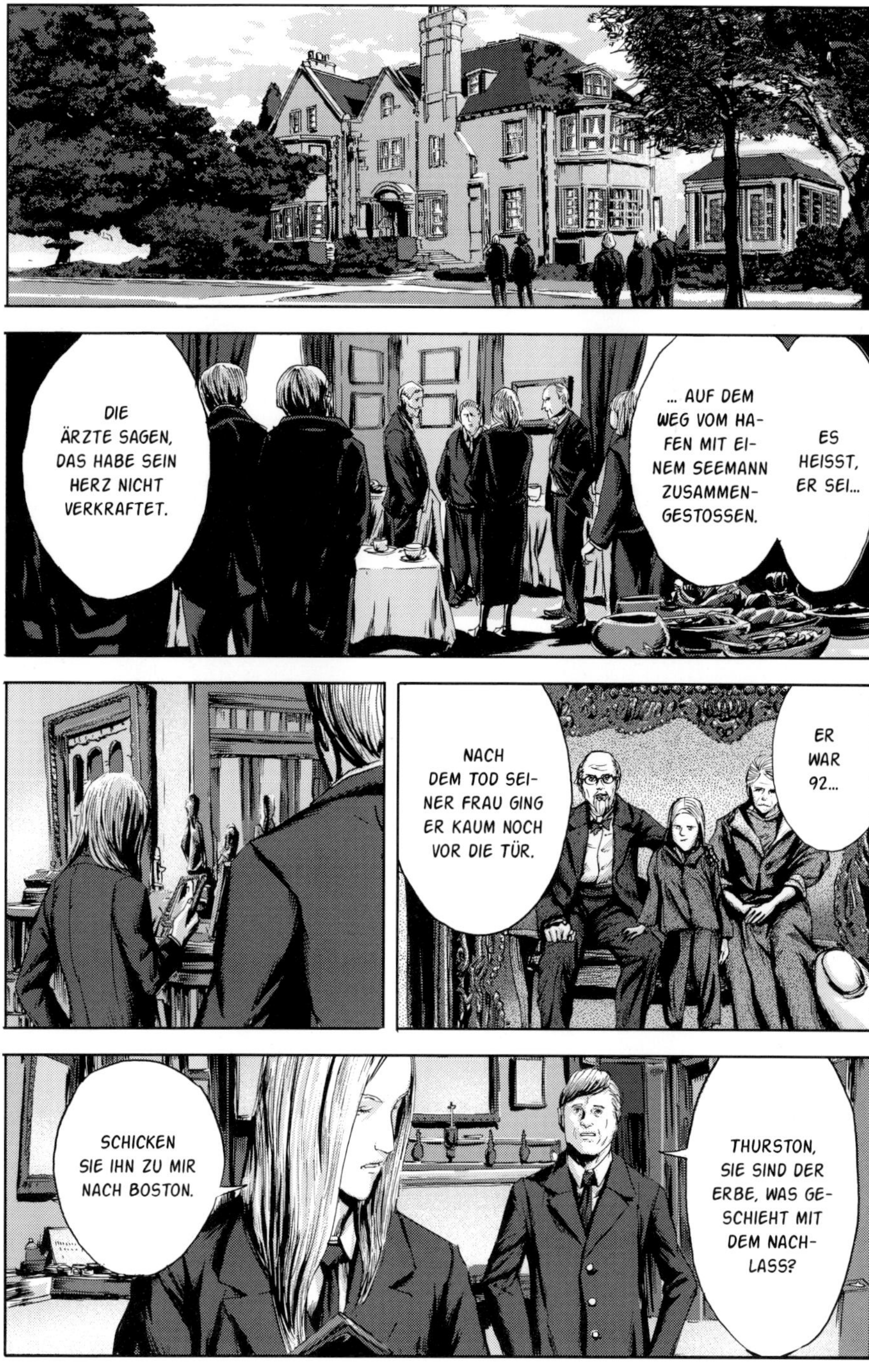
DIE ÄRZTE SAGEN, DAS HABE SEIN HERZ NICHT VERKRAFTET.
ES HEISST, ER SEI...
... AUF DEM WEG VOM HAFEN MIT EINEM SEEMANN ZUSAMMENGESTOSSEN.
ER WAR 92...
NACH DEM TOD SEINER FRAU GING ER KAUM NOCH VOR DIE TÜR.
THURSTON, SIE SIND DER ERBE, WAS GESCHIEHT MIT DEM NACHLASS?
SCHICKEN SIE IHN ZU MIR NACH BOSTON.

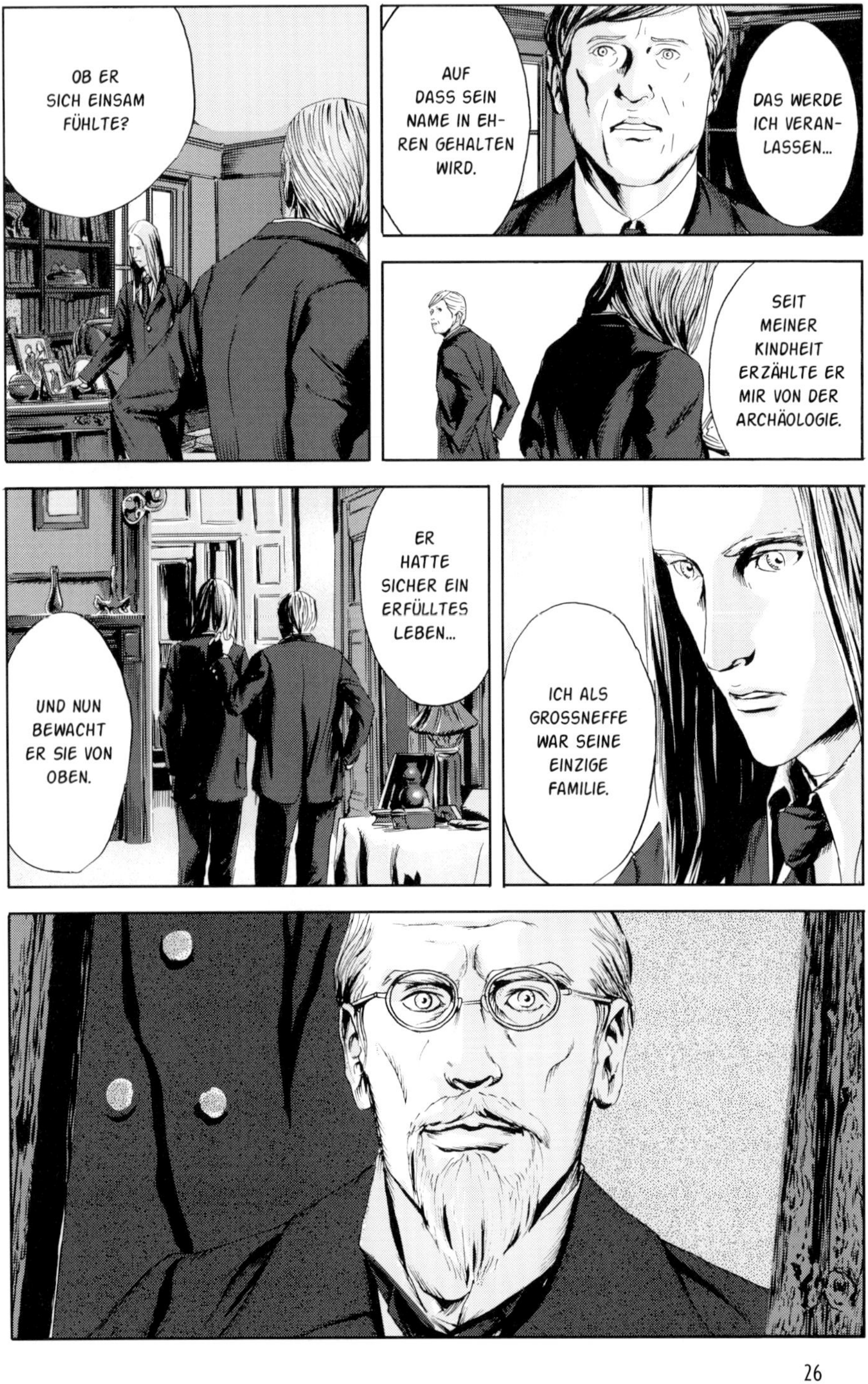
DAS WERDE ICH VERANLASSEN...
AUF DASS SEIN NAME IN EHREN GEHALTEN WIRD.
SEIT MEINER KINDHEIT ERZÄHLTE ER MIR VON DER ARCHÄOLOGIE.
OB ER SICH EINSAM FÜHLTE?
ICH ALS GROSSNEFFE WAR SEINE EINZIGE FAMILIE.
ER HATTE SICHER EIN ERFÜLLTES LEBEN...
UND NUN BEWACHT ER SIE VON OBEN.

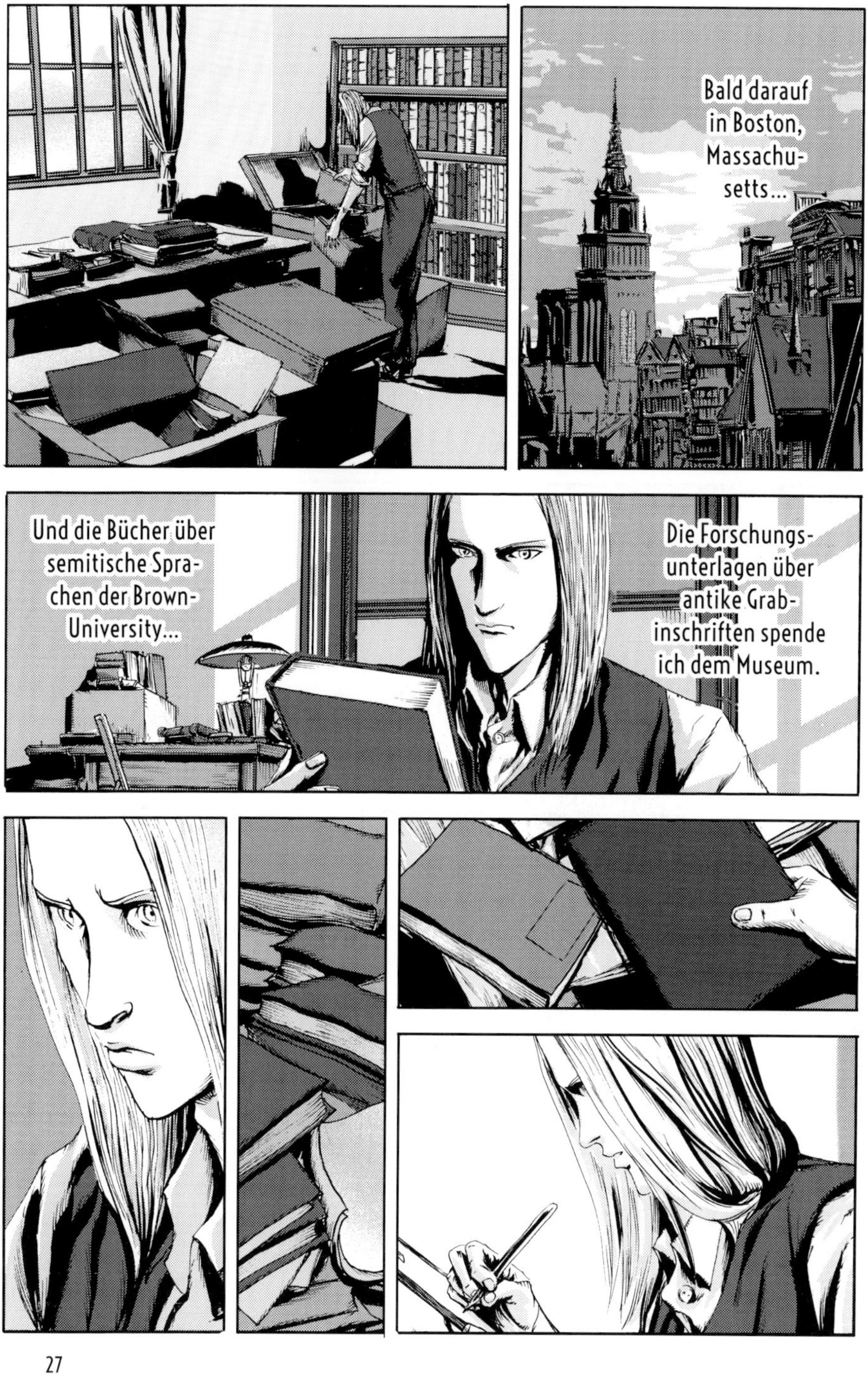
Bald darauf in Boston, Massachu-setts...
Die Forschungs-unterlagen über antike Grab-inschriften spende ich dem Museum.
Und die Bücher über semitische Spra-chen der Brown-University...

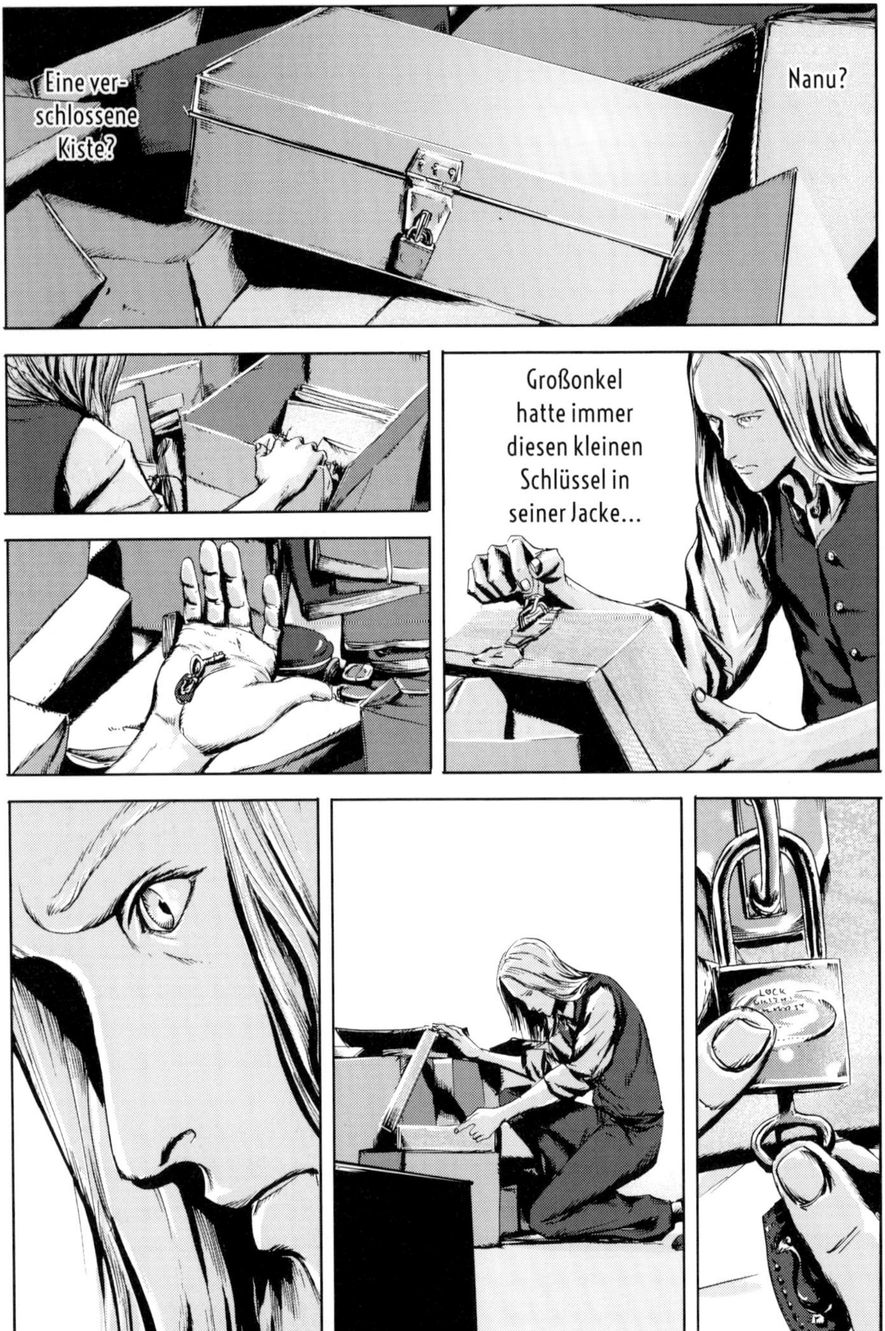
Eine ver-schlossene Kiste?
Nanu?
Großonkel hatte immer diesen kleinen Schlüssel in seiner Jacke…

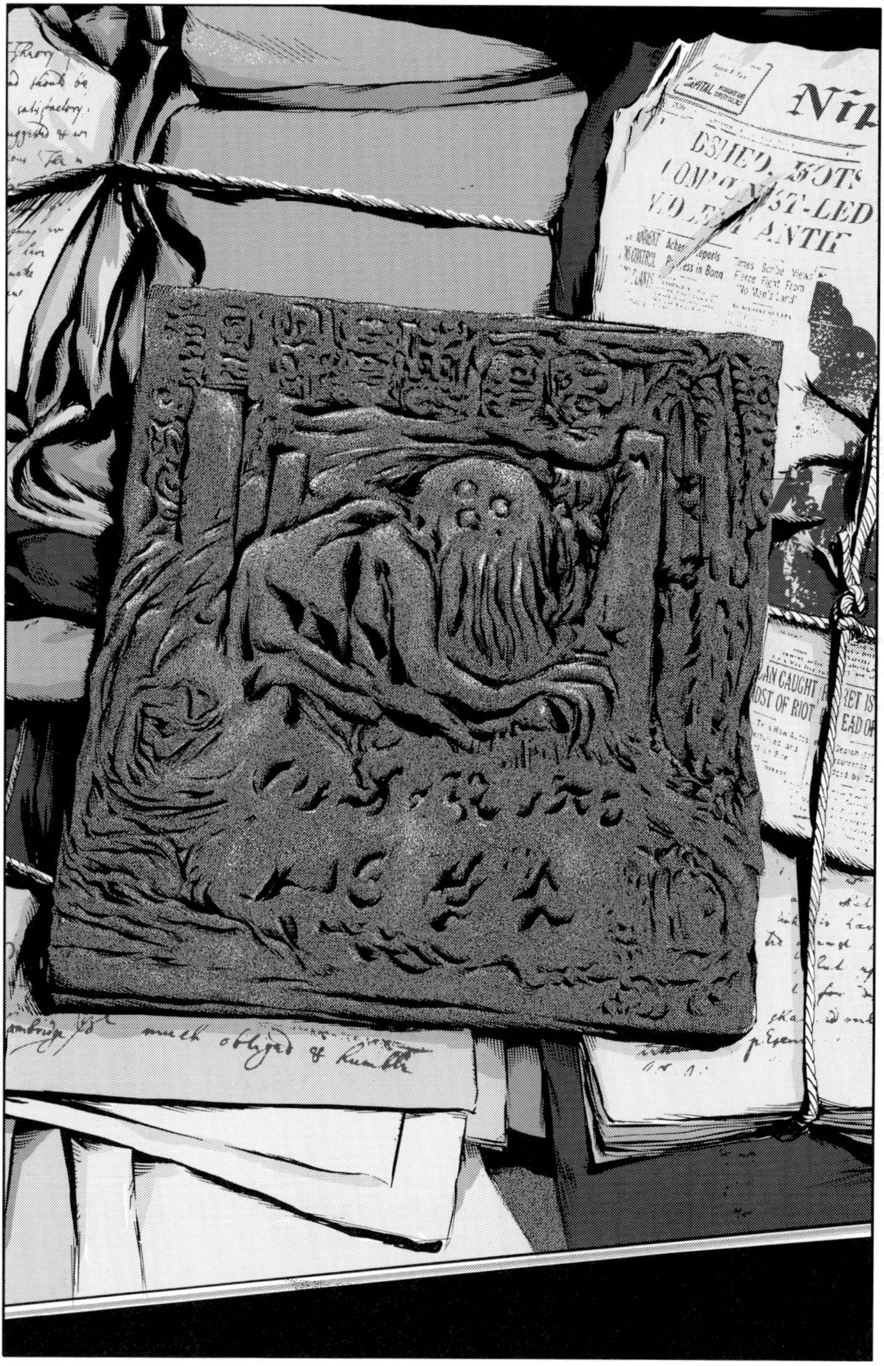

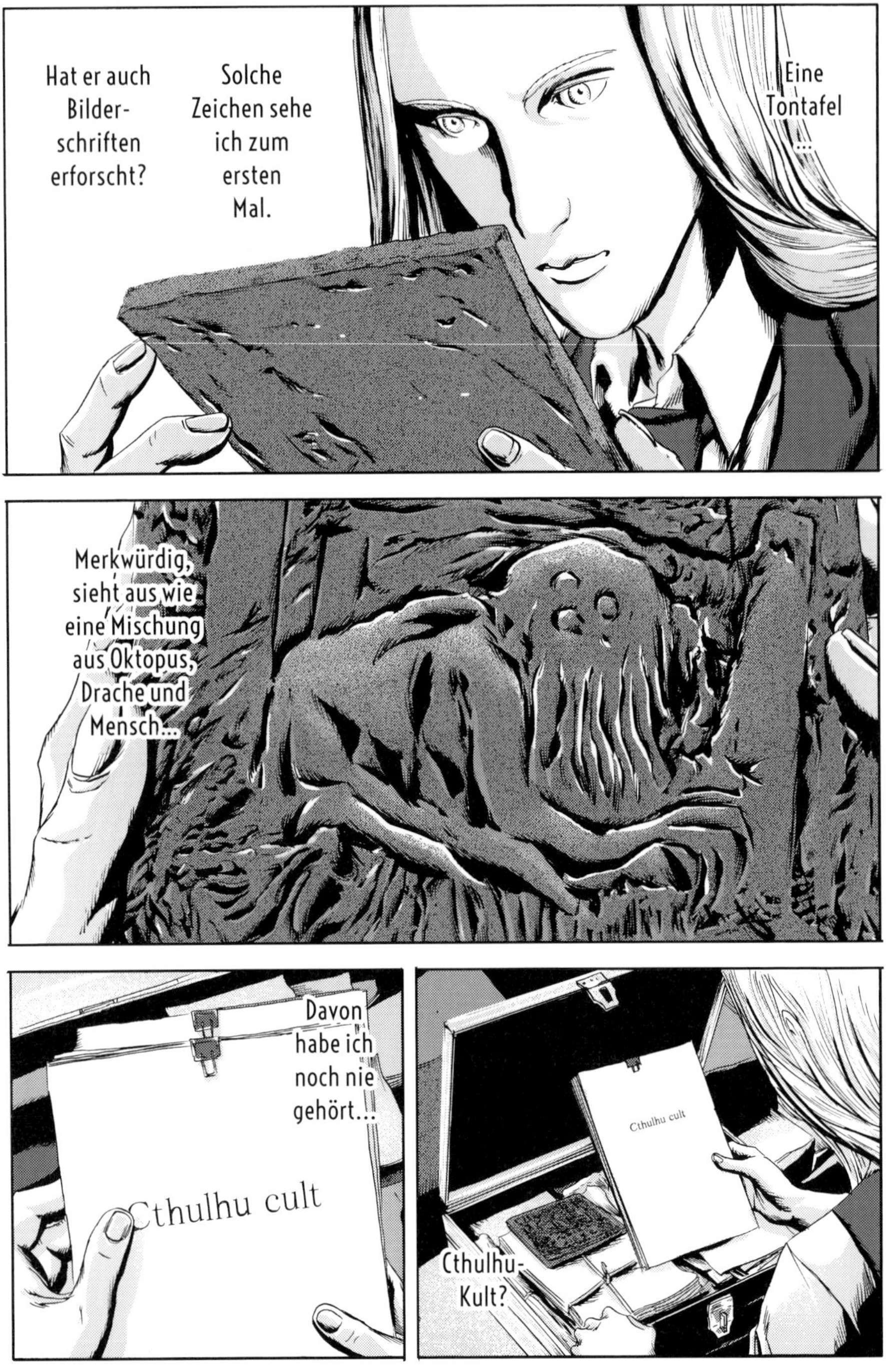
Hat er auch Bilder-schriften erforscht?
Solche Zeichen sehe ich zum ersten Mal.
Eine Tontafel ...
Merkwürdig, sieht aus wie eine Mischung aus Oktopus, Drache und Mensch...
Davon habe ich noch nie gehört...
Cthulhu cult
Cthulhu cult
Cthulhu-Kult?

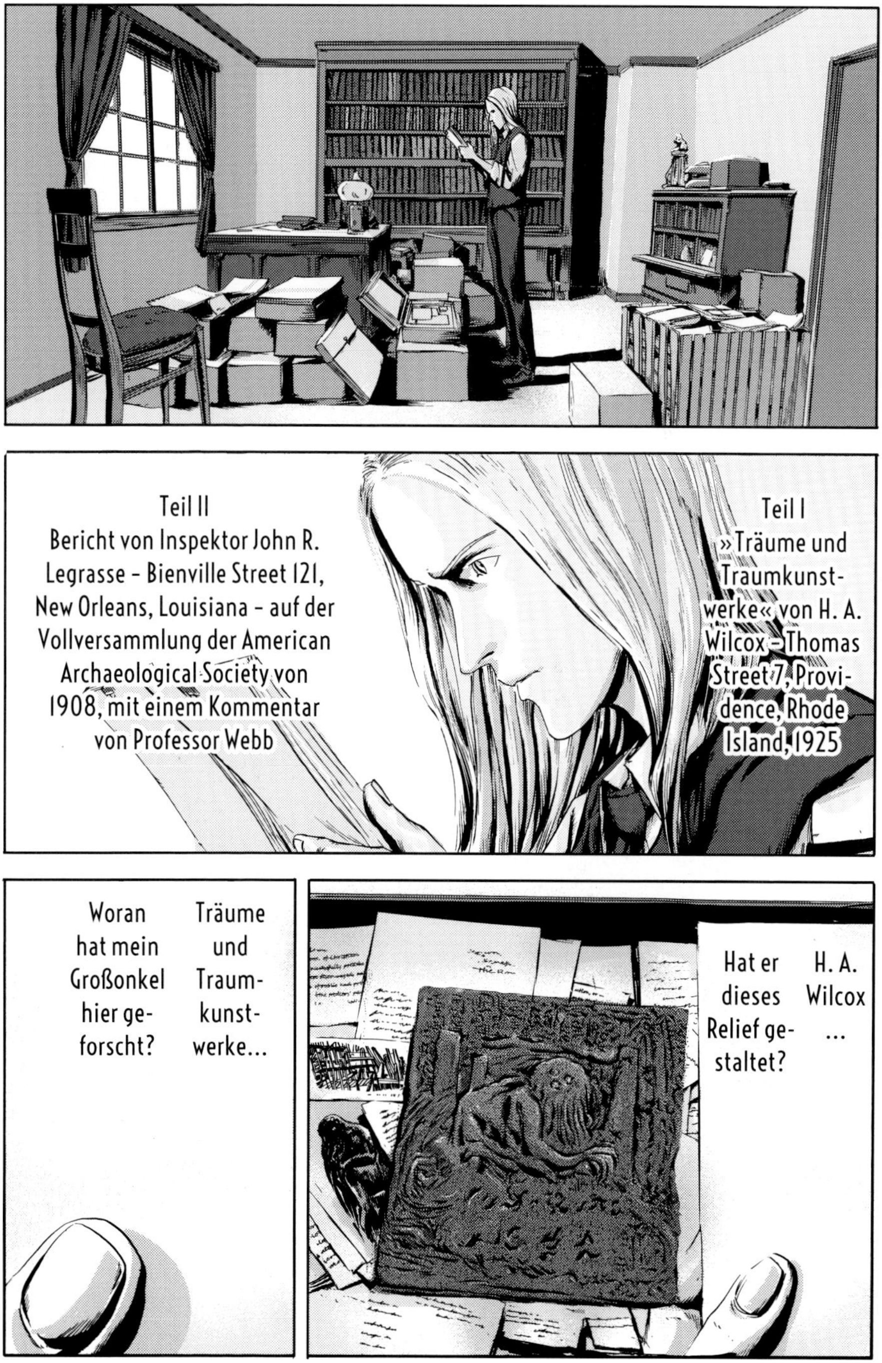
Teil I
»Träume und Traumkunstwerke« von H. A. Wilcox – Thomas Street 7, Providence, Rhode Island, 1925
Teil II
Bericht von Inspektor John R. Legrasse – Bienville Street 121, New Orleans, Louisiana – auf der Vollversammlung der American Archaeological Society von 1908, mit einem Kommentar von Professor Webb
H. A. Wilcox …
Hat er dieses Relief gestaltet?
Träume und Traumkunstwerke…
Woran hat mein Großonkel hier geforscht?

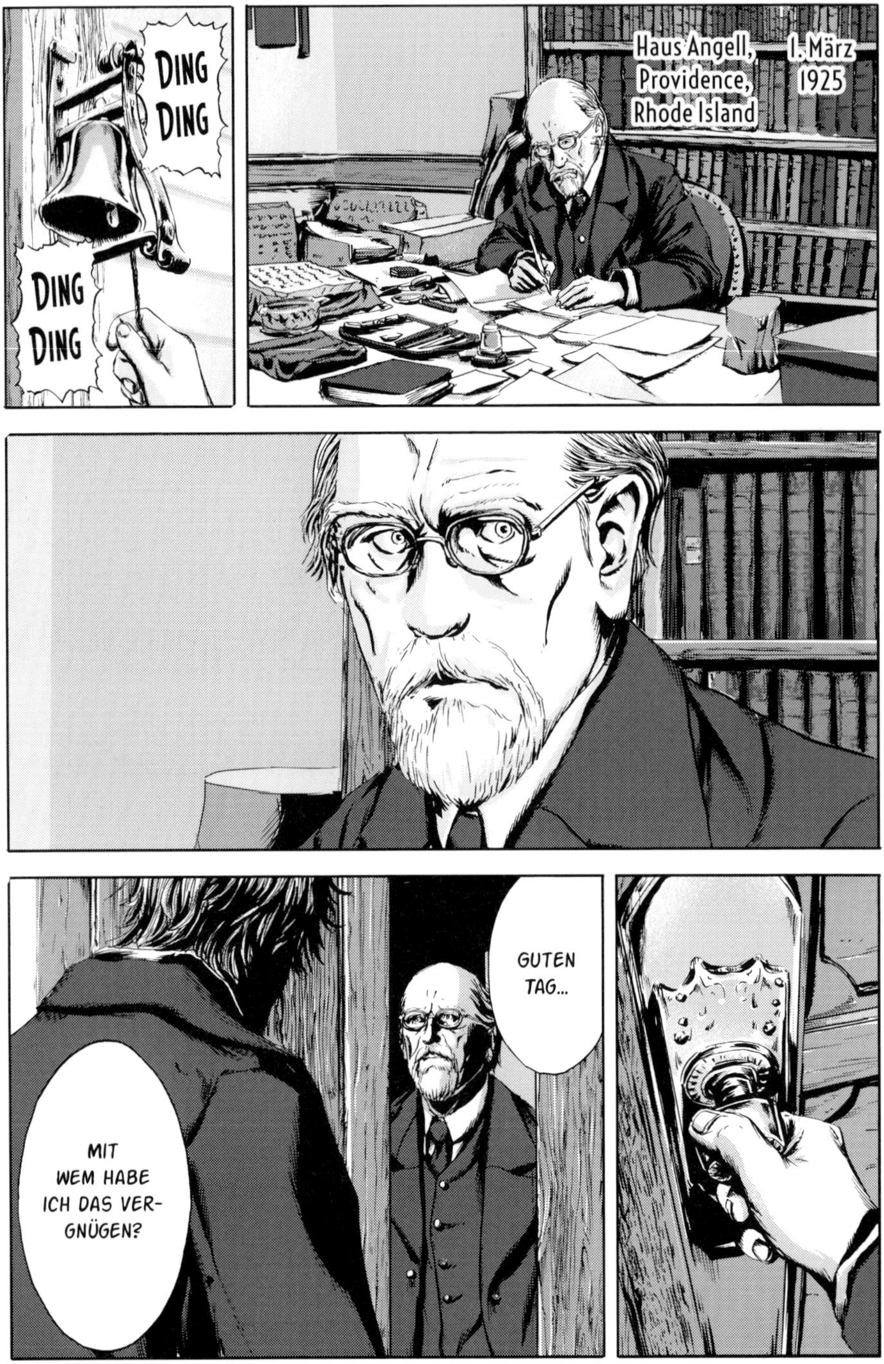
DING DING
DING DING
Haus Angell, Providence, Rhode Island
1. März 1925
GUTEN TAG...
MIT WEM HABE ICH DAS VER-GNÜGEN?

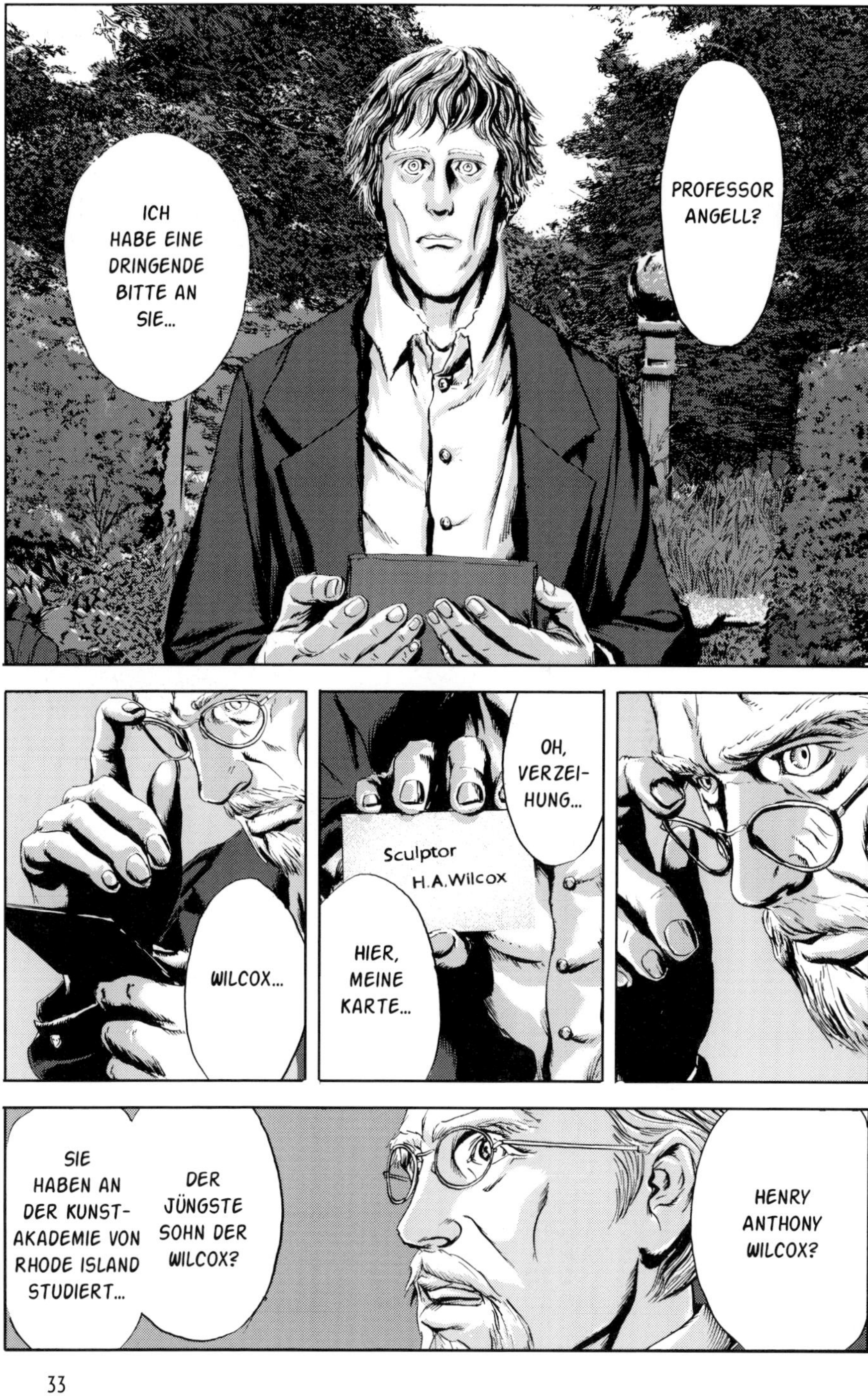
PROFESSOR ANGELL?
ICH HABE EINE DRINGENDE BITTE AN SIE...
WILCOX...
OH, VERZEI-HUNG...
Sculptor H.A.Wilcox
HIER, MEINE KARTE...
HENRY ANTHONY WILCOX?
DER JÜNGSTE SOHN DER WILCOX?
SIE HABEN AN DER KUNST-AKADEMIE VON RHODE ISLAND STUDIERT...

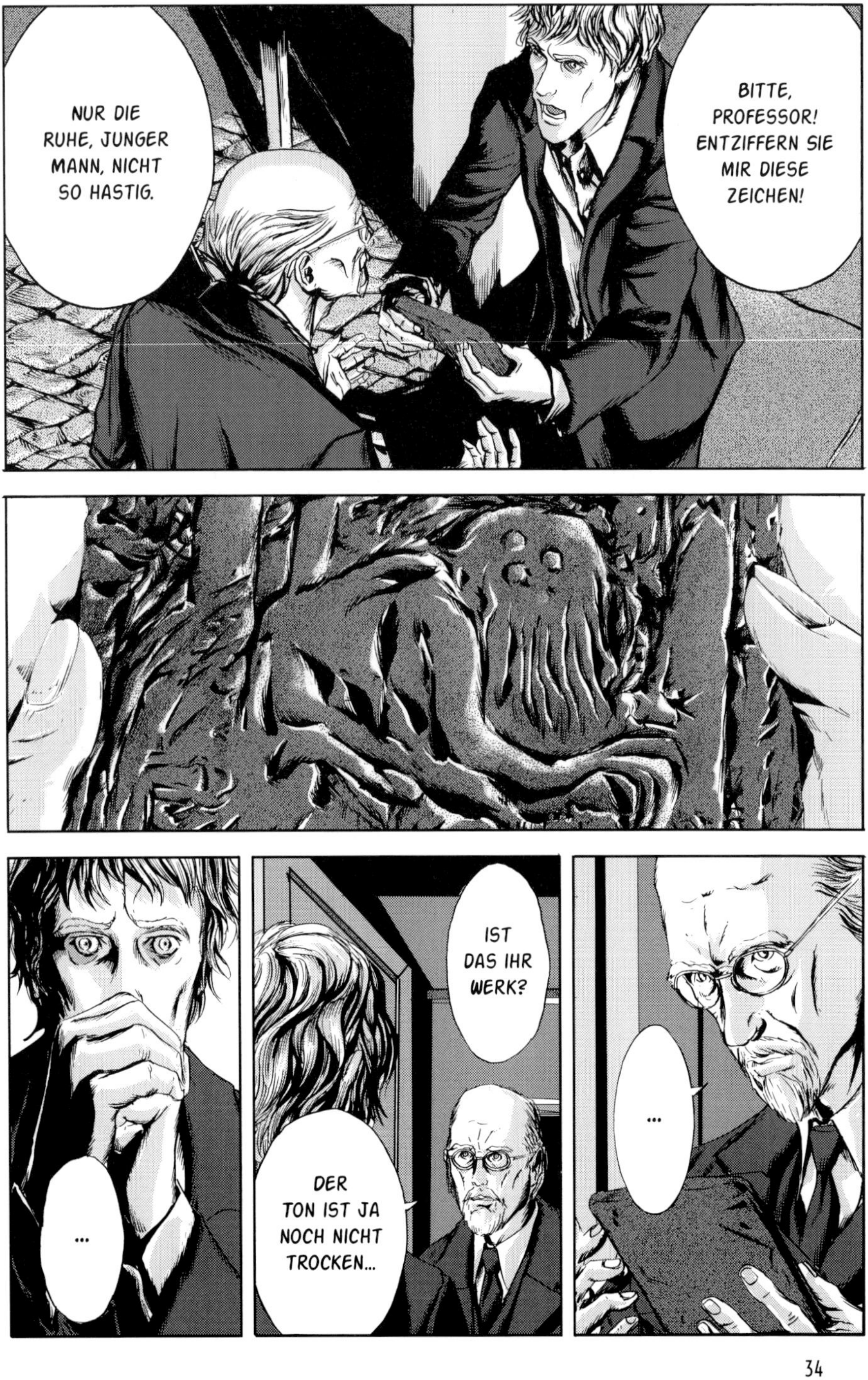
BITTE, PROFESSOR! ENTZIFFERN SIE MIR DIESE ZEICHEN!
NUR DIE RUHE, JUNGER MANN, NICHT SO HASTIG.
...
IST DAS IHR WERK?
DER TON IST JA NOCH NICHT TROCKEN...
...

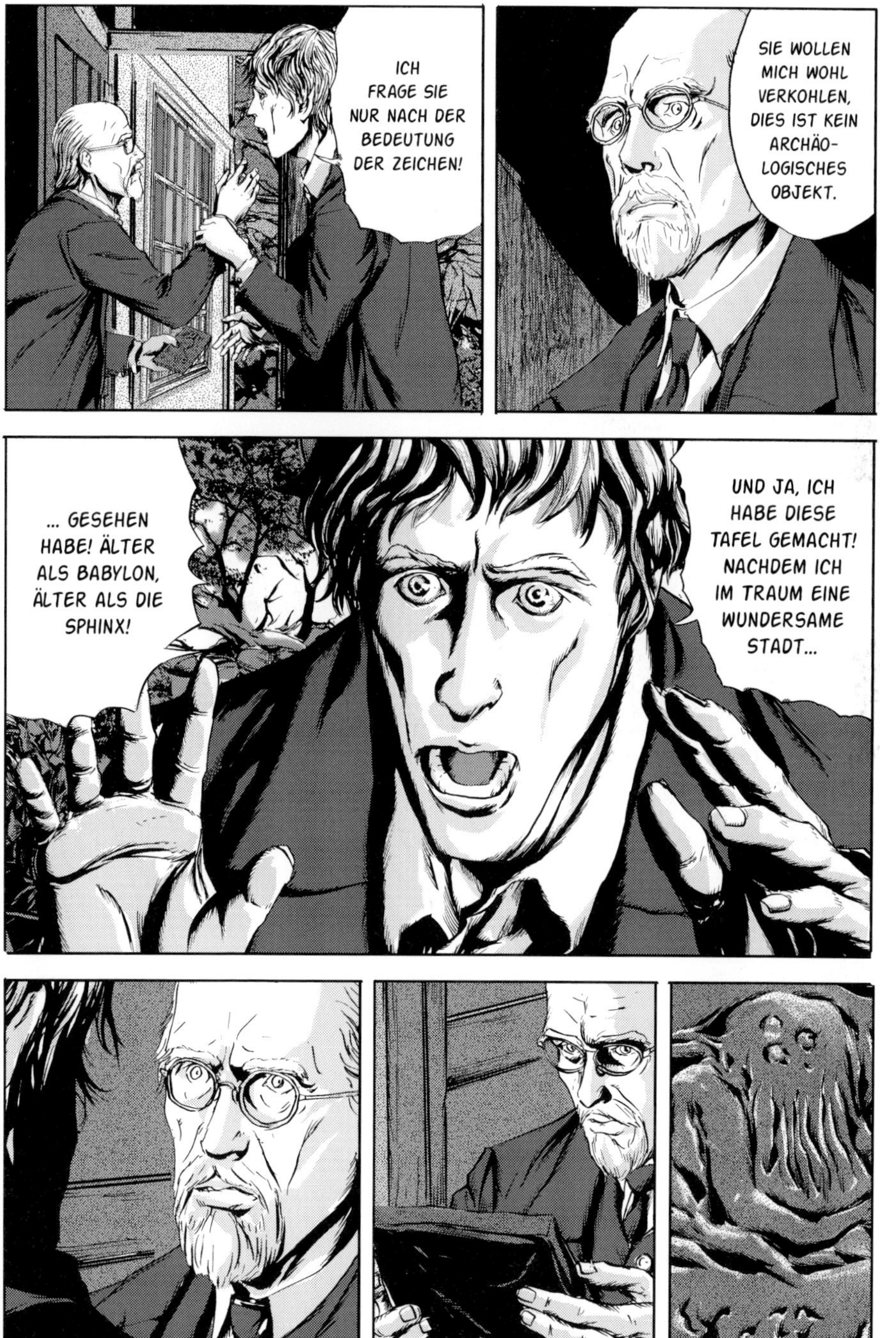

ICH FRAGE SIE NUR NACH DER BEDEUTUNG DER ZEICHEN!
SIE WOLLEN MICH WOHL VERKOHLEN, DIES IST KEIN ARCHÄOLOGISCHES OBJEKT.
UND JA, ICH HABE DIESE TAFEL GEMACHT! NACHDEM ICH IM TRAUM EINE WUNDERSAME STADT...
... GESEHEN HABE! ÄLTER ALS BABYLON, ÄLTER ALS DIE SPHINX!

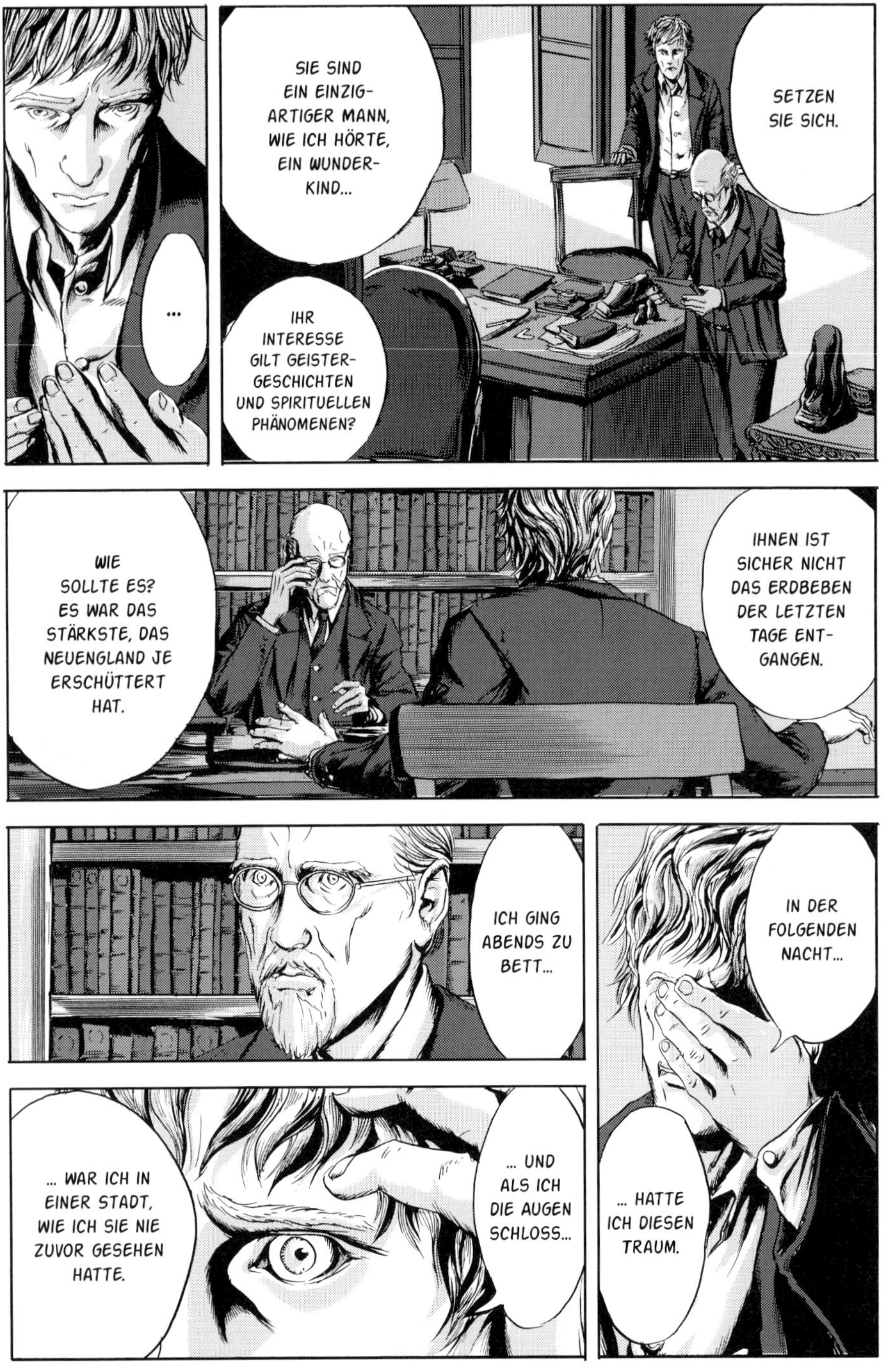

...
SIE SIND EIN EINZIG-ARTIGER MANN, WIE ICH HÖRTE, EIN WUNDER-KIND...
IHR INTERESSE GILT GEISTER-GESCHICHTEN UND SPIRITUELLEN PHÄNOMENEN?
SETZEN SIE SICH.
IHNEN IST SICHER NICHT DAS ERDBEBEN DER LETZTEN TAGE ENT-GANGEN.
WIE SOLLTE ES? ES WAR DAS STÄRKSTE, DAS NEUENGLAND JE ERSCHÜTTERT HAT.
ICH GING ABENDS ZU BETT...
... UND ALS ICH DIE AUGEN SCHLOSS...
... WAR ICH IN EINER STADT, WIE ICH SIE NIE ZUVOR GESEHEN HATTE.
IN DER FOLGENDEN NACHT...
... HATTE ICH DIESEN TRAUM.

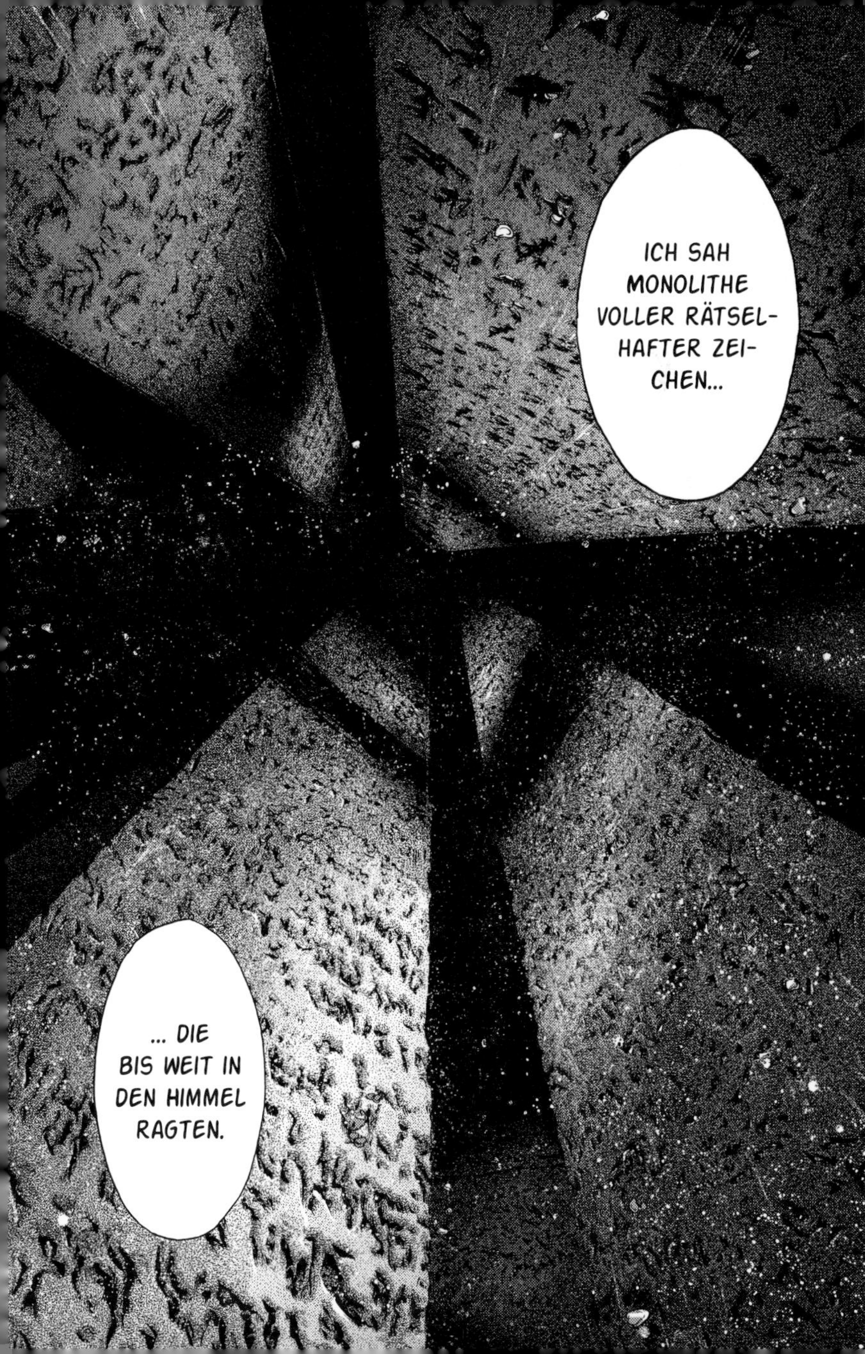
ICH SAH MONOLITHE VOLLER RÄTSEL-HAFTER ZEI-CHEN...
... DIE BIS WEIT IN DEN HIMMEL RAGTEN.

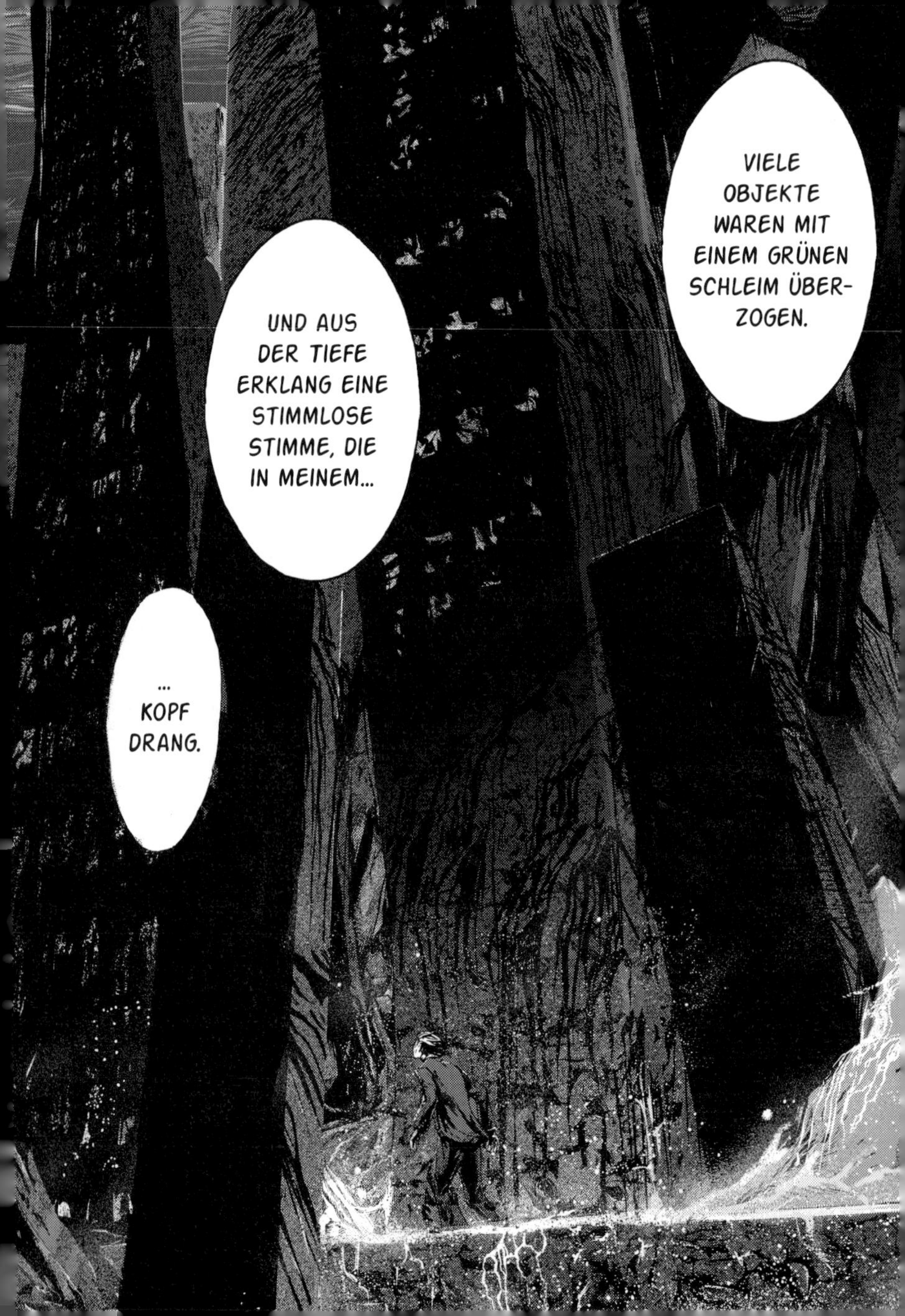
VIELE OBJEKTE WAREN MIT EINEM GRÜNEN SCHLEIM ÜBER-ZOGEN.
UND AUS DER TIEFE ERKLANG EINE STIMMLOSE STIMME, DIE IN MEINEM…
… KOPF DRANG.

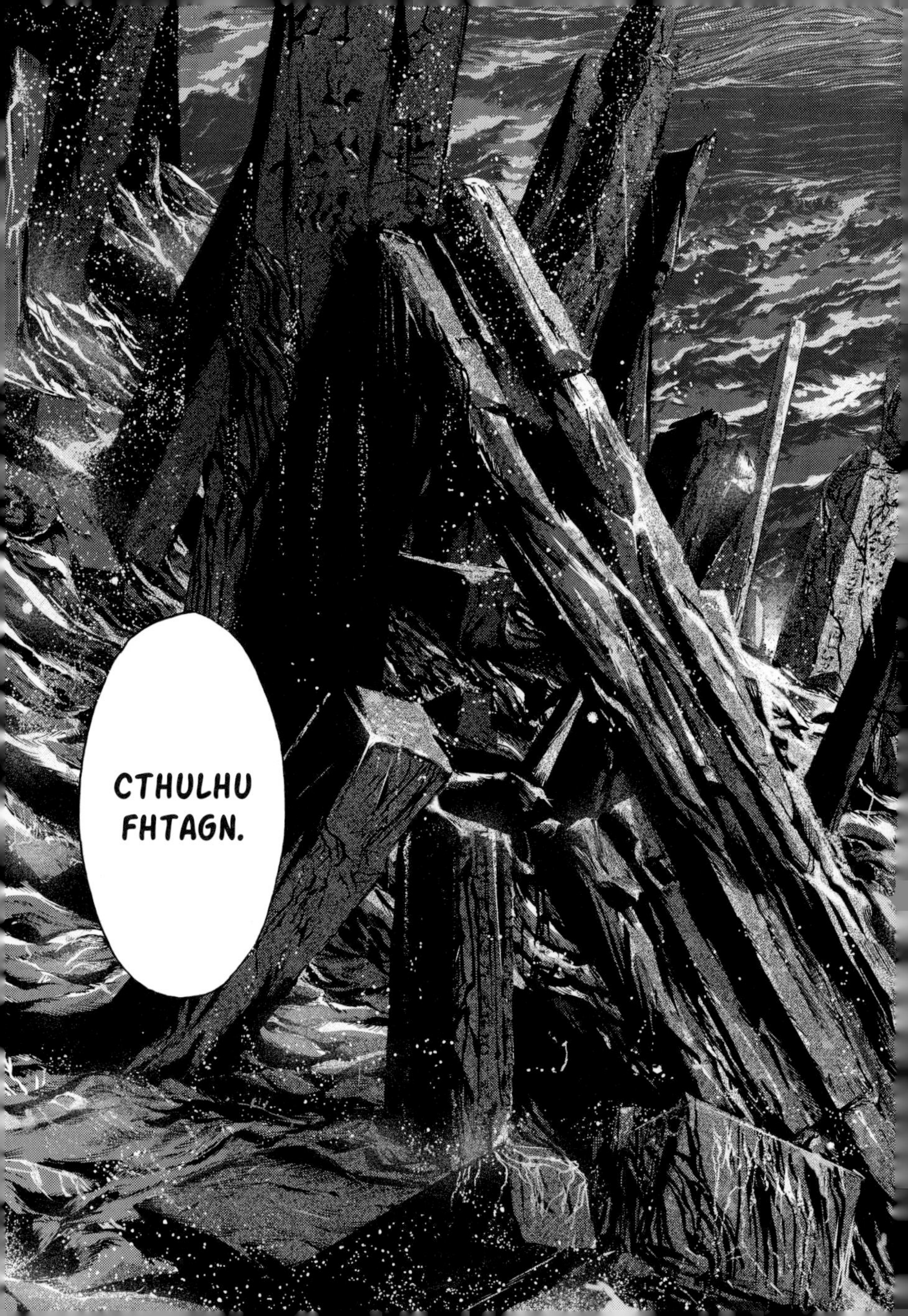
CTHULHU FHTAGN.

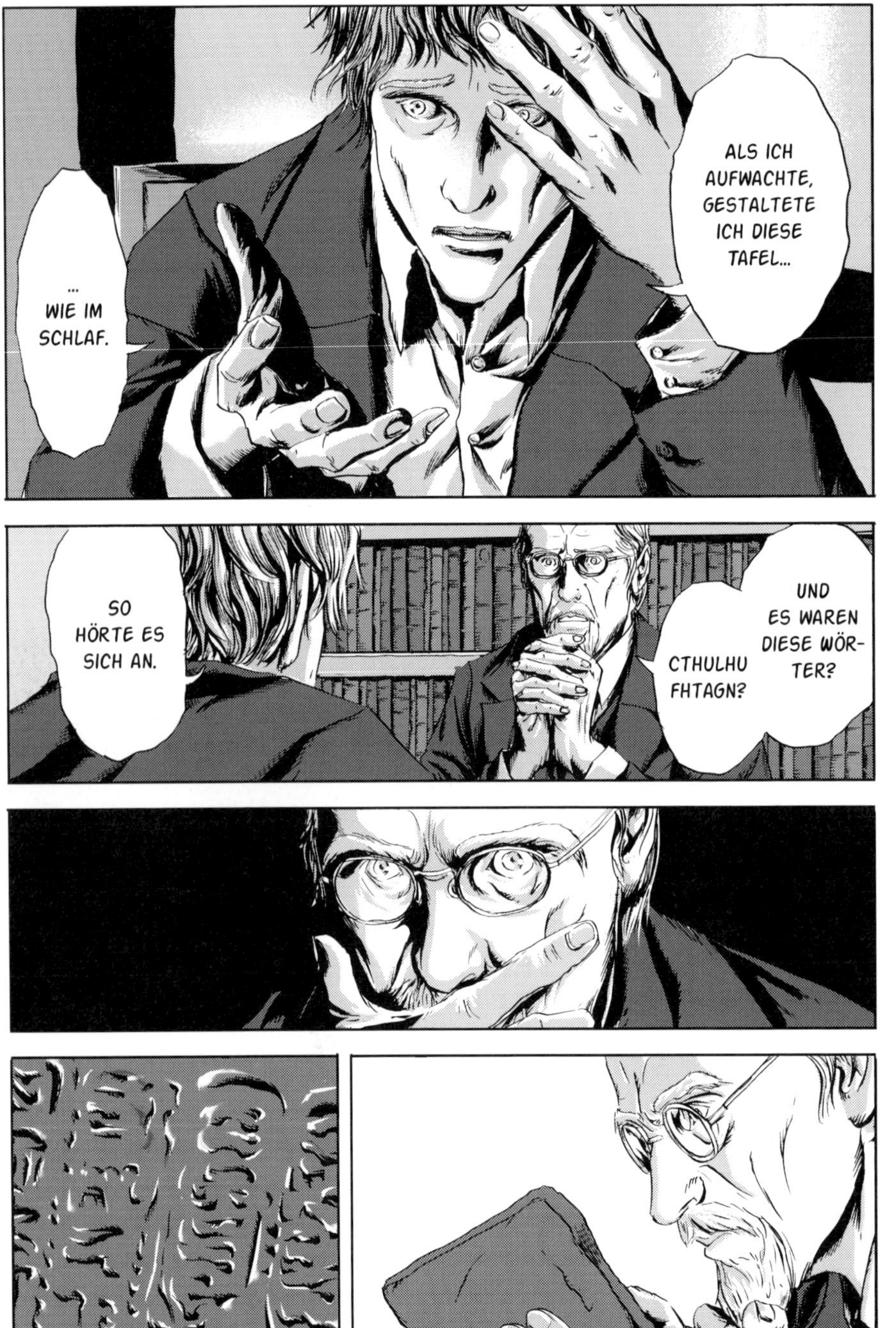
ALS ICH AUFWACHTE, GESTALTETE ICH DIESE TAFEL...
... WIE IM SCHLAF.
SO HÖRTE ES SICH AN.
UND ES WAREN DIESE WÖR-TER?
CTHULHU FHTAGN?

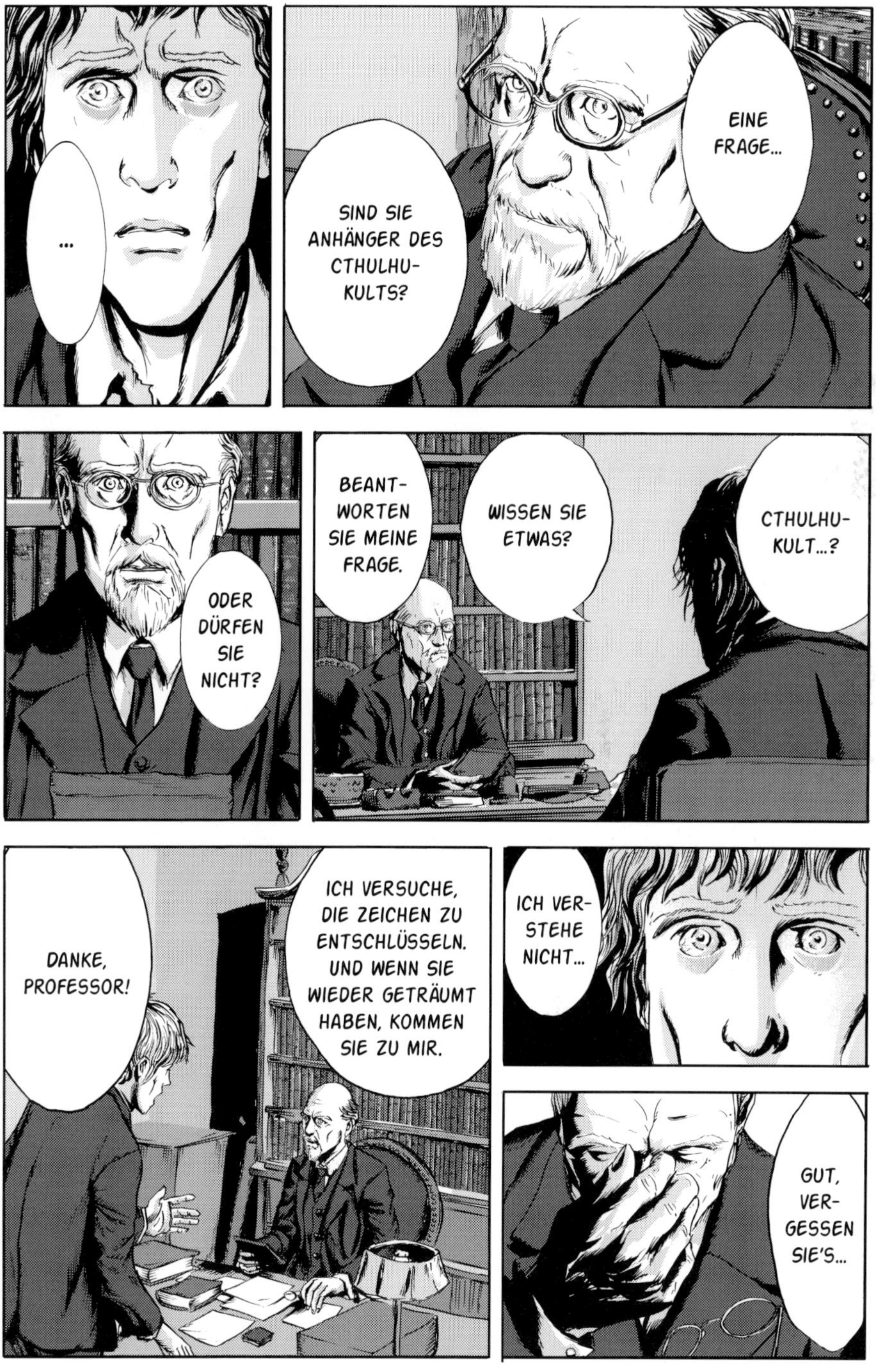
EINE FRAGE...
SIND SIE ANHÄNGER DES CTHULHU-KULTS?
...
CTHULHU-KULT...?
WISSEN SIE ETWAS?
BEANT-WORTEN SIE MEINE FRAGE.
ODER DÜRFEN SIE NICHT?
ICH VER-STEHE NICHT...
GUT, VER-GESSEN SIE'S...
ICH VERSUCHE, DIE ZEICHEN ZU ENTSCHLÜSSELN. UND WENN SIE WIEDER GETRÄUMT HABEN, KOMMEN SIE ZU MIR.
DANKE, PROFESSOR!

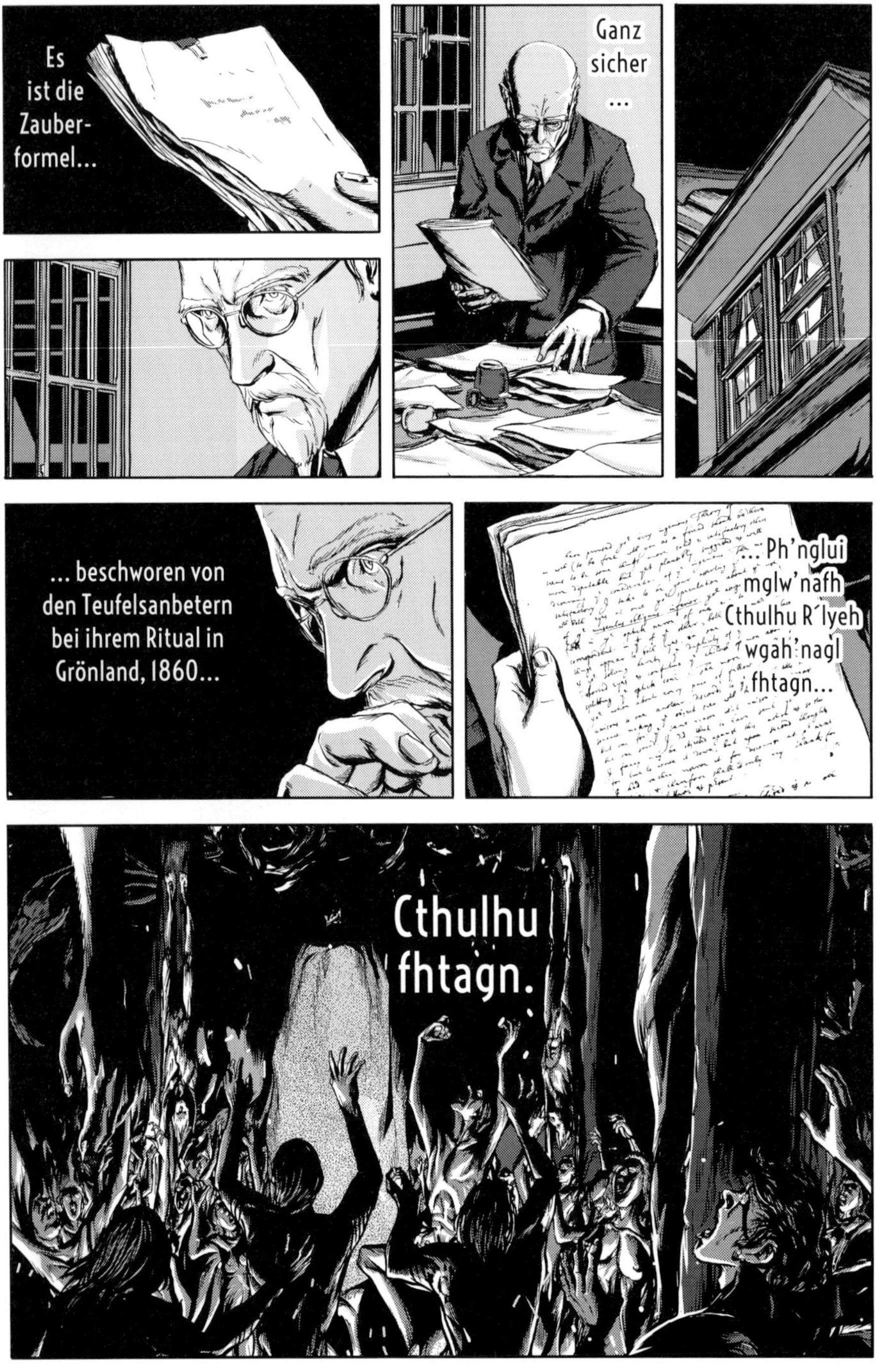
Es ist die Zauberformel…
Ganz sicher …
… beschworen von den Teufelsanbetern bei ihrem Ritual in Grönland, 1860…
… Ph'nglui mglw'nafh Cthulhu R´lyeh wgah'nagl fhtagn…
Cthulhu fhtagn.

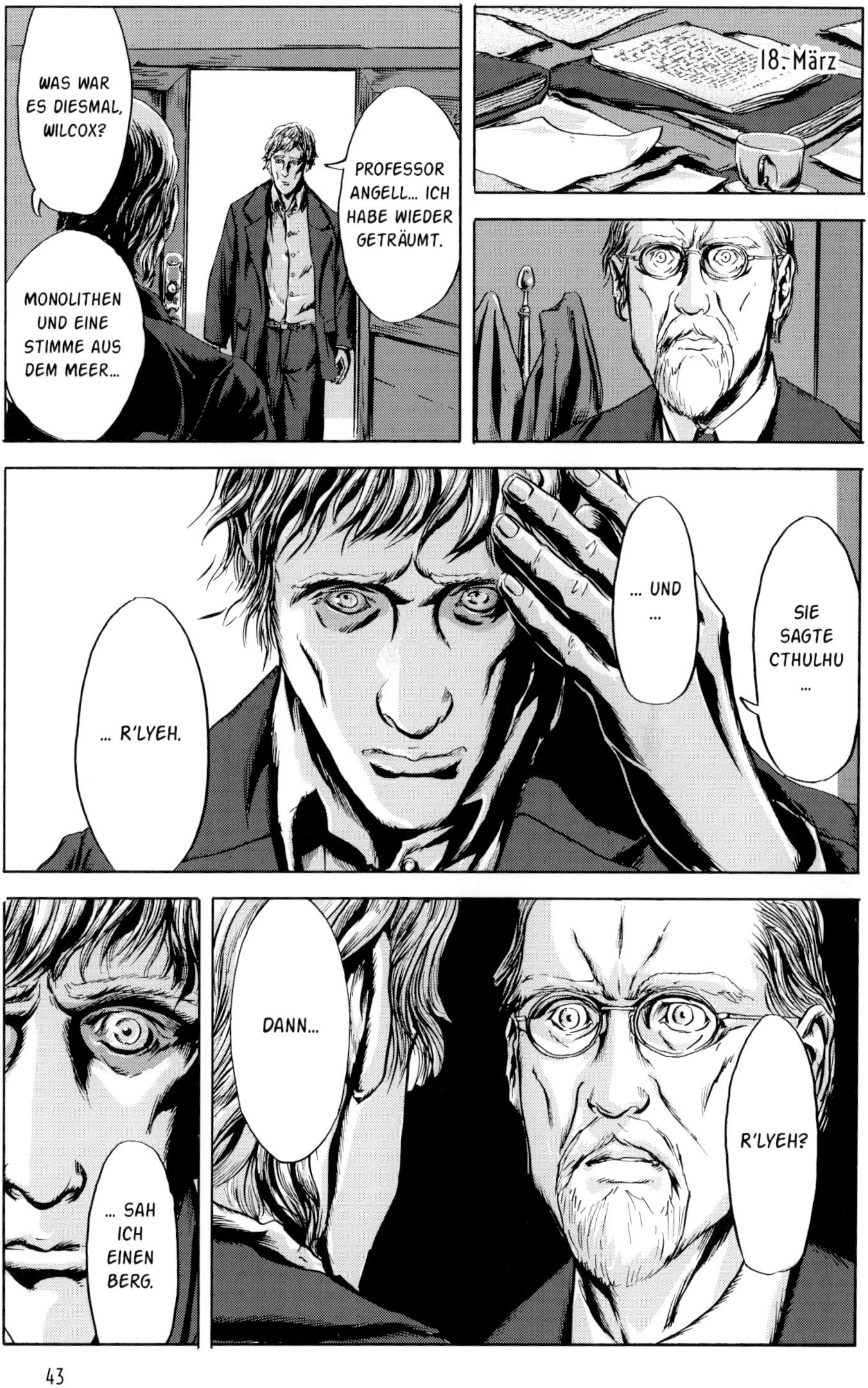
18. März
Was war es diesmal, Wilcox?
Professor Angell... ich habe wieder geträumt.
Monolithen und eine Stimme aus dem Meer...
... und ...
Sie sagte Cthulhu ...
... R'lyeh.
Dann...
R'lyeh?
... sah ich einen Berg.

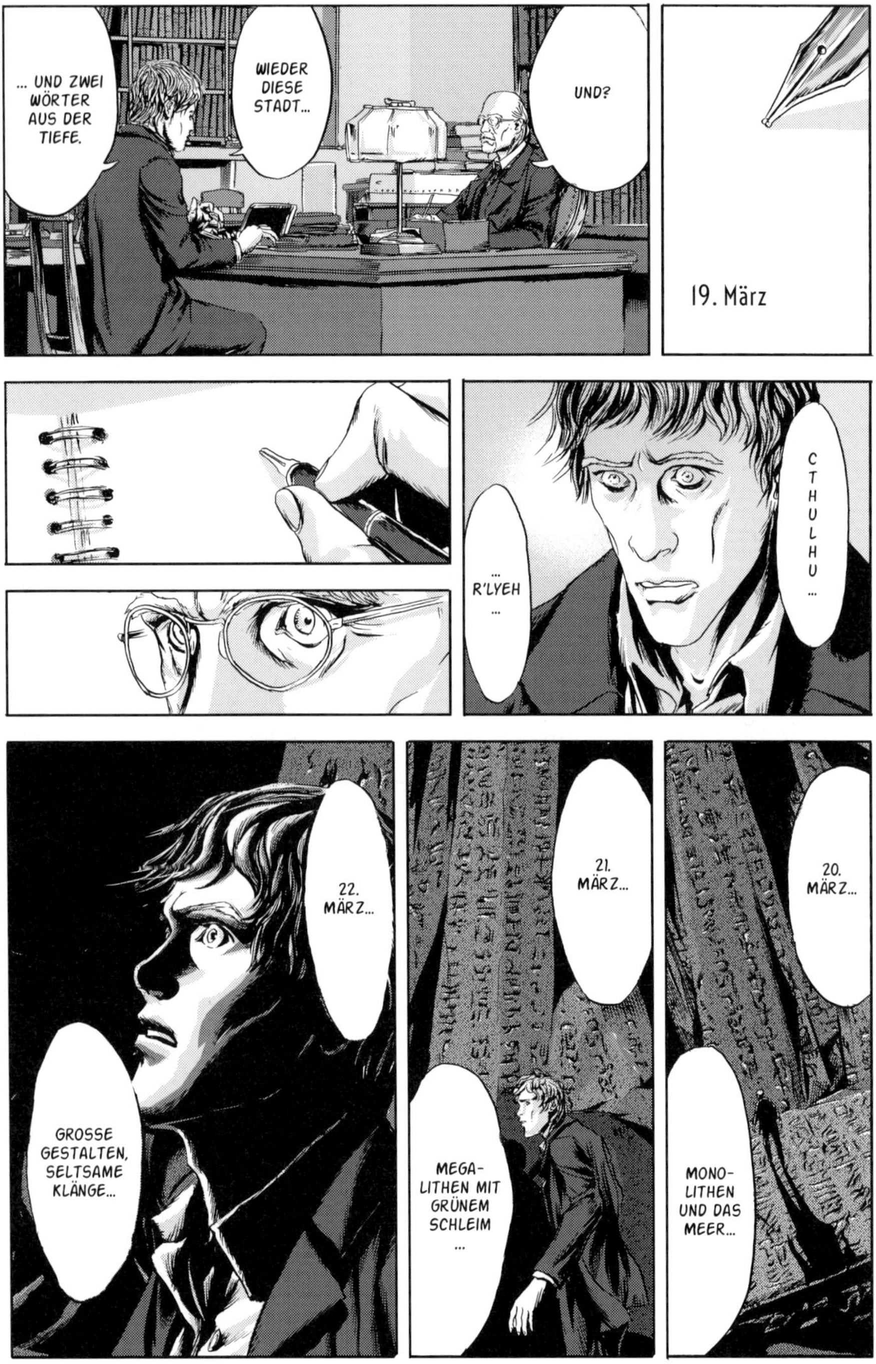
19. März
UND?
WIEDER DIESE STADT...
... UND ZWEI WÖRTER AUS DER TIEFE.
CTHULHU ...
... R'LYEH ...
20. MÄRZ...
MONO-LITHEN UND DAS MEER...
21. MÄRZ...
MEGA-LITHEN MIT GRÜNEM SCHLEIM ...
22. MÄRZ...
GROSSE GESTALTEN, SELTSAME KLÄNGE...

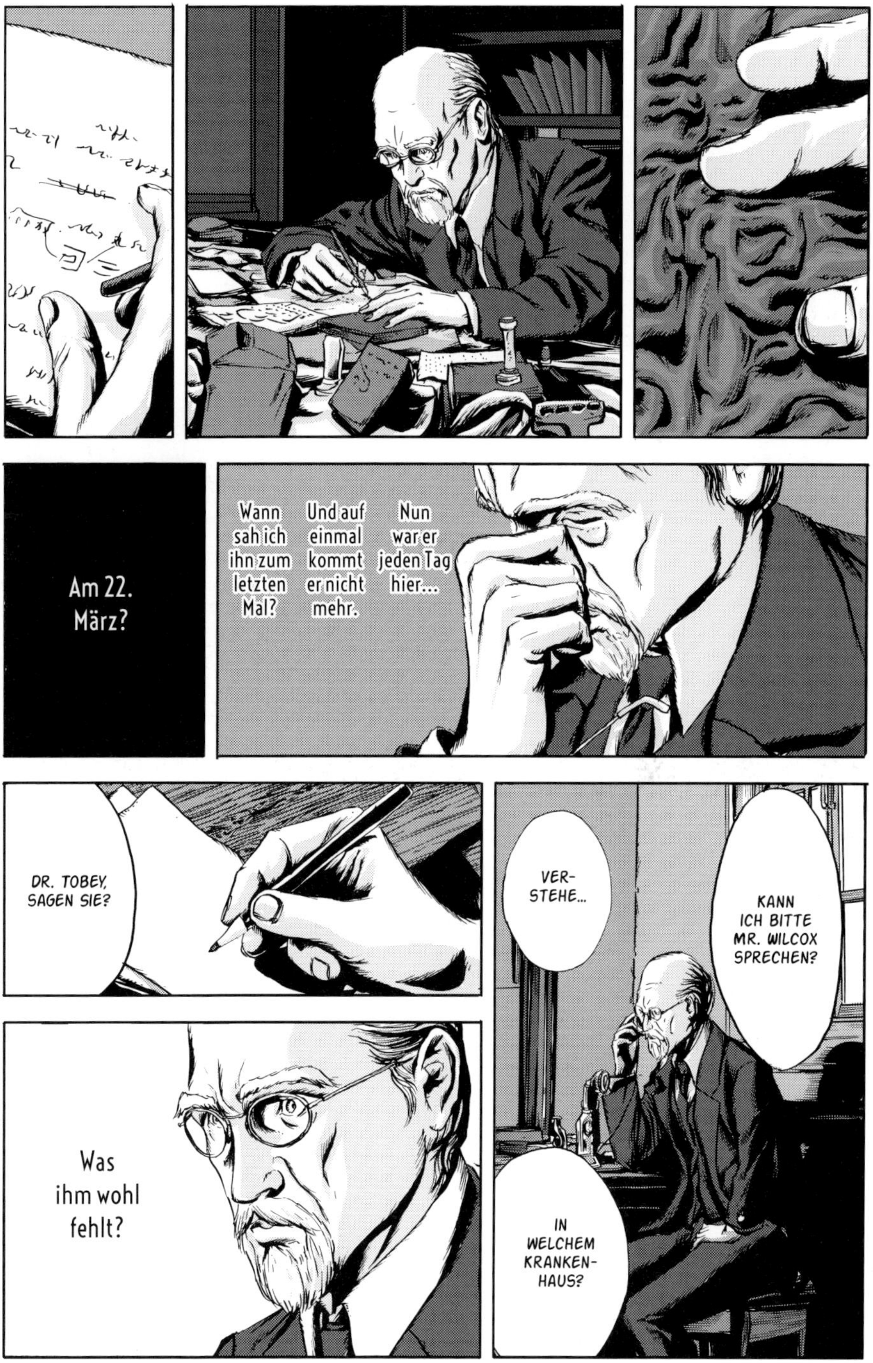
Nun war er jeden Tag hier…
Und auf einmal kommt er nicht mehr.
Wann sah ich ihn zum letzten Mal?
Am 22. März?
KANN ICH BITTE MR. WILCOX SPRECHEN?
VER-STEHE…
IN WELCHEM KRANKEN-HAUS?
DR. TOBEY, SAGEN SIE?
Was ihm wohl fehlt?

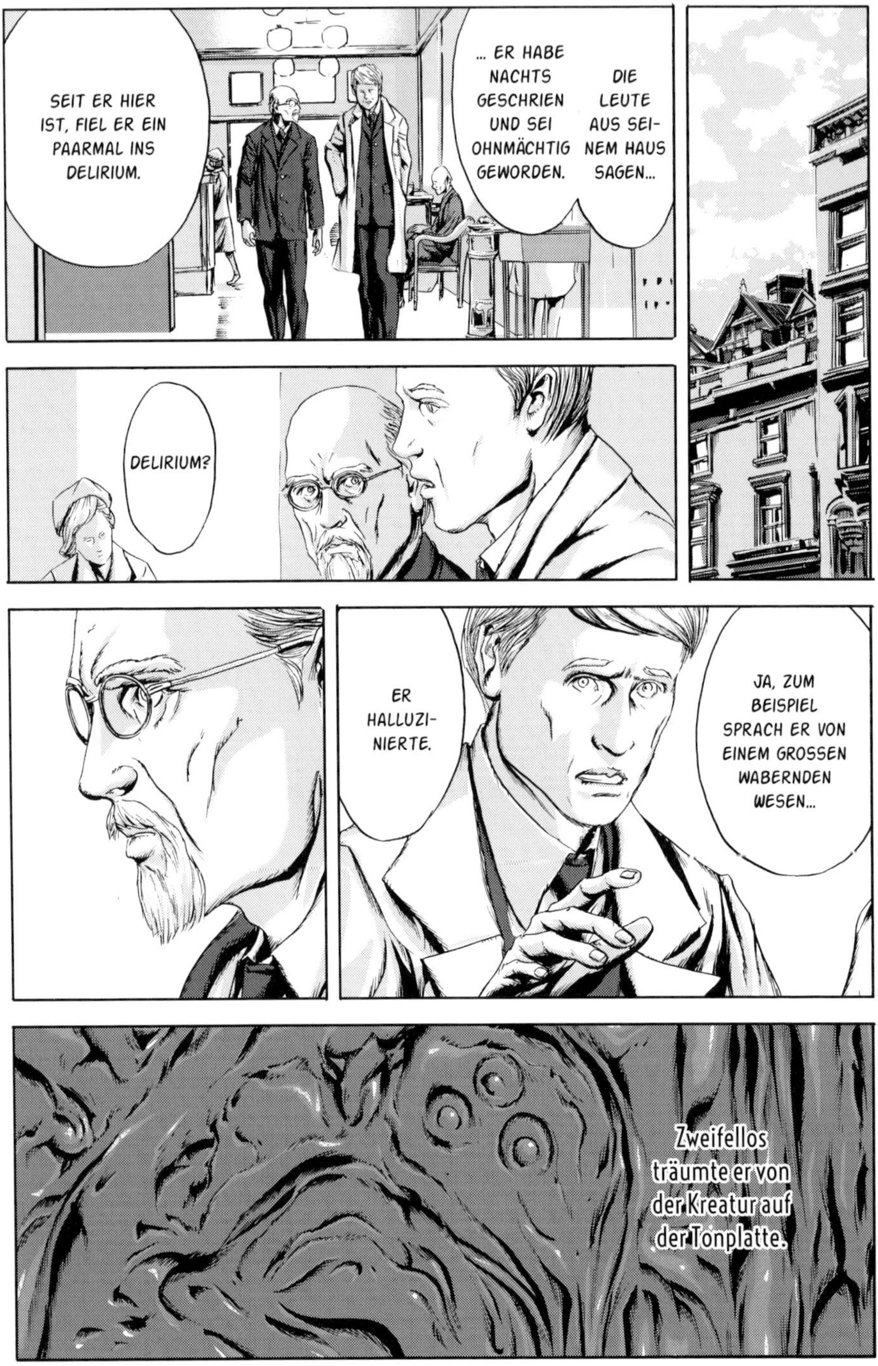
SEIT ER HIER IST, FIEL ER EIN PAARMAL INS DELIRIUM.
DIE LEUTE AUS SEINEM HAUS SAGEN...
... ER HABE NACHTS GESCHRIEN UND SEI OHNMÄCHTIG GEWORDEN.
DELIRIUM?
ER HALLUZINIERTE.
JA, ZUM BEISPIEL SPRACH ER VON EINEM GROSSEN WABERNDEN WESEN...
Zweifellos träumte er von der Kreatur auf der Tonplatte.

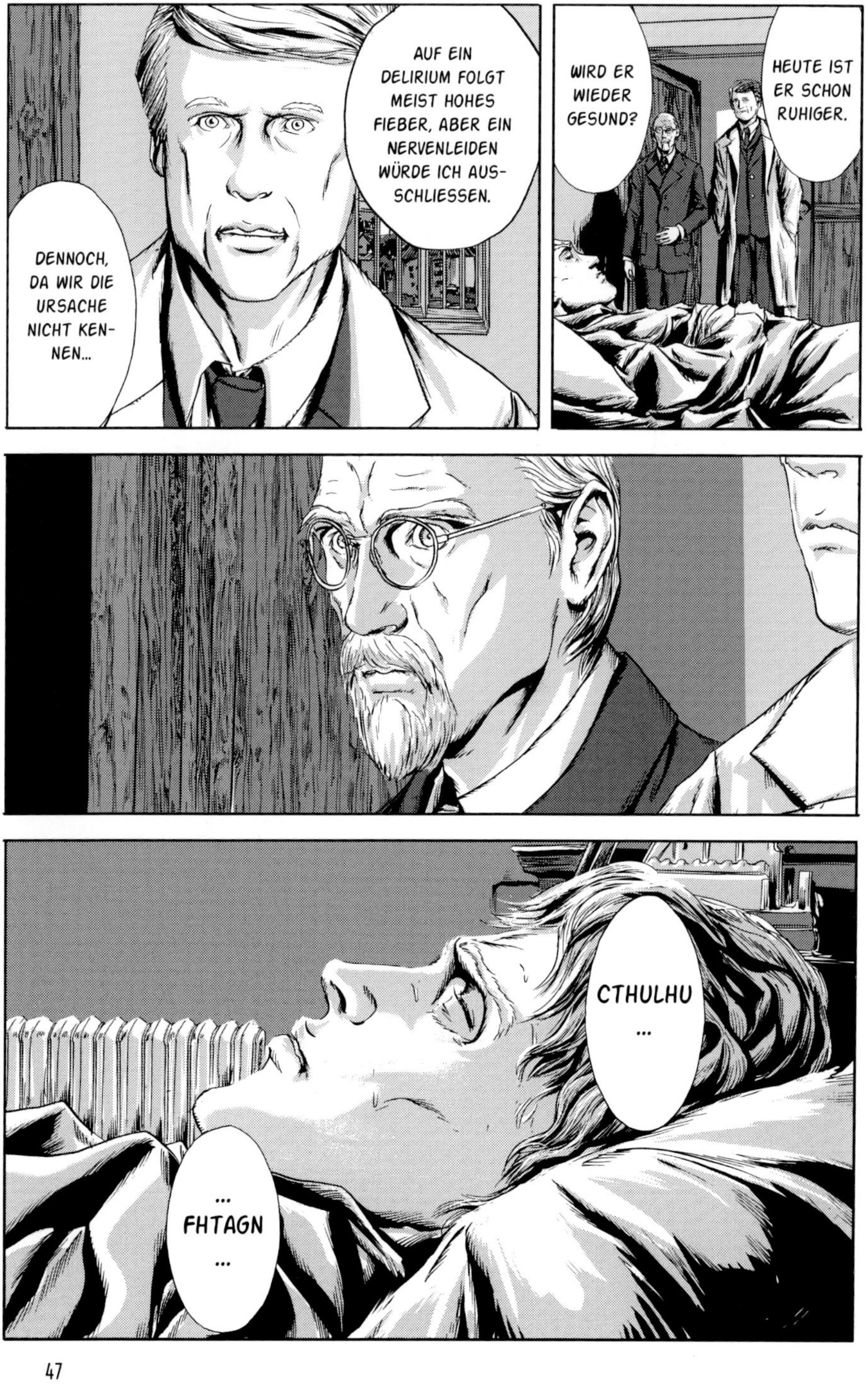
AUF EIN DELIRIUM FOLGT MEIST HOHES FIEBER, ABER EIN NERVENLEIDEN WÜRDE ICH AUS-SCHLIESSEN.
DENNOCH, DA WIR DIE URSACHE NICHT KEN-NEN...
HEUTE IST ER SCHON RUHIGER.
WIRD ER WIEDER GESUND?
CTHULHU ...
... FHTAGN ...

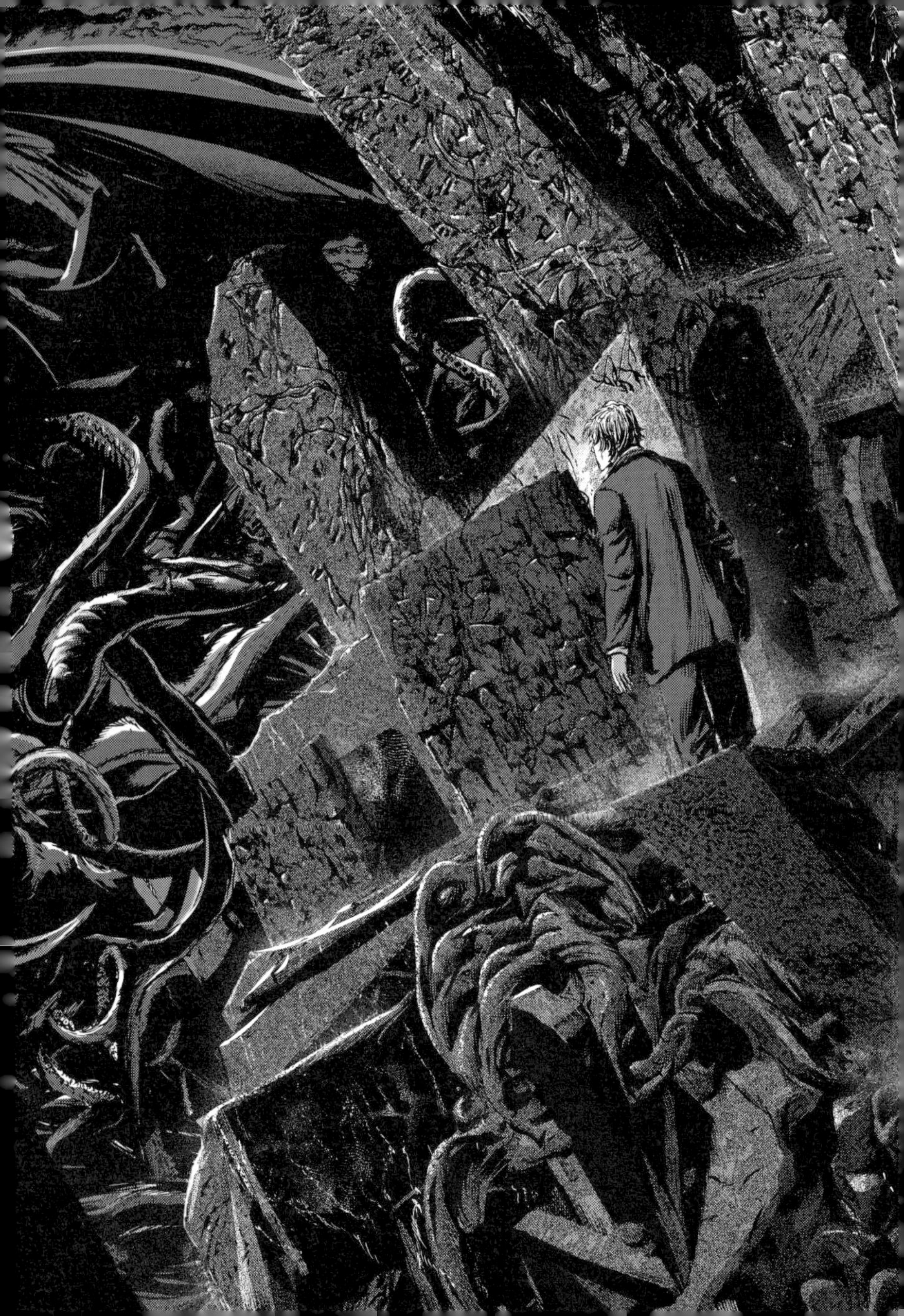

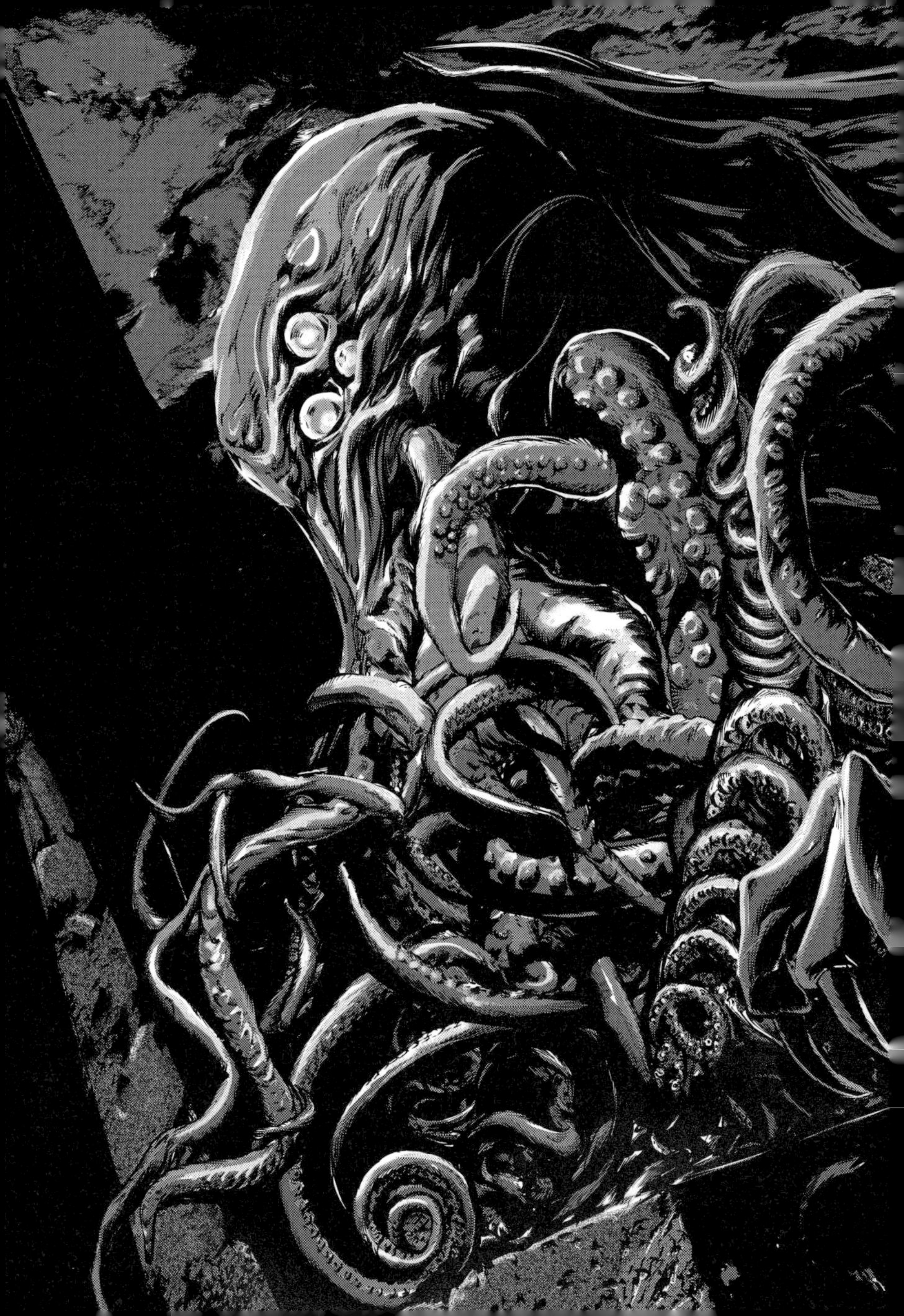

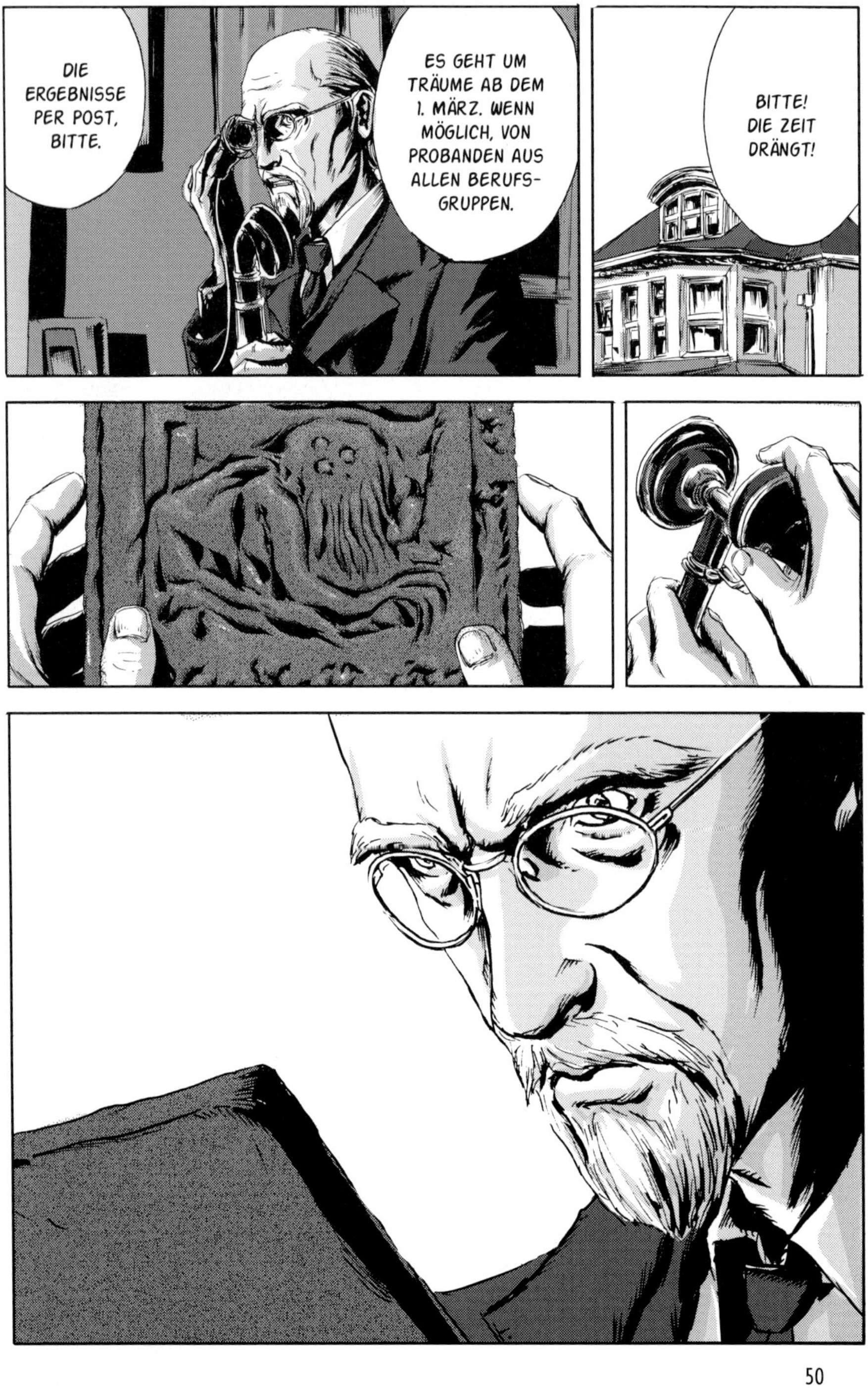
ES GEHT UM TRÄUME AB DEM 1. MÄRZ. WENN MÖGLICH, VON PROBANDEN AUS ALLEN BERUFS-GRUPPEN.
DIE ERGEBNISSE PER POST, BITTE.
BITTE! DIE ZEIT DRÄNGT!

2 DER BERICHT VON INSPEKTOR LEGRASSE

The Tale of Inspector Legrasse

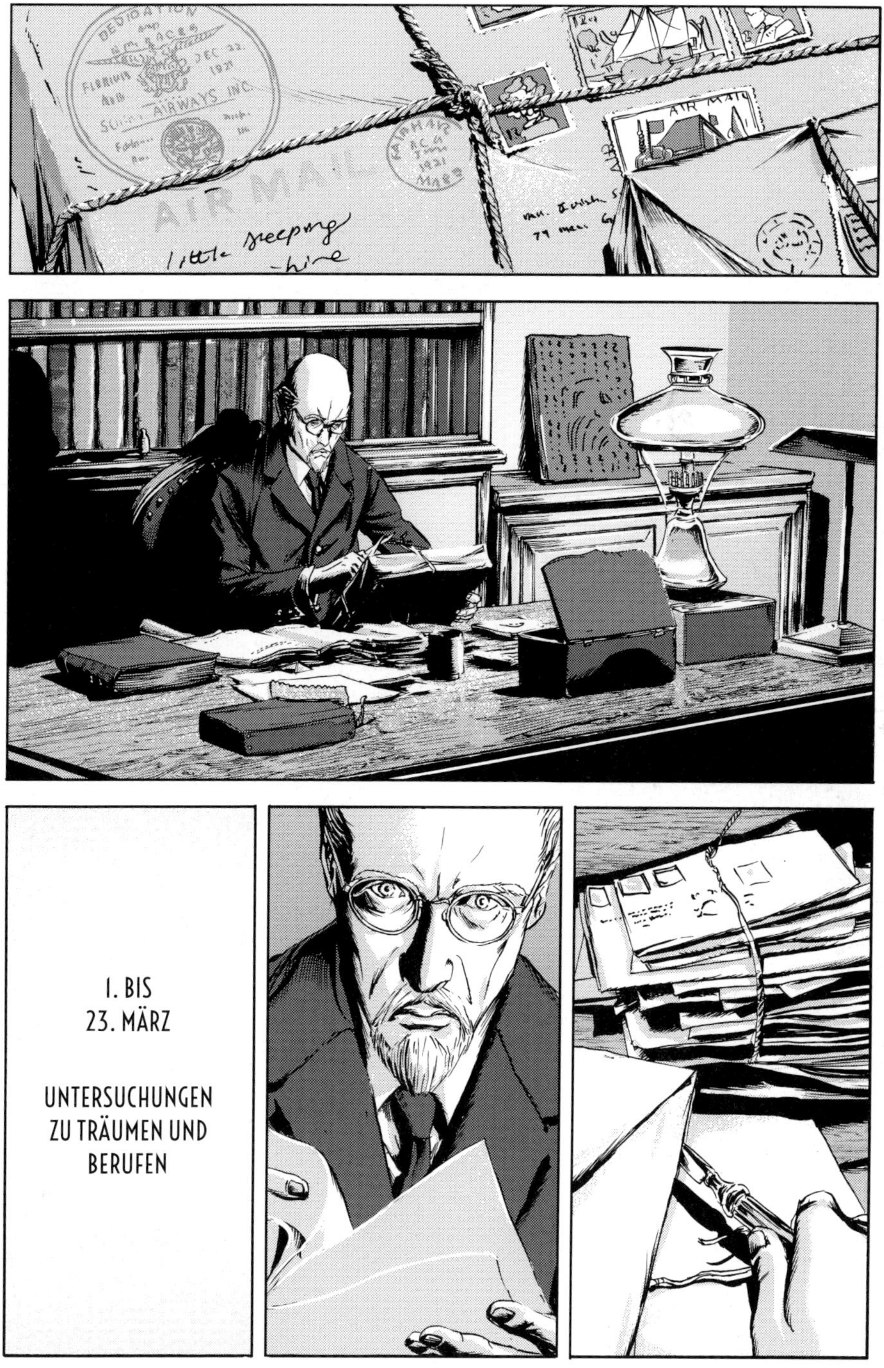
1. BIS
23. MÄRZ
UNTERSUCHUNGEN
ZU TRÄUMEN UND
BERUFEN

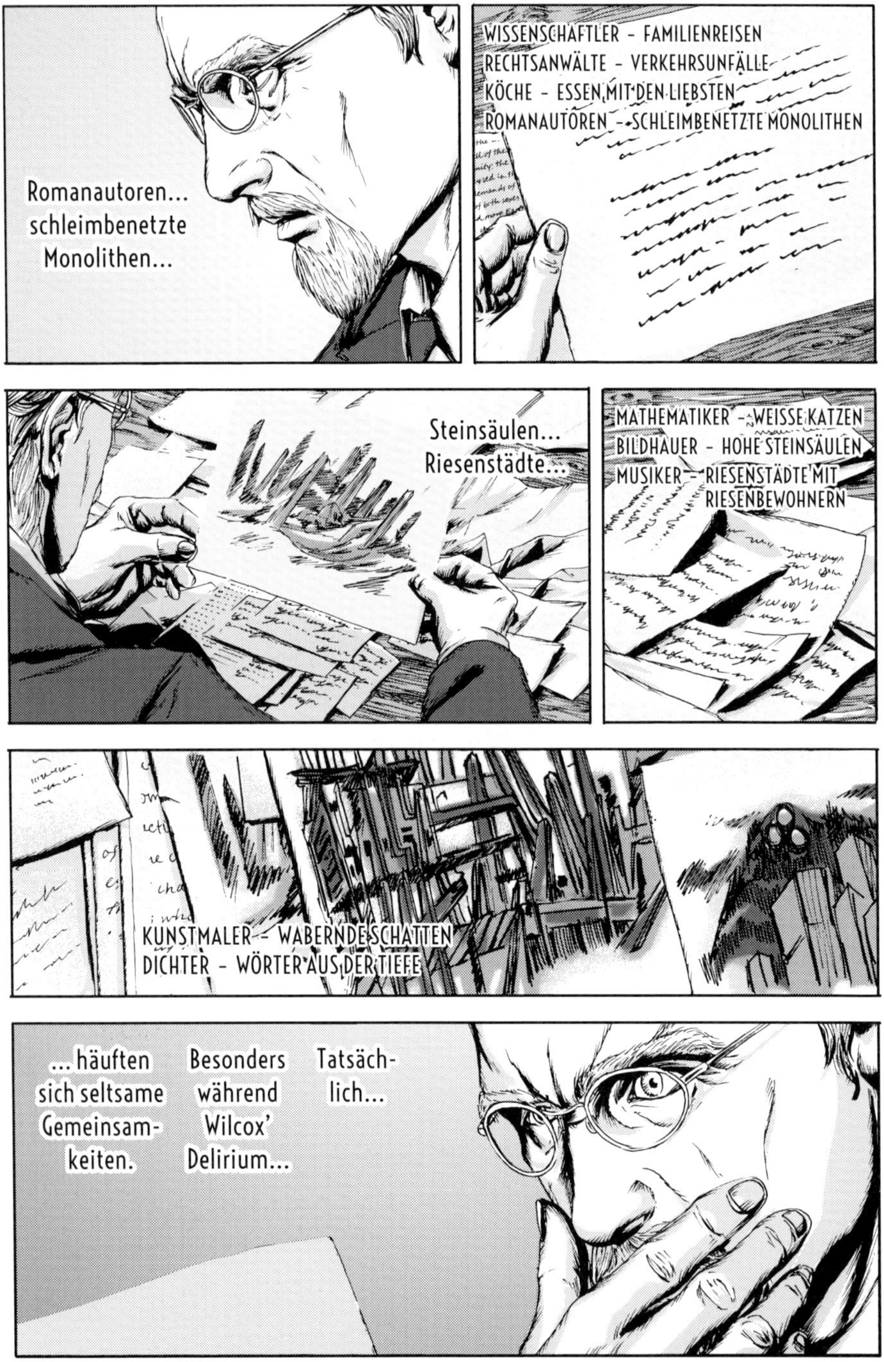
Romanautoren... schleimbenetzte Monolithen...
WISSENSCHAFTLER - FAMILIENREISEN
RECHTSANWÄLTE - VERKEHRSUNFÄLLE
KÖCHE - ESSEN MIT DEN LIEBSTEN
ROMANAUTOREN - SCHLEIMBENETZTE MONOLITHEN
Steinsäulen... Riesenstädte...
MATHEMATIKER - WEISSE KATZEN
BILDHAUER - HOHE STEINSÄULEN
MUSIKER - RIESENSTÄDTE MIT RIESENBEWOHNERN
KUNSTMALER - WABERNDE SCHATTEN
DICHTER - WÖRTER AUS DER TIEFE
... häuften sich seltsame Gemeinsamkeiten.
Besonders während Wilcox' Delirium...
Tatsächlich...

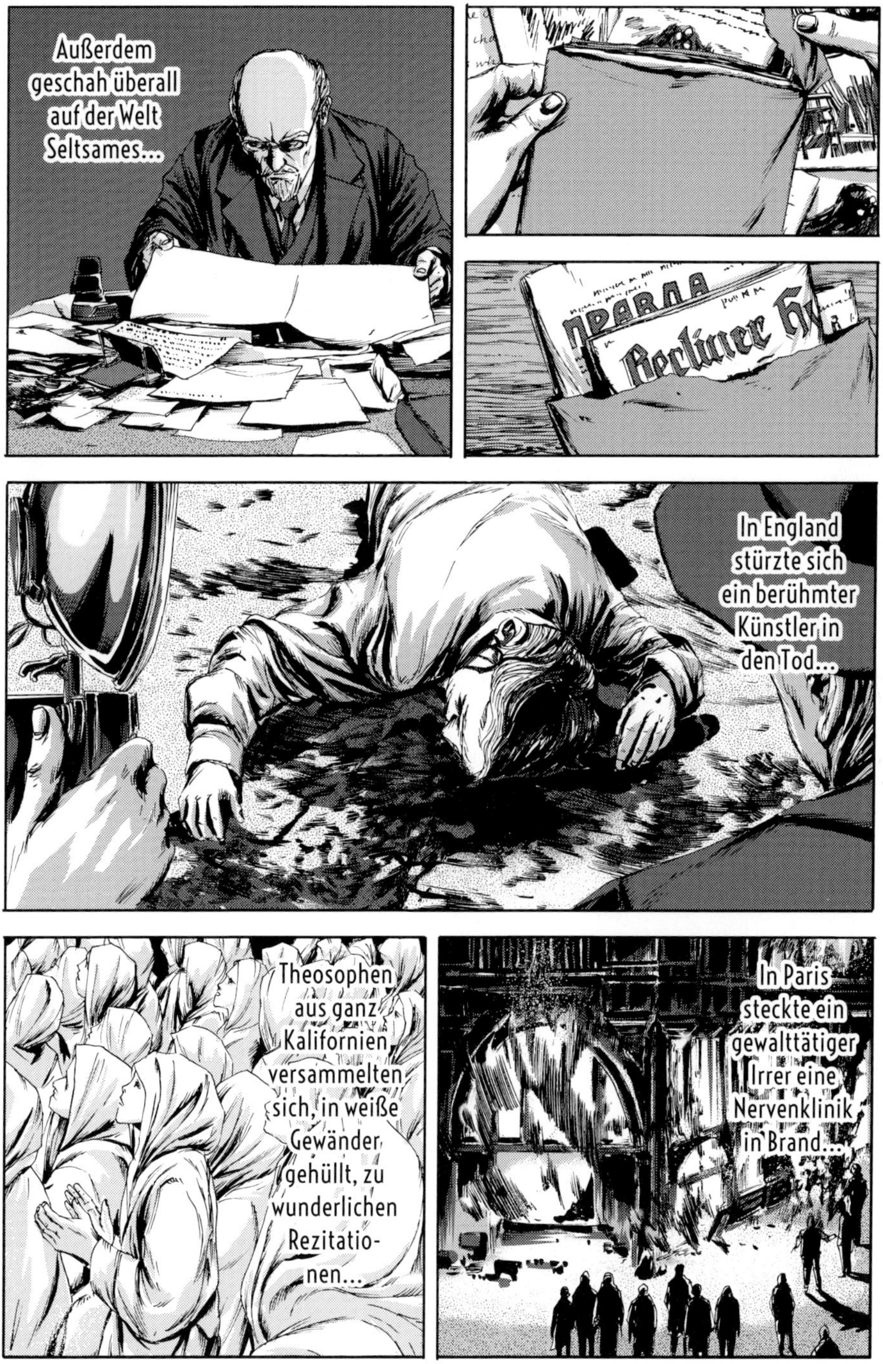

Außerdem geschah überall auf der Welt Seltsames...
In England stürzte sich ein berühmter Künstler in den Tod...
Theosophen aus ganz Kalifornien versammelten sich, in weiße Gewänder gehüllt, zu wunderlichen Rezitationen...
In Paris steckte ein gewalttätiger Irrer eine Nervenklinik in Brand...

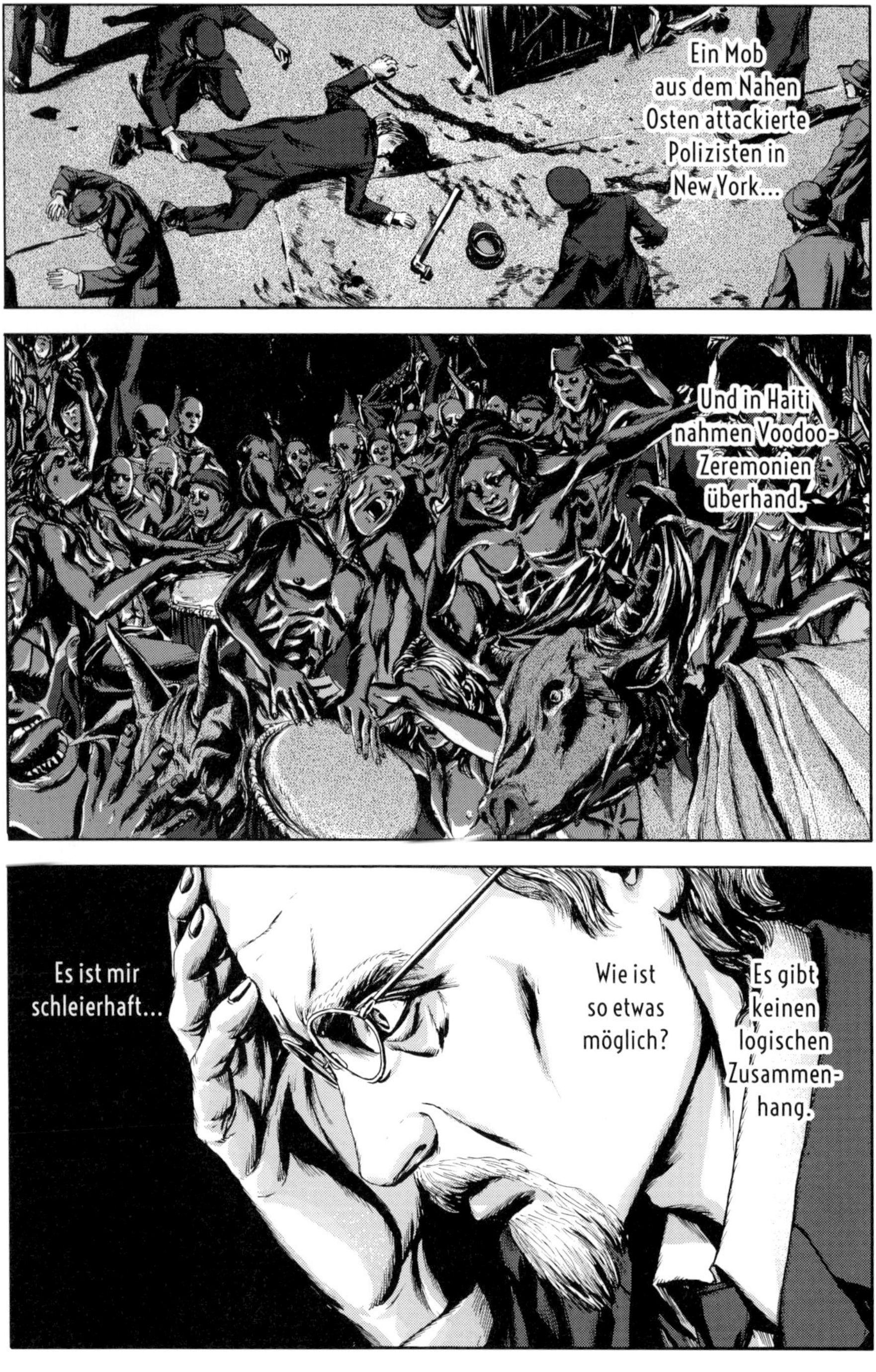
Ein Mob aus dem Nahen Osten attackierte Polizisten in New York...
Und in Haiti nahmen Voodoo-Zeremonien überhand.
Es ist mir schleierhaft...
Wie ist so etwas möglich?
Es gibt keinen logischen Zusammenhang.

Chicago
SECTION

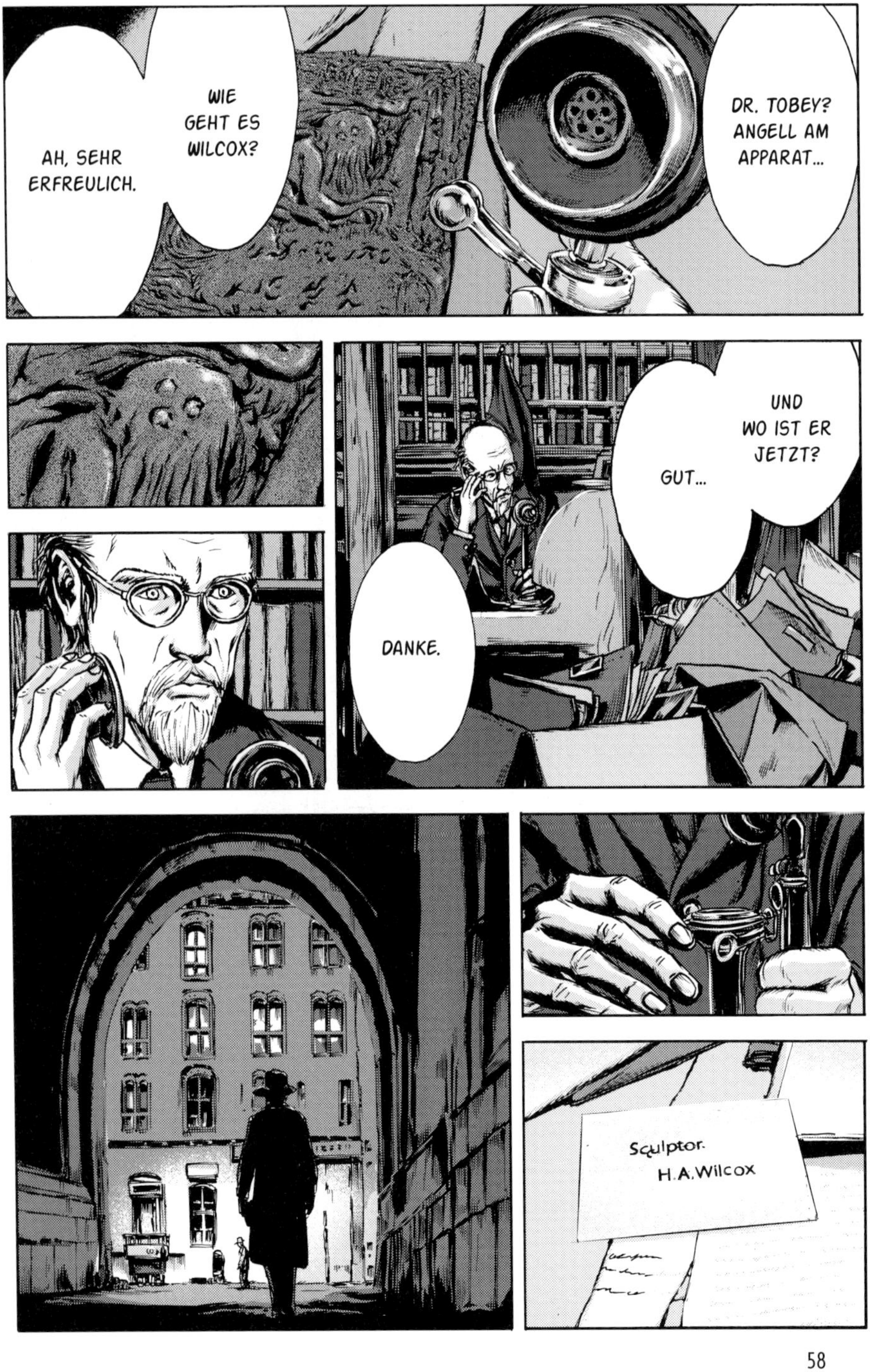
DR. TOBEY? ANGELL AM APPARAT...
WIE GEHT ES WILCOX?
AH, SEHR ERFREULICH.
GUT...
UND WO IST ER JETZT?
DANKE.
Sculptor.
H.A.Wilcox

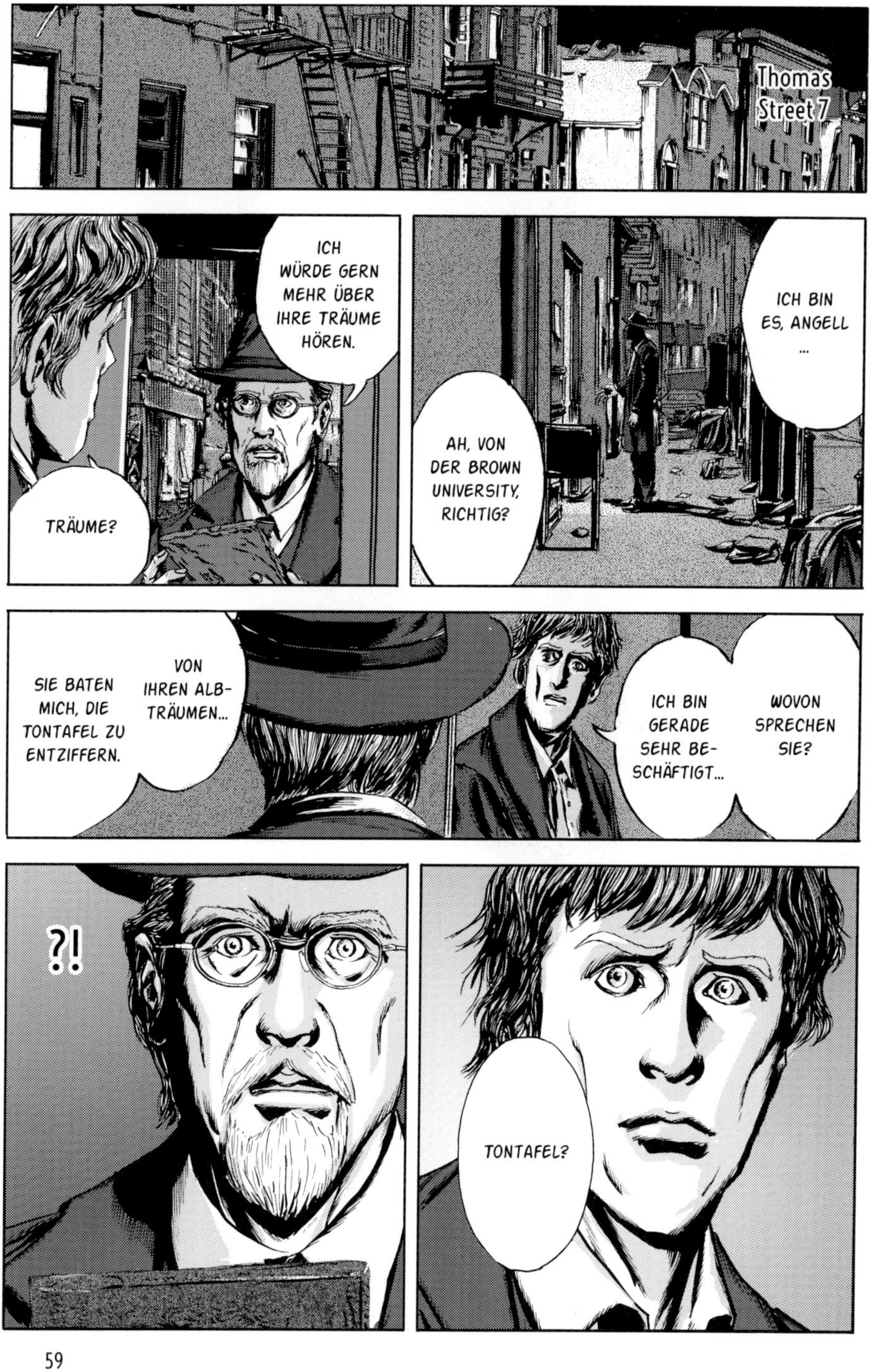
Thomas Street 7
Ich bin es, Angell ...
Ah, von der Brown University, richtig?
Ich würde gern mehr über Ihre Träume hören.
Träume?
Wovon sprechen Sie?
Ich bin gerade sehr beschäftigt...
Von Ihren Alb-träumen...
Sie baten mich, die Tontafel zu entziffern.
Tontafel?
?!

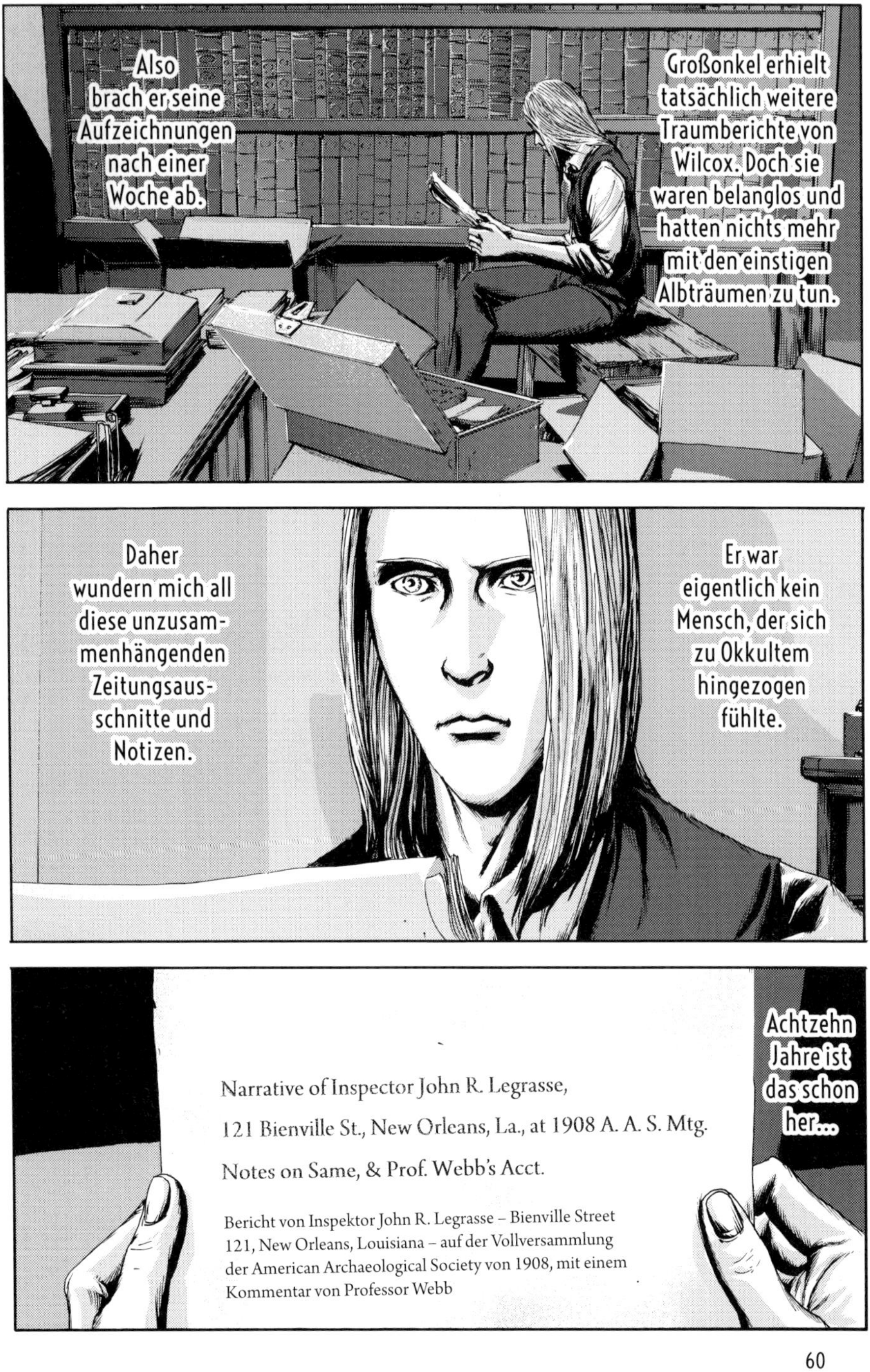
Also brach er seine Aufzeichnungen nach einer Woche ab.
Großonkel erhielt tatsächlich weitere Traumberichte von Wilcox. Doch sie waren belanglos und hatten nichts mehr mit den einstigen Albträumen zu tun.
Daher wundern mich all diese unzusammenhängenden Zeitungsausschnitte und Notizen.
Er war eigentlich kein Mensch, der sich zu Okkultem hingezogen fühlte.
Narrative of Inspector John R. Legrasse,
121 Bienville St., New Orleans, La., at 1908 A. A. S. Mtg.
Notes on Same, & Prof. Webb's Acct.
Bericht von Inspektor John R. Legrasse – Bienville Street 121, New Orleans, Louisiana – auf der Vollversammlung der American Archaeological Society von 1908, mit einem Kommentar von Professor Webb
Achtzehn Jahre ist das schon her...

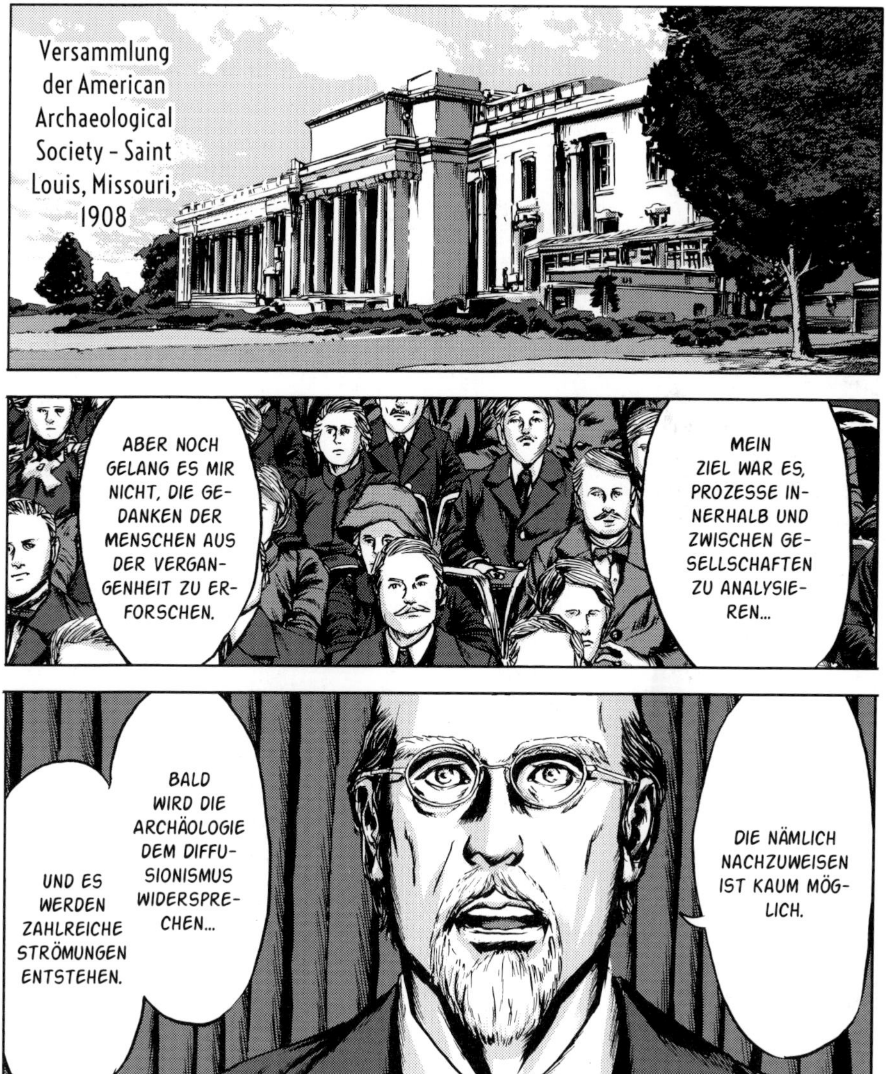
Versammlung der American Archaeological Society - Saint Louis, Missouri, 1908
MEIN ZIEL WAR ES, PROZESSE INNERHALB UND ZWISCHEN GESELLSCHAFTEN ZU ANALYSIEREN...
ABER NOCH GELANG ES MIR NICHT, DIE GEDANKEN DER MENSCHEN AUS DER VERGANGENHEIT ZU ERFORSCHEN.
DIE NÄMLICH NACHZUWEISEN IST KAUM MÖGLICH.
BALD WIRD DIE ARCHÄOLOGIE DEM DIFFUSIONISMUS WIDERSPRECHEN...
UND ES WERDEN ZAHLREICHE STRÖMUNGEN ENTSTEHEN.

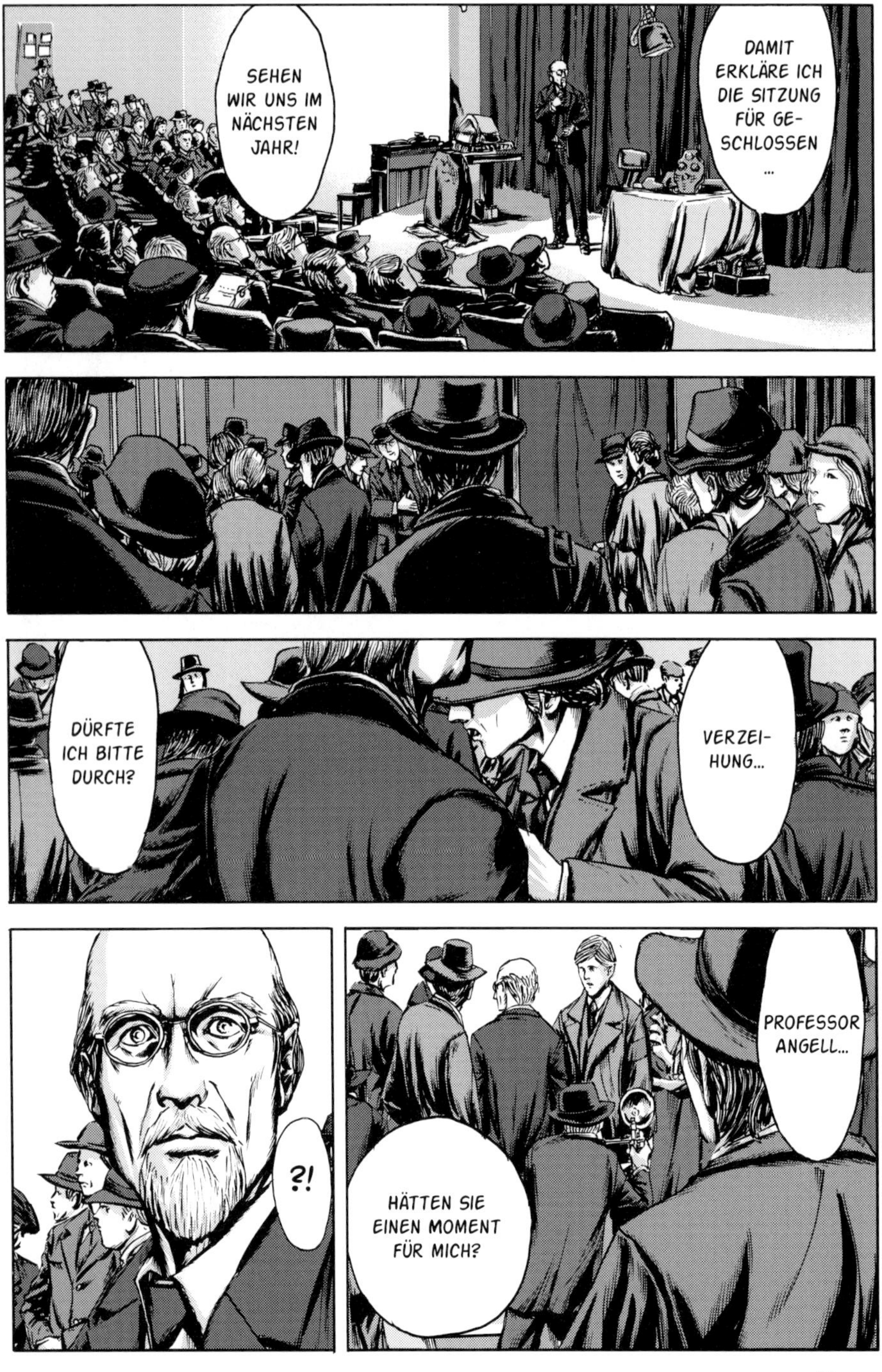
DAMIT ERKLÄRE ICH DIE SITZUNG FÜR GE-SCHLOSSEN ...
SEHEN WIR UNS IM NÄCHSTEN JAHR!
VERZEI-HUNG...
DÜRFTE ICH BITTE DURCH?
PROFESSOR ANGELL...
HÄTTEN SIE EINEN MOMENT FÜR MICH?
?!

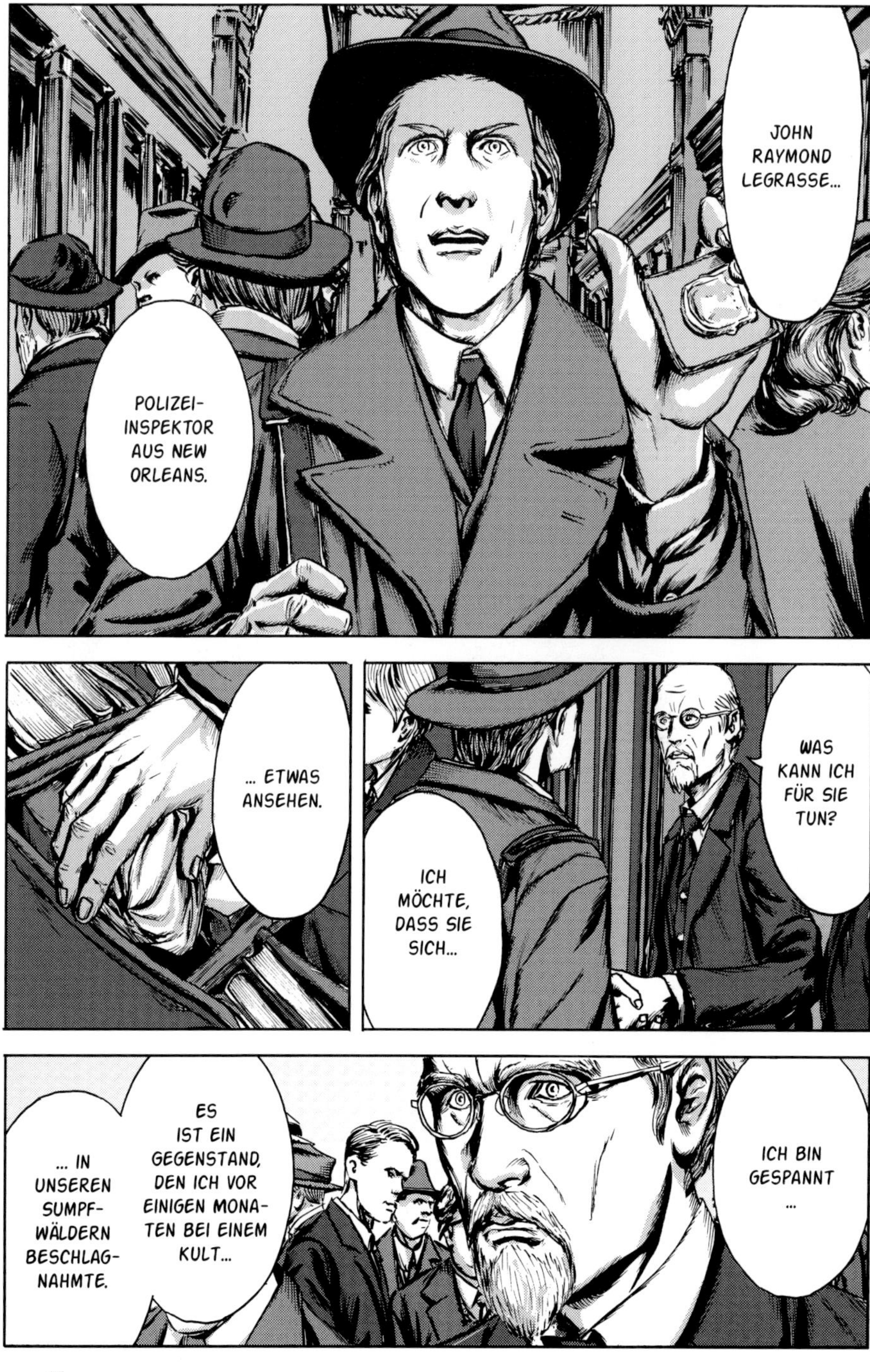
POLIZEI-INSPEKTOR AUS NEW ORLEANS.
JOHN RAYMOND LEGRASSE...
WAS KANN ICH FÜR SIE TUN?
ICH MÖCHTE, DASS SIE SICH...
... ETWAS ANSEHEN.
ICH BIN GESPANNT ...
ES IST EIN GEGENSTAND, DEN ICH VOR EINIGEN MONATEN BEI EINEM KULT...
... IN UNSEREN SUMPFWÄLDERN BESCHLAGNAHMTE.

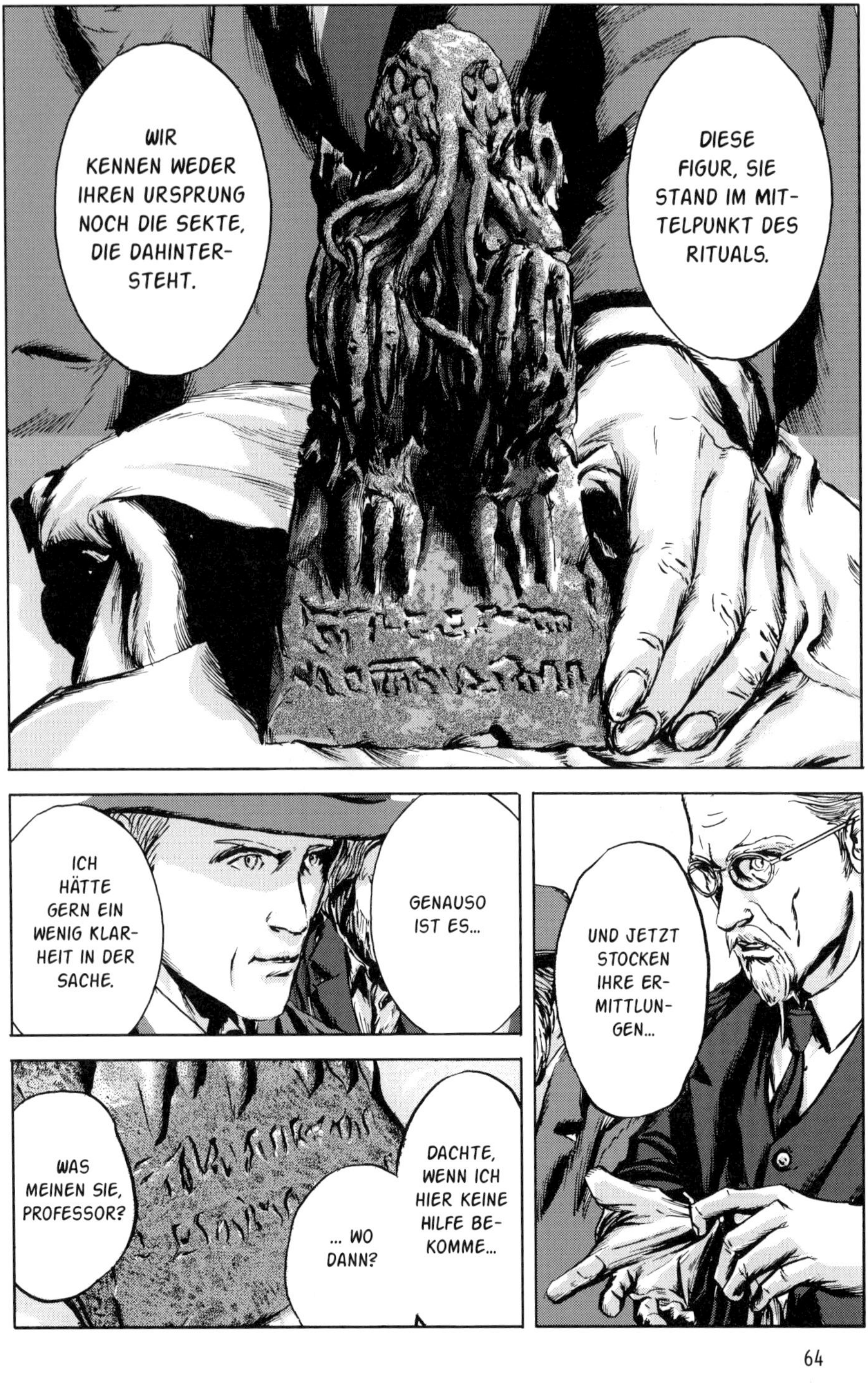
WIR KENNEN WEDER IHREN URSPRUNG NOCH DIE SEKTE, DIE DAHINTER-STEHT.
DIESE FIGUR, SIE STAND IM MIT-TELPUNKT DES RITUALS.
ICH HÄTTE GERN EIN WENIG KLAR-HEIT IN DER SACHE.
GENAUSO IST ES...
UND JETZT STOCKEN IHRE ER-MITTLUN-GEN...
WAS MEINEN SIE, PROFESSOR?
DACHTE, WENN ICH HIER KEINE HILFE BE-KOMME...
... WO DANN?

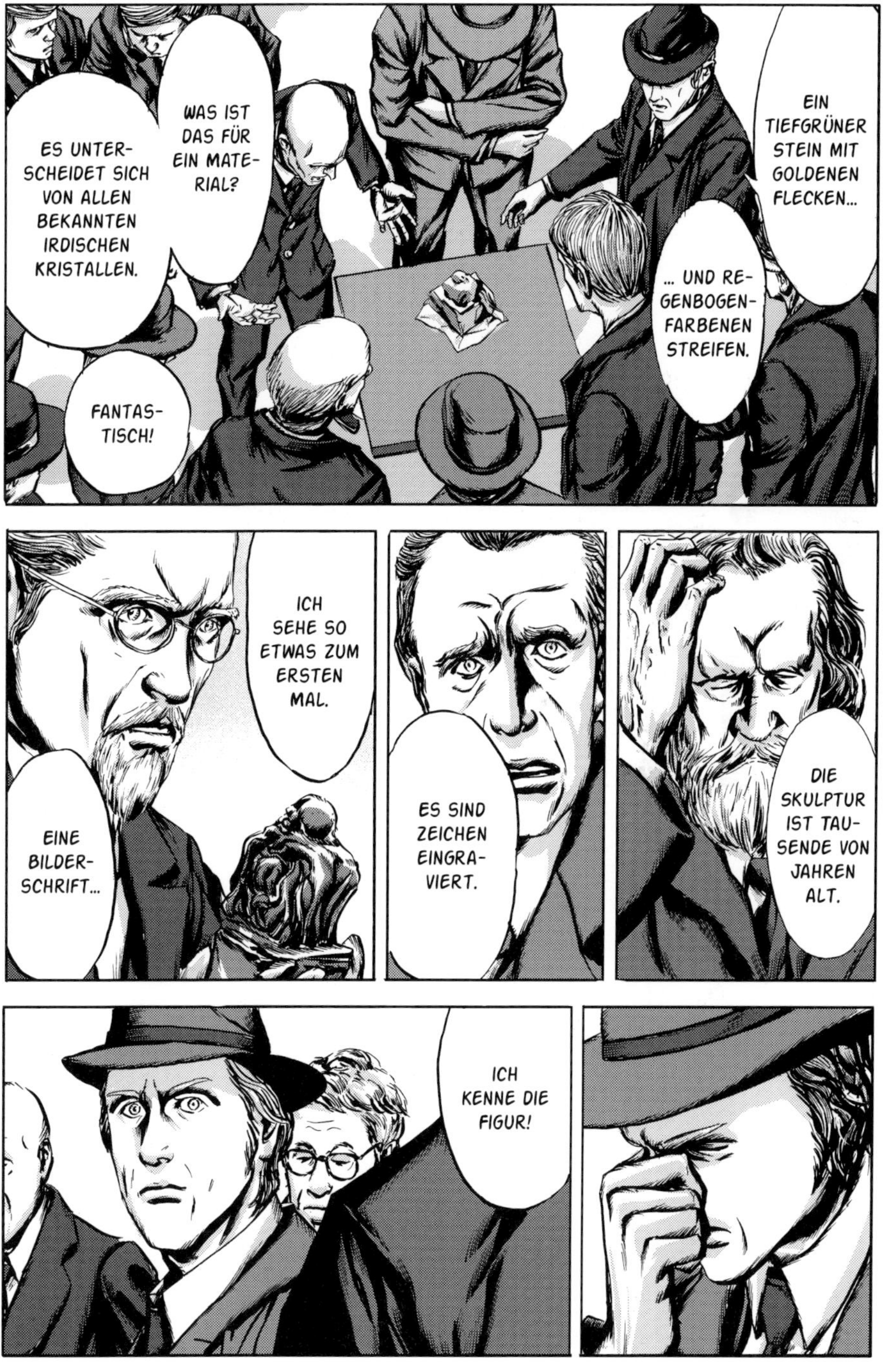
WAS IST DAS FÜR EIN MATE-RIAL?
ES UNTER-SCHEIDET SICH VON ALLEN BEKANNTEN IRDISCHEN KRISTALLEN.
EIN TIEFGRÜNER STEIN MIT GOLDENEN FLECKEN...
... UND RE-GENBOGEN-FARBENEN STREIFEN.
FANTAS-TISCH!
ICH SEHE SO ETWAS ZUM ERSTEN MAL.
EINE BILDER-SCHRIFT...
ES SIND ZEICHEN EINGRA-VIERT.
DIE SKULPTUR IST TAU-SENDE VON JAHREN ALT.
ICH KENNE DIE FIGUR!

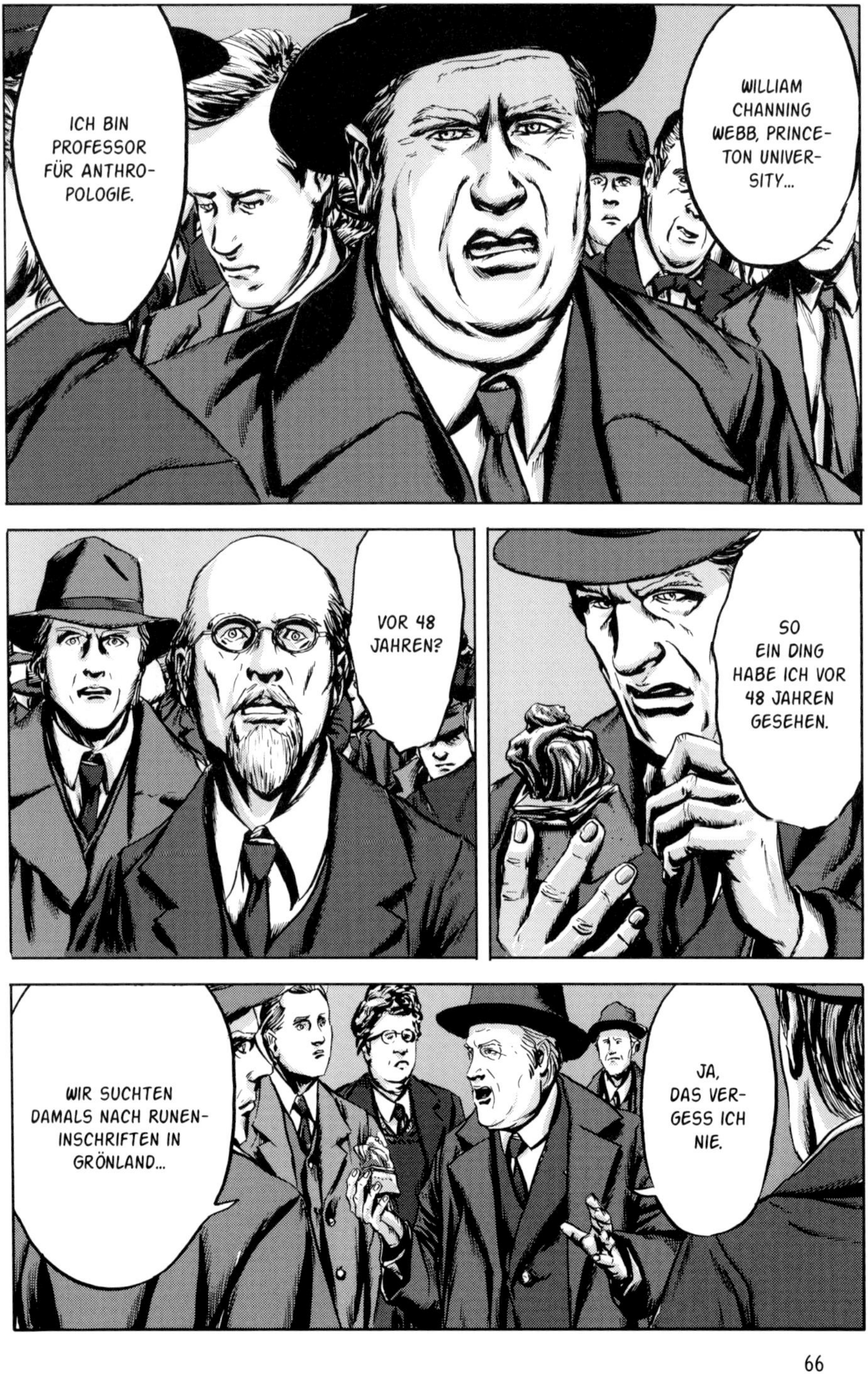
ICH BIN PROFESSOR FÜR ANTHRO-POLOGIE.
WILLIAM CHANNING WEBB, PRINCE-TON UNIVER-SITY...
VOR 48 JAHREN?
SO EIN DING HABE ICH VOR 48 JAHREN GESEHEN.
WIR SUCHTEN DAMALS NACH RUNEN-INSCHRIFTEN IN GRÖNLAND...
JA, DAS VER-GESS ICH NIE.

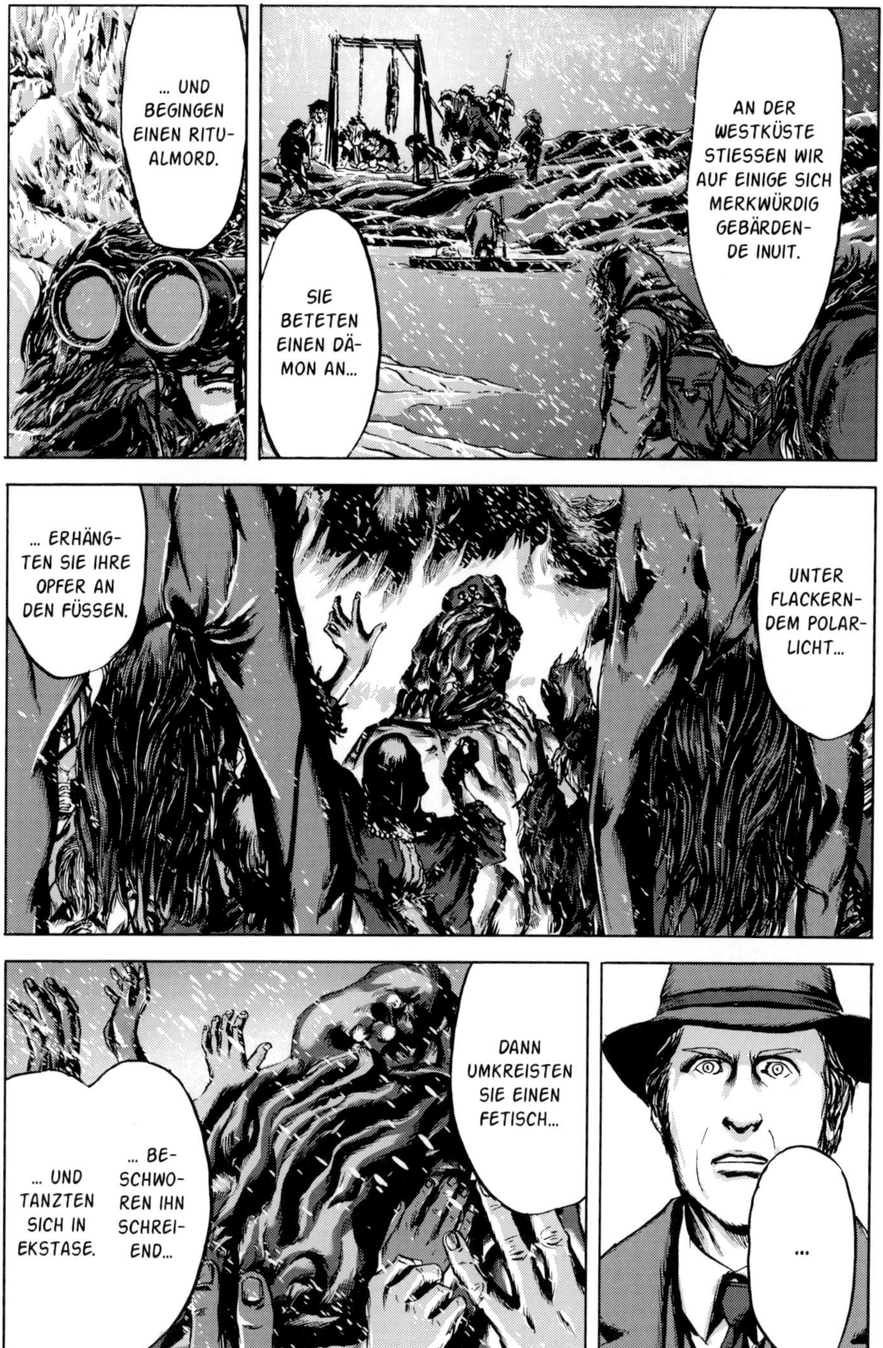
AN DER WESTKÜSTE STIESSEN WIR AUF EINIGE SICH MERKWÜRDIG GEBÄRDENDE INUIT.
SIE BETETEN EINEN DÄMON AN...
... UND BEGINGEN EINEN RITUALMORD.
UNTER FLACKERNDEM POLARLICHT...
... ERHÄNGTEN SIE IHRE OPFER AN DEN FÜSSEN.
...
DANN UMKREISTEN SIE EINEN FETISCH...
... BESCHWOREN IHN SCHREIEND...
... UND TANZTEN SICH IN EKSTASE.

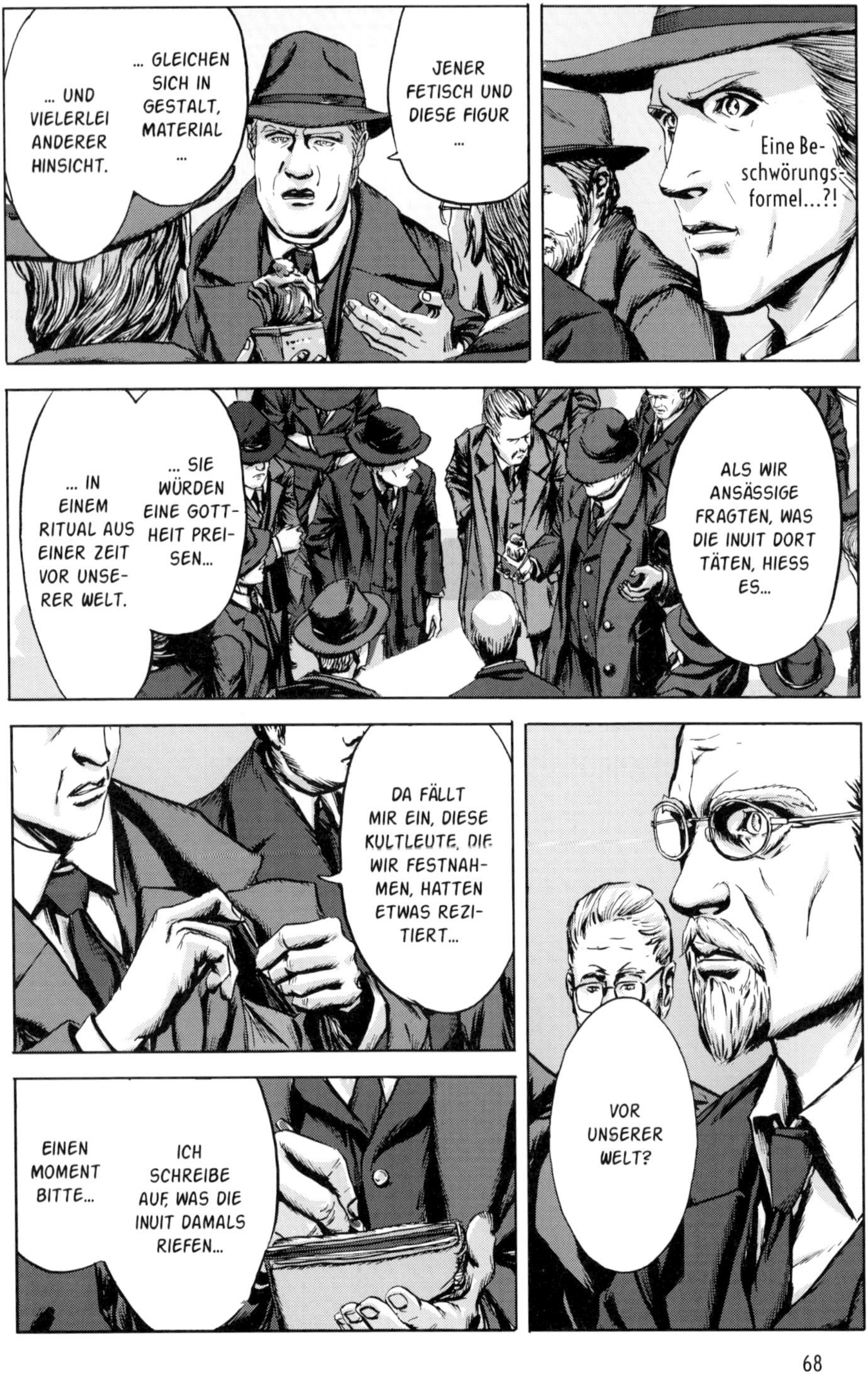
JENER FETISCH UND DIESE FIGUR ...
... GLEICHEN SICH IN GESTALT, MATERIAL ...
... UND VIELERLEI ANDERER HINSICHT.
Eine Beschwörungsformel...?!
ALS WIR ANSÄSSIGE FRAGTEN, WAS DIE INUIT DORT TÄTEN, HIESS ES...
... SIE WÜRDEN EINE GOTTHEIT PREISEN...
... IN EINEM RITUAL AUS EINER ZEIT VOR UNSERER WELT.
VOR UNSERER WELT?
DA FÄLLT MIR EIN, DIESE KULTLEUTE, DIE WIR FESTNAHMEN, HATTEN ETWAS REZITIERT...
ICH SCHREIBE AUF, WAS DIE INUIT DAMALS RIEFEN...
EINEN MOMENT BITTE...

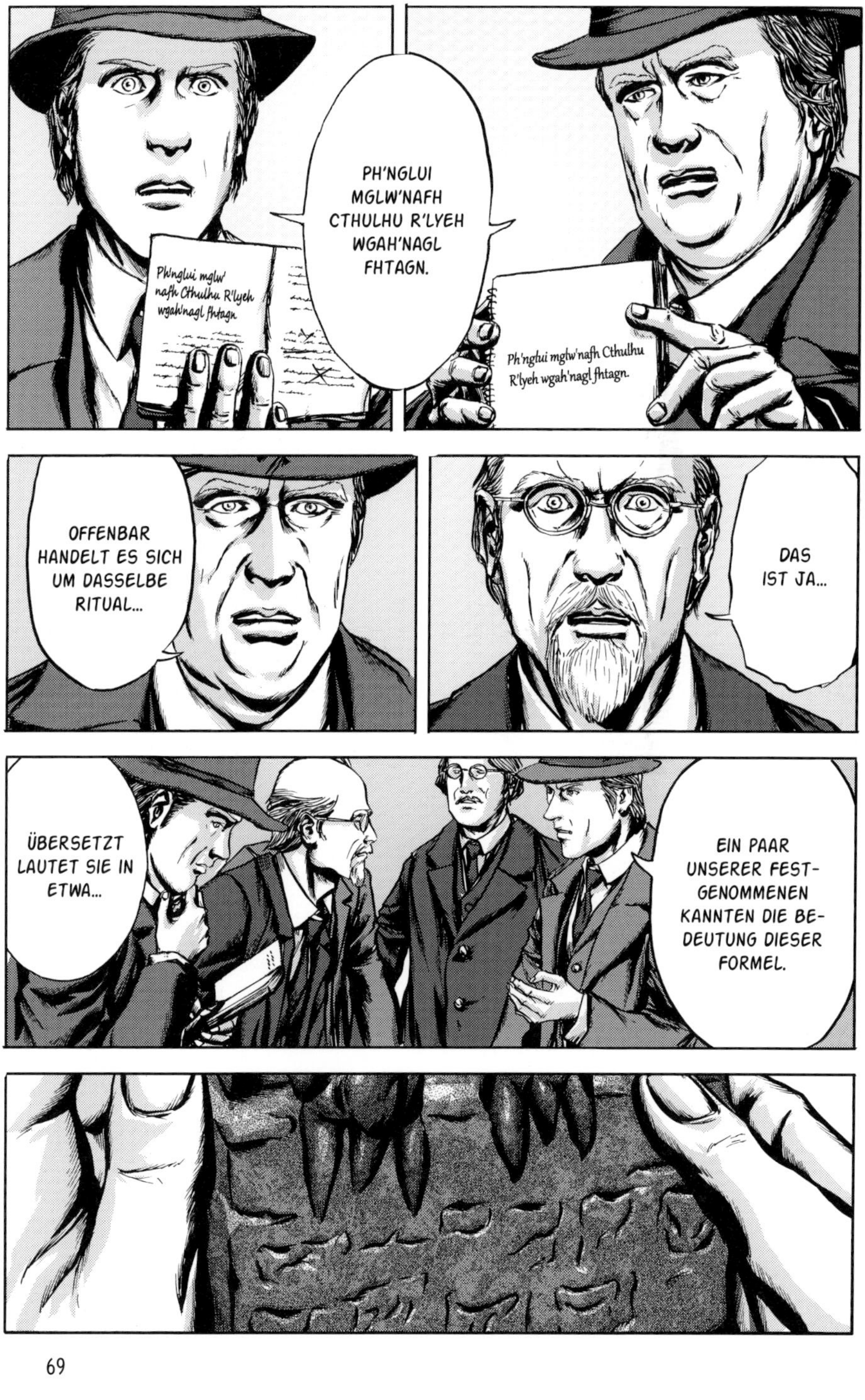
Ph'nglui mglw'
nafh Cthulhu R'lyeh
wgah'nagl fhtagn
PH'NGLUI
MGLW'NAFH
CTHULHU R'LYEH
WGAH'NAGL
FHTAGN.
Ph'nglui mglw'nafh Cthulhu
R'lyeh wgah'nagl fhtagn.
OFFENBAR
HANDELT ES SICH
UM DASSELBE
RITUAL...
DAS
IST JA...
EIN PAAR
UNSERER FEST-
GENOMMENEN
KANNTEN DIE BE-
DEUTUNG DIESER
FORMEL.
ÜBERSETZT
LAUTET SIE IN
ETWA...

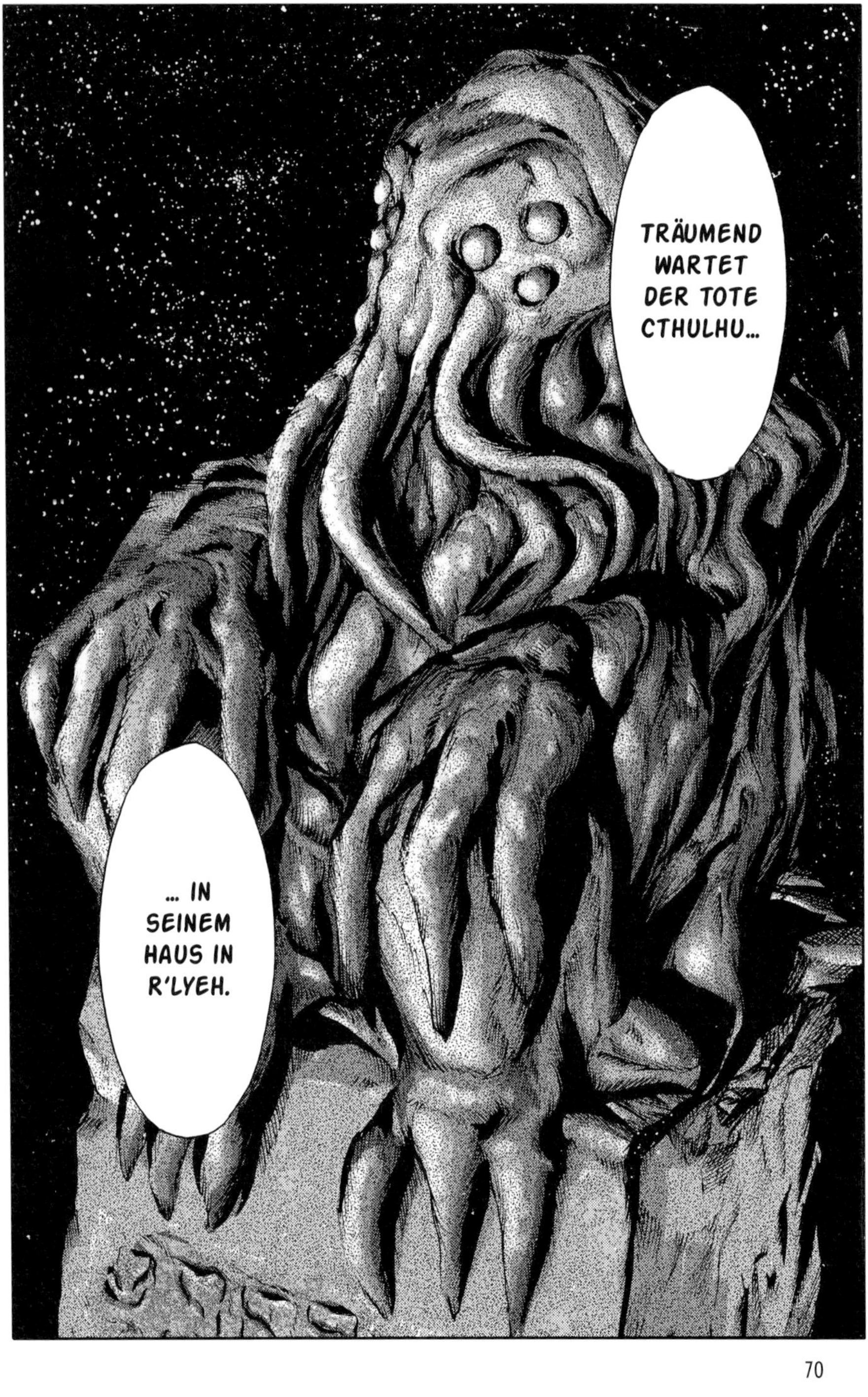
TRÄUMEND WARTET DER TOTE CTHULHU…
… IN SEINEM HAUS IN R'LYEH.

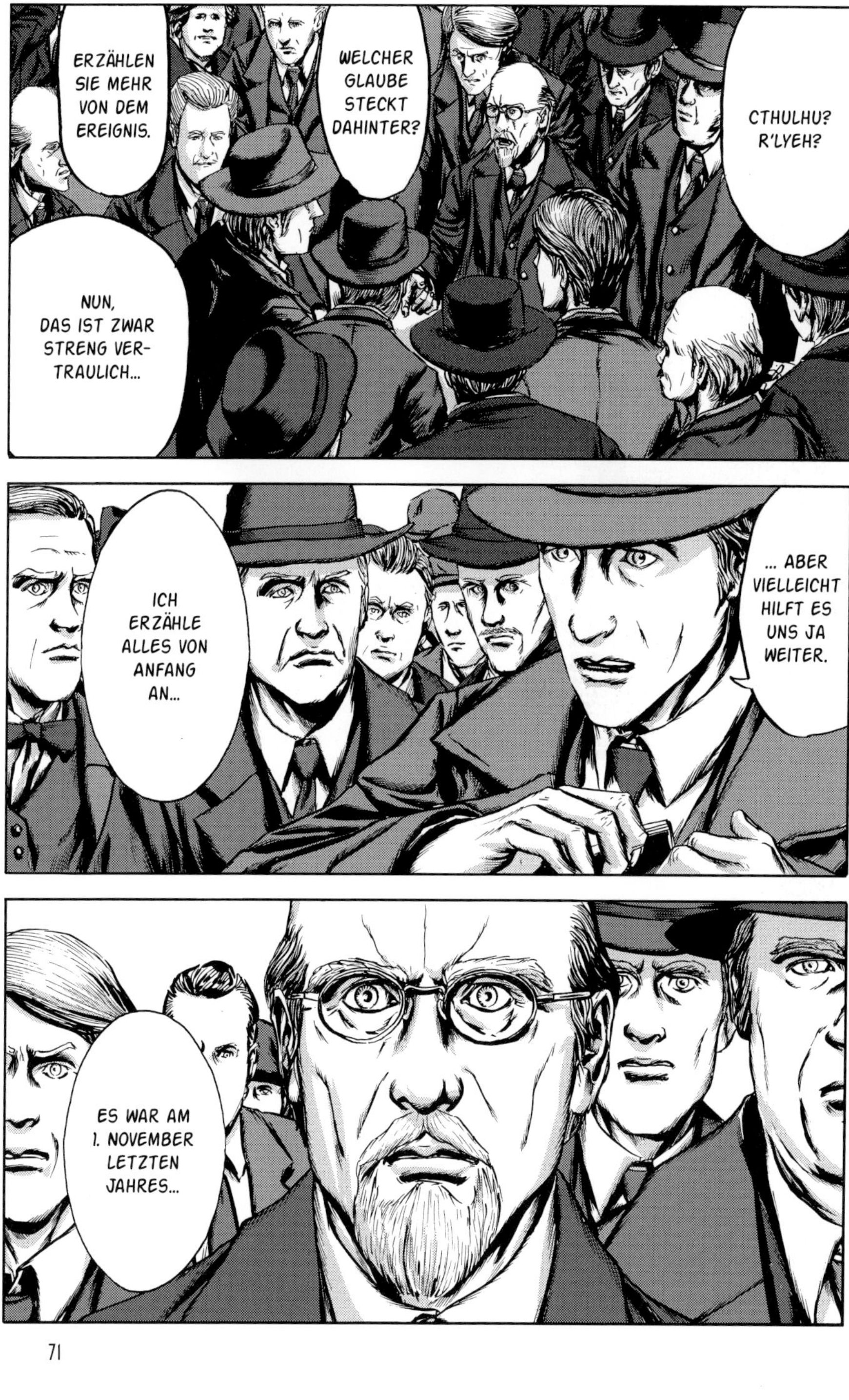
ERZÄHLEN SIE MEHR VON DEM EREIGNIS.
WELCHER GLAUBE STECKT DAHINTER?
CTHULHU? R'LYEH?
NUN, DAS IST ZWAR STRENG VER-TRAULICH...
... ABER VIELLEICHT HILFT ES UNS JA WEITER.
ICH ERZÄHLE ALLES VON ANFANG AN...
ES WAR AM 1. NOVEMBER LETZTEN JAHRES...

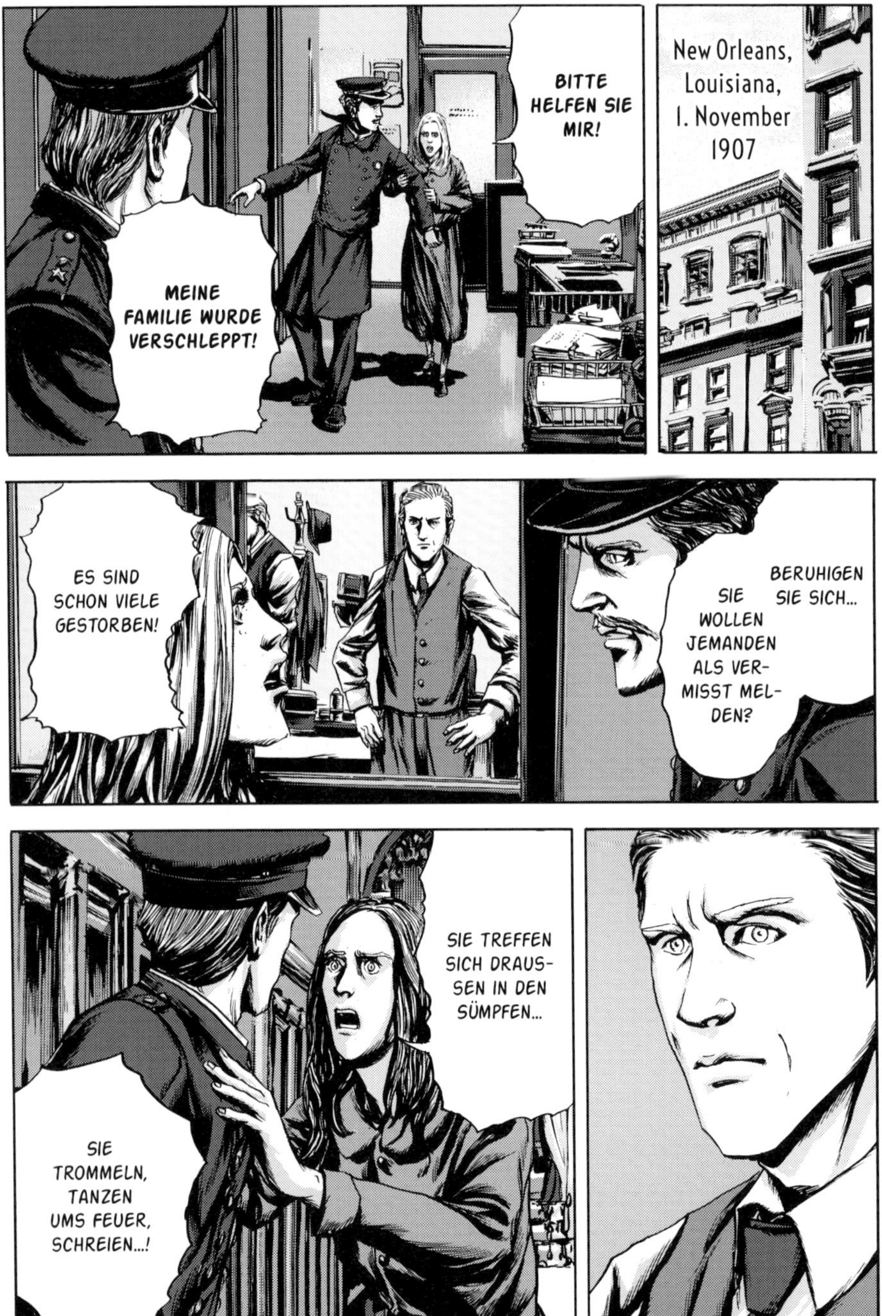
New Orleans, Louisiana, 1. November 1907
BITTE HELFEN SIE MIR!
MEINE FAMILIE WURDE VERSCHLEPPT!
BERUHIGEN SIE SICH...
SIE WOLLEN JEMANDEN ALS VER-MISST MEL-DEN?
ES SIND SCHON VIELE GESTORBEN!
SIE TREFFEN SICH DRAUS-SEN IN DEN SÜMPFEN...
SIE TROMMELN, TANZEN UMS FEUER, SCHREIEN...!

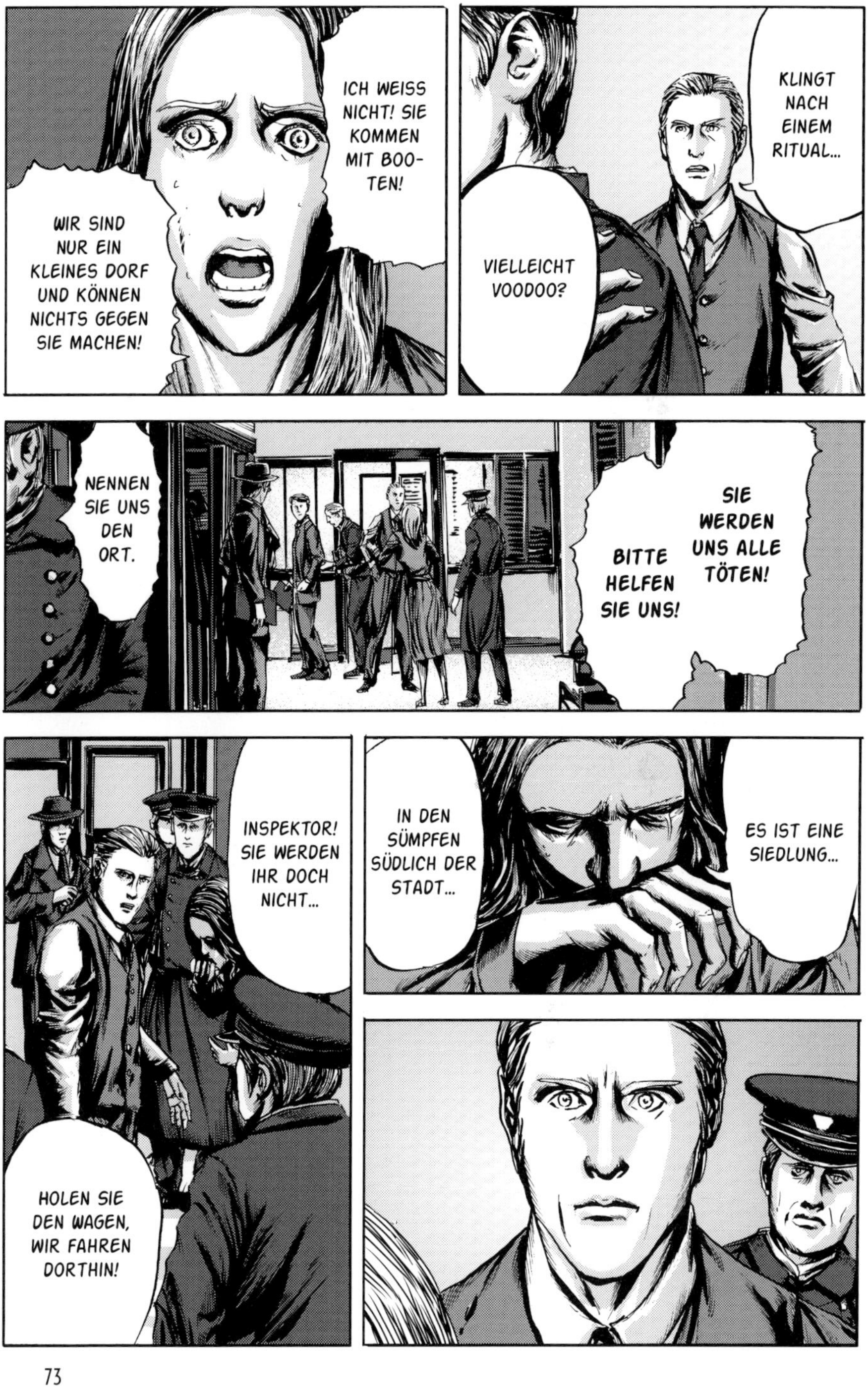
ICH WEISS NICHT! SIE KOMMEN MIT BOO-TEN!
WIR SIND NUR EIN KLEINES DORF UND KÖNNEN NICHTS GEGEN SIE MACHEN!
KLINGT NACH EINEM RITUAL...
VIELLEICHT VOODOO?
SIE WERDEN UNS ALLE TÖTEN!
BITTE HELFEN SIE UNS!
NENNEN SIE UNS DEN ORT.
ES IST EINE SIEDLUNG...
IN DEN SÜMPFEN SÜDLICH DER STADT...
INSPEKTOR! SIE WERDEN IHR DOCH NICHT...
HOLEN SIE DEN WAGEN, WIR FAHREN DORTHIN!

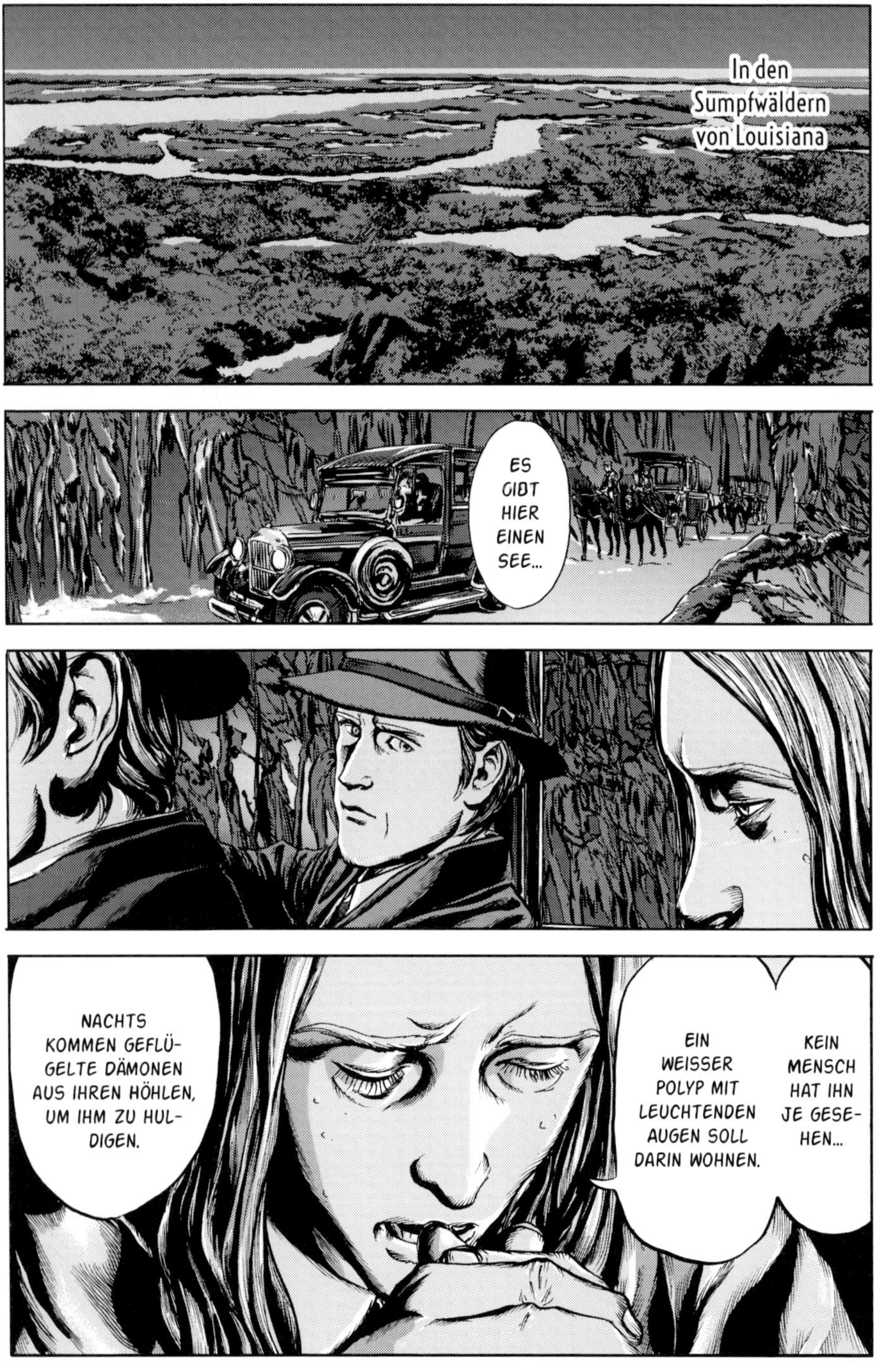
In den Sumpfwäldern von Louisiana
ES GIBT HIER EINEN SEE...
KEIN MENSCH HAT IHN JE GESEHEN...
EIN WEISSER POLYP MIT LEUCHTENDEN AUGEN SOLL DARIN WOHNEN.
NACHTS KOMMEN GEFLÜGELTE DÄMONEN AUS IHREN HÖHLEN, UM IHM ZU HULDIGEN.

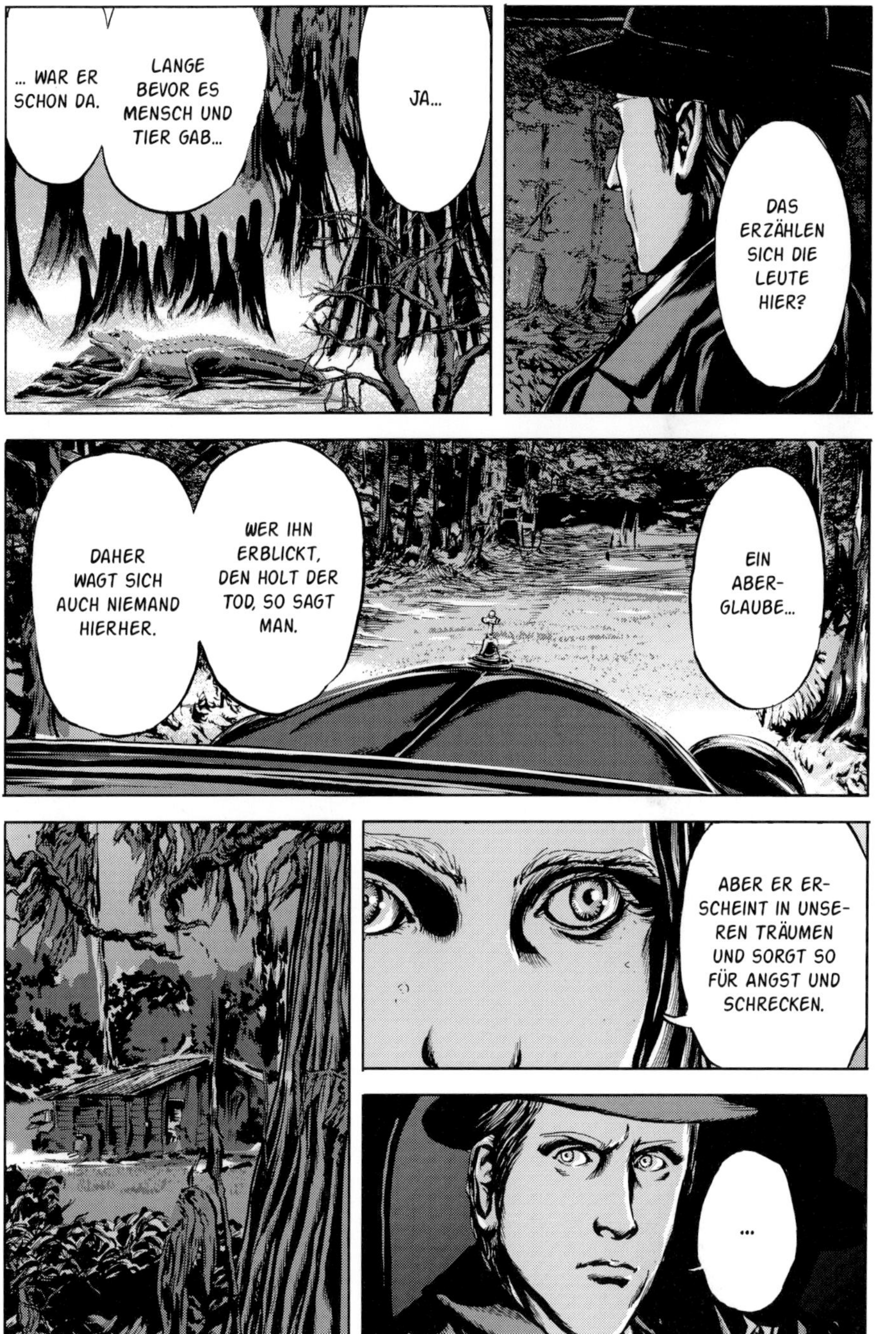
... WAR ER SCHON DA.
LANGE BEVOR ES MENSCH UND TIER GAB...
JA...
DAS ERZÄHLEN SICH DIE LEUTE HIER?
WER IHN ERBLICKT, DEN HOLT DER TOD, SO SAGT MAN.
DAHER WAGT SICH AUCH NIEMAND HIERHER.
EIN ABER-GLAUBE...
ABER ER ER-SCHEINT IN UNSE-REN TRÄUMEN UND SORGT SO FÜR ANGST UND SCHRECKEN.
...

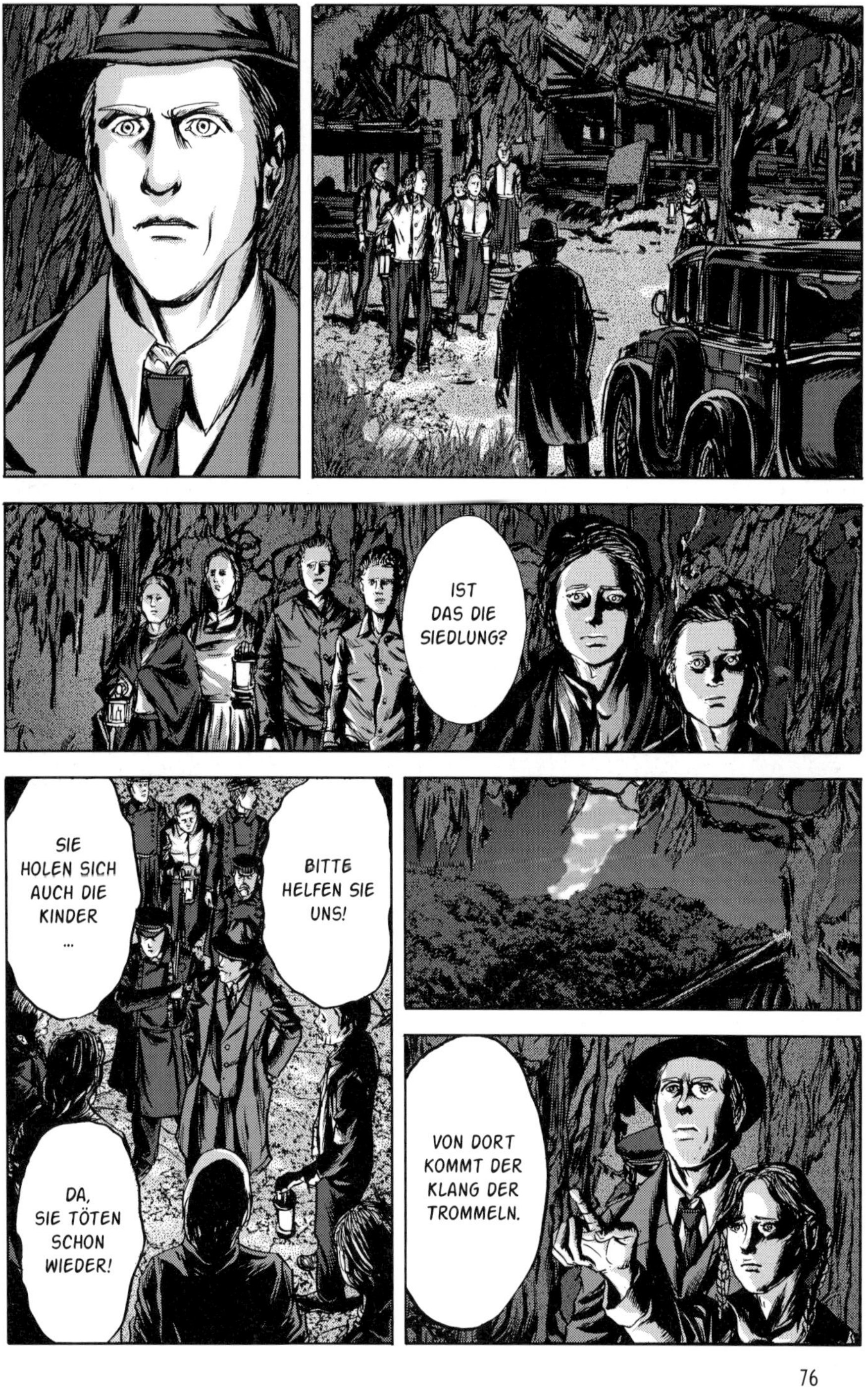
IST DAS DIE SIEDLUNG?
SIE HOLEN SICH AUCH DIE KINDER ...
BITTE HELFEN SIE UNS!
DA, SIE TÖTEN SCHON WIEDER!
VON DORT KOMMT DER KLANG DER TROMMELN.

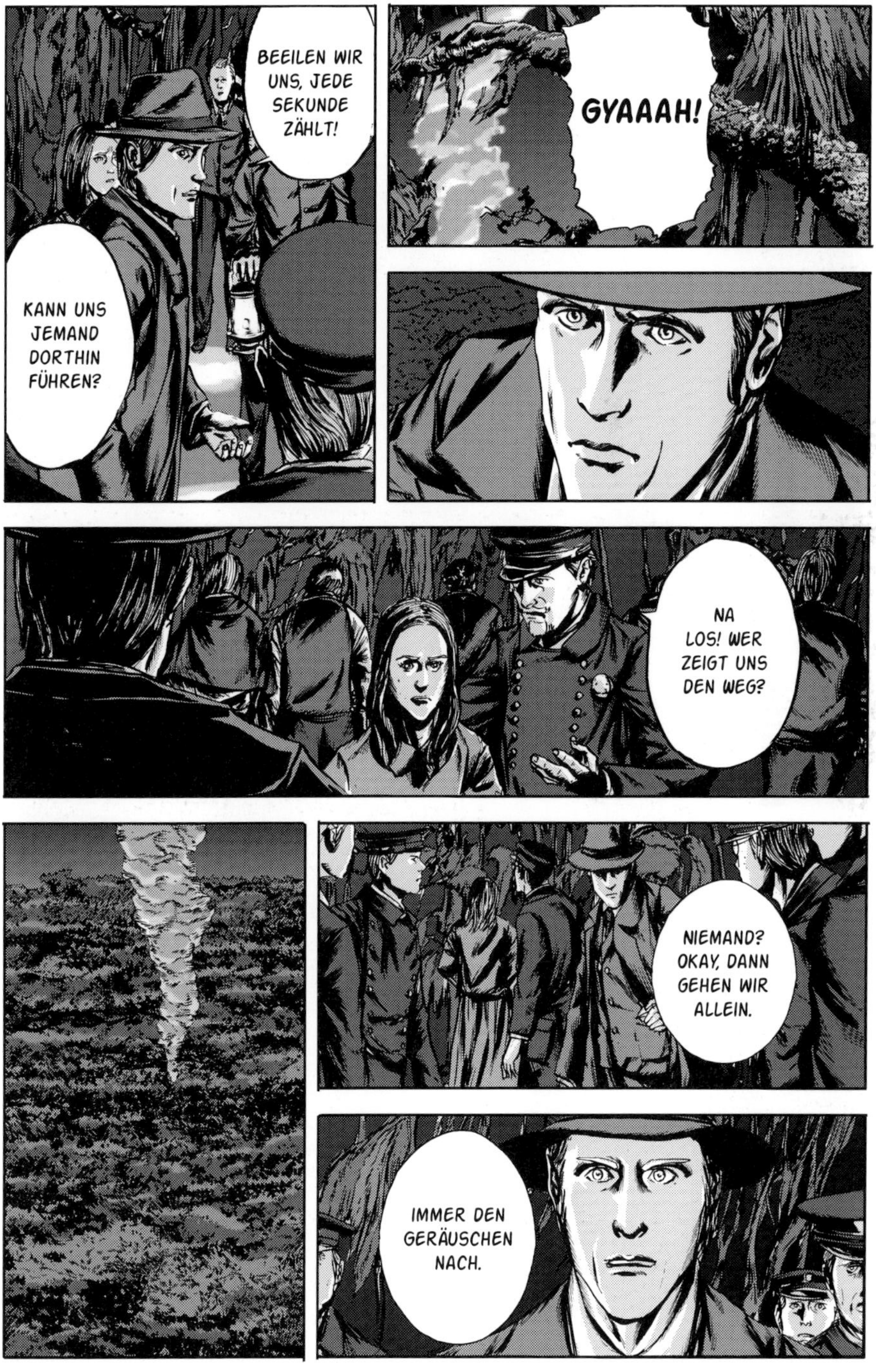
BEEILEN WIR UNS, JEDE SEKUNDE ZÄHLT!
KANN UNS JEMAND DORTHIN FÜHREN?
GYAAAH!
NA LOS! WER ZEIGT UNS DEN WEG?
NIEMAND? OKAY, DANN GEHEN WIR ALLEIN.
IMMER DEN GERÄUSCHEN NACH.

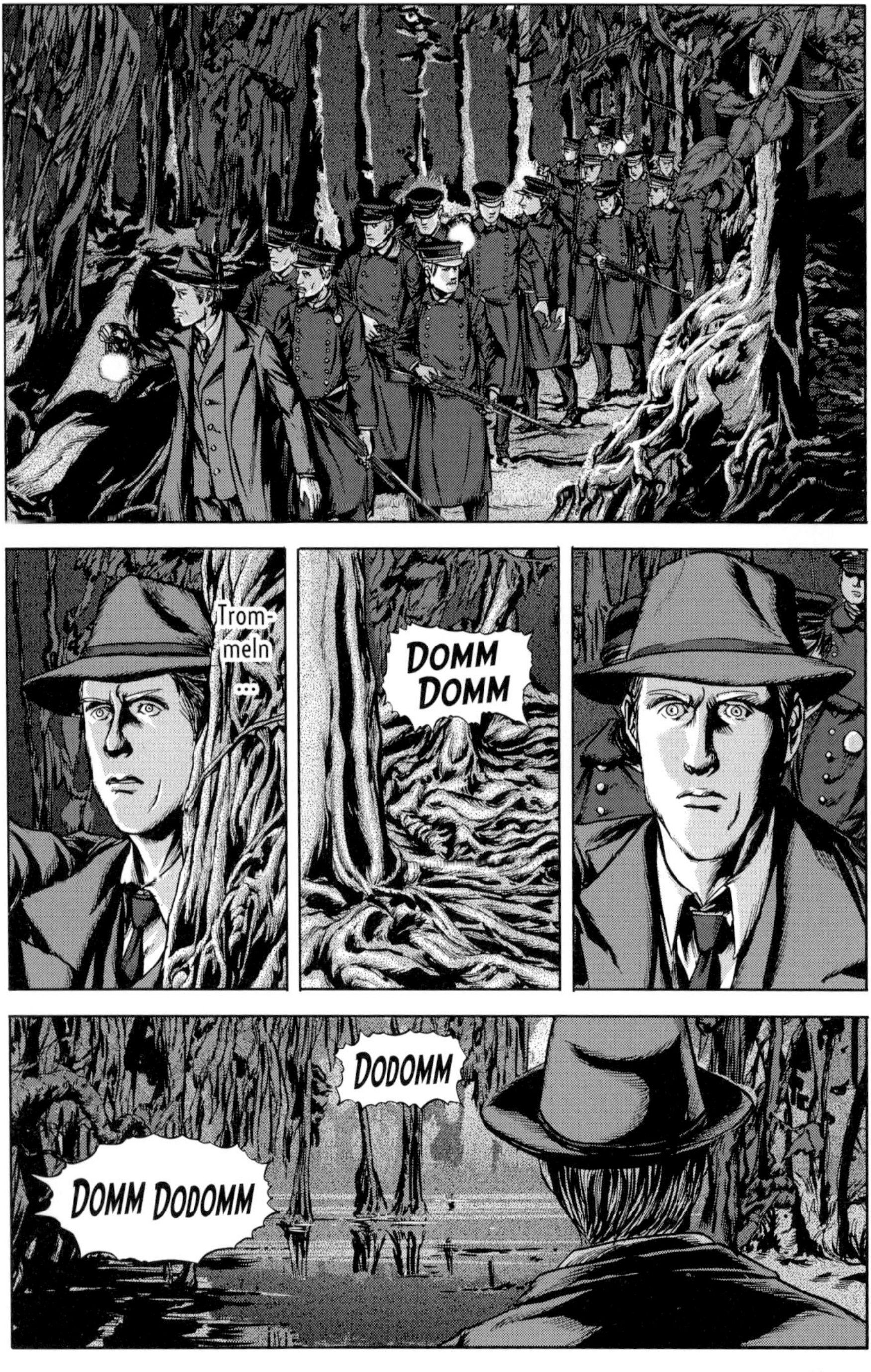
Trom-
meln
...
DOMM
DOMM
DODOMM
DOMM DODOMM

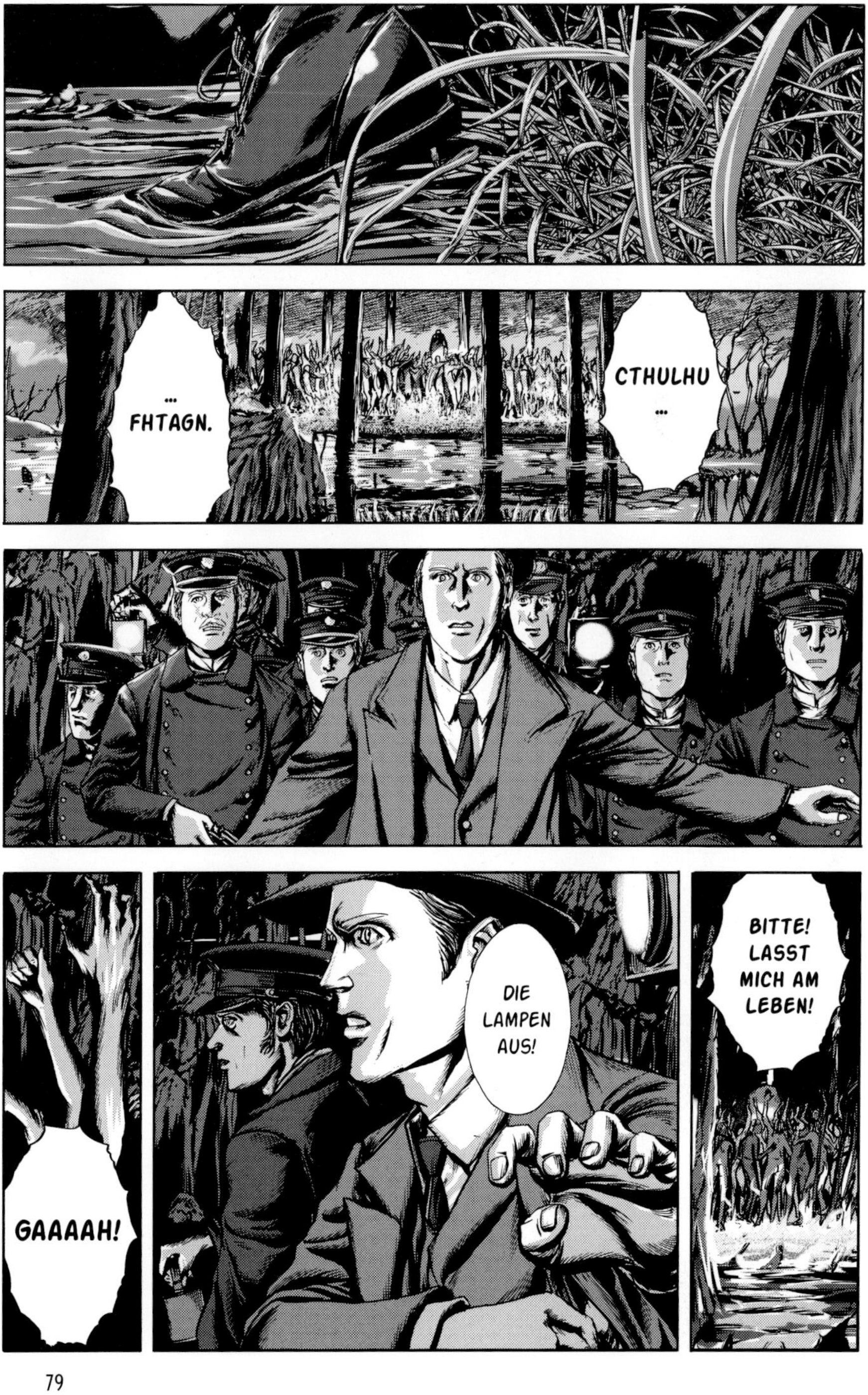
... FHTAGN.
CTHULHU ...
DIE LAMPEN AUS!
BITTE! LASST MICH AM LEBEN!
GAAAAH!

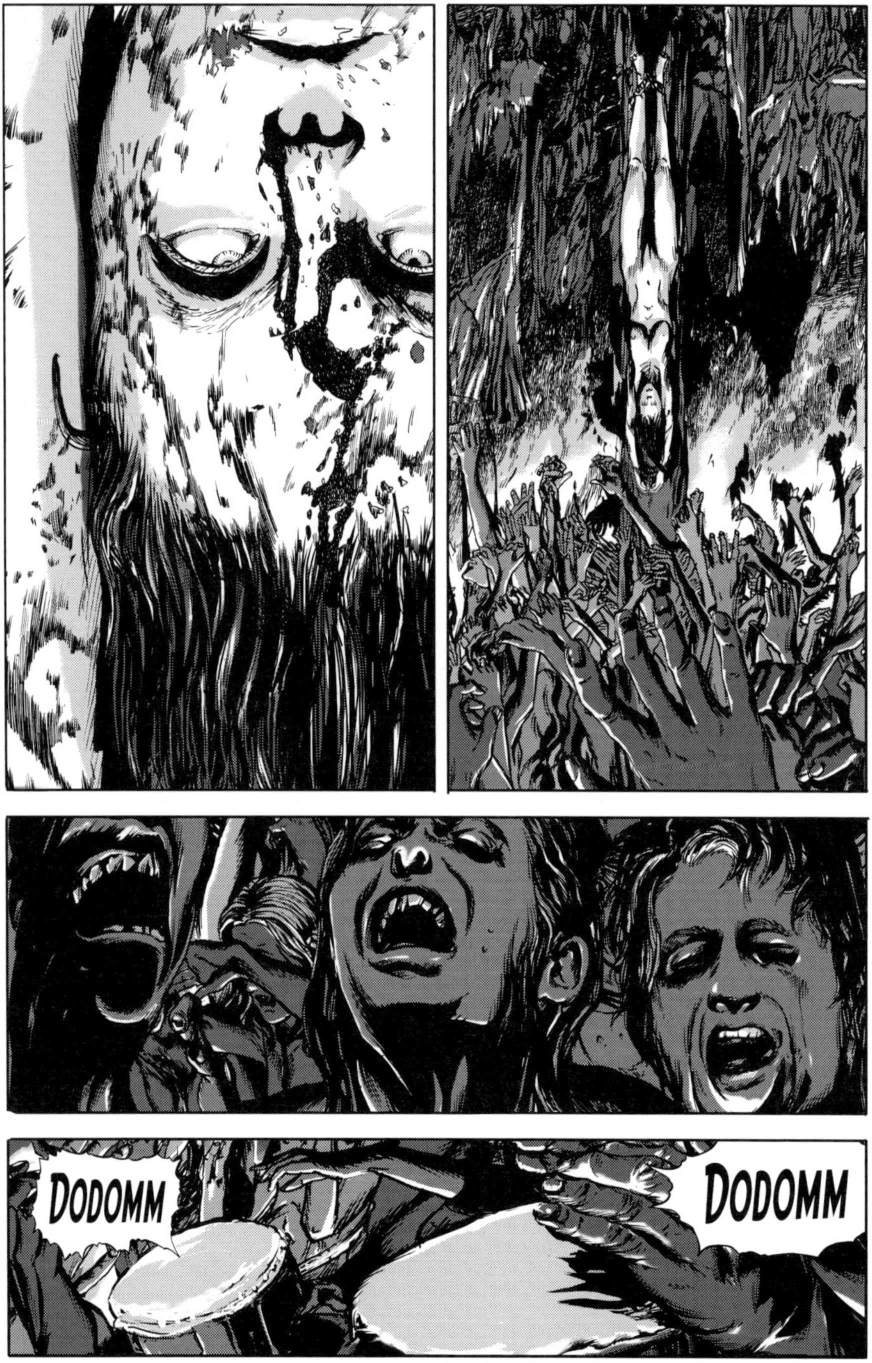
DODOMM
DODOMM

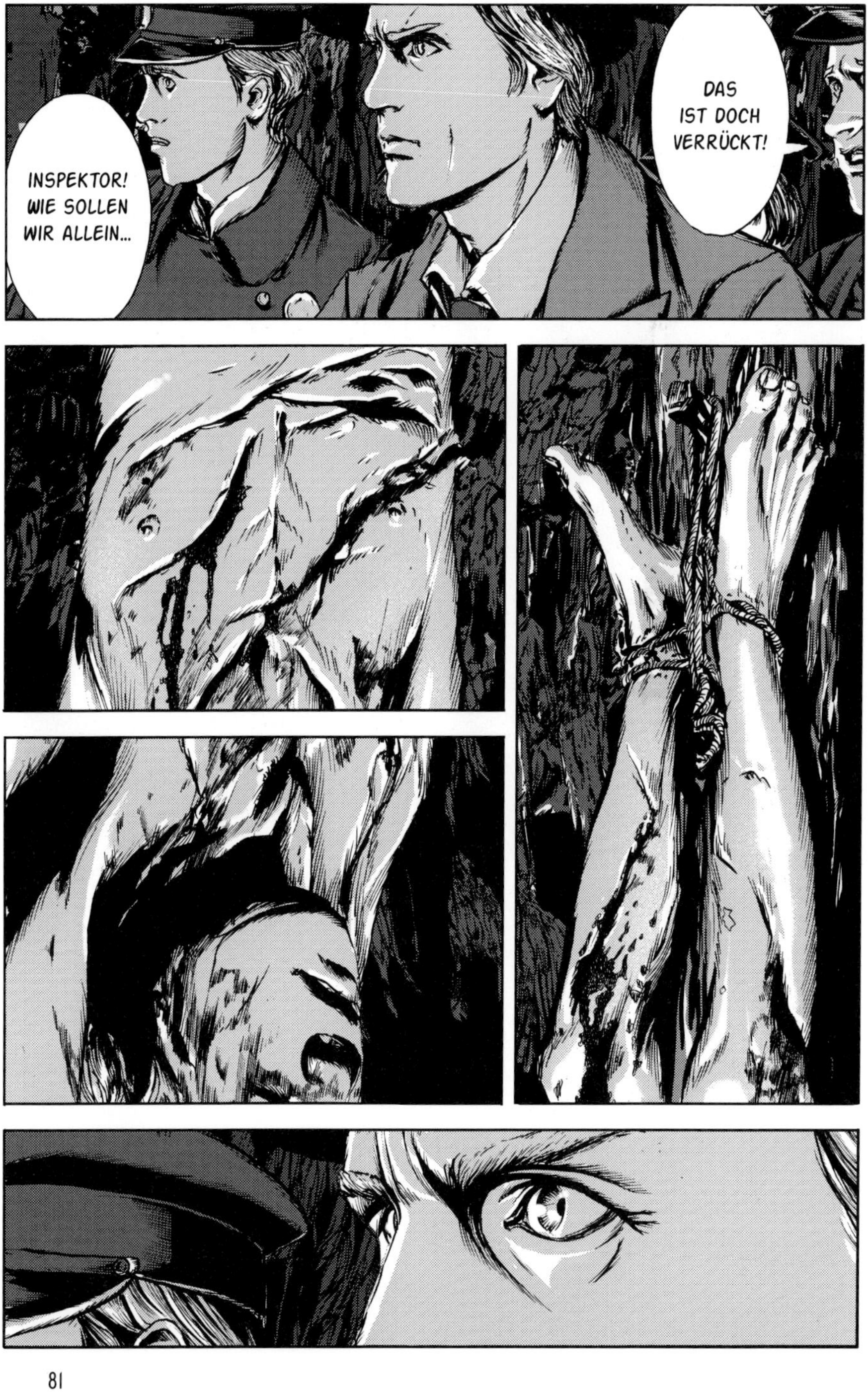
DAS IST DOCH VERRÜCKT!
INSPEKTOR! WIE SOLLEN WIR ALLEIN...

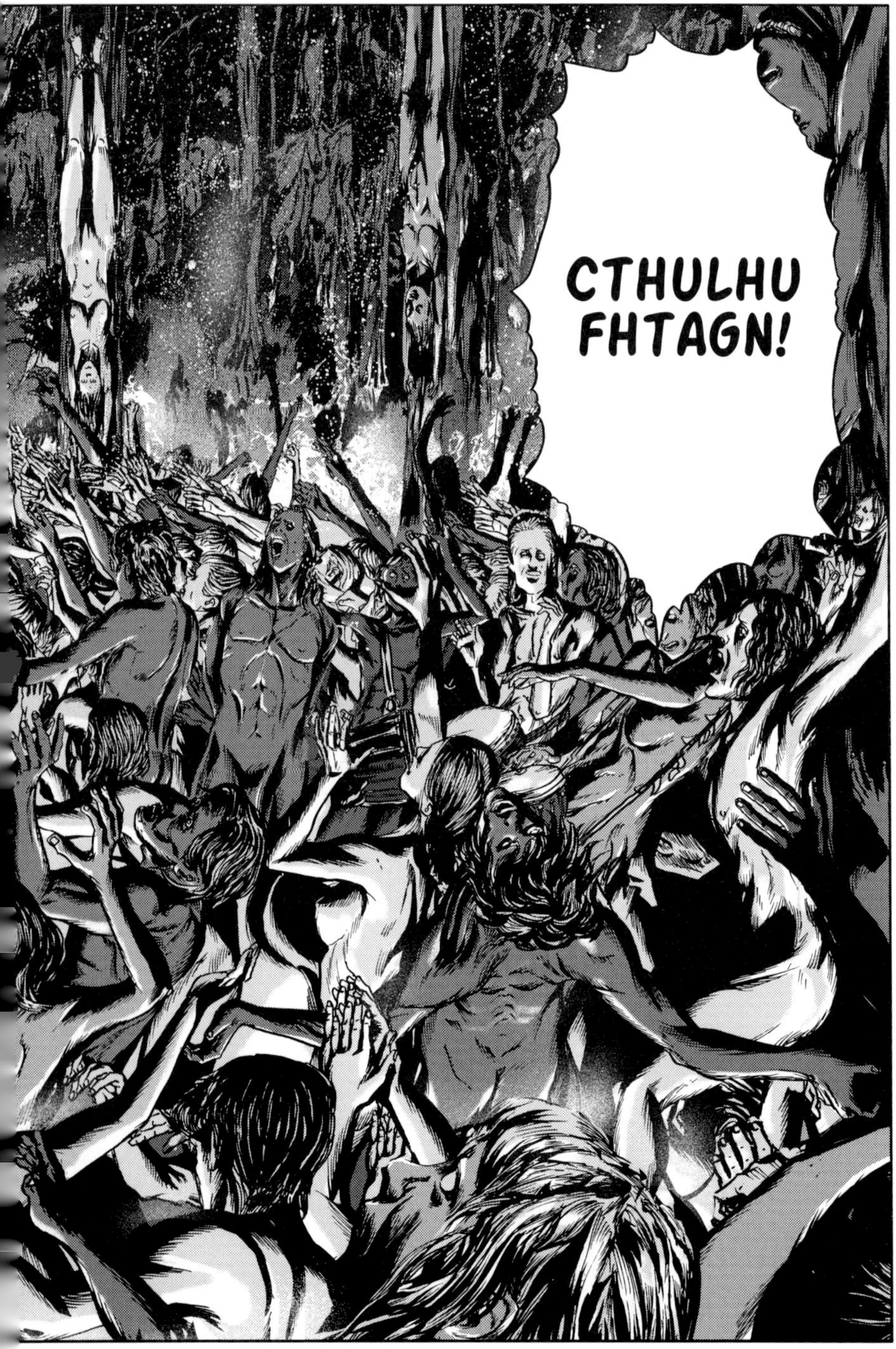
CTHULHU FHTAGN!

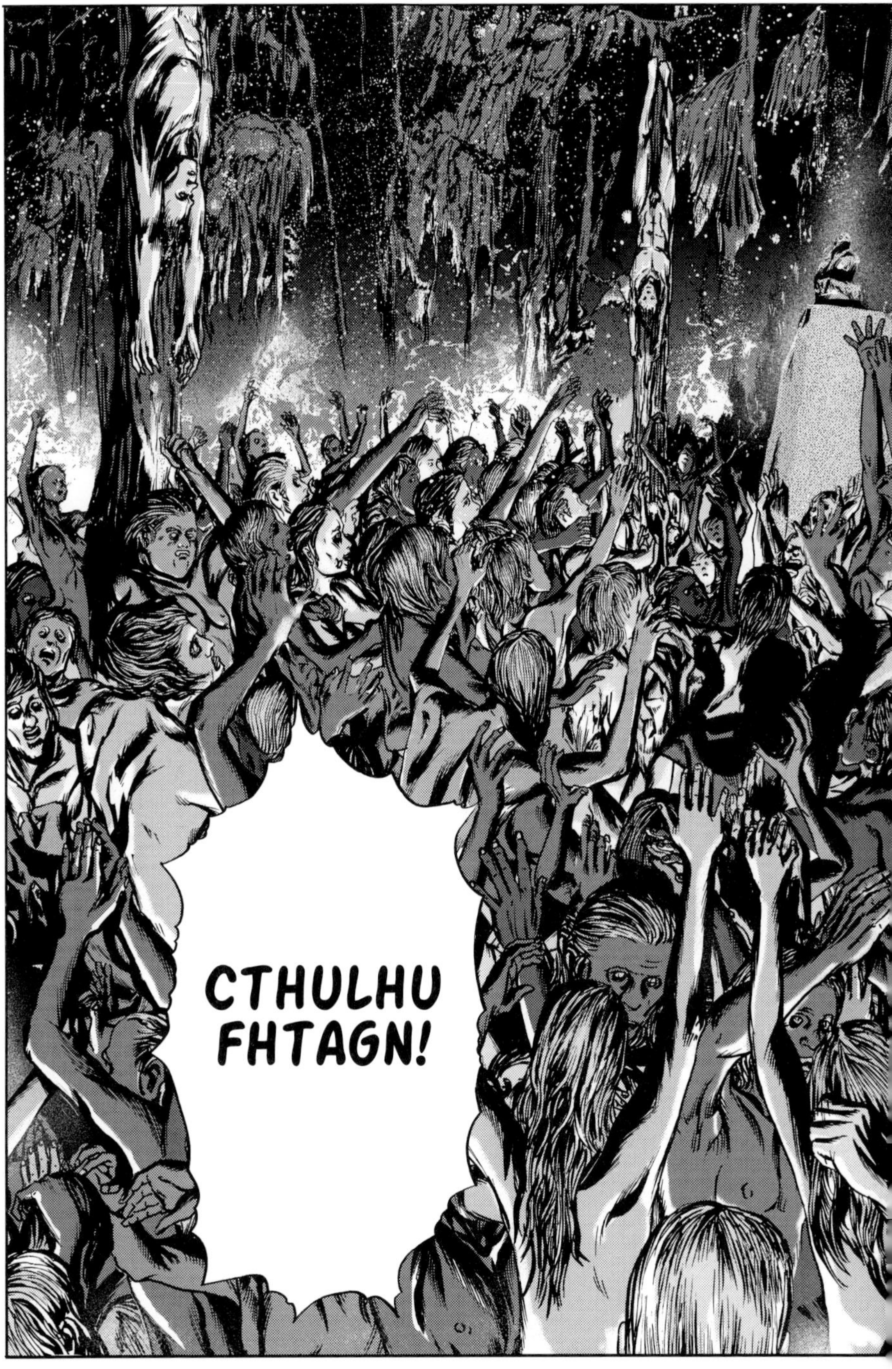
CTHULHU FHTAGN!

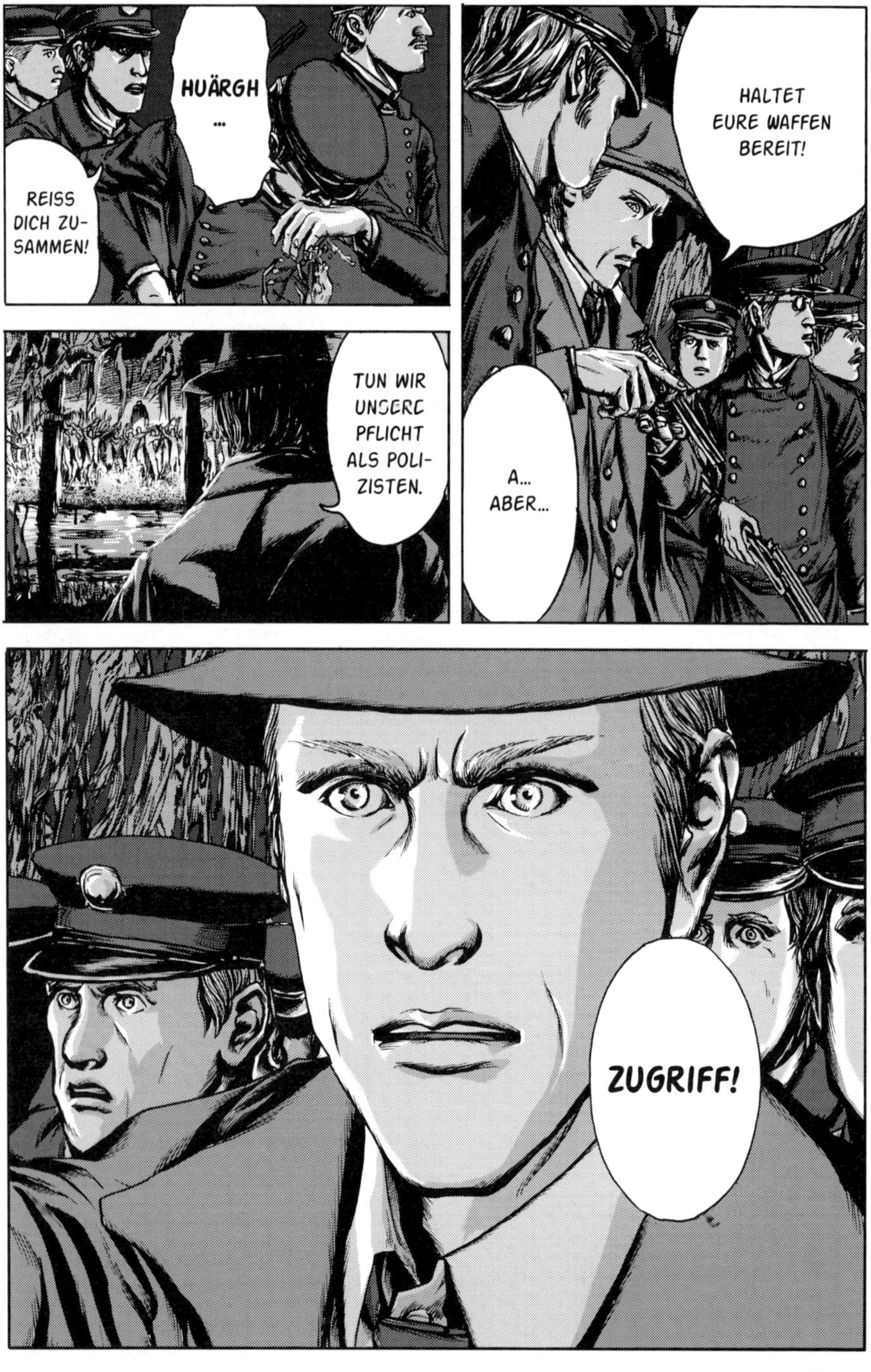
HUÄRGH
...
REISS DICH ZUSAMMEN!
HALTET EURE WAFFEN BEREIT!
A... ABER...
TUN WIR UNSERE PFLICHT ALS POLIZISTEN.
ZUGRIFF!

3 DER CTHULHU-KULT

The Cthulhu Cult

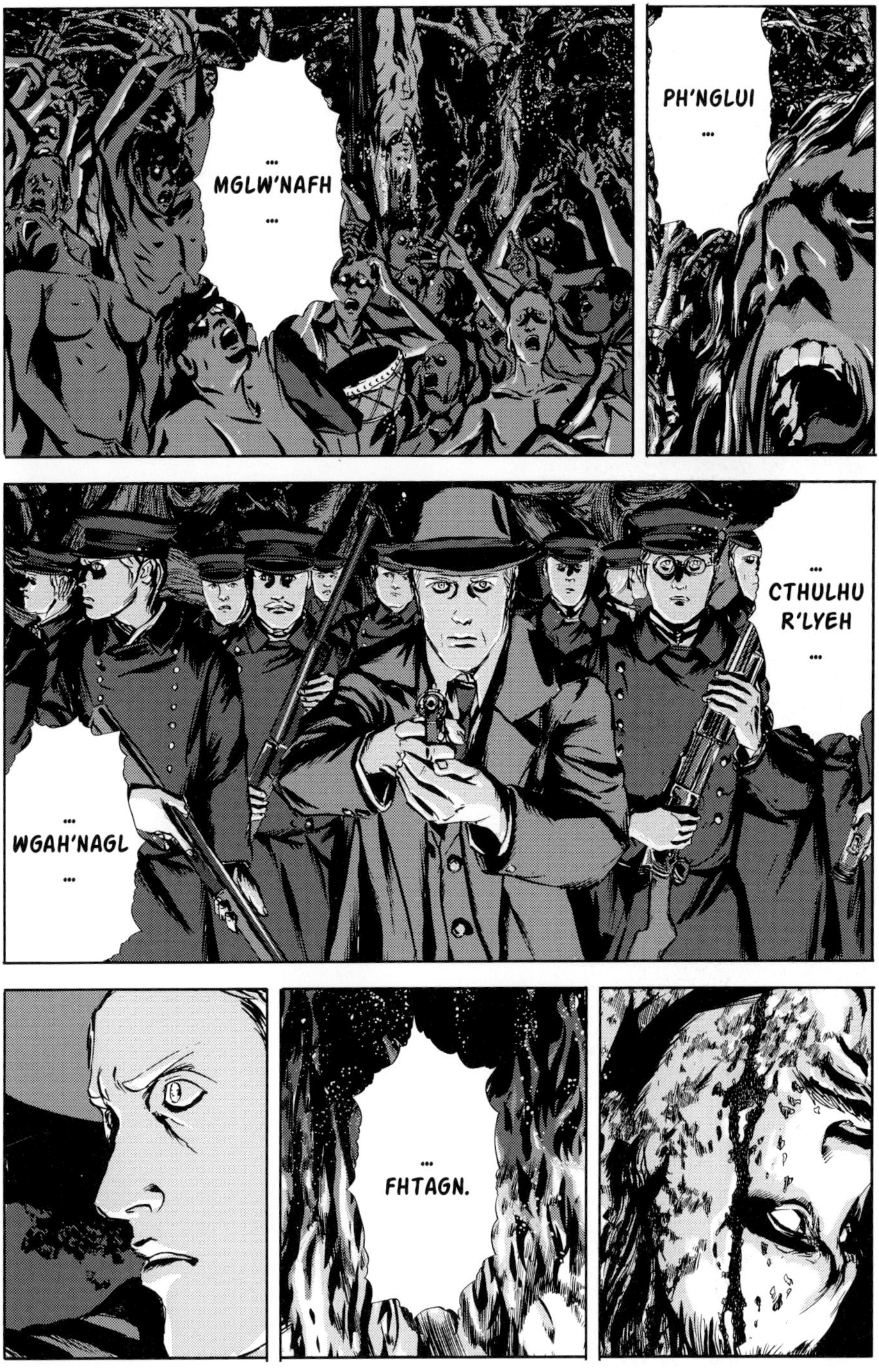
... MGLW'NAFH ...
PH'NGLUI ...
... CTHULHU R'LYEH ...
... WGAH'NAGL ...
... FHTAGN.

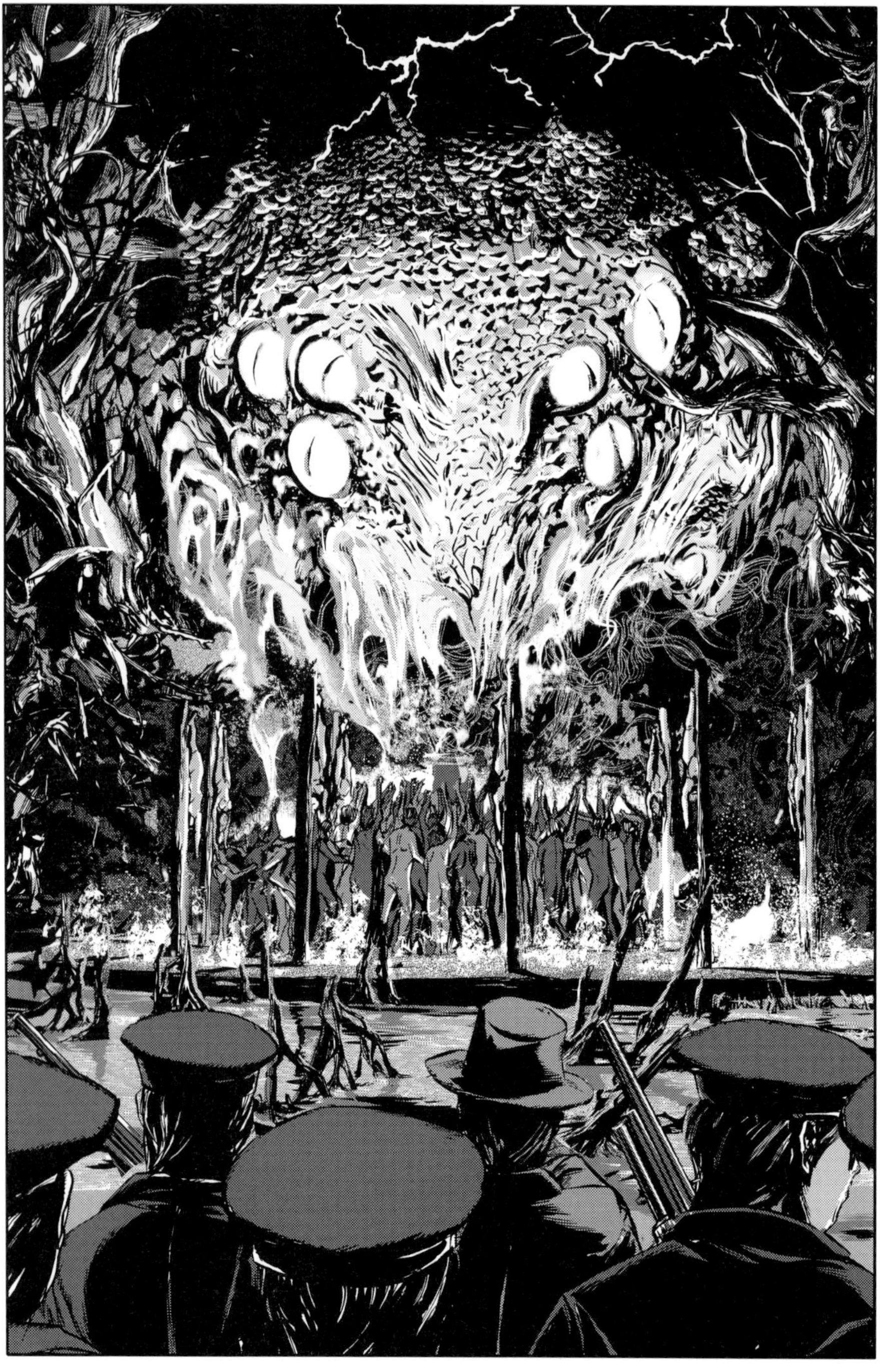

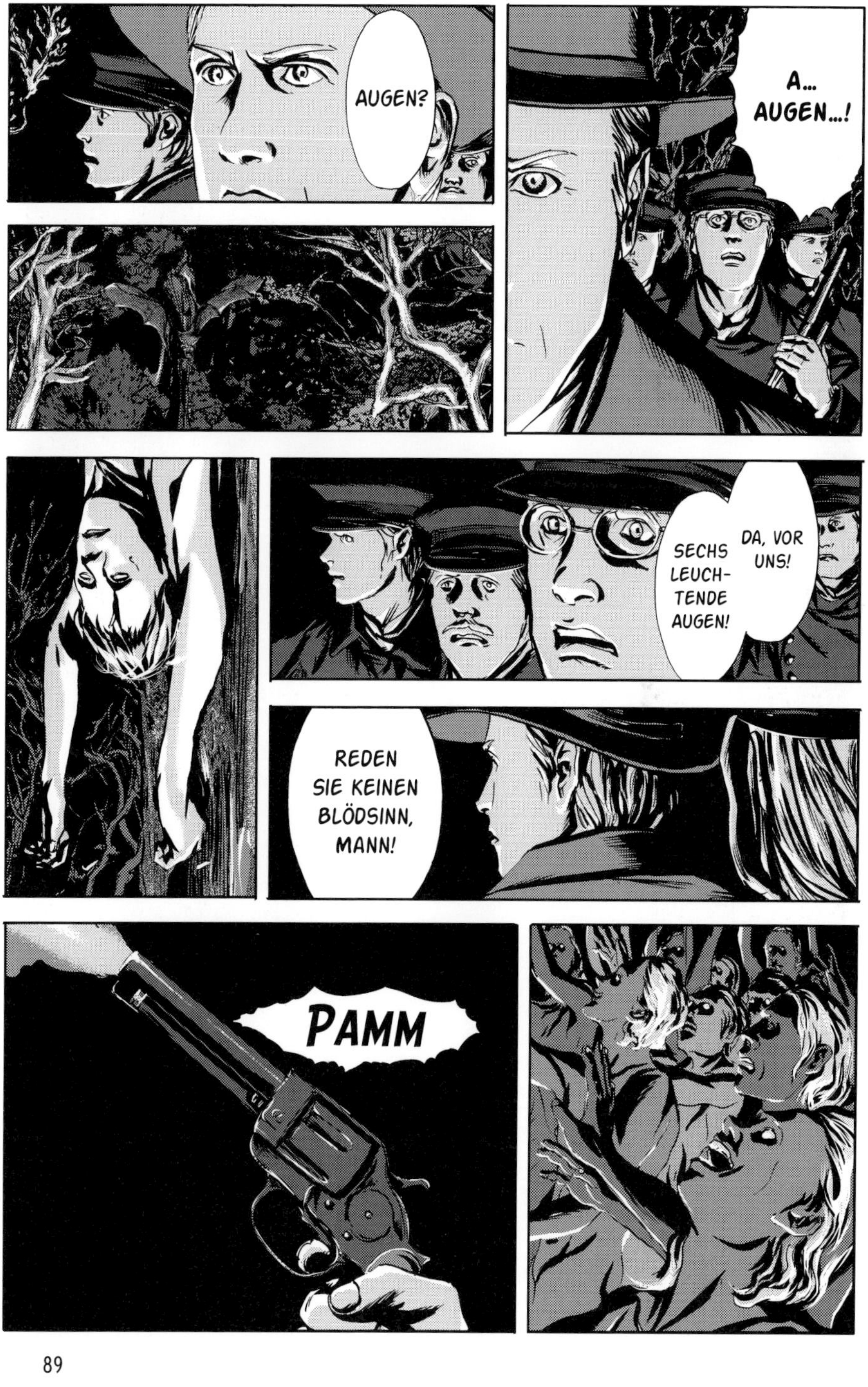
AUGEN?
A... AUGEN...!
DA, VOR UNS!
SECHS LEUCHTENDE AUGEN!
REDEN SIE KEINEN BLÖDSINN, MANN!
PAMM

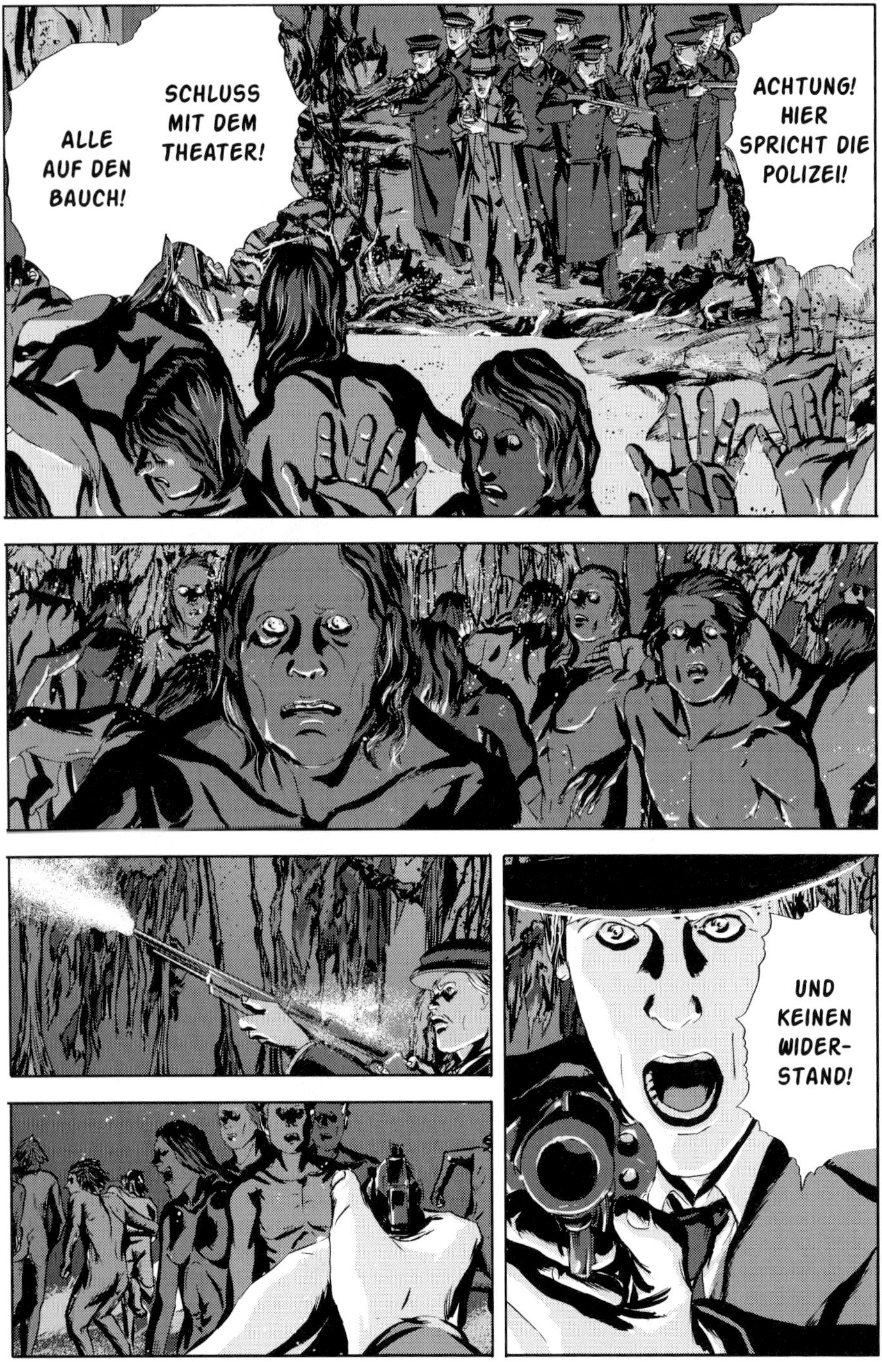
ACHTUNG! HIER SPRICHT DIE POLIZEI!
SCHLUSS MIT DEM THEATER!
ALLE AUF DEN BAUCH!
UND KEINEN WIDER-STAND!

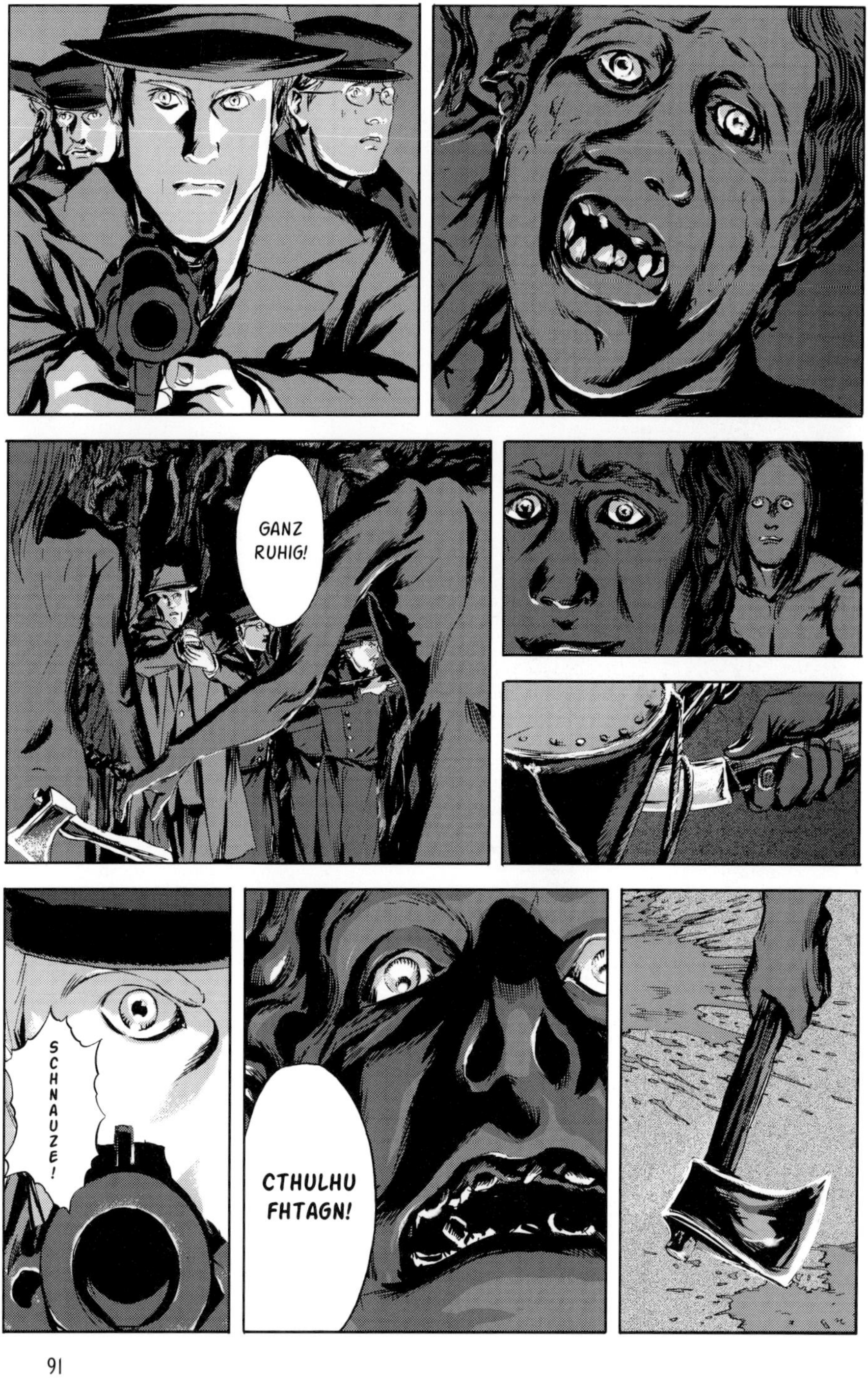
GANZ RUHIG!
SCHNAUZE!
CTHULHU FHTAGN!

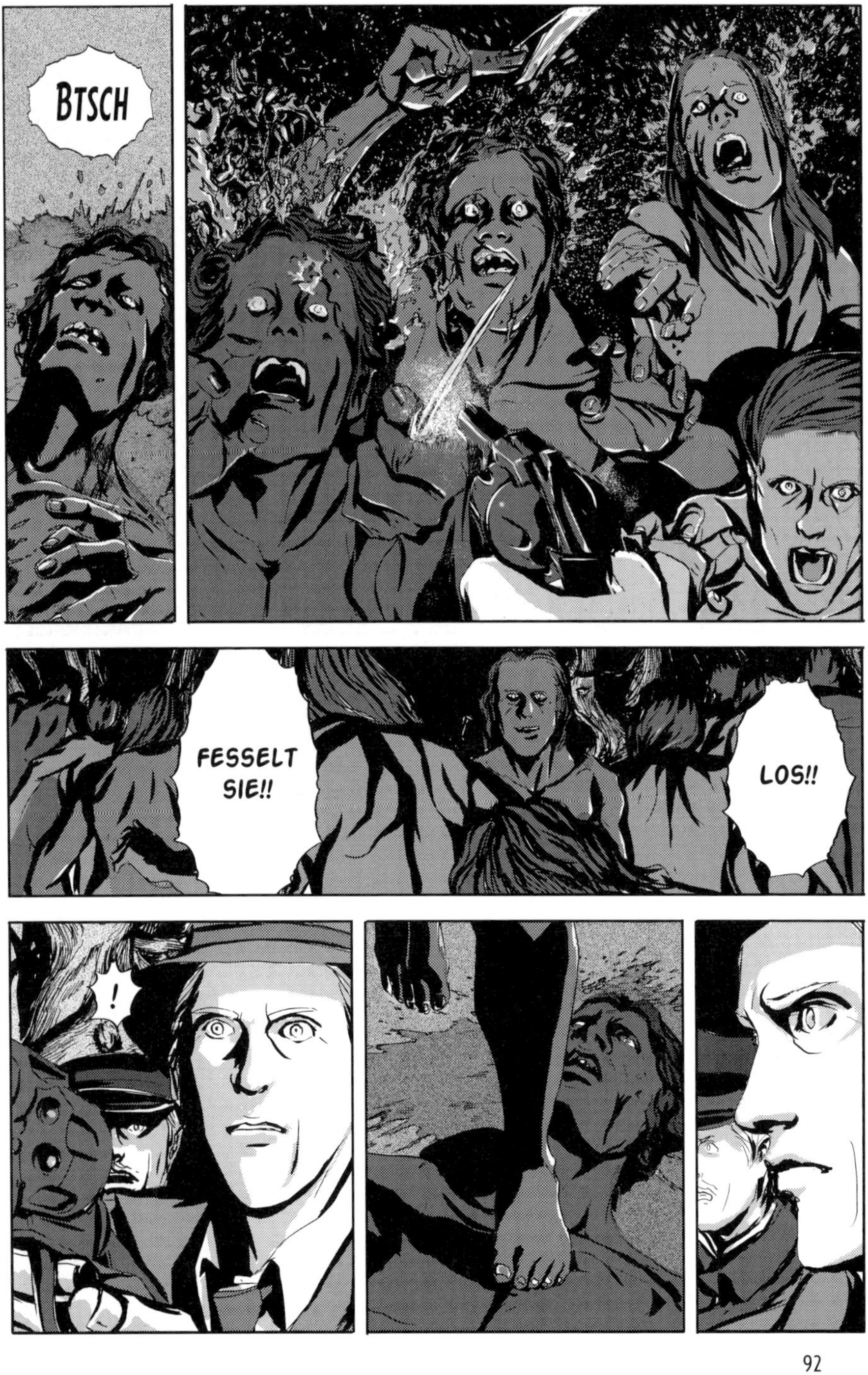
Btsch
Fesselt sie!!
Los!!
!

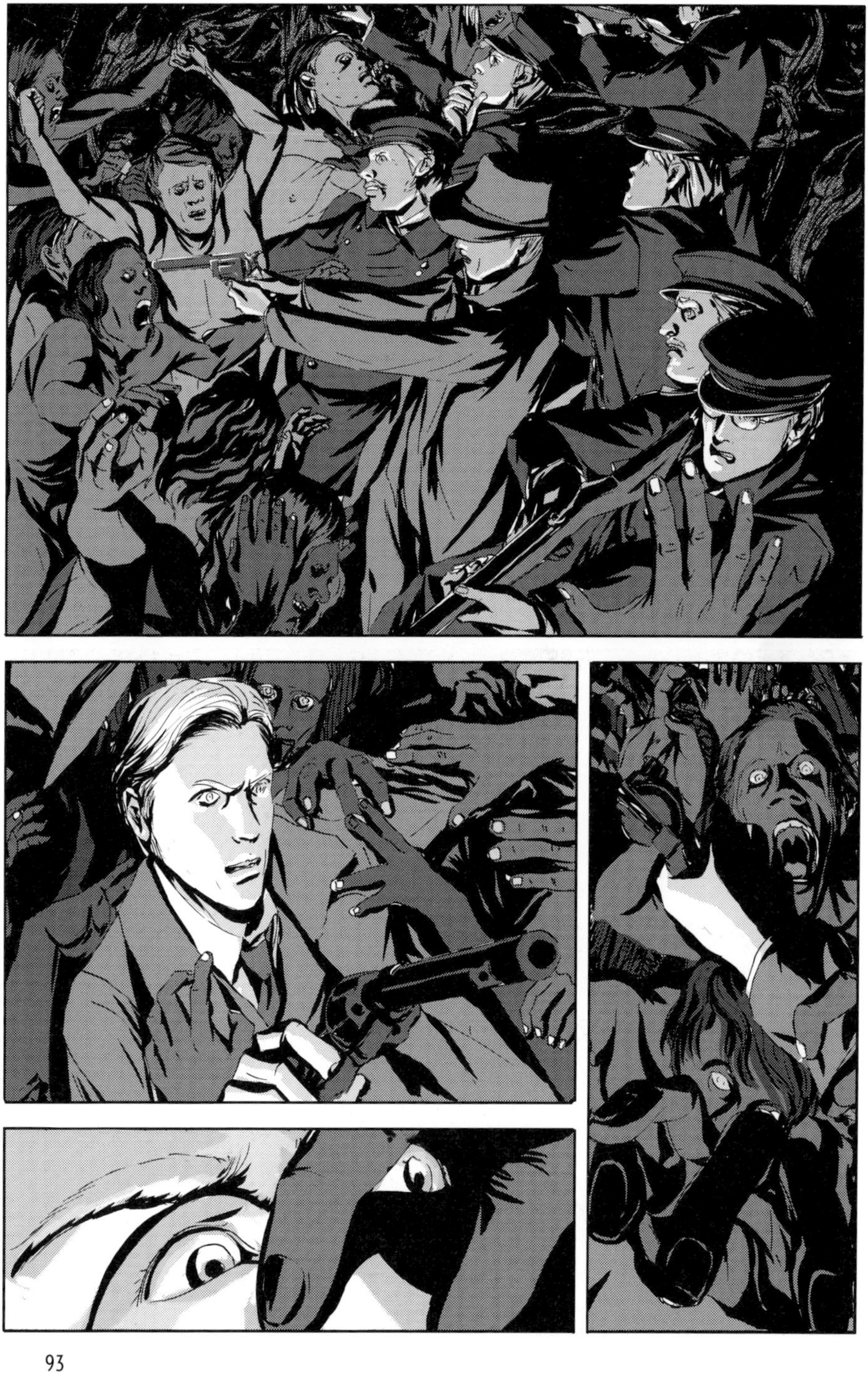

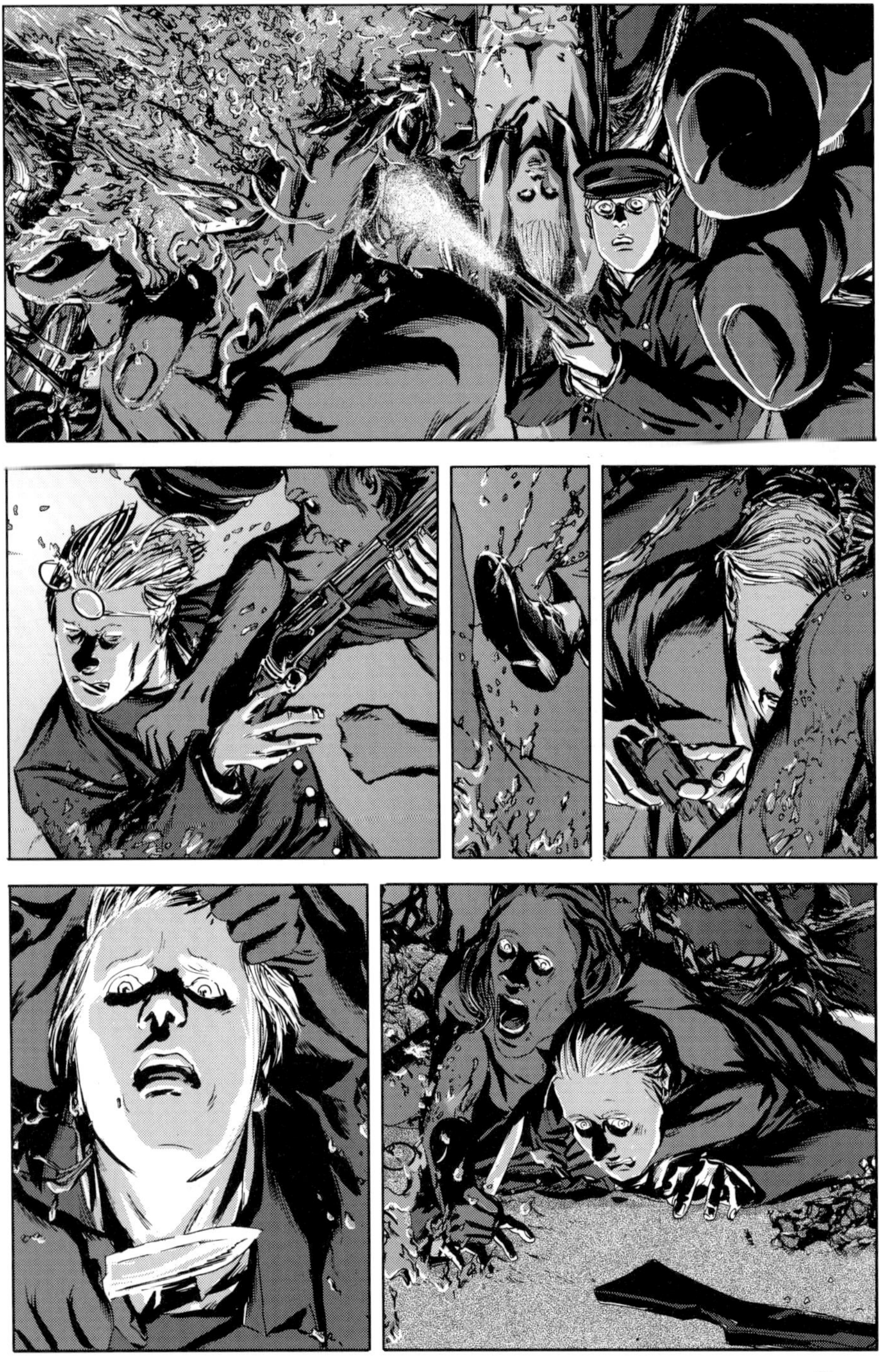

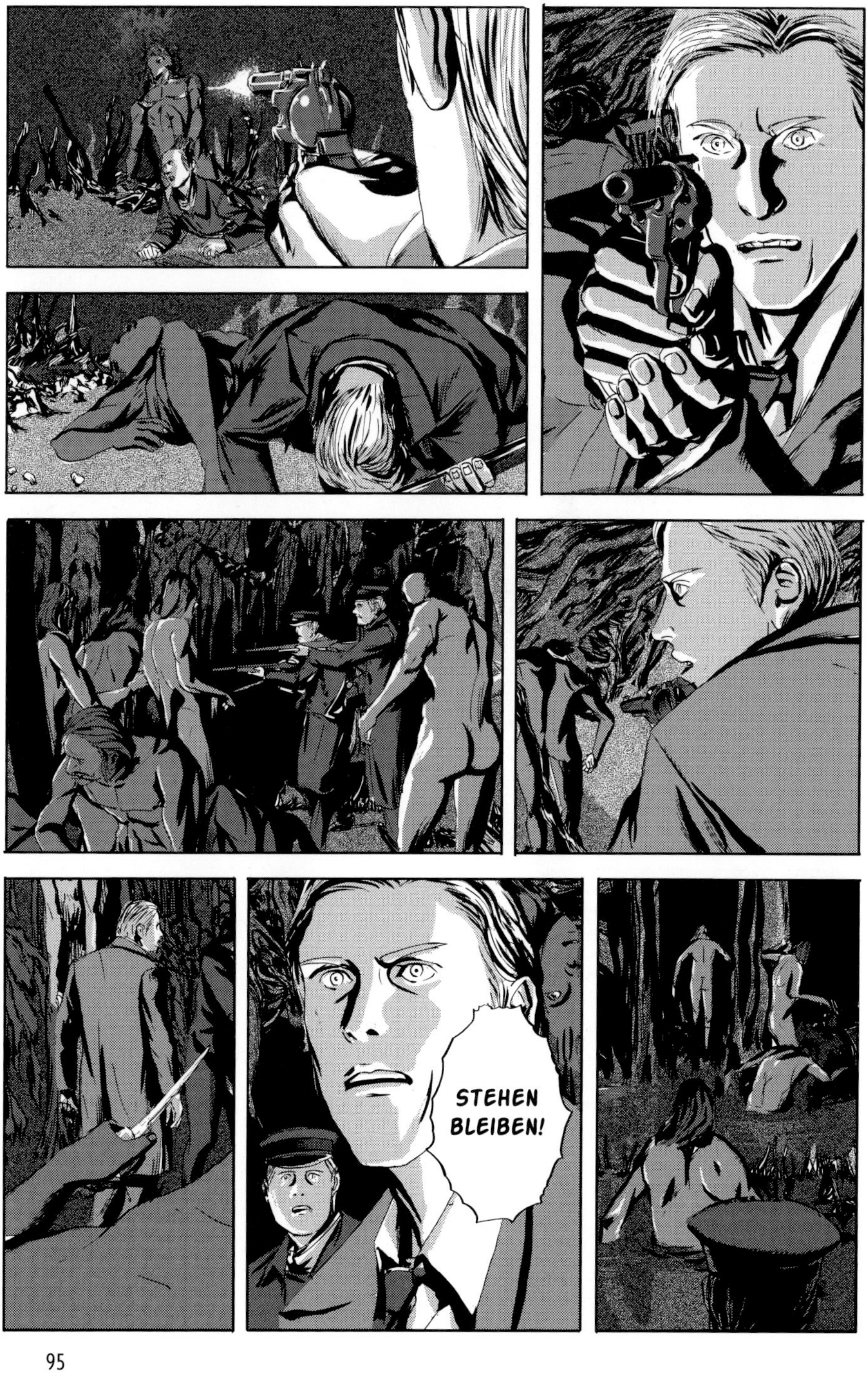
STEHEN BLEIBEN!

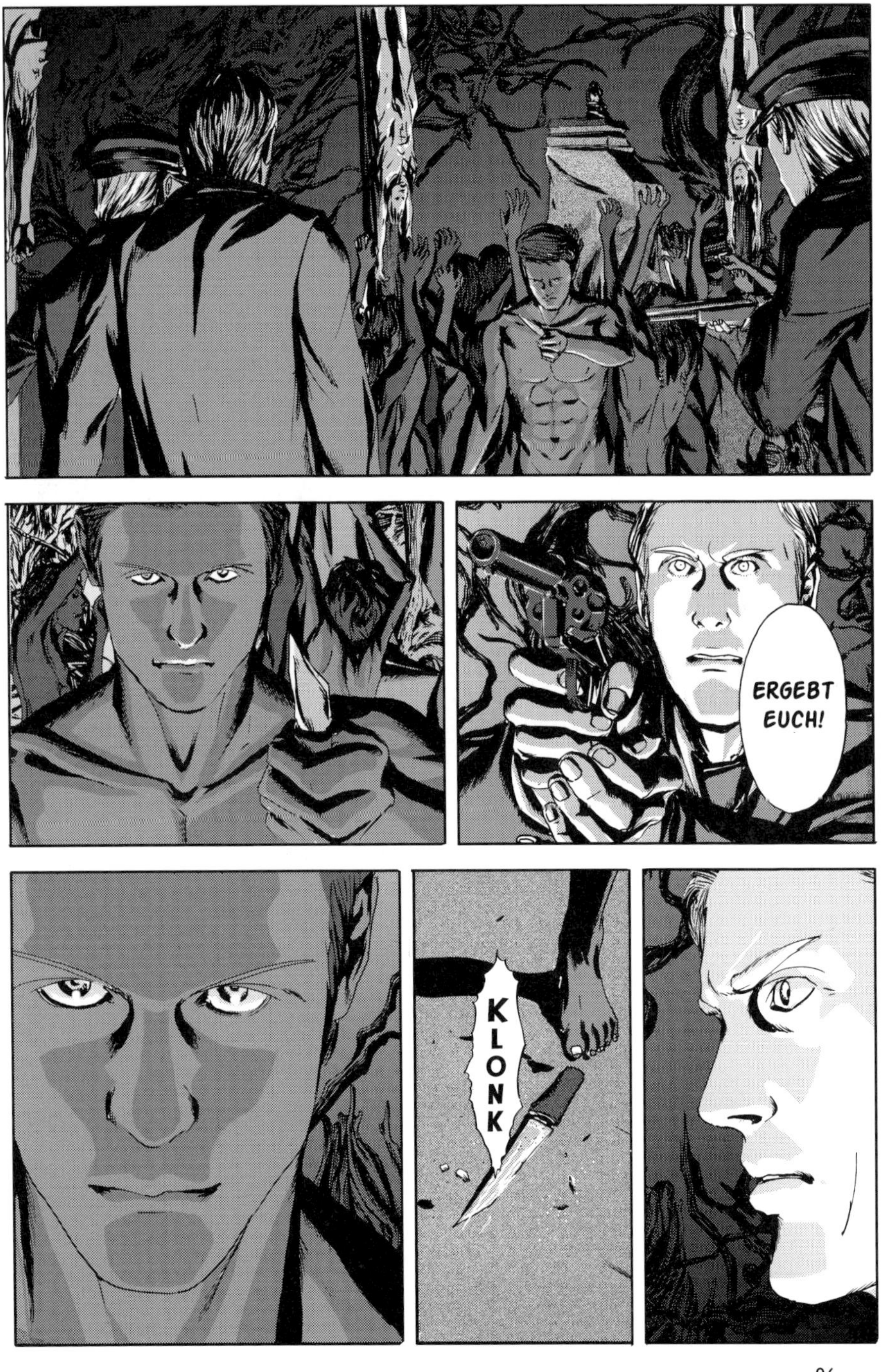
ERGEBT EUCH!
KLONK

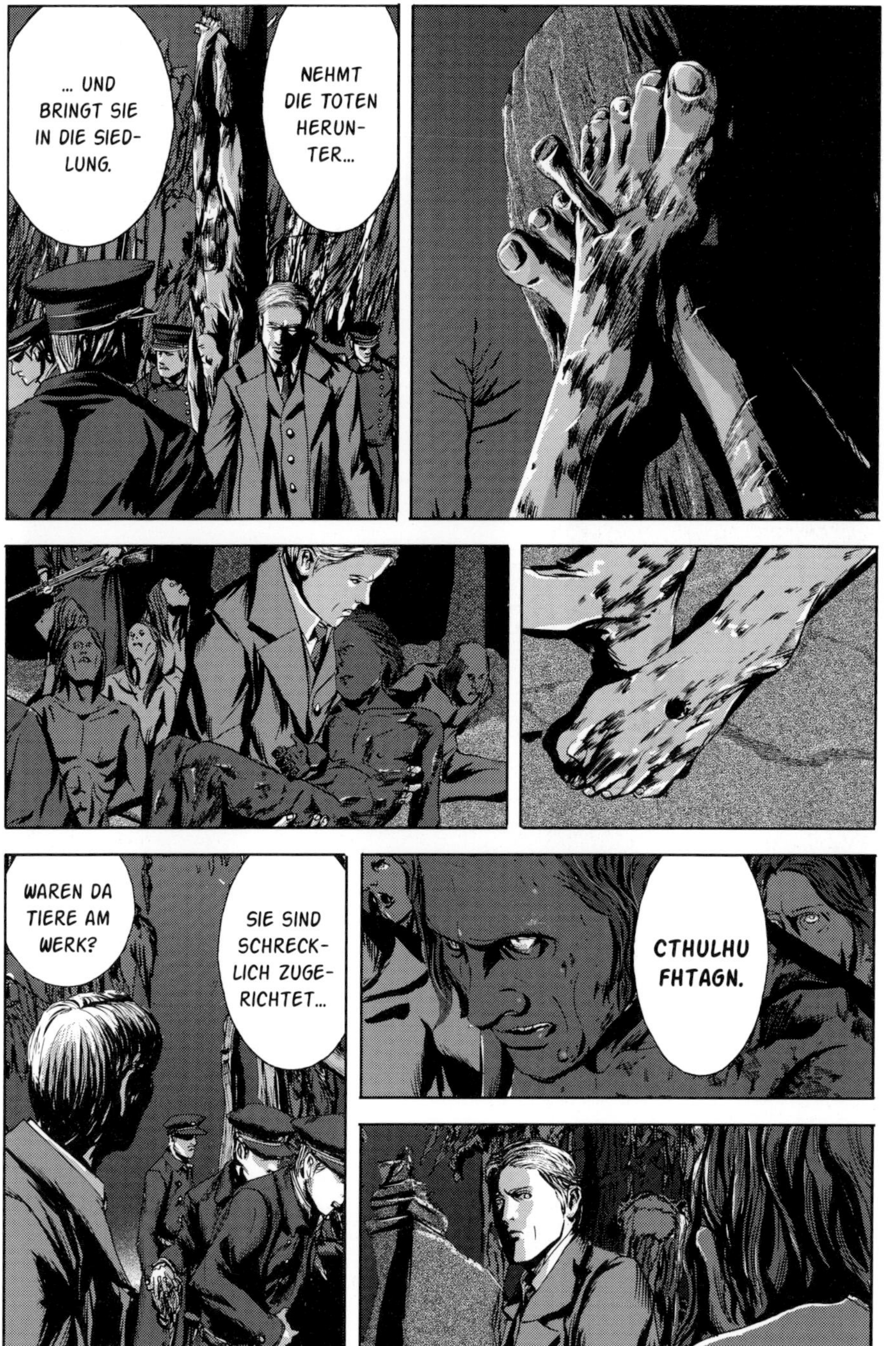
NEHMT DIE TOTEN HERUNTER...
... UND BRINGT SIE IN DIE SIEDLUNG.
WAREN DA TIERE AM WERK?
SIE SIND SCHRECKLICH ZUGERICHTET...
CTHULHU FHTAGN.

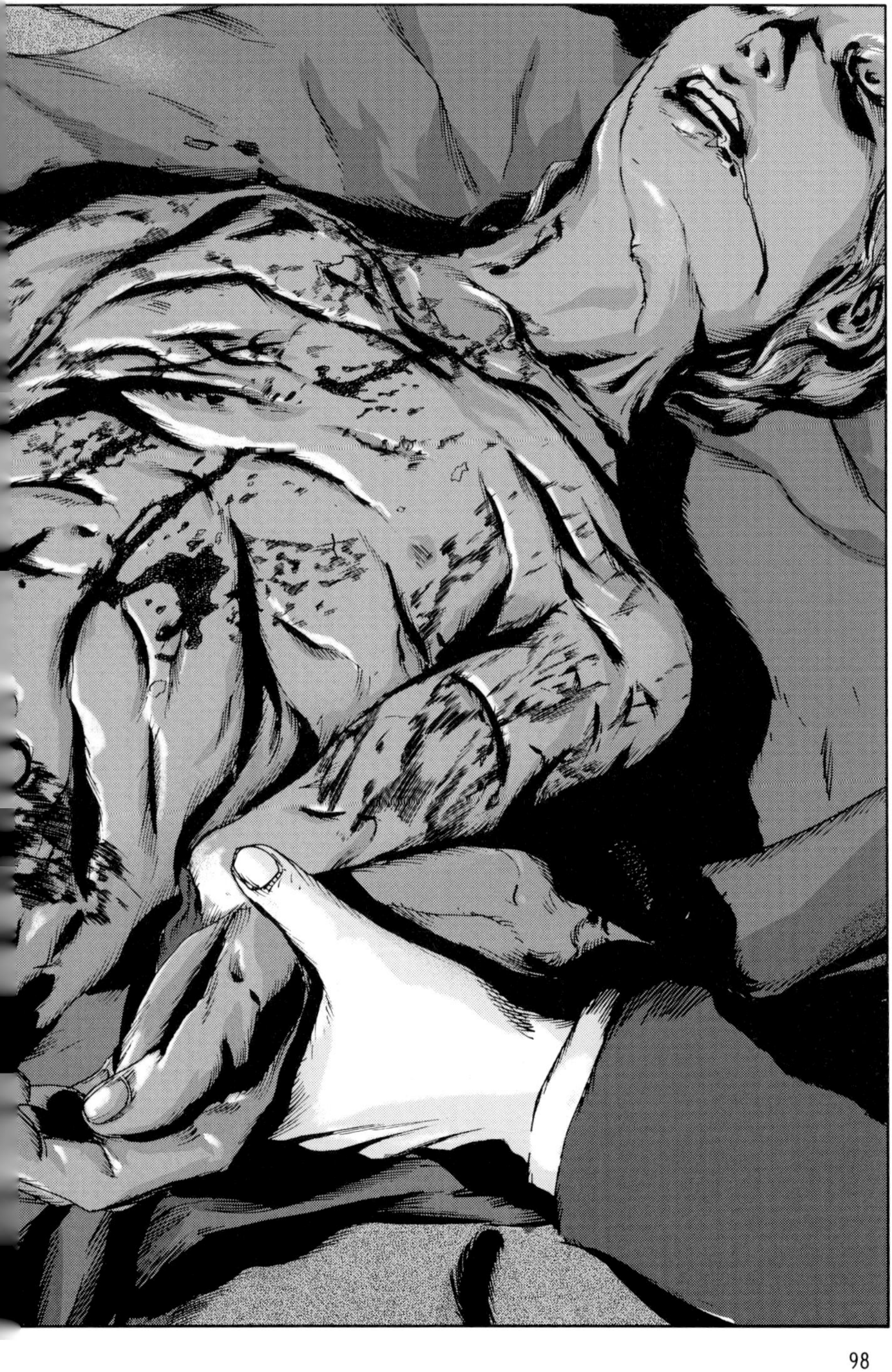

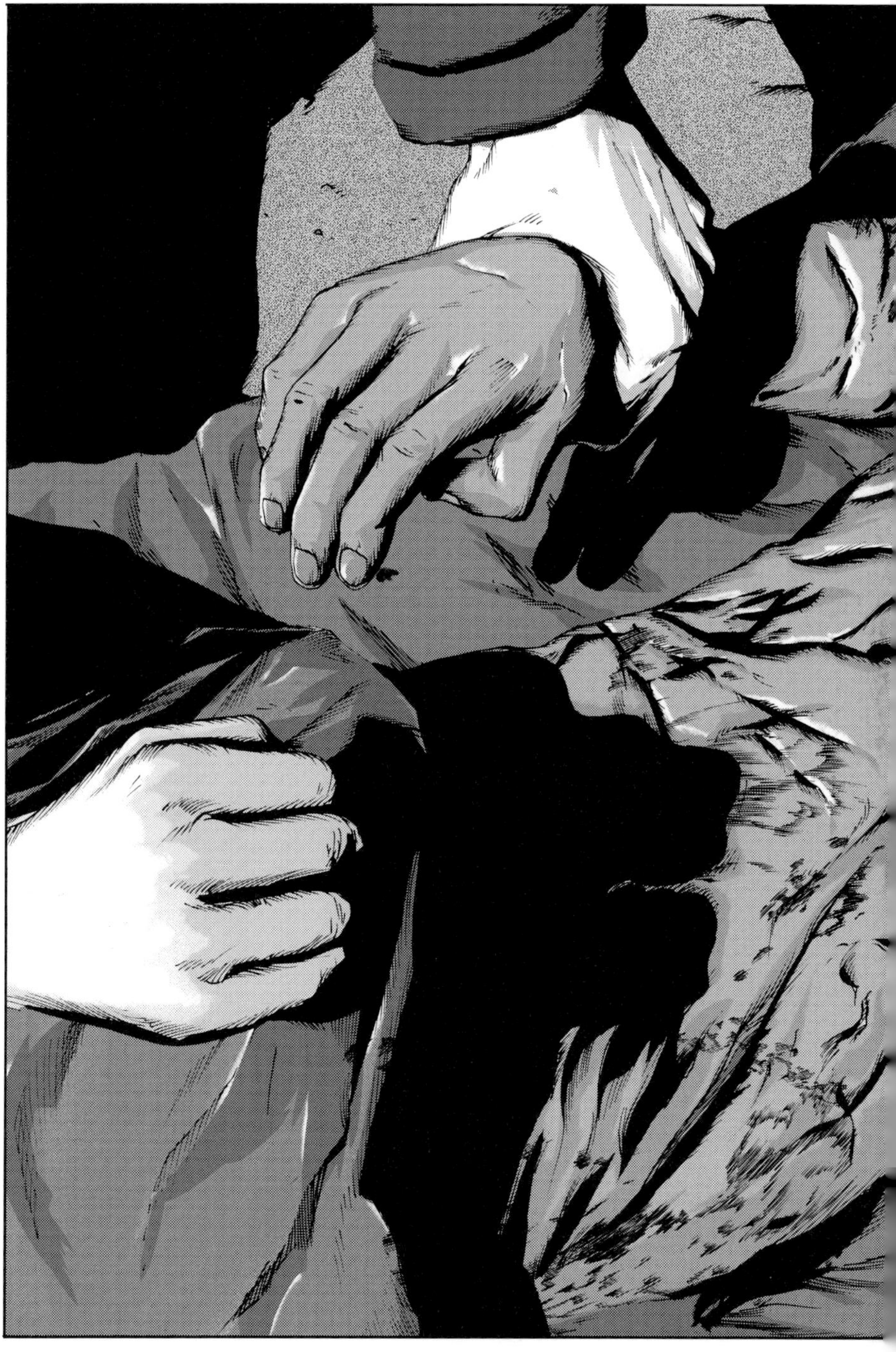

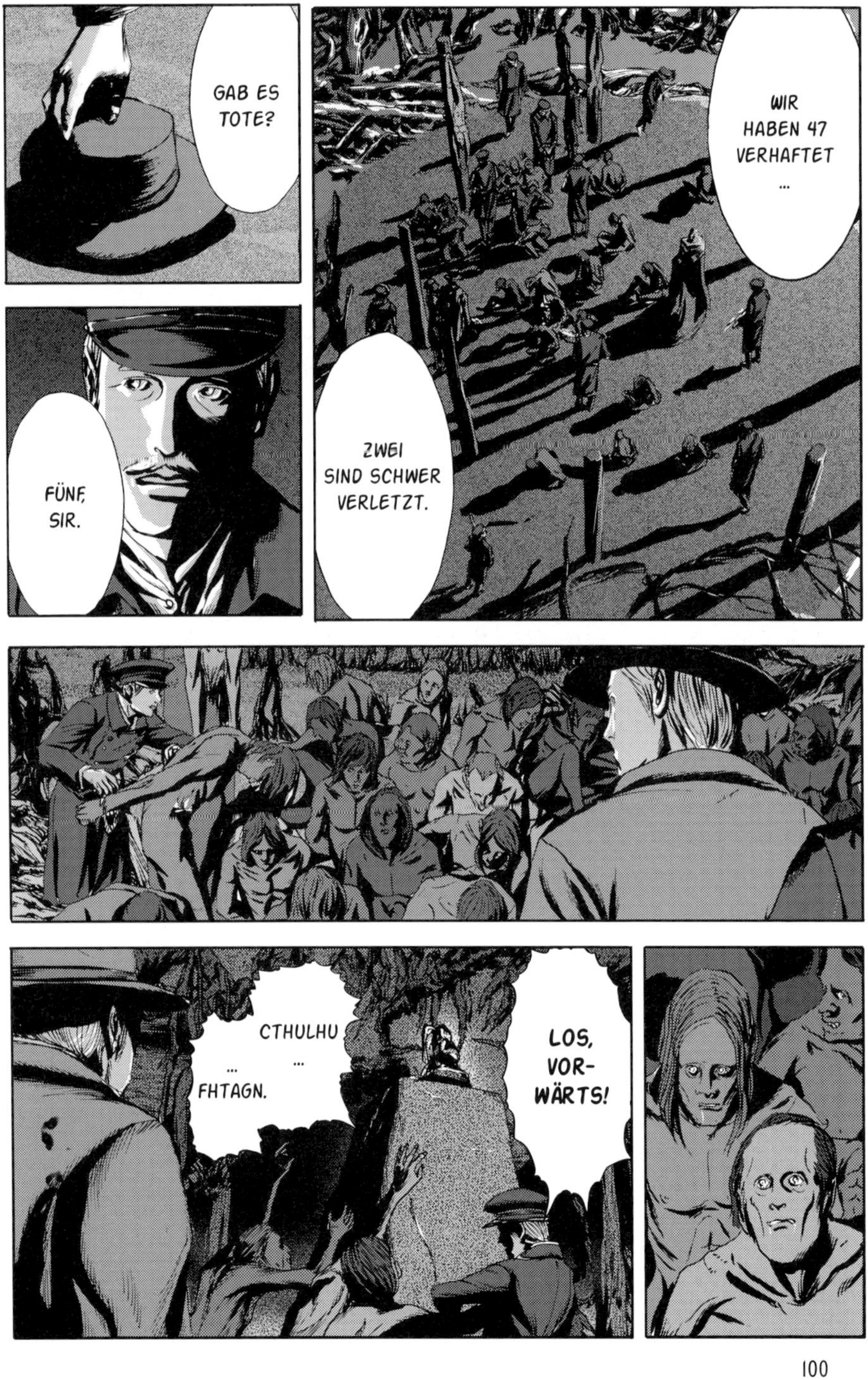
GAB ES TOTE?
WIR HABEN 47 VERHAFTET ...
FÜNF, SIR.
ZWEI SIND SCHWER VERLETZT.
CTHULHU ... ... FHTAGN.
LOS, VORWÄRTS!

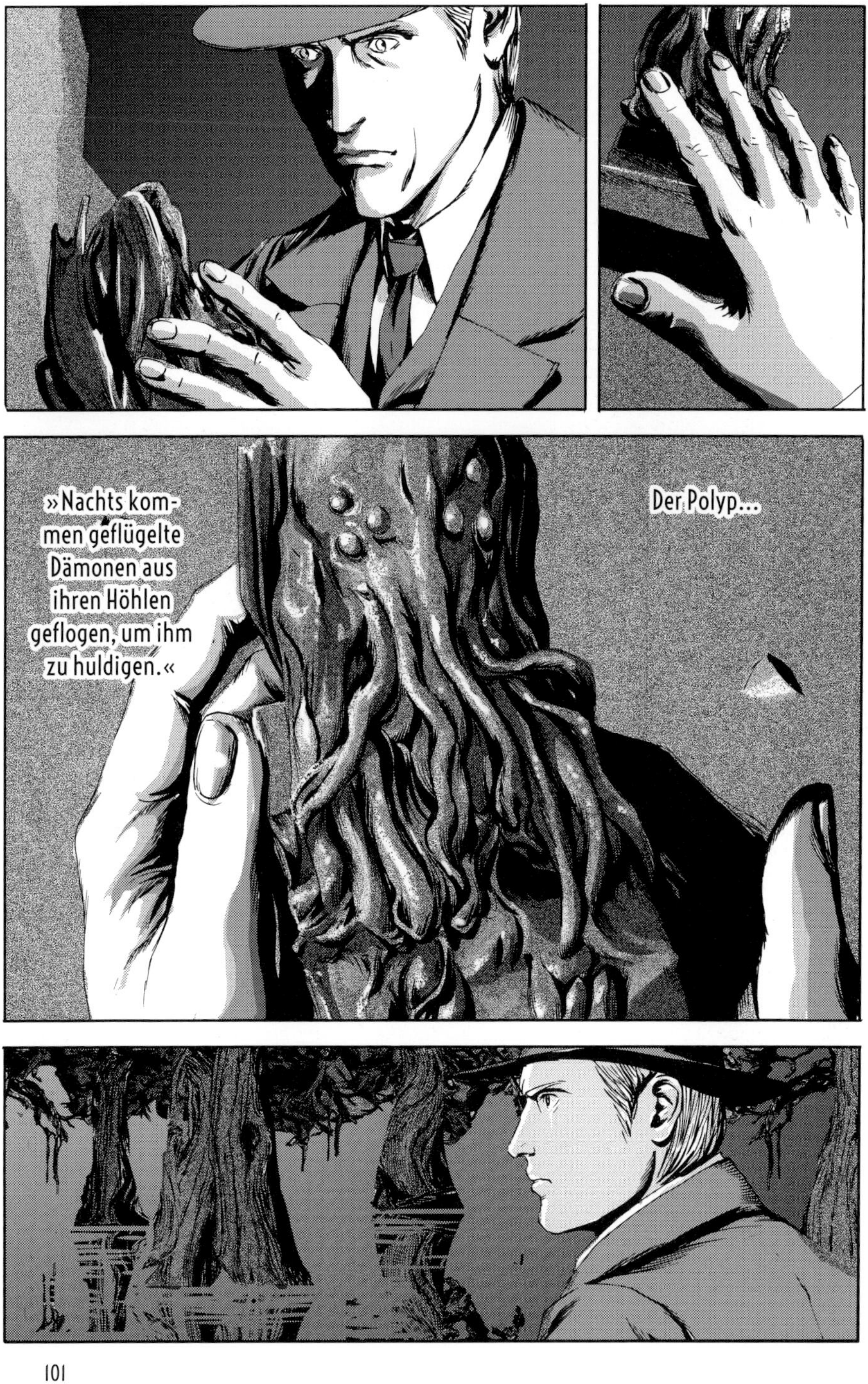
»Nachts kommen geflügelte Dämonen aus ihren Höhlen geflogen, um ihm zu huldigen.«
Der Polyp…

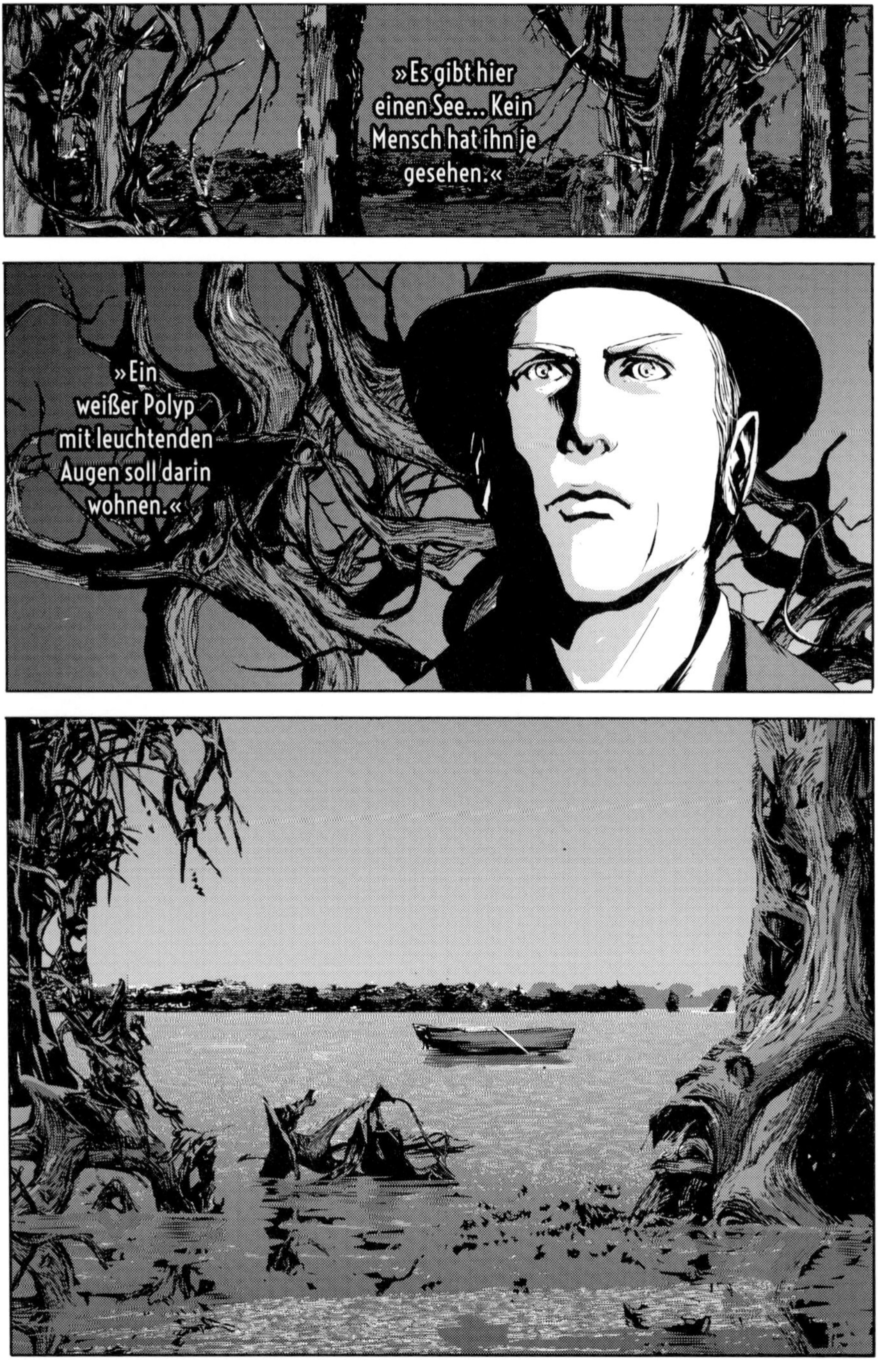
»Es gibt hier einen See... Kein Mensch hat ihn je gesehen.«
»Ein weißer Polyp mit leuchtenden Augen soll darin wohnen.«

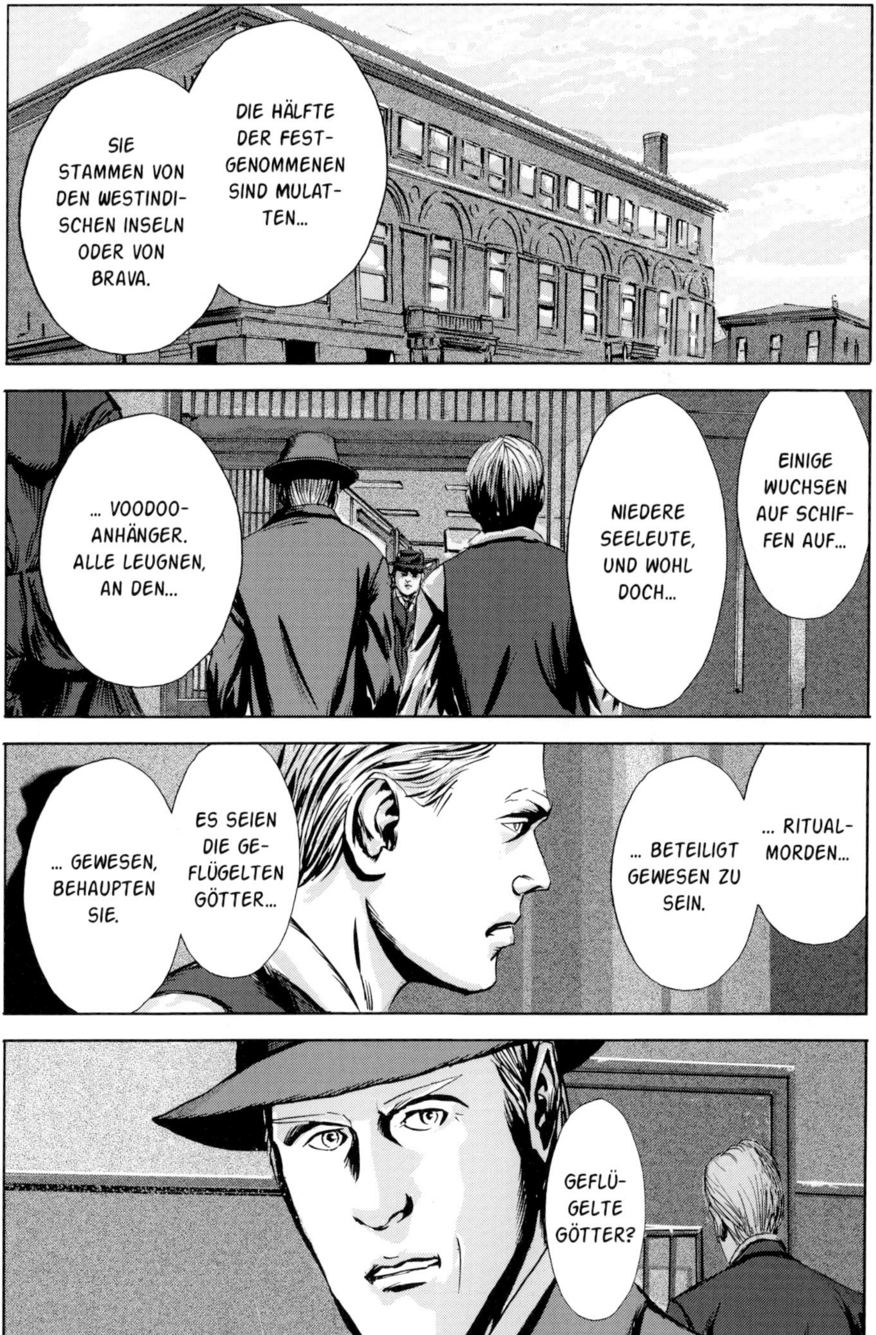
DIE HÄLFTE DER FEST-GENOMMENEN SIND MULAT-TEN...
SIE STAMMEN VON DEN WESTINDI-SCHEN INSELN ODER VON BRAVA.
EINIGE WUCHSEN AUF SCHIF-FEN AUF...
NIEDERE SEELEUTE, UND WOHL DOCH...
... VOODOO-ANHÄNGER. ALLE LEUGNEN, AN DEN...
... RITUAL-MORDEN...
... BETEILIGT GEWESEN ZU SEIN.
ES SEIEN DIE GE-FLÜGELTEN GÖTTER...
... GEWESEN, BEHAUPTEN SIE.
GEFLÜ-GELTE GÖTTER?

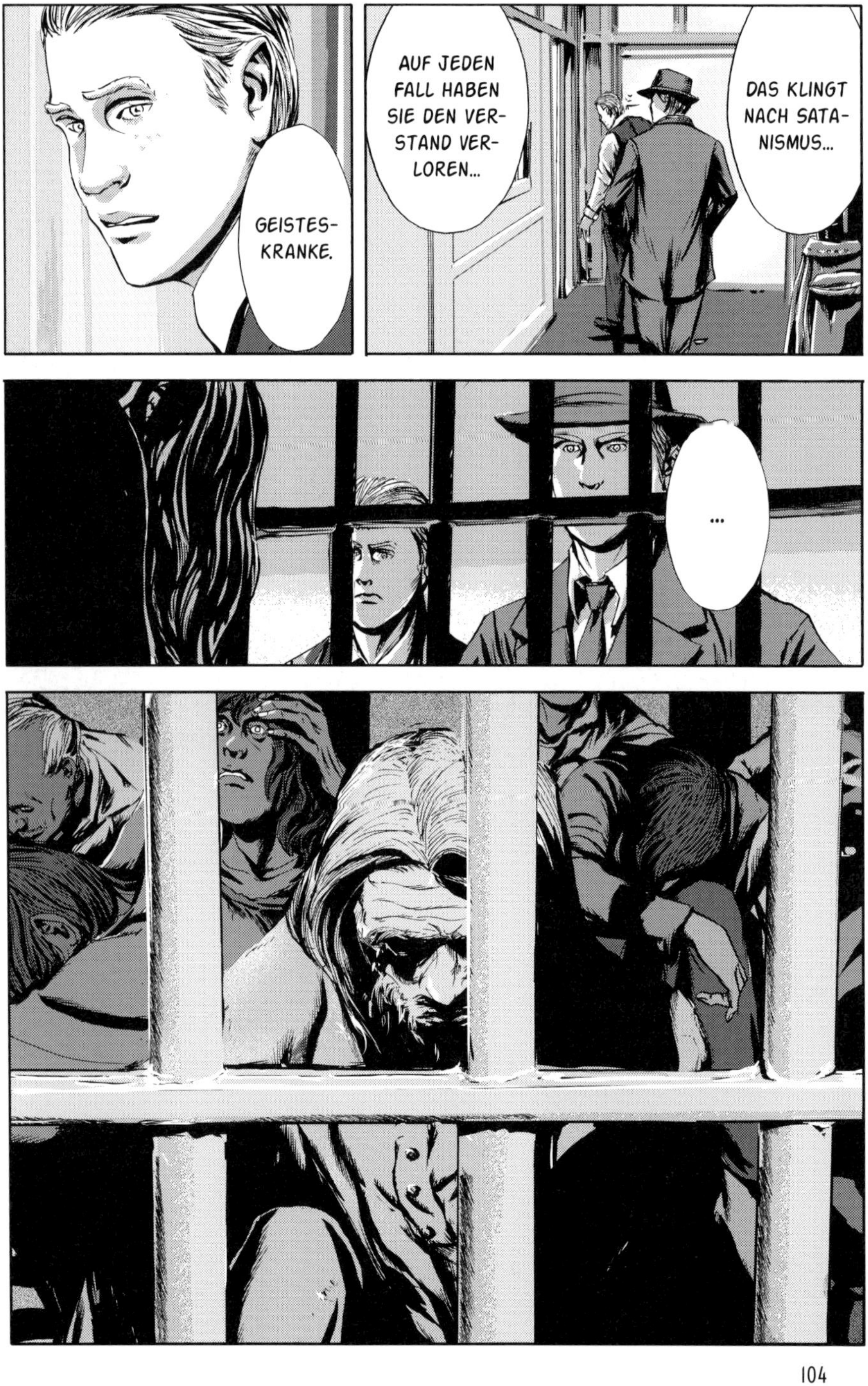
DAS KLINGT NACH SATA-NISMUS...
AUF JEDEN FALL HABEN SIE DEN VER-STAND VER-LOREN...
GEISTES-KRANKE.
...

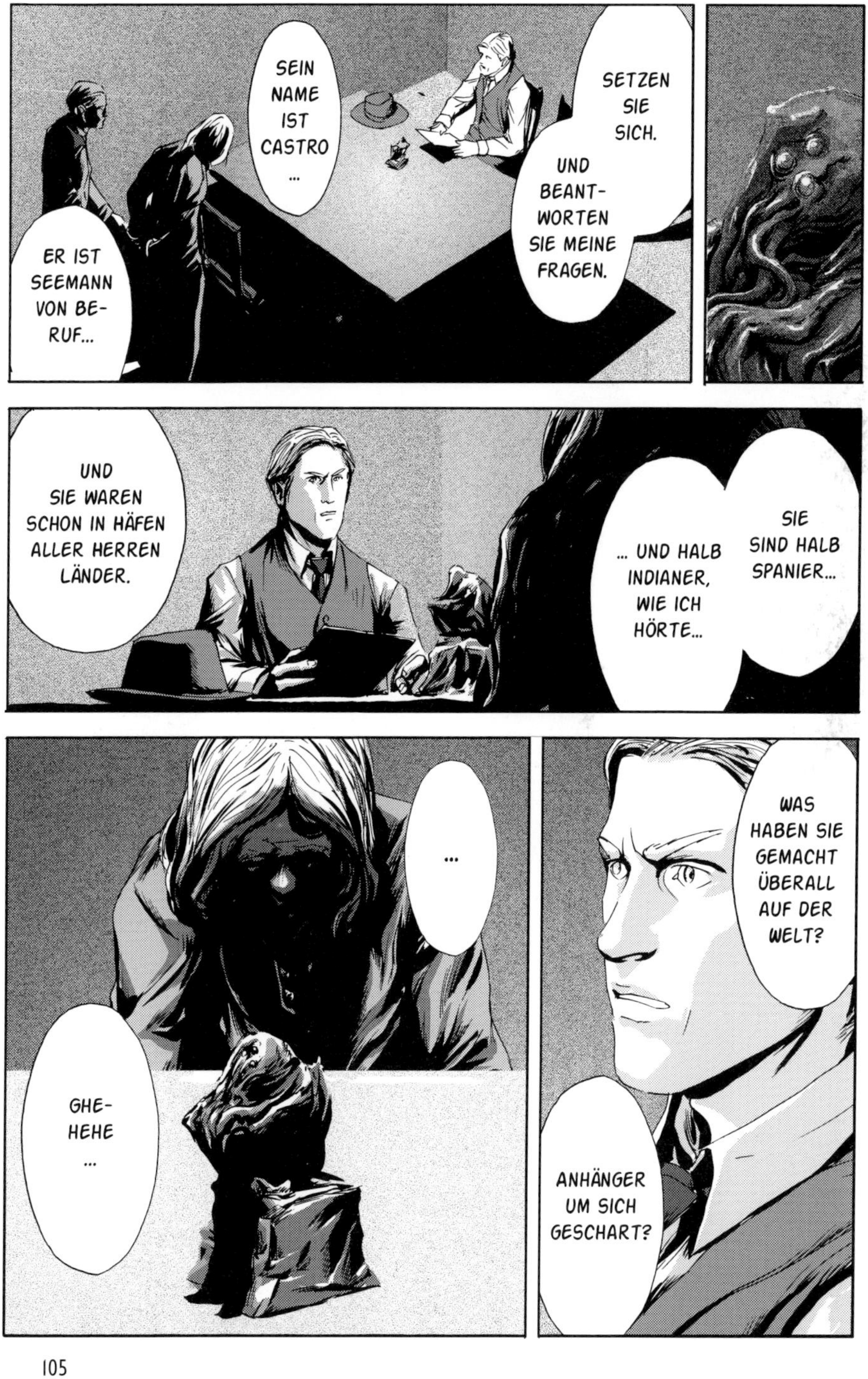
SEIN NAME IST CASTRO ...
ER IST SEEMANN VON BE-RUF...
SETZEN SIE SICH.
UND BEANT-WORTEN SIE MEINE FRAGEN.
UND SIE WAREN SCHON IN HÄFEN ALLER HERREN LÄNDER.
SIE SIND HALB SPANIER...
... UND HALB INDIANER, WIE ICH HÖRTE...
...
GHE-HEHE ...
WAS HABEN SIE GEMACHT ÜBERALL AUF DER WELT?
ANHÄNGER UM SICH GESCHART?

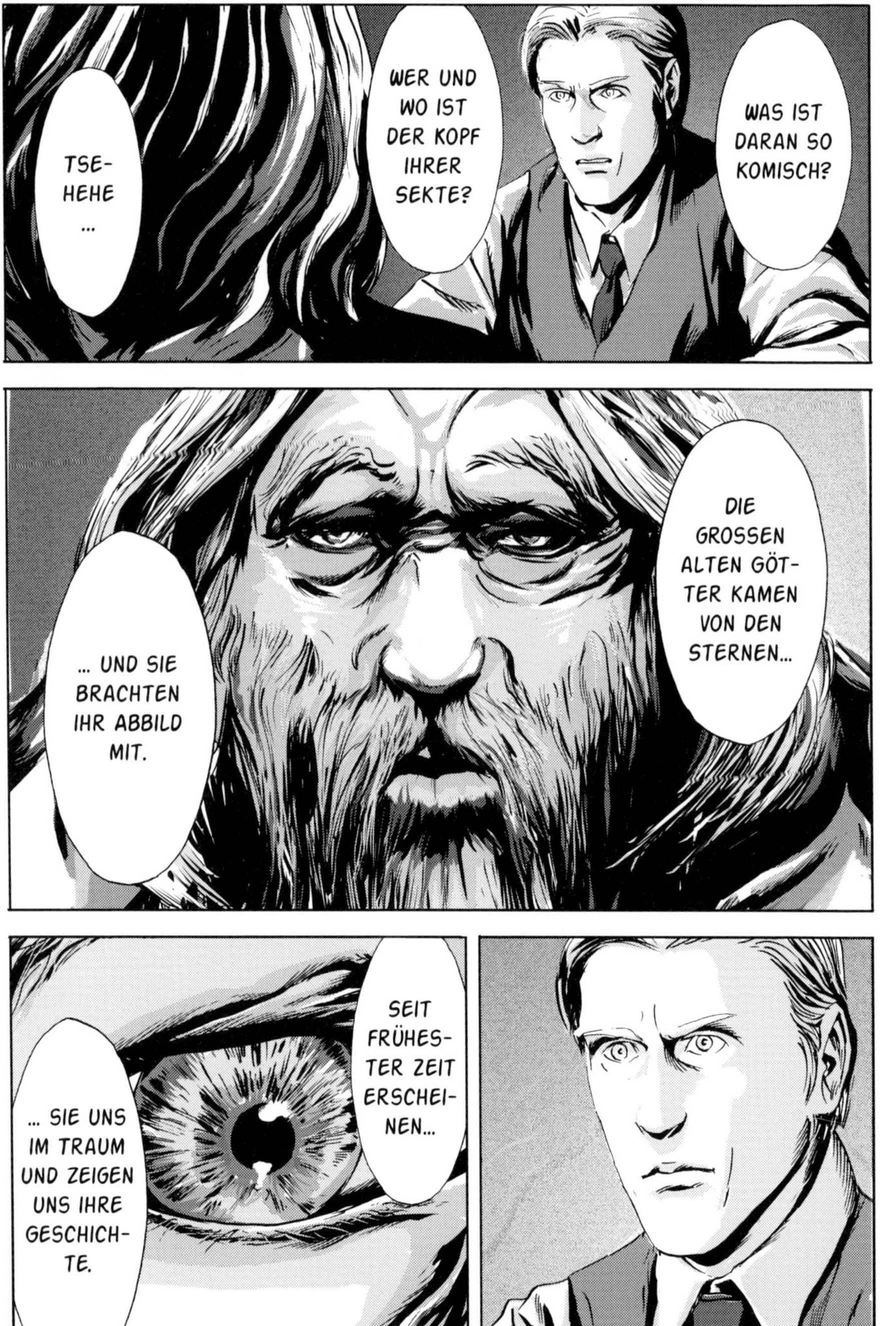
WAS IST DARAN SO KOMISCH?
WER UND WO IST DER KOPF IHRER SEKTE?
TSE-HEHE ...
DIE GROSSEN ALTEN GÖT-TER KAMEN VON DEN STERNEN...
... UND SIE BRACHTEN IHR ABBILD MIT.
SEIT FRÜHES-TER ZEIT ERSCHEI-NEN...
... SIE UNS IM TRAUM UND ZEIGEN UNS IHRE GESCHICH-TE.

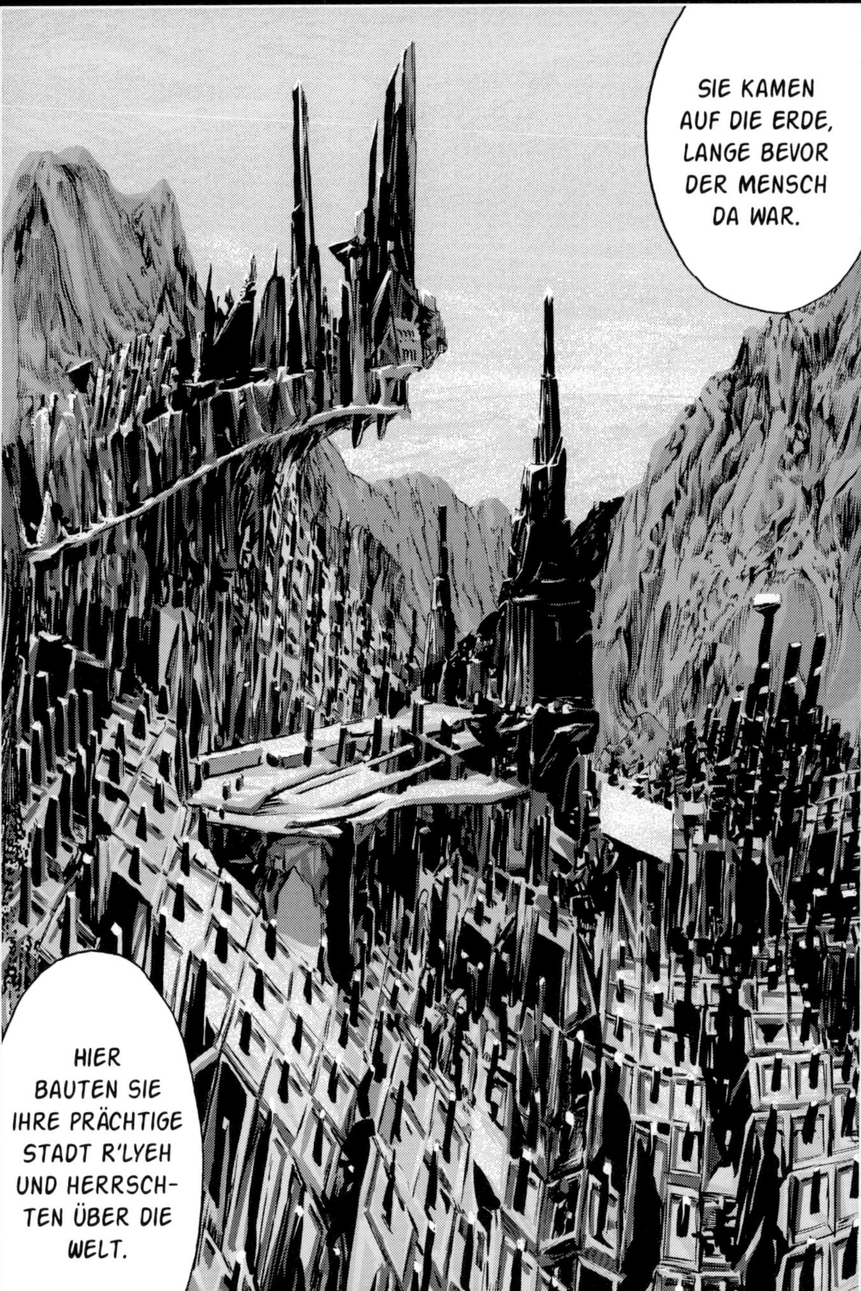
SIE KAMEN AUF DIE ERDE, LANGE BEVOR DER MENSCH DA WAR.
HIER BAUTEN SIE IHRE PRÄCHTIGE STADT R'LYEH UND HERRSCHTEN ÜBER DIE WELT.

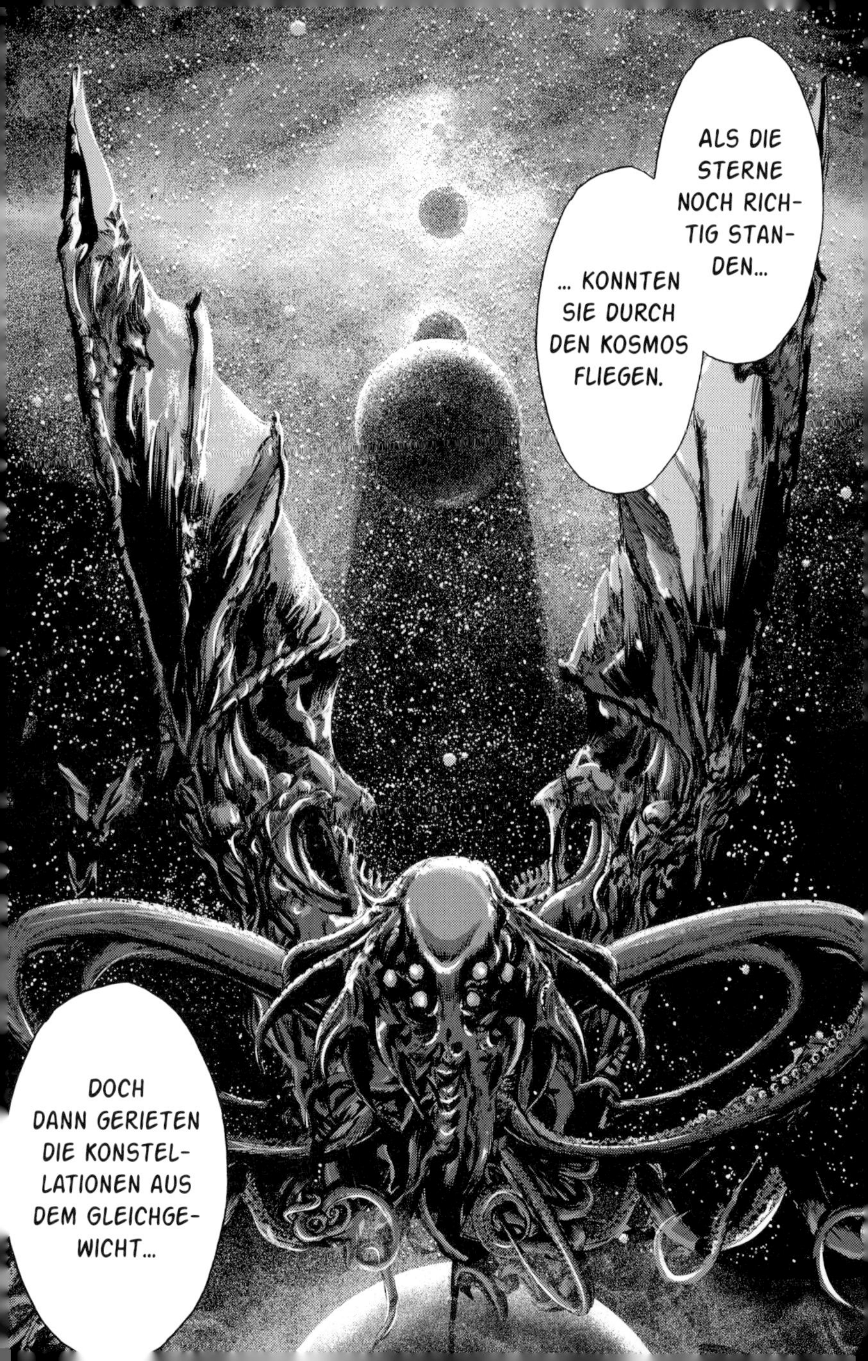
ALS DIE STERNE NOCH RICHTIG STANDEN...
... KONNTEN SIE DURCH DEN KOSMOS FLIEGEN.
DOCH DANN GERIETEN DIE KONSTELLATIONEN AUS DEM GLEICHGEWICHT...

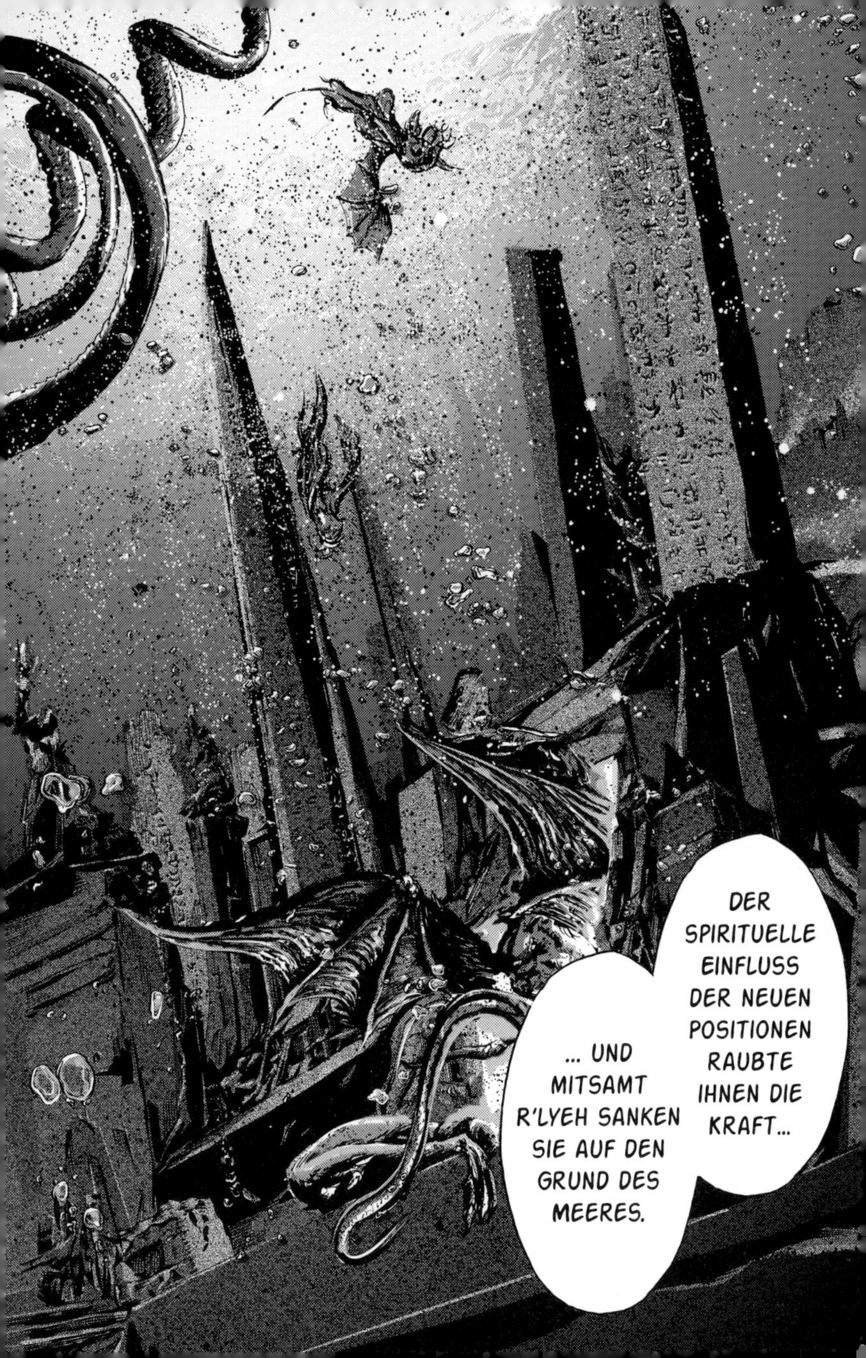
DER SPIRITUELLE EINFLUSS DER NEUEN POSITIONEN RAUBTE IHNEN DIE KRAFT…
… UND MITSAMT R'LYEH SANKEN SIE AUF DEN GRUND DES MEERES.

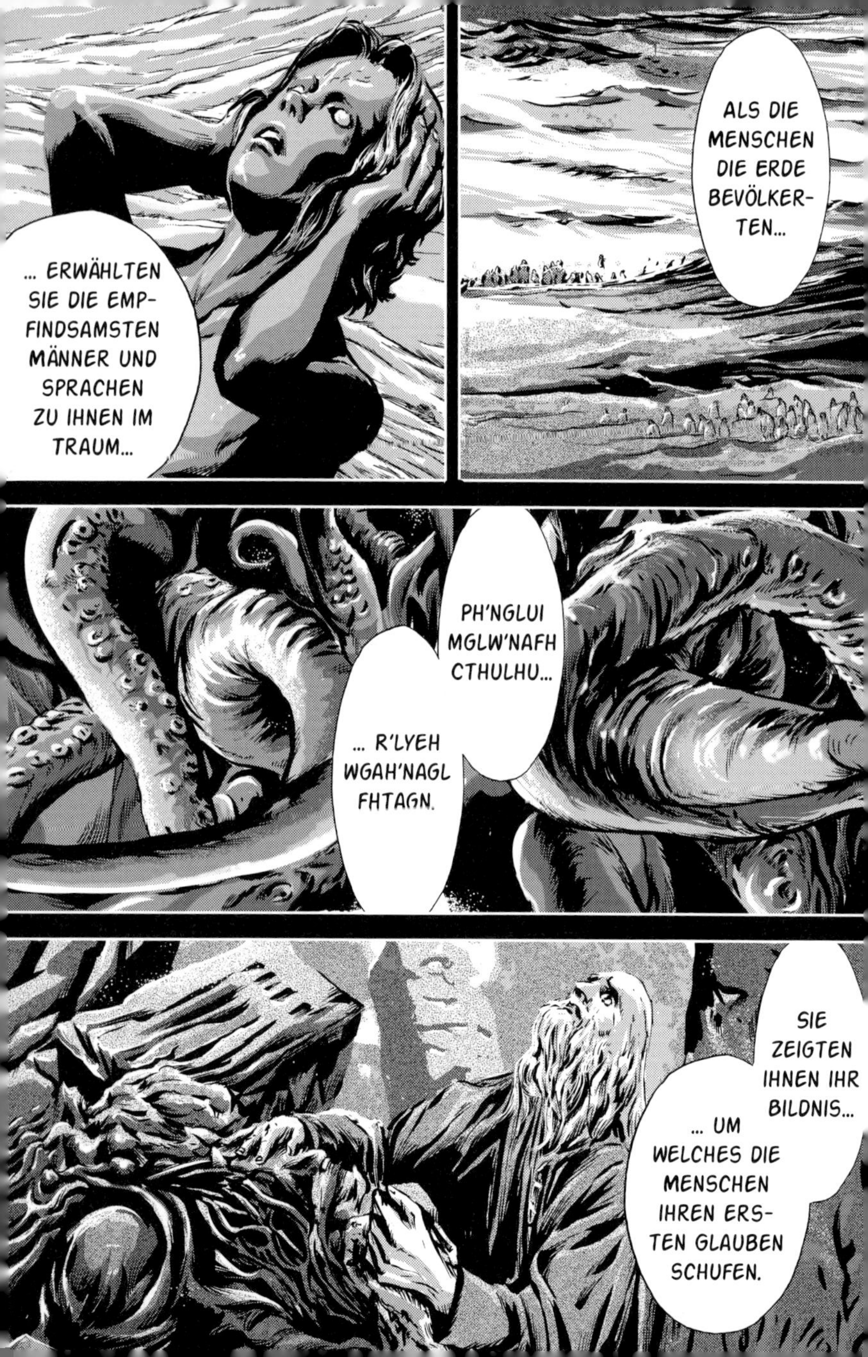
ALS DIE MENSCHEN DIE ERDE BEVÖLKER-TEN...
... ERWÄHLTEN SIE DIE EMP-FINDSAMSTEN MÄNNER UND SPRACHEN ZU IHNEN IM TRAUM...
PH'NGLUI MGLW'NAFH CTHULHU...
... R'LYEH WGAH'NAGL FHTAGN.
SIE ZEIGTEN IHNEN IHR BILDNIS...
... UM WELCHES DIE MENSCHEN IHREN ERS-TEN GLAUBEN SCHUFEN.

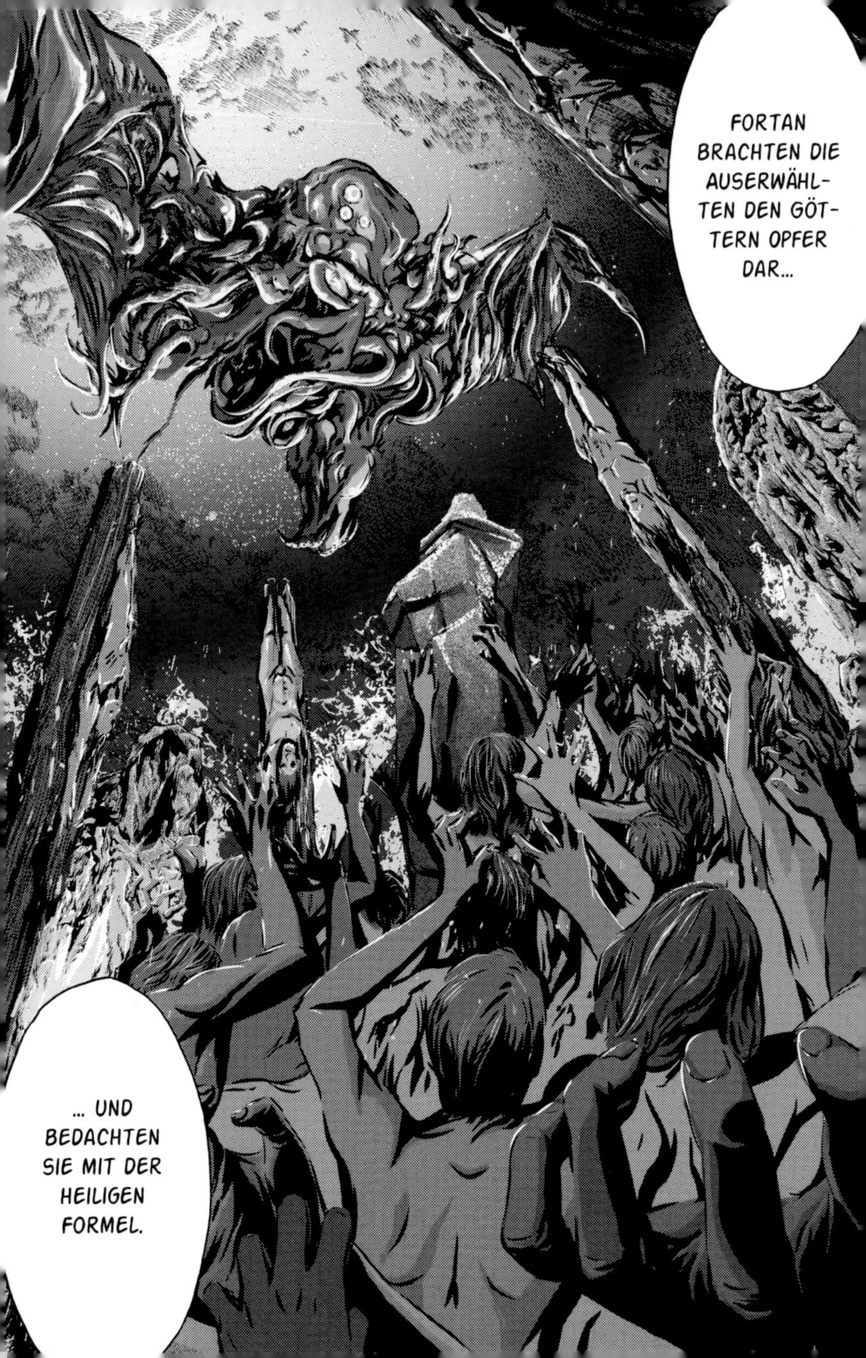
FORTAN BRACHTEN DIE AUSERWÄHL-TEN DEN GÖT-TERN OPFER DAR...
... UND BEDACHTEN SIE MIT DER HEILIGEN FORMEL.

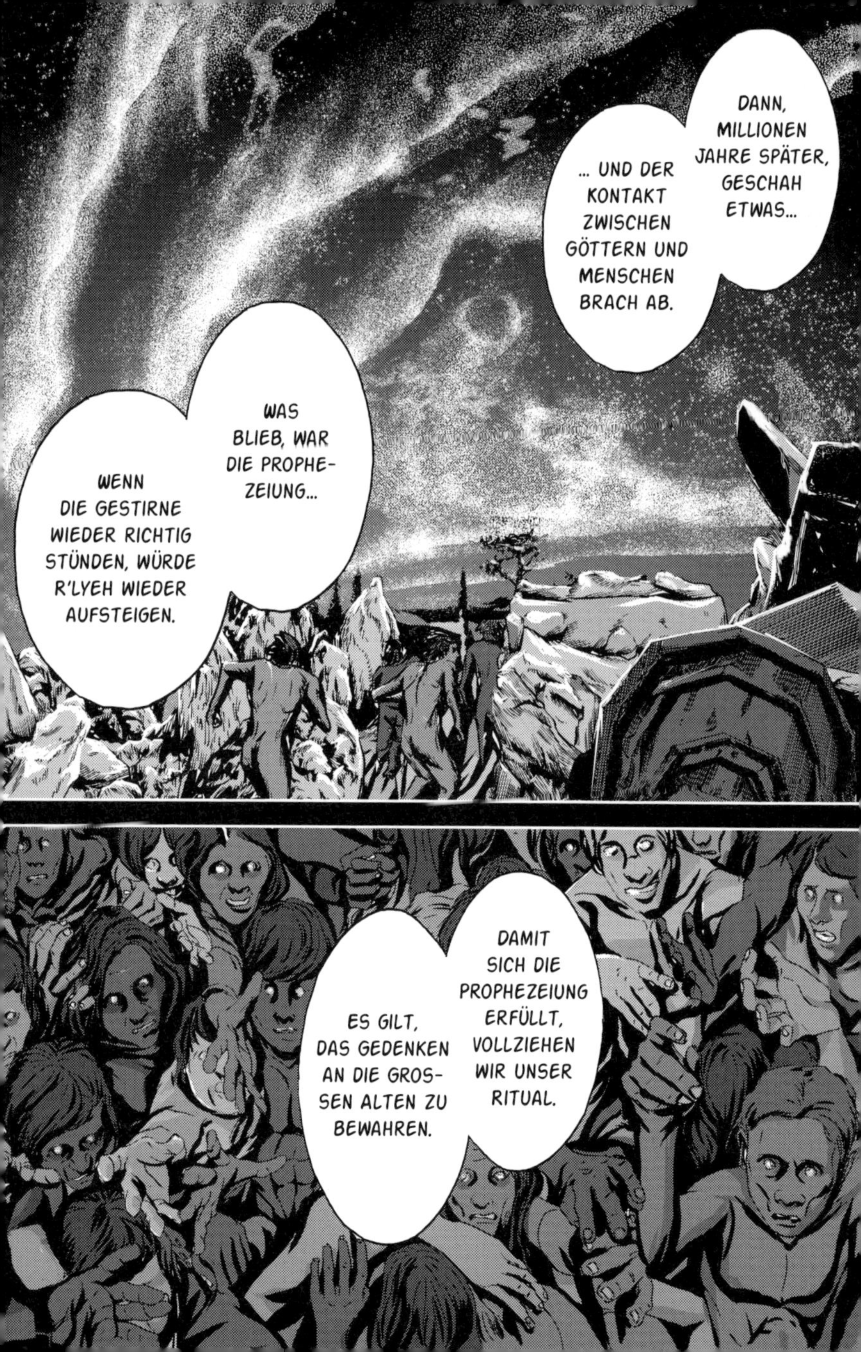
DANN, MILLIONEN JAHRE SPÄTER, GESCHAH ETWAS...
... UND DER KONTAKT ZWISCHEN GÖTTERN UND MENSCHEN BRACH AB.
WAS BLIEB, WAR DIE PROPHEZEIUNG...
WENN DIE GESTIRNE WIEDER RICHTIG STÜNDEN, WÜRDE R'LYEH WIEDER AUFSTEIGEN.
DAMIT SICH DIE PROPHEZEIUNG ERFÜLLT, VOLLZIEHEN WIR UNSER RITUAL.
ES GILT, DAS GEDENKEN AN DIE GROS-SEN ALTEN ZU BEWAHREN.

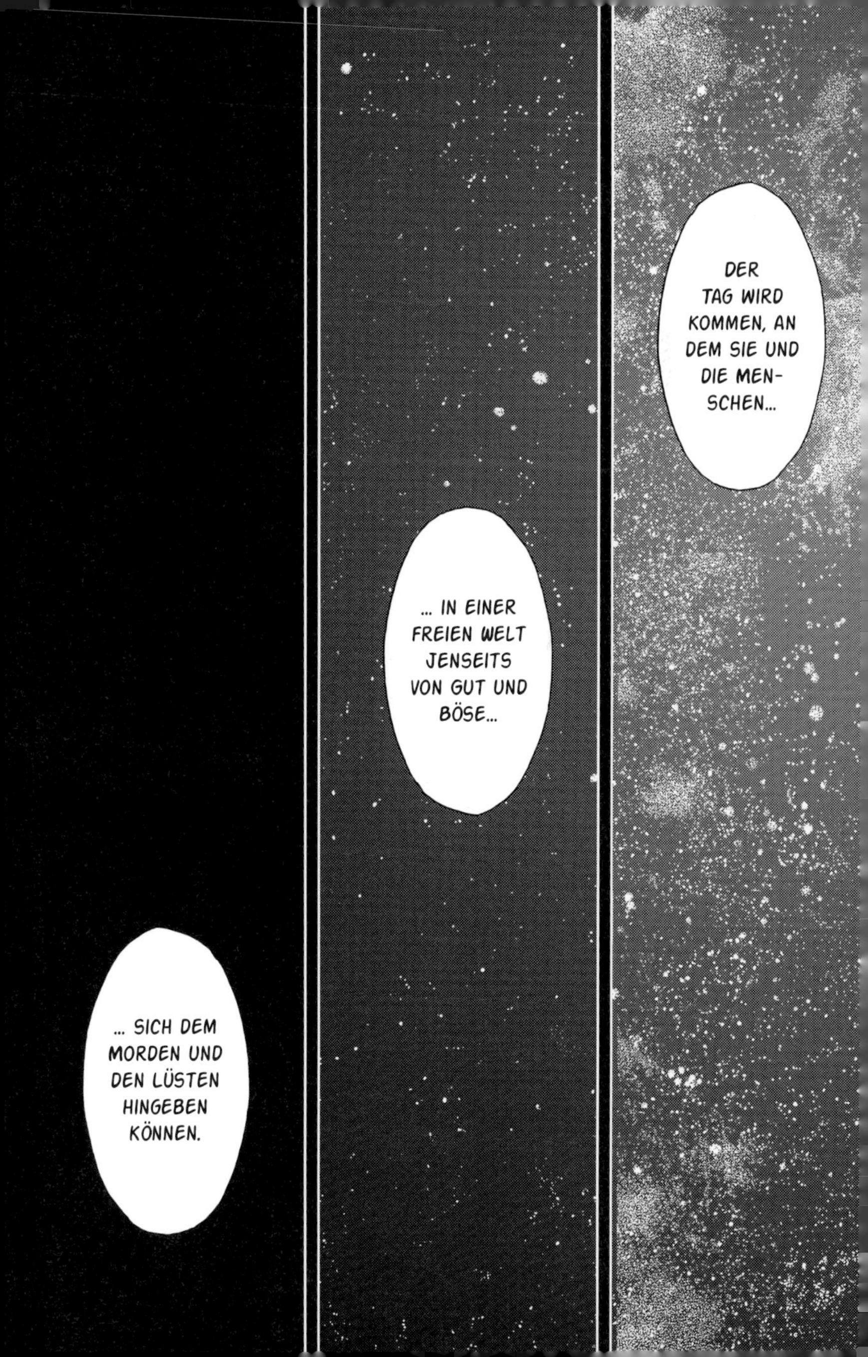
DER TAG WIRD KOMMEN, AN DEM SIE UND DIE MEN-SCHEN...
... IN EINER FREIEN WELT JENSEITS VON GUT UND BÖSE...
... SICH DEM MORDEN UND DEN LÜSTEN HINGEBEN KÖNNEN.

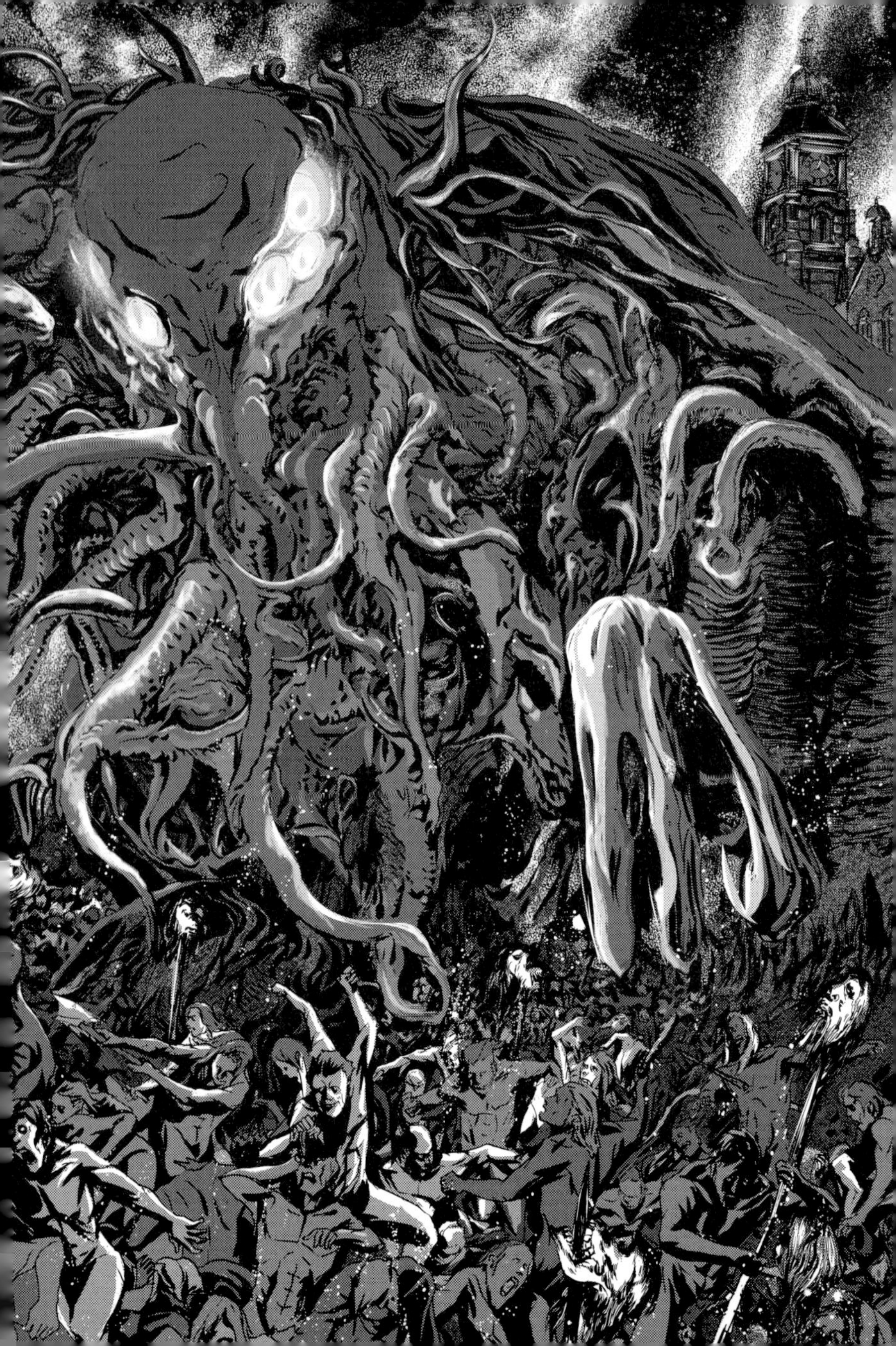

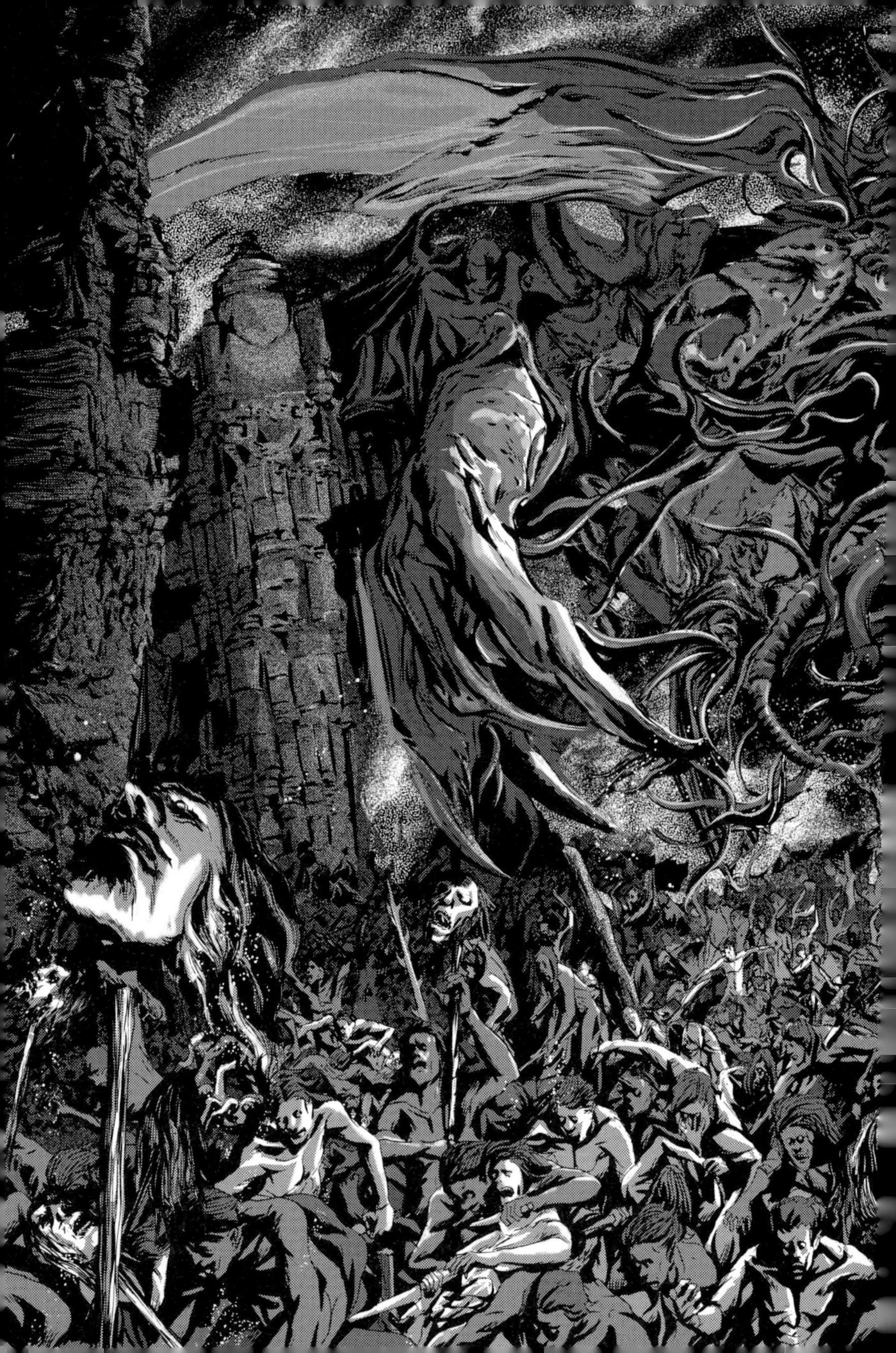

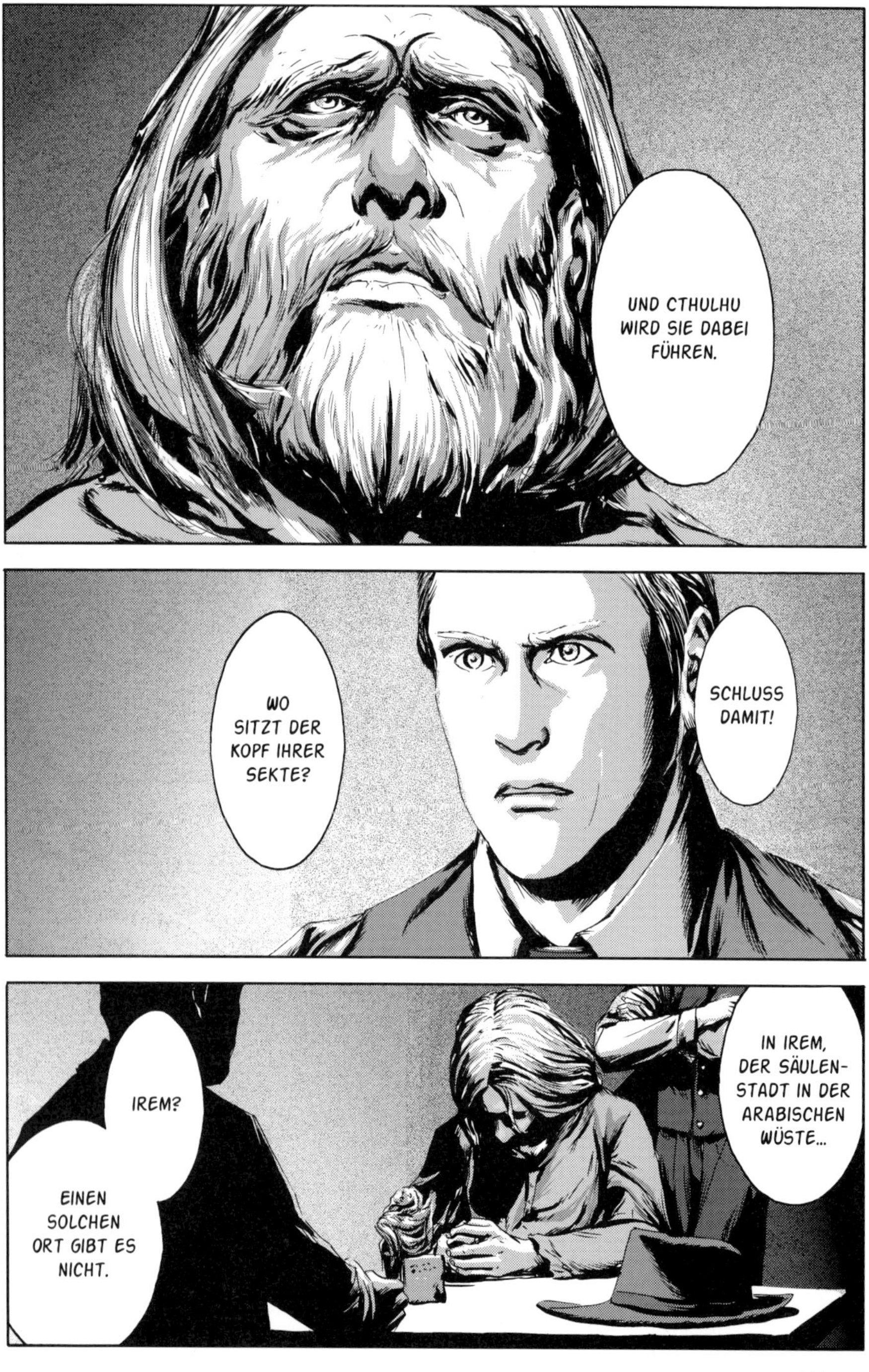
UND CTHULHU WIRD SIE DABEI FÜHREN.
SCHLUSS DAMIT!
WO SITZT DER KOPF IHRER SEKTE?
IN IREM, DER SÄULEN-STADT IN DER ARABISCHEN WÜSTE...
IREM?
EINEN SOLCHEN ORT GIBT ES NICHT.

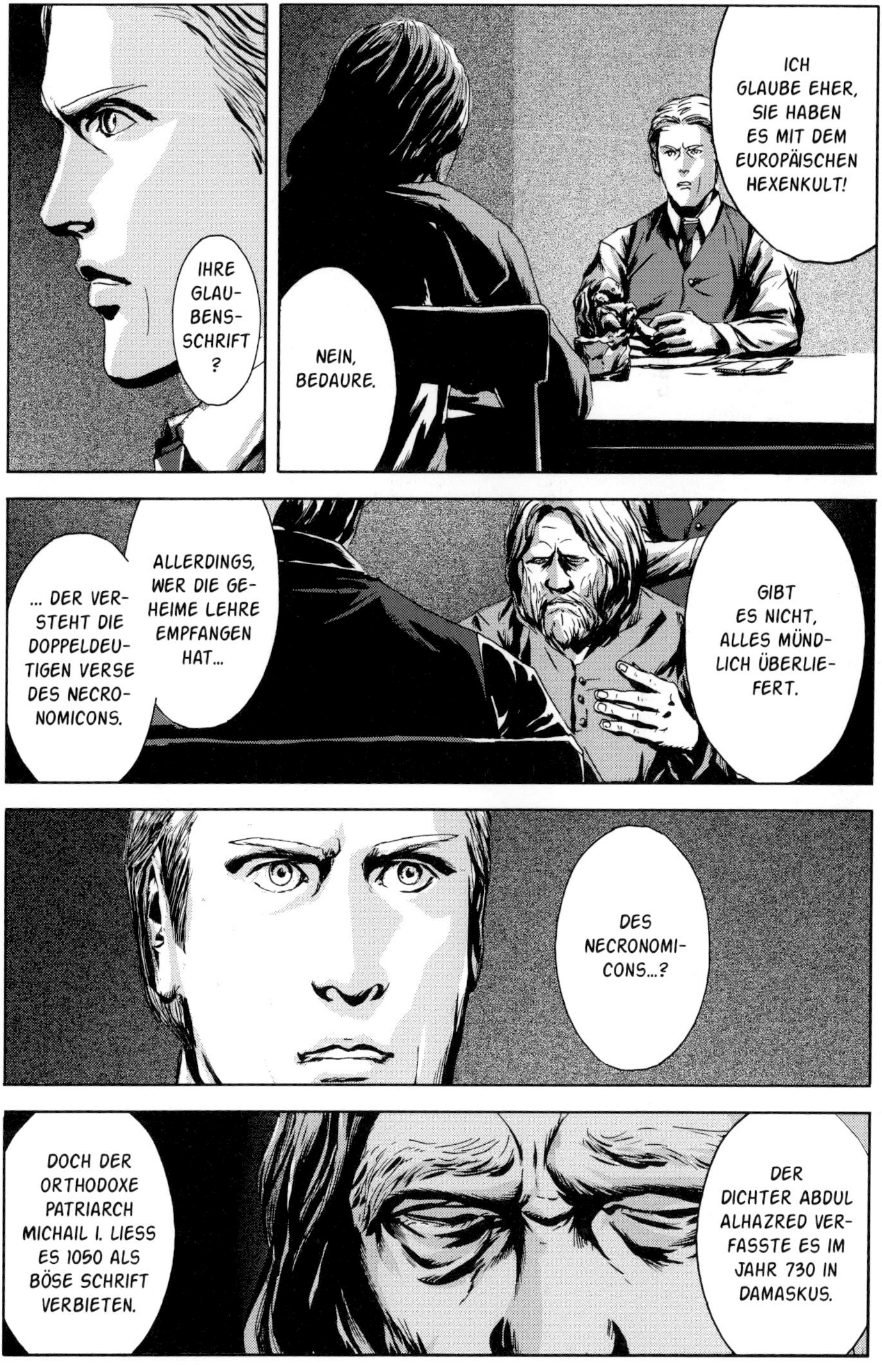
ICH GLAUBE EHER, SIE HABEN ES MIT DEM EUROPÄISCHEN HEXENKULT!
NEIN, BEDAURE.
IHRE GLAUBENSSCHRIFT ?
GIBT ES NICHT, ALLES MÜNDLICH ÜBERLIEFERT.
ALLERDINGS, WER DIE GEHEIME LEHRE EMPFANGEN HAT...
... DER VERSTEHT DIE DOPPELDEUTIGEN VERSE DES NECRONOMICONS.
DES NECRONOMICONS...?
DER DICHTER ABDUL ALHAZRED VERFASSTE ES IM JAHR 730 IN DAMASKUS.
DOCH DER ORTHODOXE PATRIARCH MICHAIL I. LIESS ES 1050 ALS BÖSE SCHRIFT VERBIETEN.

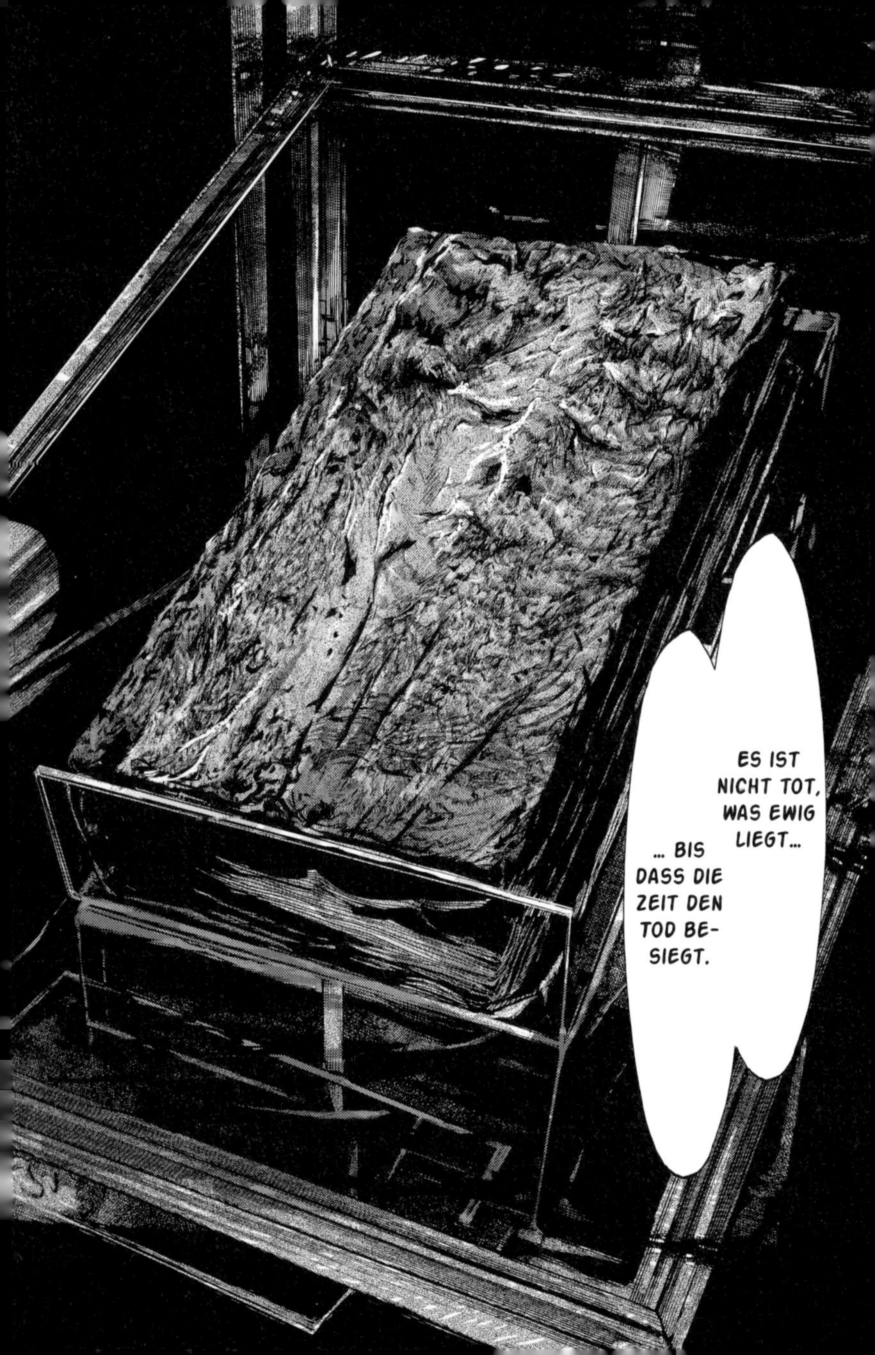
ES IST NICHT TOT, WAS EWIG LIEGT…
… BIS DASS DIE ZEIT DEN TOD BE-SIEGT.

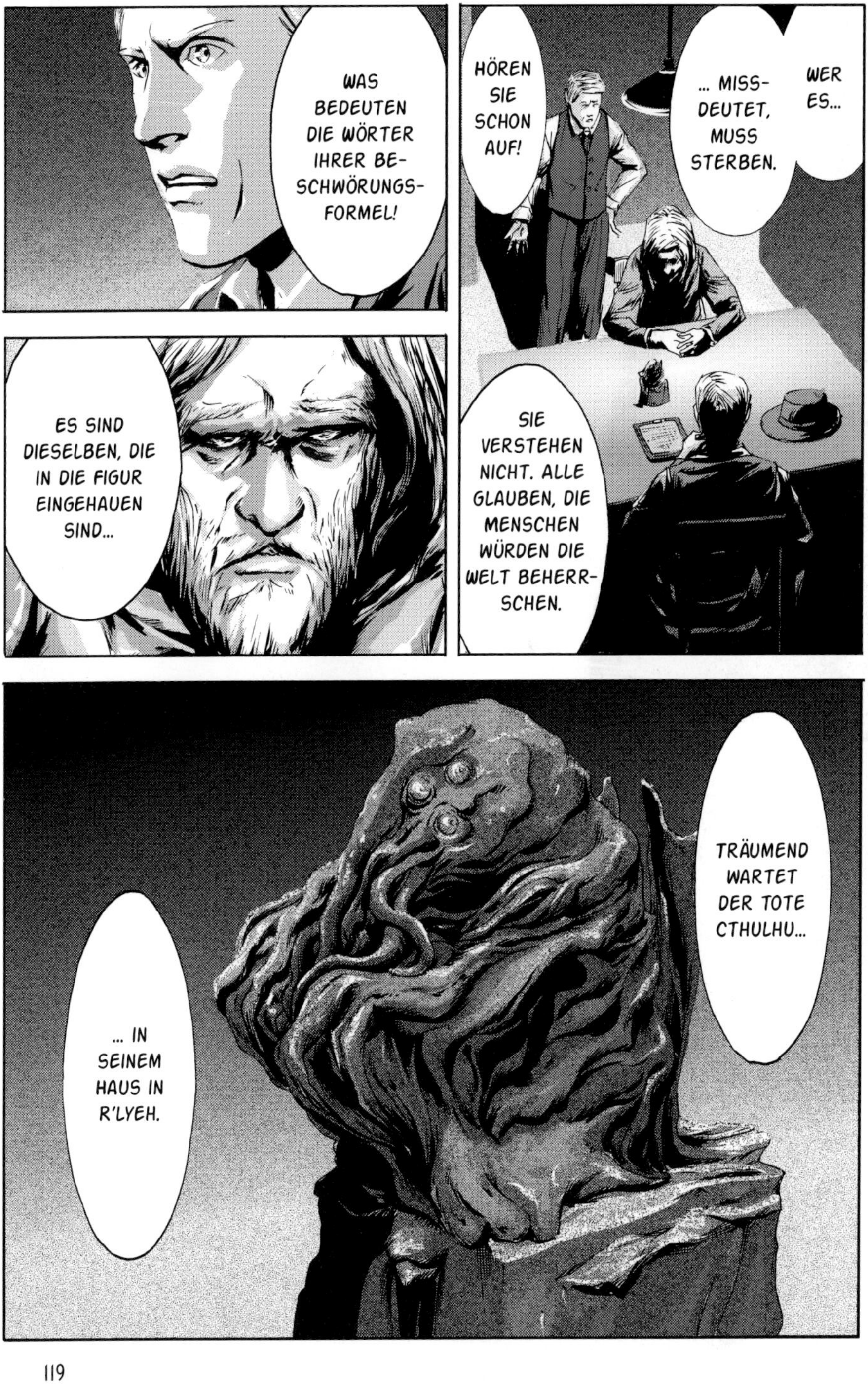
WAS BEDEUTEN DIE WÖRTER IHRER BESCHWÖRUNGSFORMEL!
ES SIND DIESELBEN, DIE IN DIE FIGUR EINGEHAUEN SIND...
HÖREN SIE SCHON AUF!
WER ES...
... MISSDEUTET, MUSS STERBEN.
SIE VERSTEHEN NICHT. ALLE GLAUBEN, DIE MENSCHEN WÜRDEN DIE WELT BEHERRSCHEN.
TRÄUMEND WARTET DER TOTE CTHULHU...
... IN SEINEM HAUS IN R'LYEH.

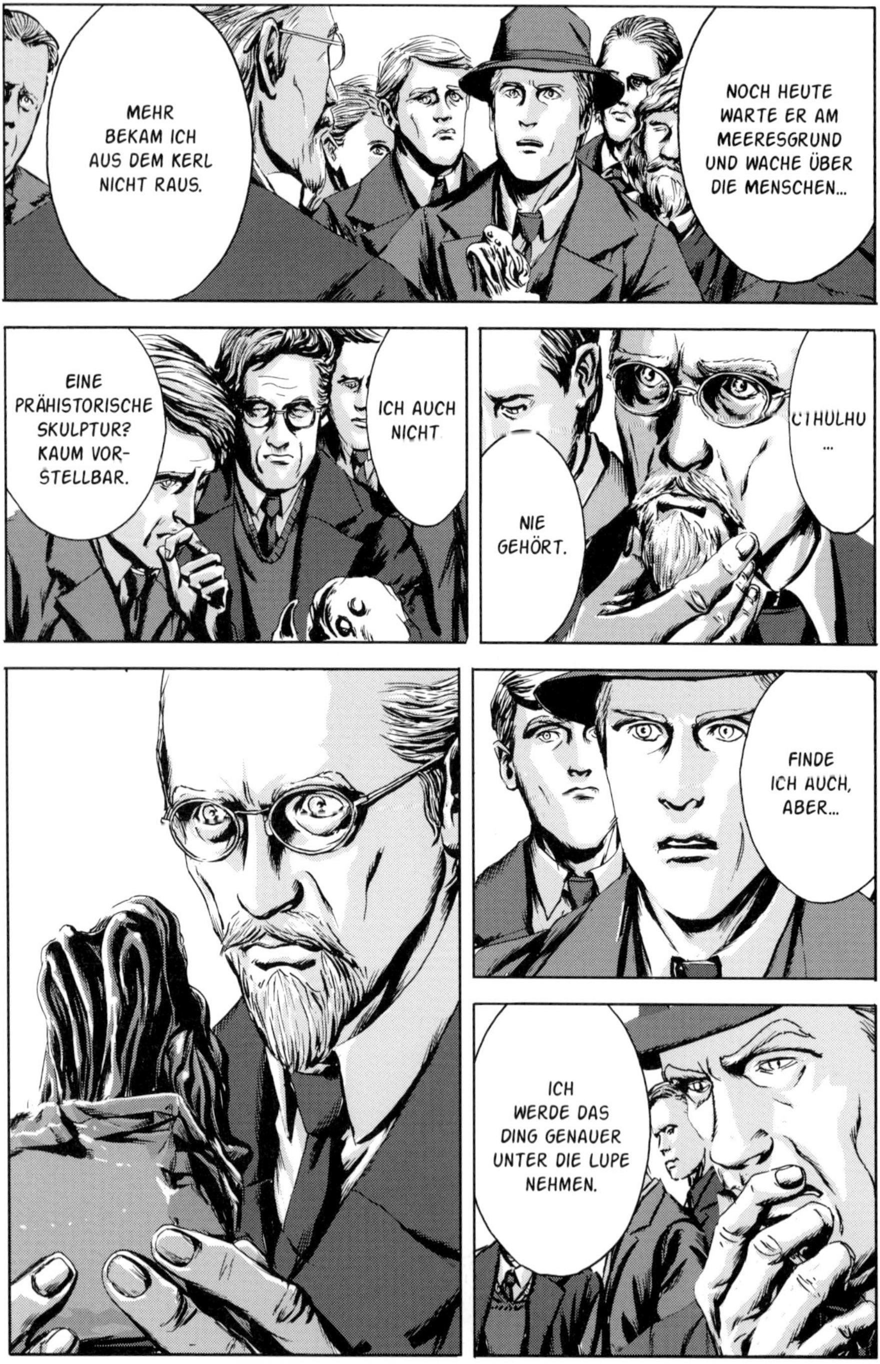
MEHR BEKAM ICH AUS DEM KERL NICHT RAUS.
NOCH HEUTE WARTE ER AM MEERESGRUND UND WACHE ÜBER DIE MENSCHEN...
EINE PRÄHISTORISCHE SKULPTUR? KAUM VORSTELLBAR.
ICH AUCH NICHT.
CTHULHU ...
NIE GEHÖRT.
FINDE ICH AUCH, ABER...
ICH WERDE DAS DING GENAUER UNTER DIE LUPE NEHMEN.

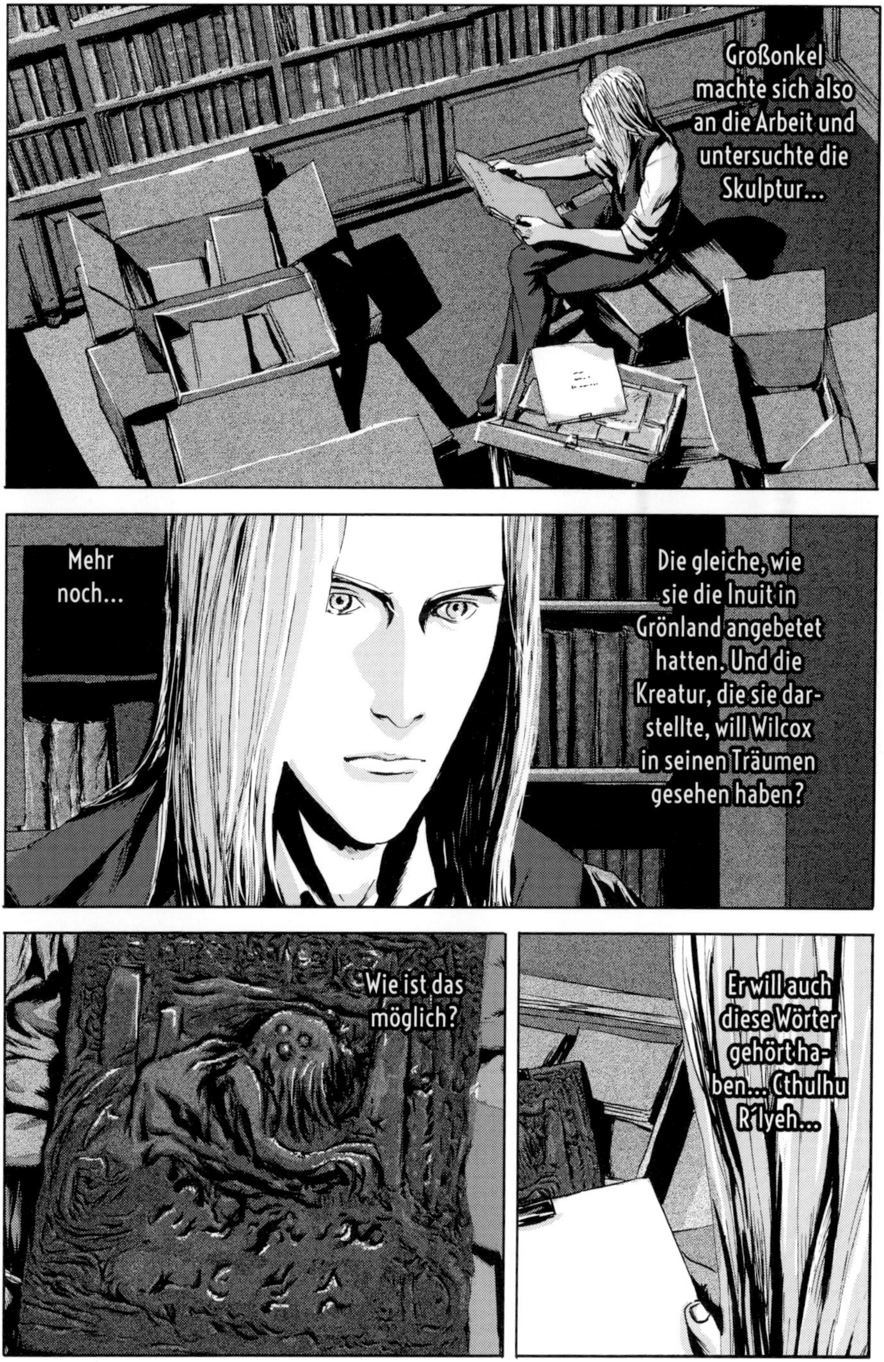
Großonkel machte sich also an die Arbeit und untersuchte die Skulptur...
Mehr noch...
Die gleiche, wie sie die Inuit in Grönland angebetet hatten. Und die Kreatur, die sie dar-stellte, will Wilcox in seinen Träumen gesehen haben?
Wie ist das möglich?
Er will auch diese Wörter gehört ha-ben... Cthulhu R'lyeh...

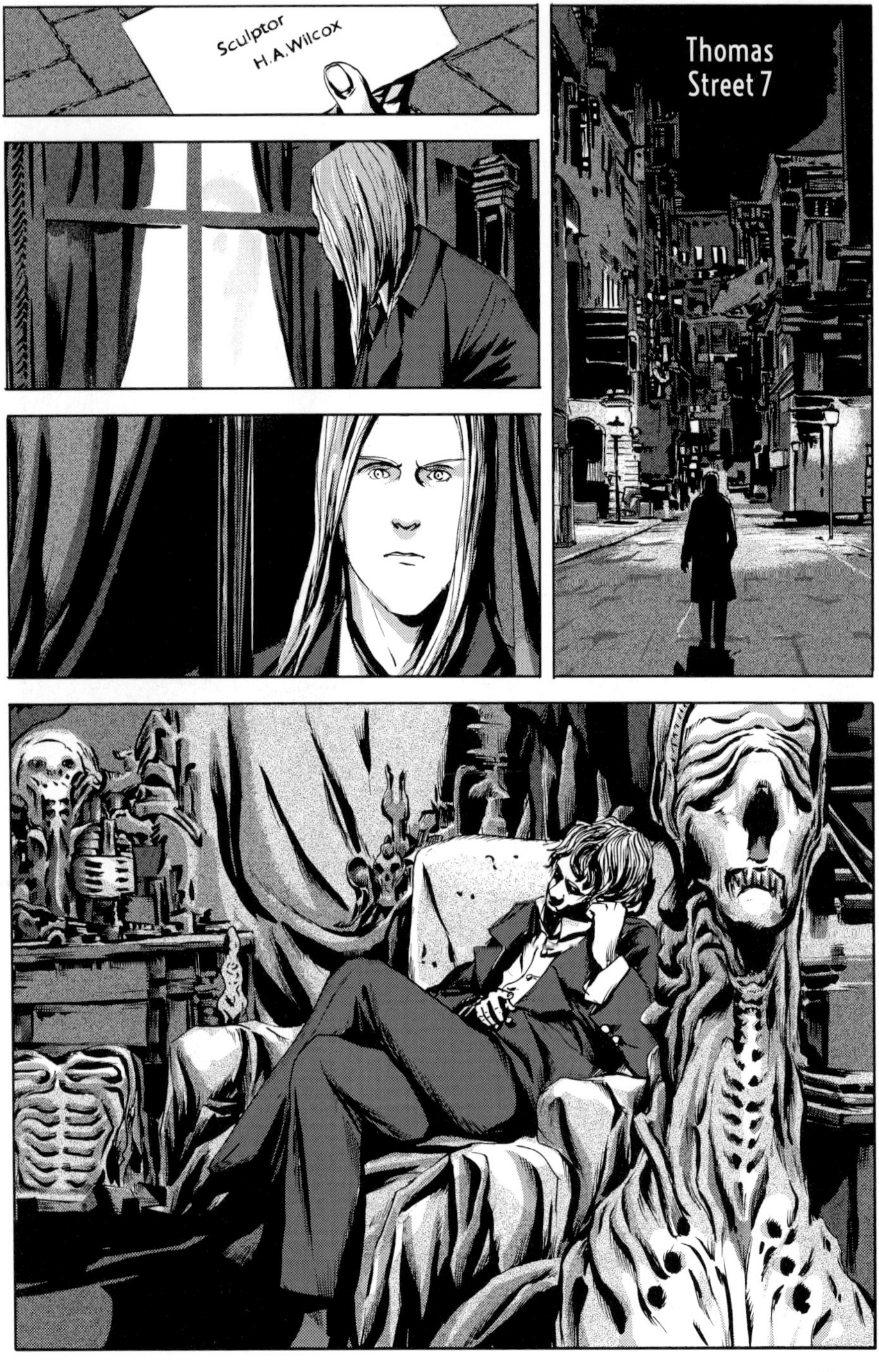
Sculptor
H.A.Wilcox
Thomas
Street 7

4 DIE UNHEIMLICHE SKULPTUR

The Terrible Statue

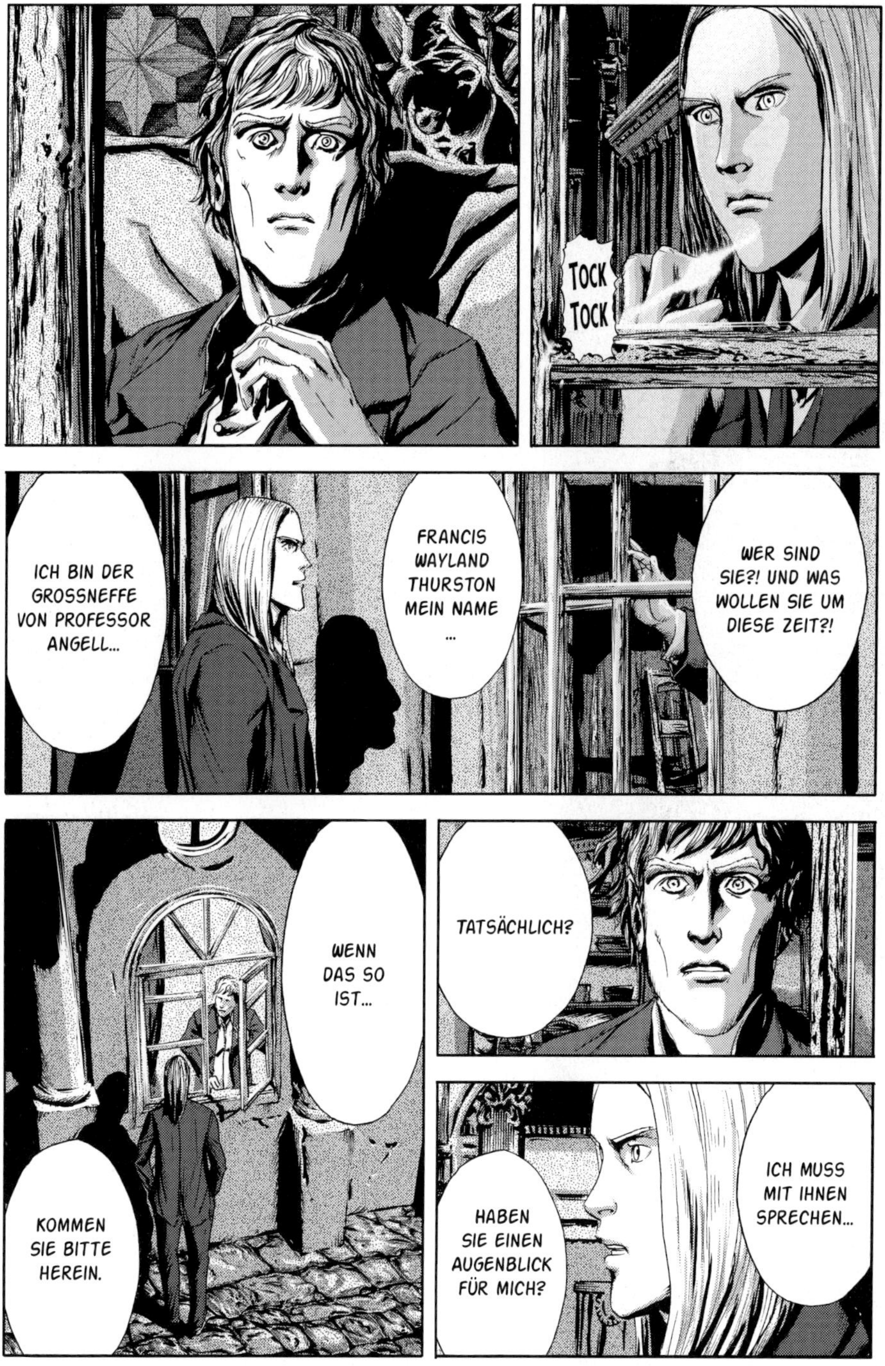
TOCK TOCK
WER SIND SIE?! UND WAS WOLLEN SIE UM DIESE ZEIT?!
FRANCIS WAYLAND THURSTON MEIN NAME ...
ICH BIN DER GROSSNEFFE VON PROFESSOR ANGELL...
TATSÄCHLICH?
ICH MUSS MIT IHNEN SPRECHEN...
HABEN SIE EINEN AUGENBLICK FÜR MICH?
WENN DAS SO IST...
KOMMEN SIE BITTE HEREIN.

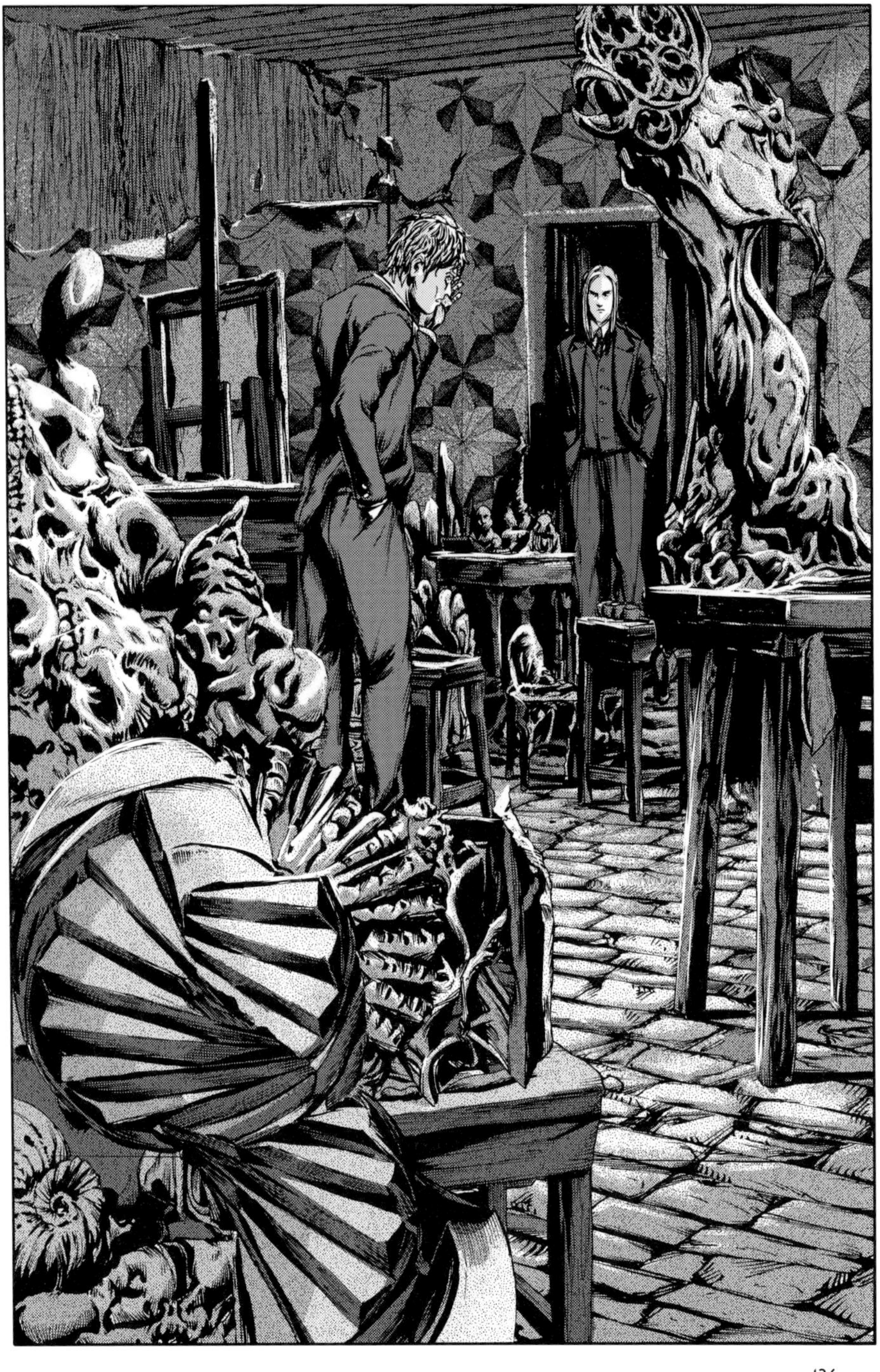

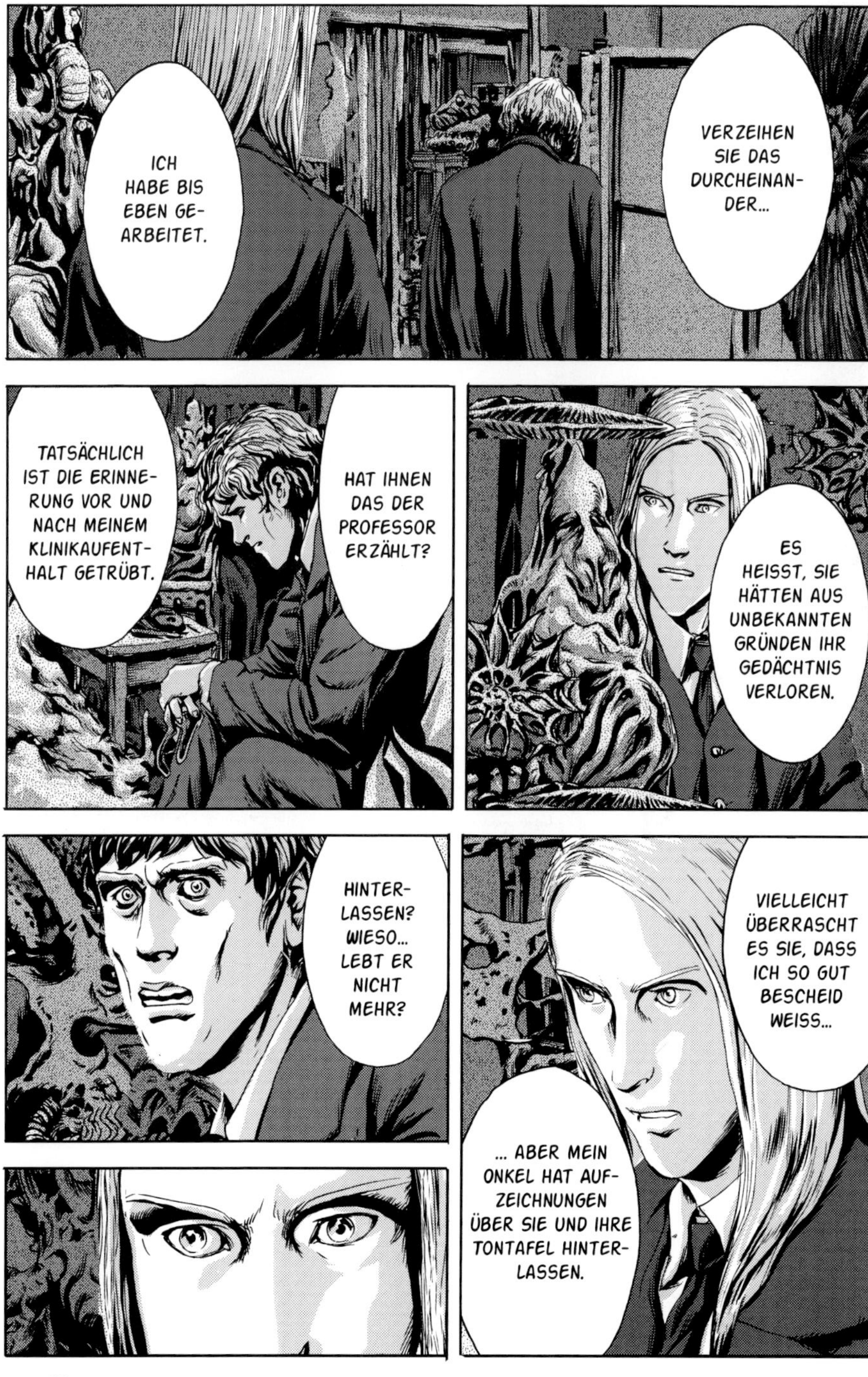
VERZEIHEN SIE DAS DURCHEINANDER...
ICH HABE BIS EBEN GEARBEITET.
ES HEISST, SIE HÄTTEN AUS UNBEKANNTEN GRÜNDEN IHR GEDÄCHTNIS VERLOREN.
HAT IHNEN DAS DER PROFESSOR ERZÄHLT?
TATSÄCHLICH IST DIE ERINNERUNG VOR UND NACH MEINEM KLINIKAUFENTHALT GETRÜBT.
VIELLEICHT ÜBERRASCHT ES SIE, DASS ICH SO GUT BESCHEID WEISS...
... ABER MEIN ONKEL HAT AUFZEICHNUNGEN ÜBER SIE UND IHRE TONTAFEL HINTERLASSEN.
HINTERLASSEN? WIESO... LEBT ER NICHT MEHR?

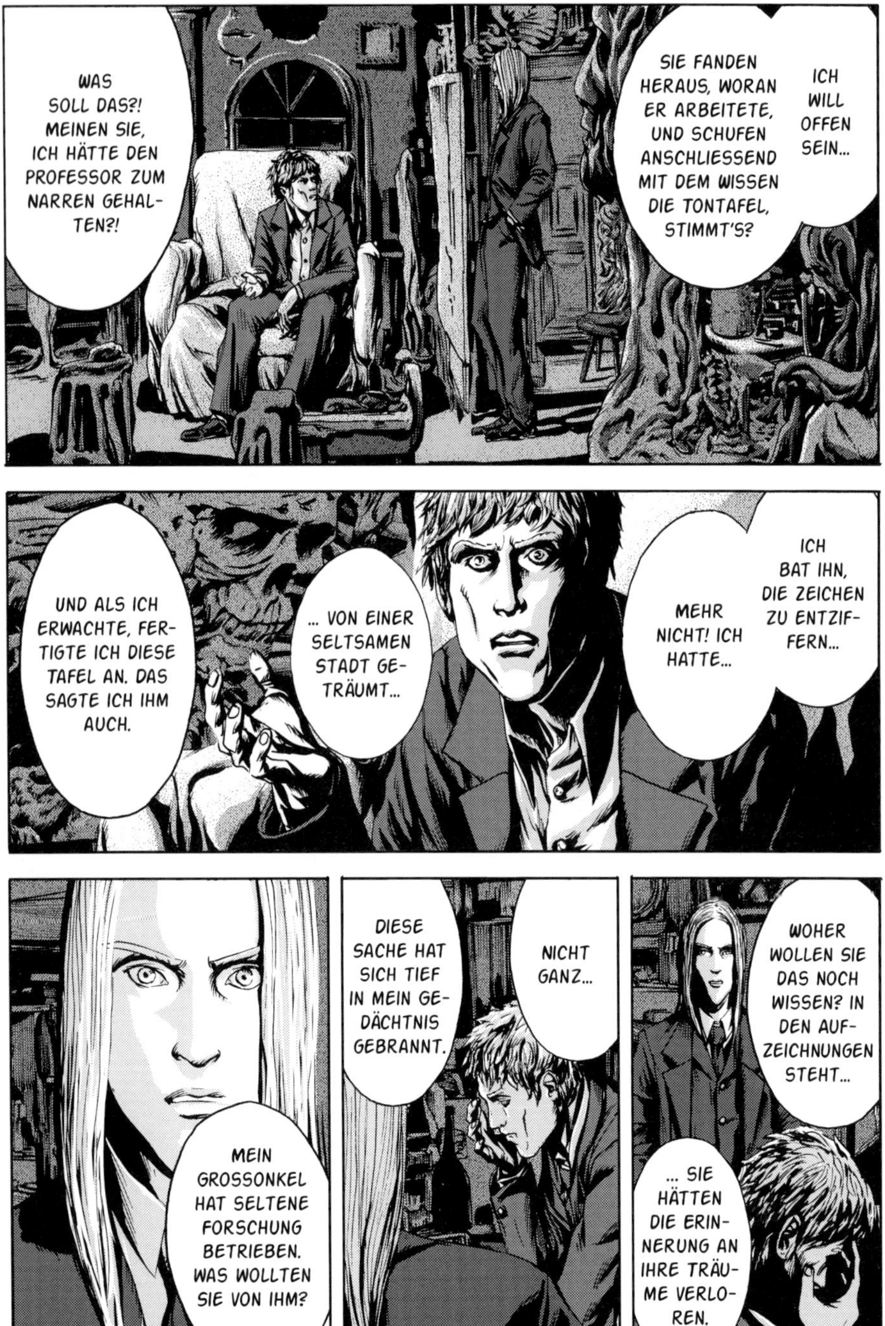

ICH WILL OFFEN SEIN...
SIE FANDEN HERAUS, WORAN ER ARBEITETE, UND SCHUFEN ANSCHLIESSEND MIT DEM WISSEN DIE TONTAFEL, STIMMT'S?
WAS SOLL DAS?! MEINEN SIE, ICH HÄTTE DEN PROFESSOR ZUM NARREN GEHALTEN?!
ICH BAT IHN, DIE ZEICHEN ZU ENTZIFFERN...
MEHR NICHT! ICH HATTE...
... VON EINER SELTSAMEN STADT GETRÄUMT...
UND ALS ICH ERWACHTE, FERTIGTE ICH DIESE TAFEL AN. DAS SAGTE ICH IHM AUCH.
WOHER WOLLEN SIE DAS NOCH WISSEN? IN DEN AUFZEICHNUNGEN STEHT...
... SIE HÄTTEN DIE ERINNERUNG AN IHRE TRÄUME VERLOREN.
NICHT GANZ...
DIESE SACHE HAT SICH TIEF IN MEIN GEDÄCHTNIS GEBRANNT.
MEIN GROSSONKEL HAT SELTENE FORSCHUNG BETRIEBEN. WAS WOLLTEN SIE VON IHM?

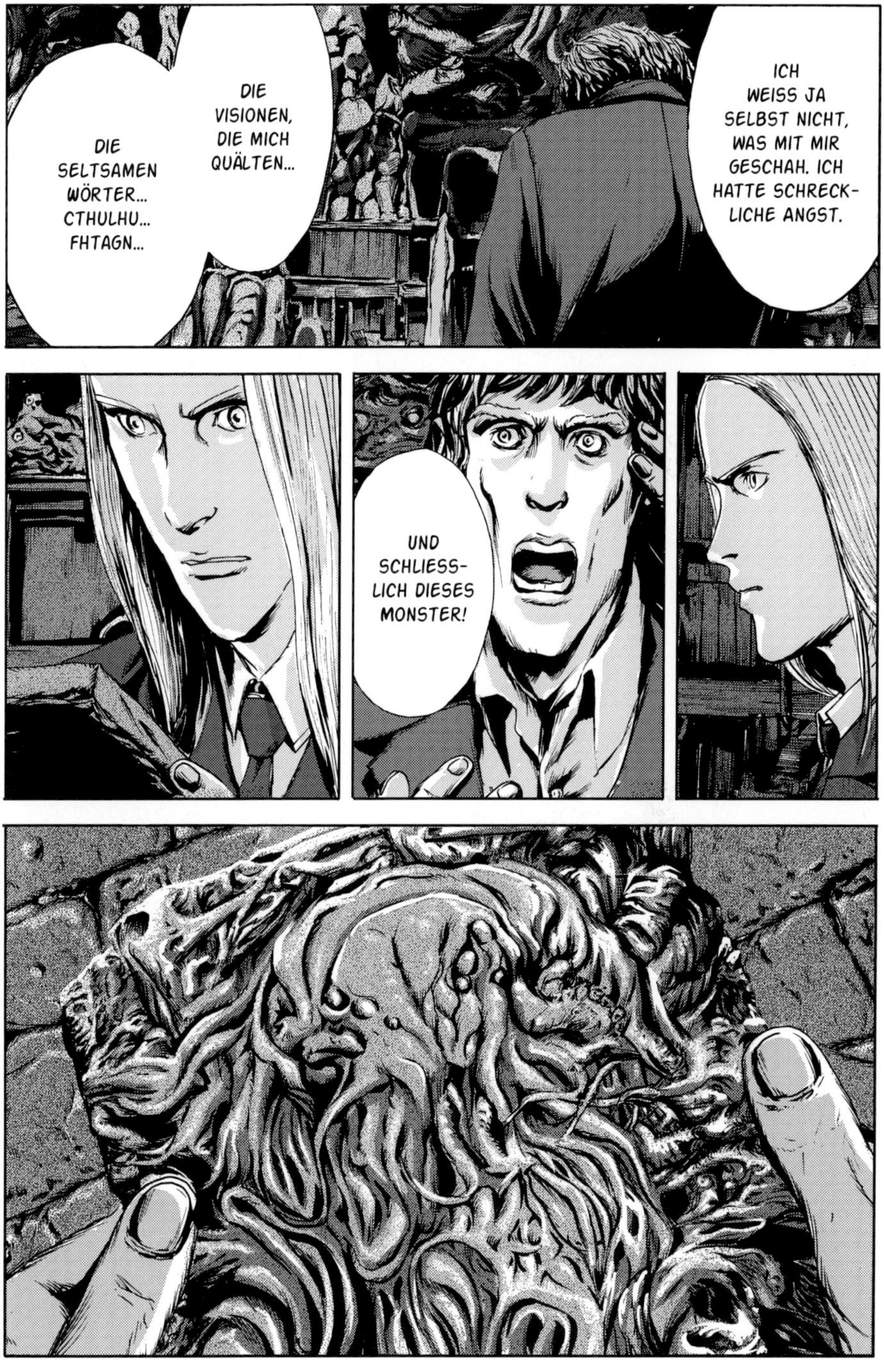
ICH WEISS JA SELBST NICHT, WAS MIT MIR GESCHAH. ICH HATTE SCHRECK-LICHE ANGST.
DIE VISIONEN, DIE MICH QUÄLTEN...
DIE SELTSAMEN WÖRTER... CTHULHU... FHTAGN...
UND SCHLIESS-LICH DIESES MONSTER!

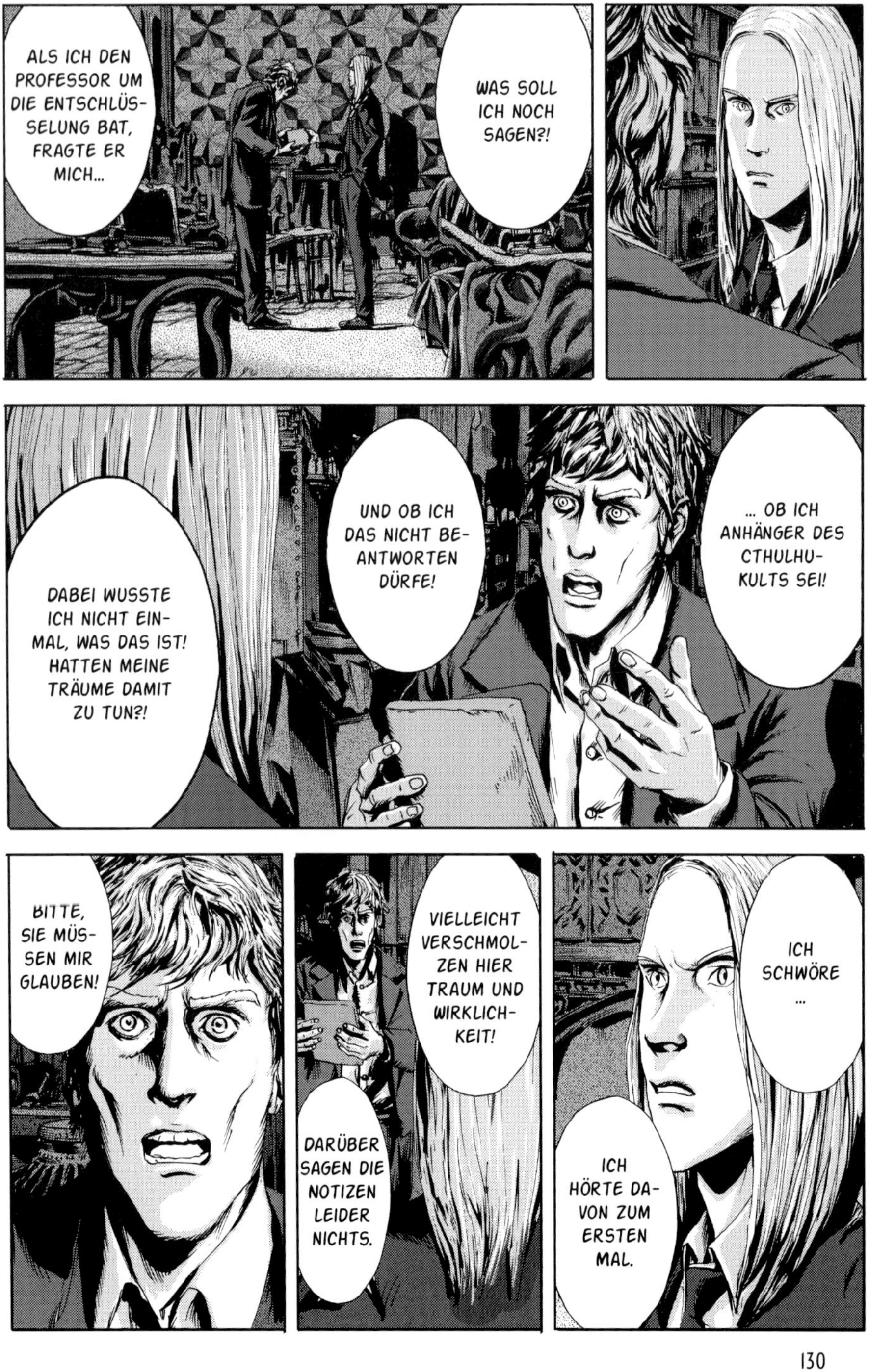
WAS SOLL ICH NOCH SAGEN?!
ALS ICH DEN PROFESSOR UM DIE ENTSCHLÜSSELUNG BAT, FRAGTE ER MICH...
... OB ICH ANHÄNGER DES CTHULHUKULTS SEI!
UND OB ICH DAS NICHT BEANTWORTEN DÜRFE!
DABEI WUSSTE ICH NICHT EINMAL, WAS DAS IST! HATTEN MEINE TRÄUME DAMIT ZU TUN?!
ICH SCHWÖRE ...
ICH HÖRTE DAVON ZUM ERSTEN MAL.
VIELLEICHT VERSCHMOLZEN HIER TRAUM UND WIRKLICHKEIT!
DARÜBER SAGEN DIE NOTIZEN LEIDER NICHTS.
BITTE, SIE MÜSSEN MIR GLAUBEN!

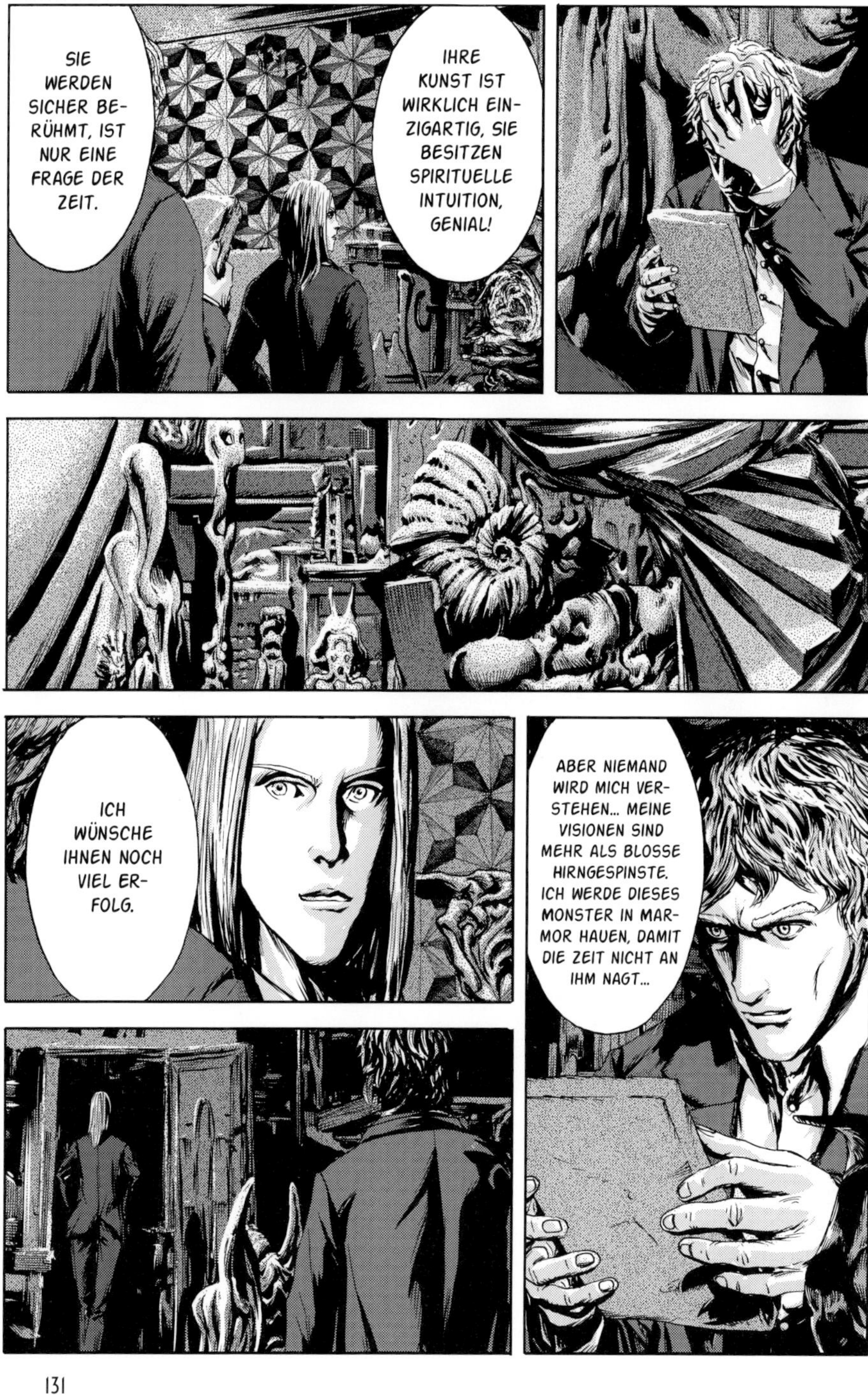
IHRE KUNST IST WIRKLICH EIN-ZIGARTIG, SIE BESITZEN SPIRITUELLE INTUITION, GENIAL!
SIE WERDEN SICHER BE-RÜHMT, IST NUR EINE FRAGE DER ZEIT.
ABER NIEMAND WIRD MICH VER-STEHEN... MEINE VISIONEN SIND MEHR ALS BLOSSE HIRNGESPINSTE. ICH WERDE DIESES MONSTER IN MAR-MOR HAUEN, DAMIT DIE ZEIT NICHT AN IHM NAGT...
ICH WÜNSCHE IHNEN NOCH VIEL ER-FOLG.

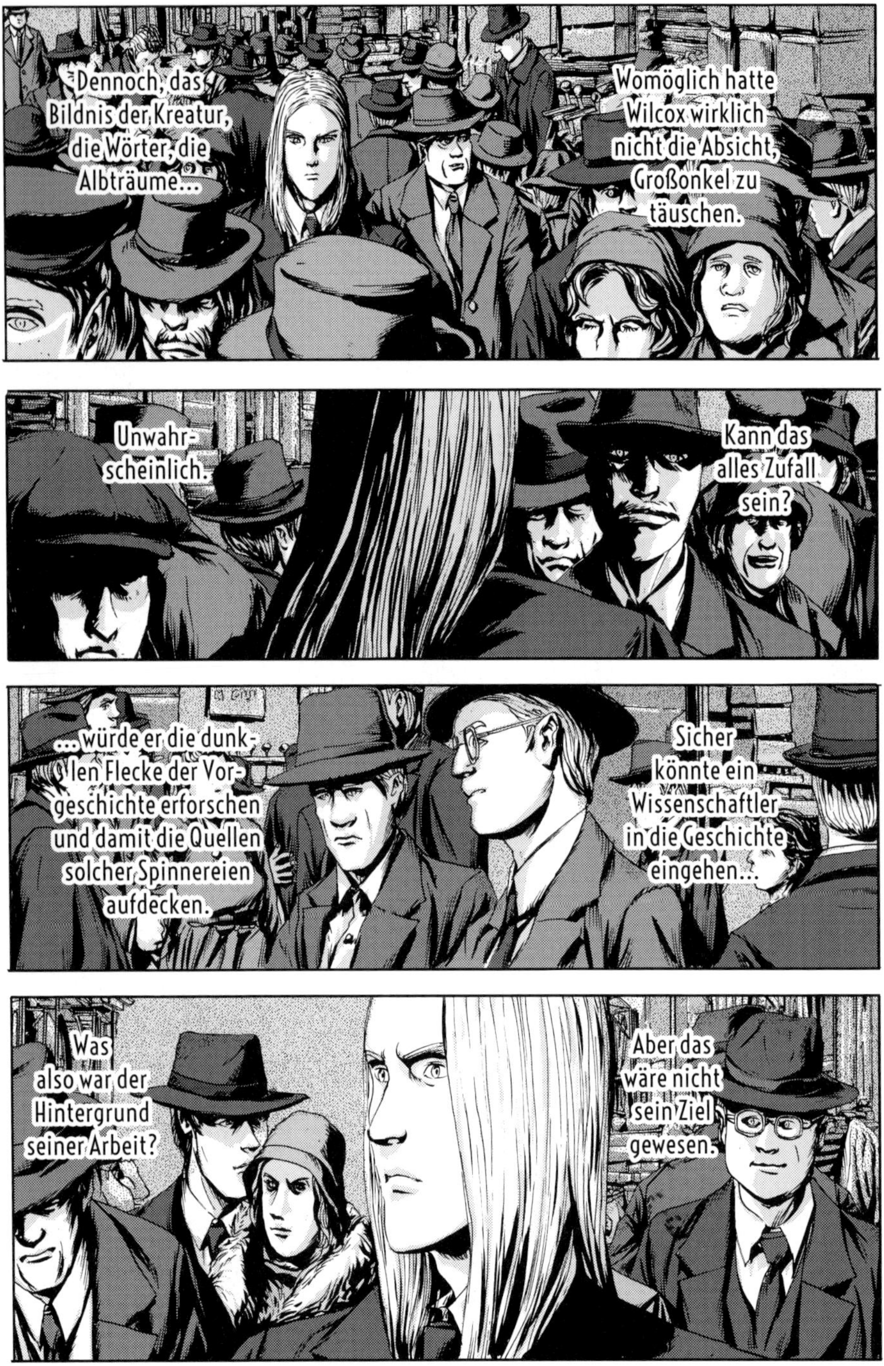
Dennoch, das Bildnis der Kreatur, die Wörter, die Albträume ...
Womöglich hatte Wilcox wirklich nicht die Absicht, Großonkel zu täuschen.
Unwahrscheinlich.
Kann das alles Zufall sein?
Sicher könnte ein Wissenschaftler in die Geschichte eingehen ...
... würde er die dunklen Flecke der Vorgeschichte erforschen und damit die Quellen solcher Spinnereien aufdecken.
Aber das wäre nicht sein Ziel gewesen.
Was also war der Hintergrund seiner Arbeit?

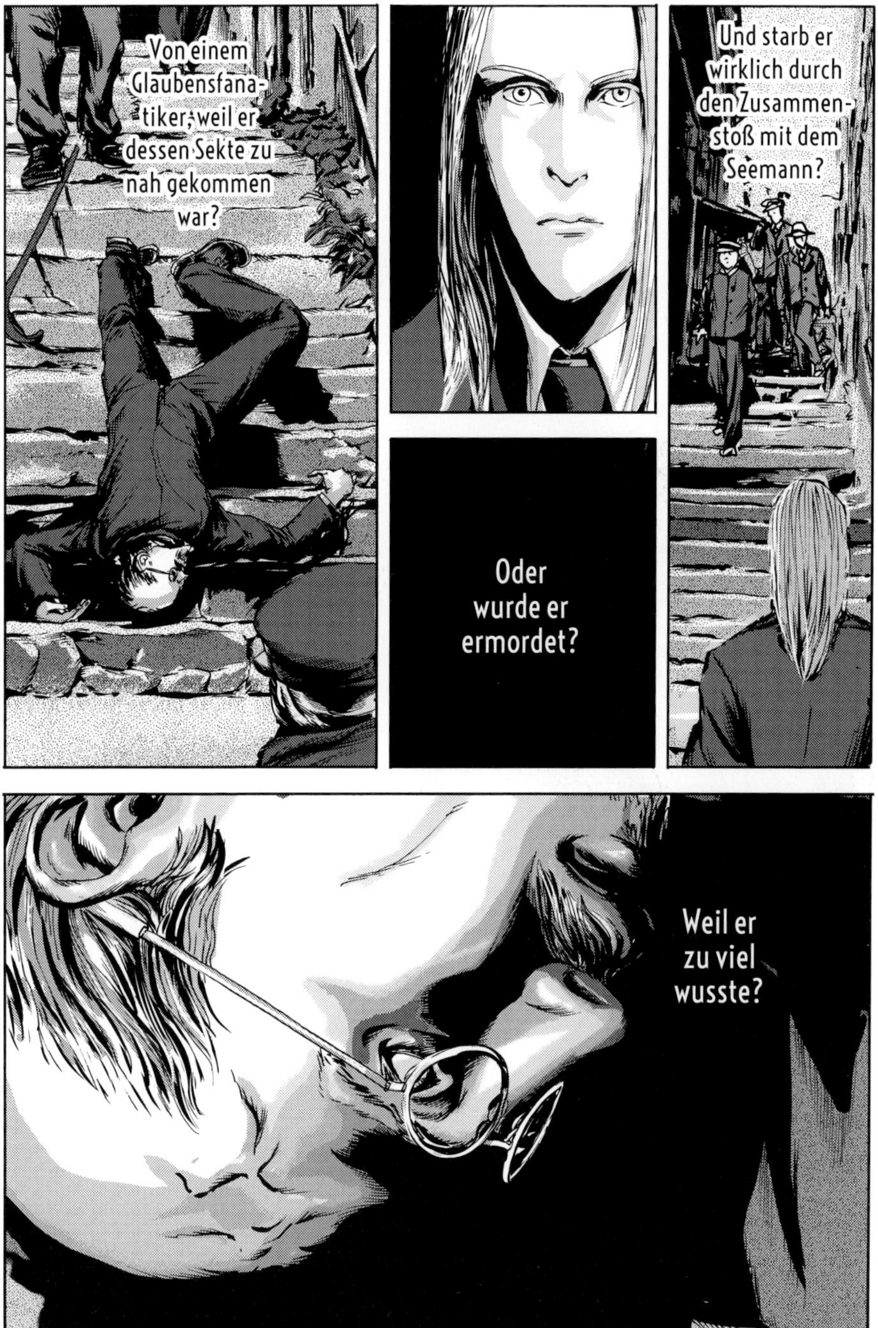
Und starb er wirklich durch den Zusammenstoß mit dem Seemann?
Von einem Glaubensfanatiker, weil er dessen Sekte zu nah gekommen war?
Oder wurde er ermordet?
Weil er zu viel wusste?

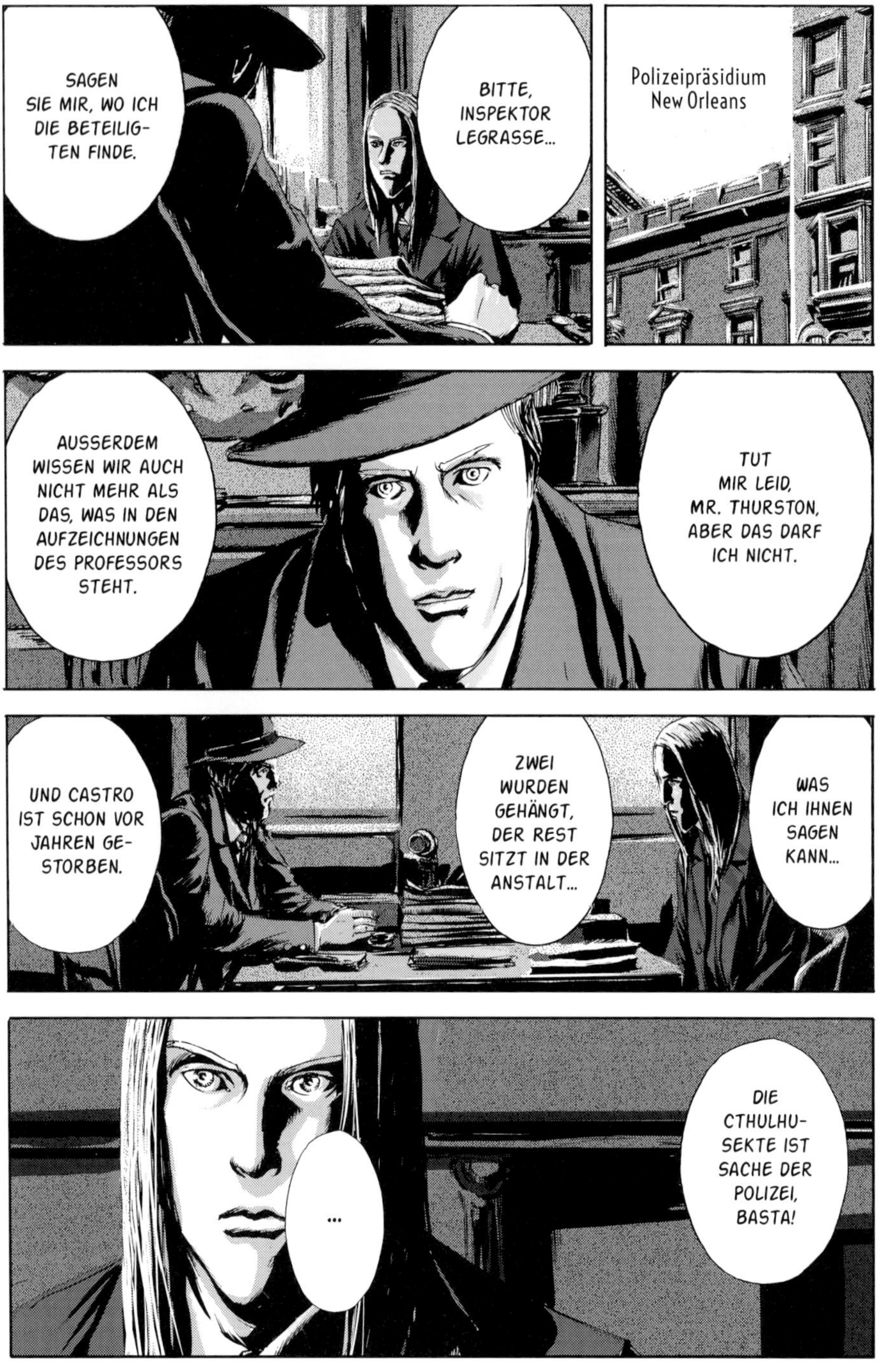
Polizeipräsidium New Orleans
BITTE, INSPEKTOR LEGRASSE...
SAGEN SIE MIR, WO ICH DIE BETEILIGTEN FINDE.
TUT MIR LEID, MR. THURSTON, ABER DAS DARF ICH NICHT.
AUSSERDEM WISSEN WIR AUCH NICHT MEHR ALS DAS, WAS IN DEN AUFZEICHNUNGEN DES PROFESSORS STEHT.
WAS ICH IHNEN SAGEN KANN...
ZWEI WURDEN GEHÄNGT, DER REST SITZT IN DER ANSTALT...
UND CASTRO IST SCHON VOR JAHREN GESTORBEN.
DIE CTHULHU-SEKTE IST SACHE DER POLIZEI, BASTA!
...

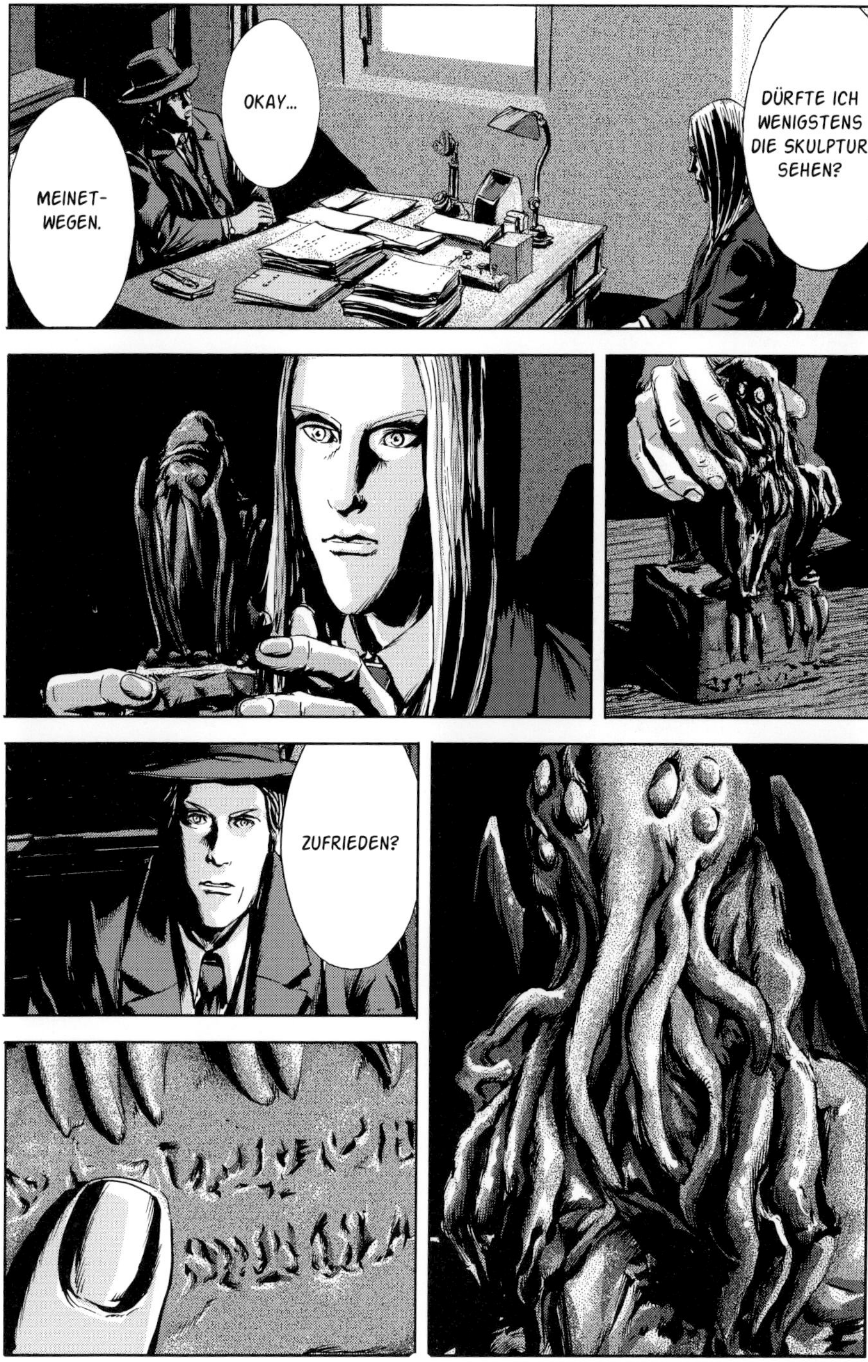
DÜRFTE ICH WENIGSTENS DIE SKULPTUR SEHEN?
OKAY...
MEINET-WEGEN.
ZUFRIEDEN?

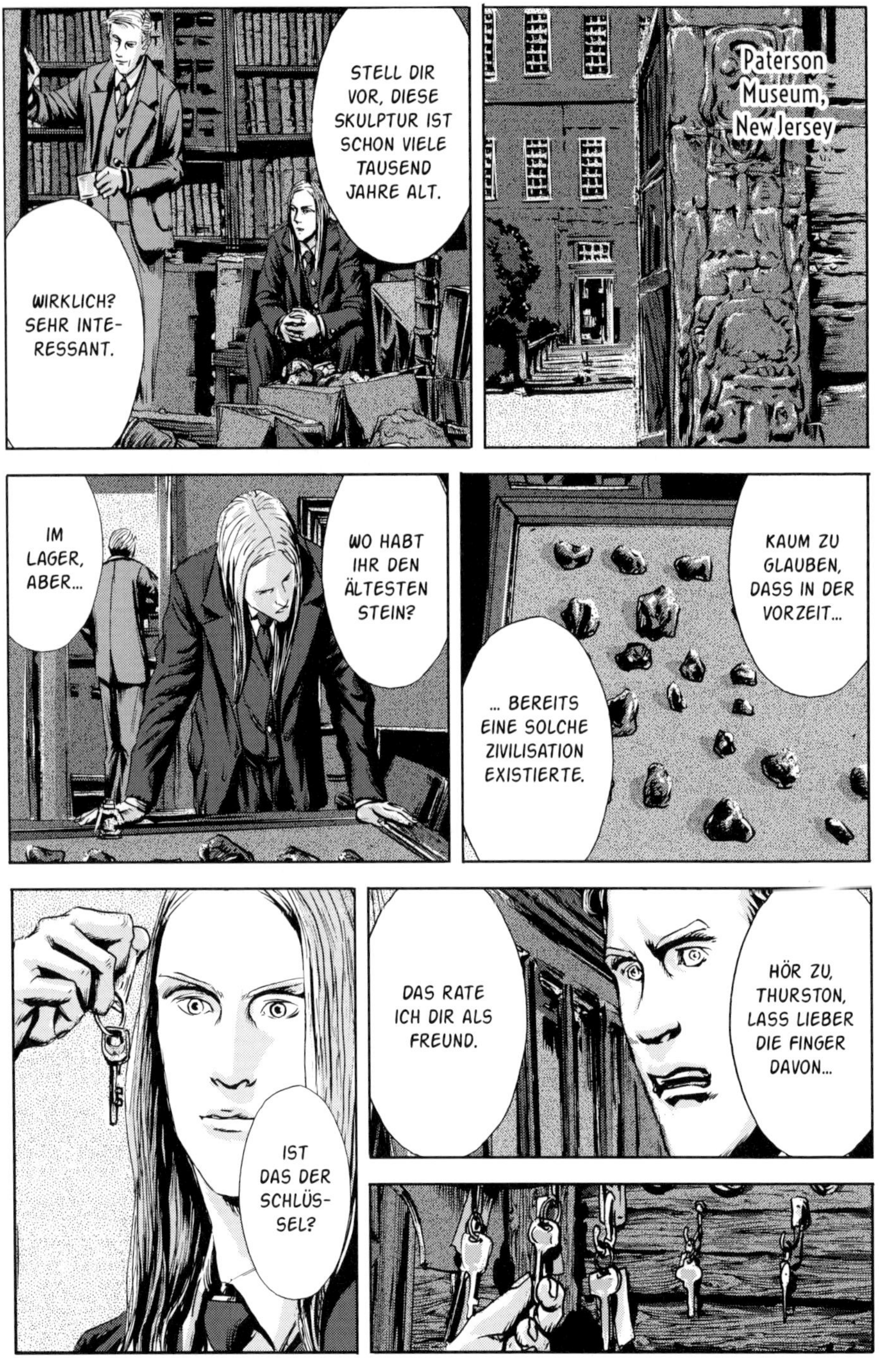
Stell dir vor, diese Skulptur ist schon viele tausend Jahre alt.
Wirklich? Sehr interessant.
Paterson Museum, New Jersey
Wo habt ihr den ältesten Stein?
Im Lager, aber…
Kaum zu glauben, dass in der Vorzeit…
… bereits eine solche Zivilisation existierte.
Hör zu, Thurston, lass lieber die Finger davon…
Das rate ich dir als Freund.
Ist das der Schlüssel?

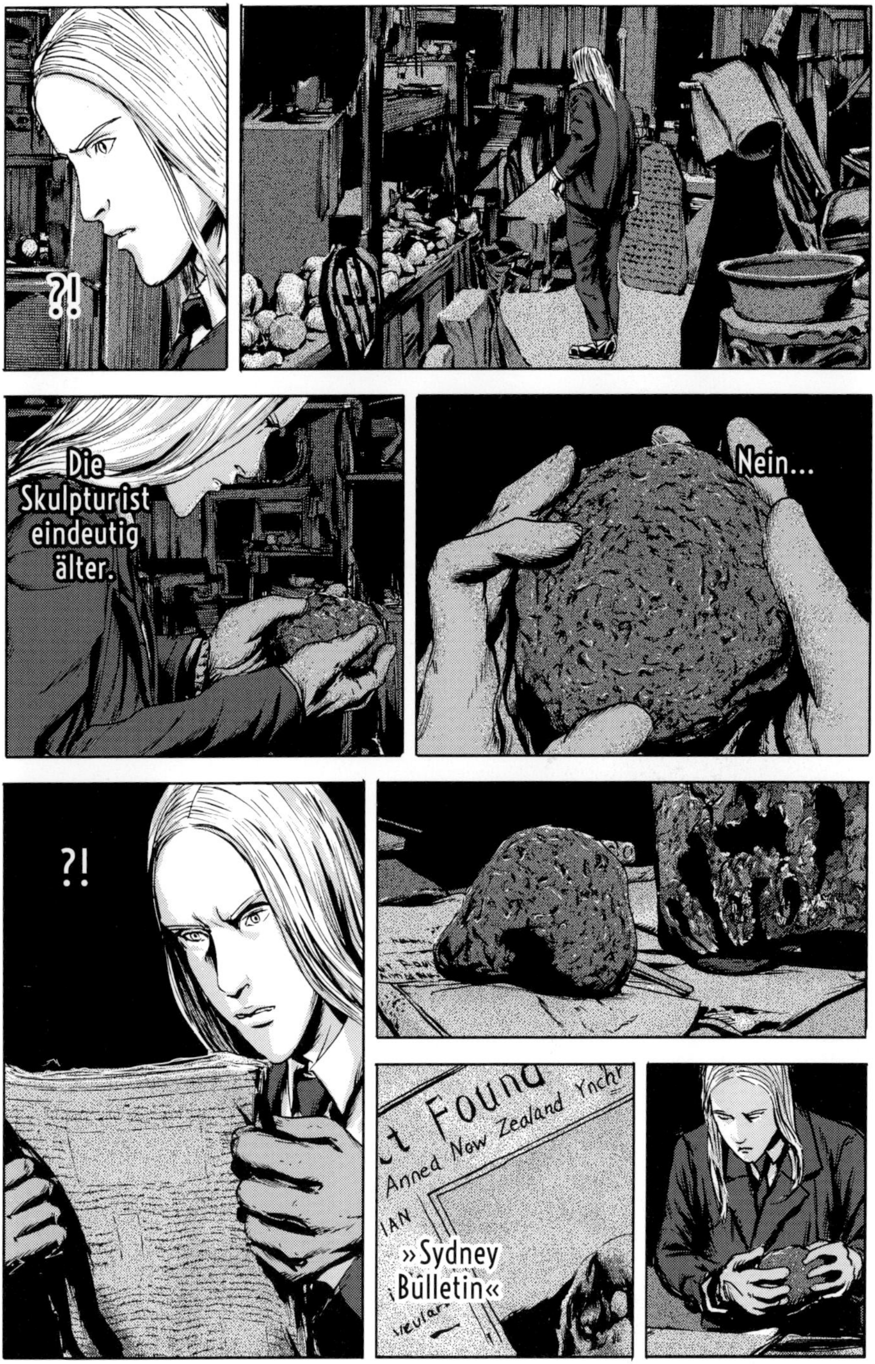
?!
Nein...
Die Skulptur ist eindeutig älter.
?!
»Sydney Bulletin«

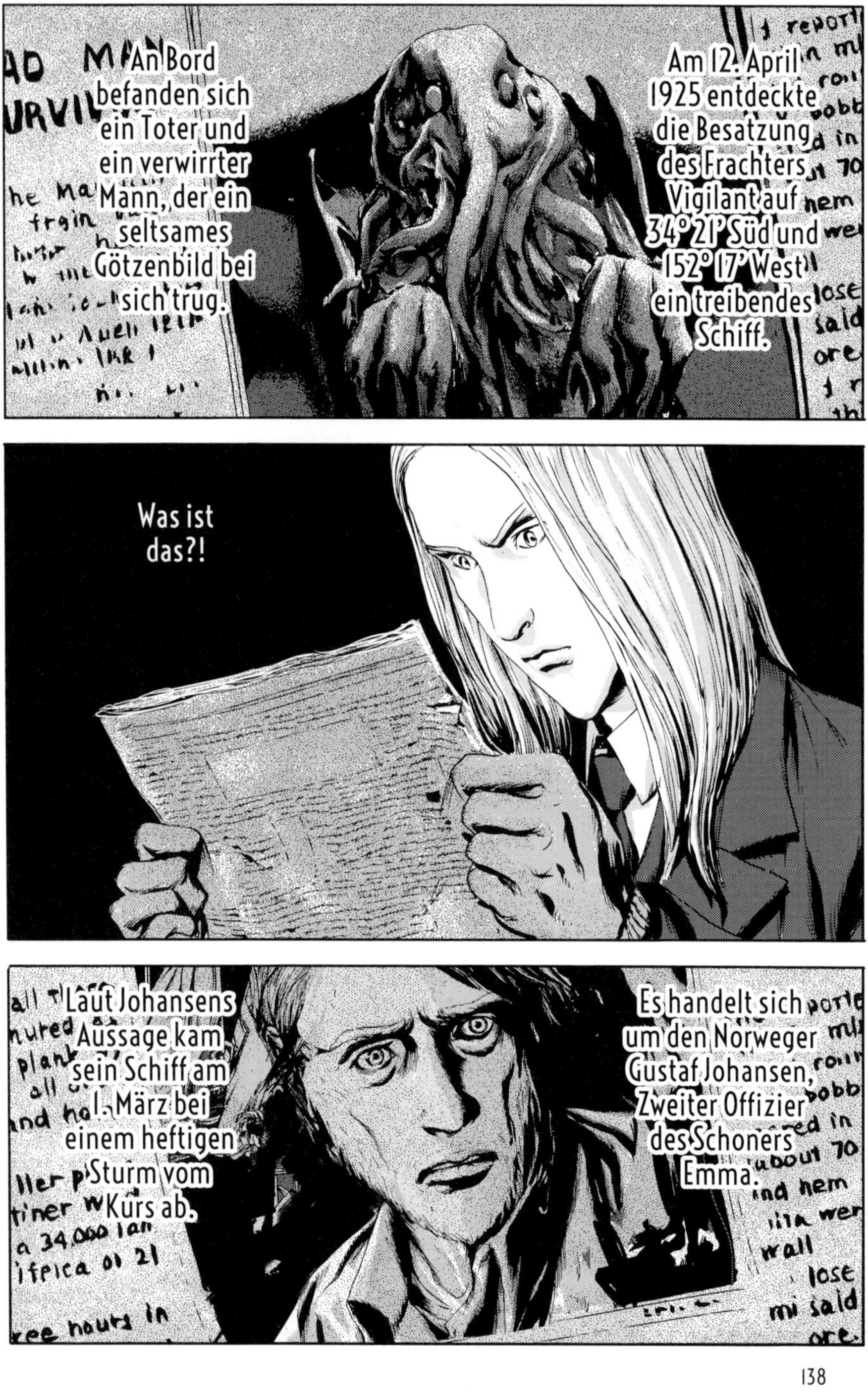
Am 12. April 1925 entdeckte die Besatzung des Frachters Vigilant auf 34° 21’ Süd und 152° 17’ West ein treibendes Schiff.
An Bord befanden sich ein Toter und ein verwirrter Mann, der ein seltsames Götzenbild bei sich trug.
Was ist das?!
Es handelt sich um den Norweger Gustaf Johansen, Zweiter Offizier des Schoners Emma.
Laut Johansens Aussage kam sein Schiff am 1. März bei einem heftigen Sturm vom Kurs ab.

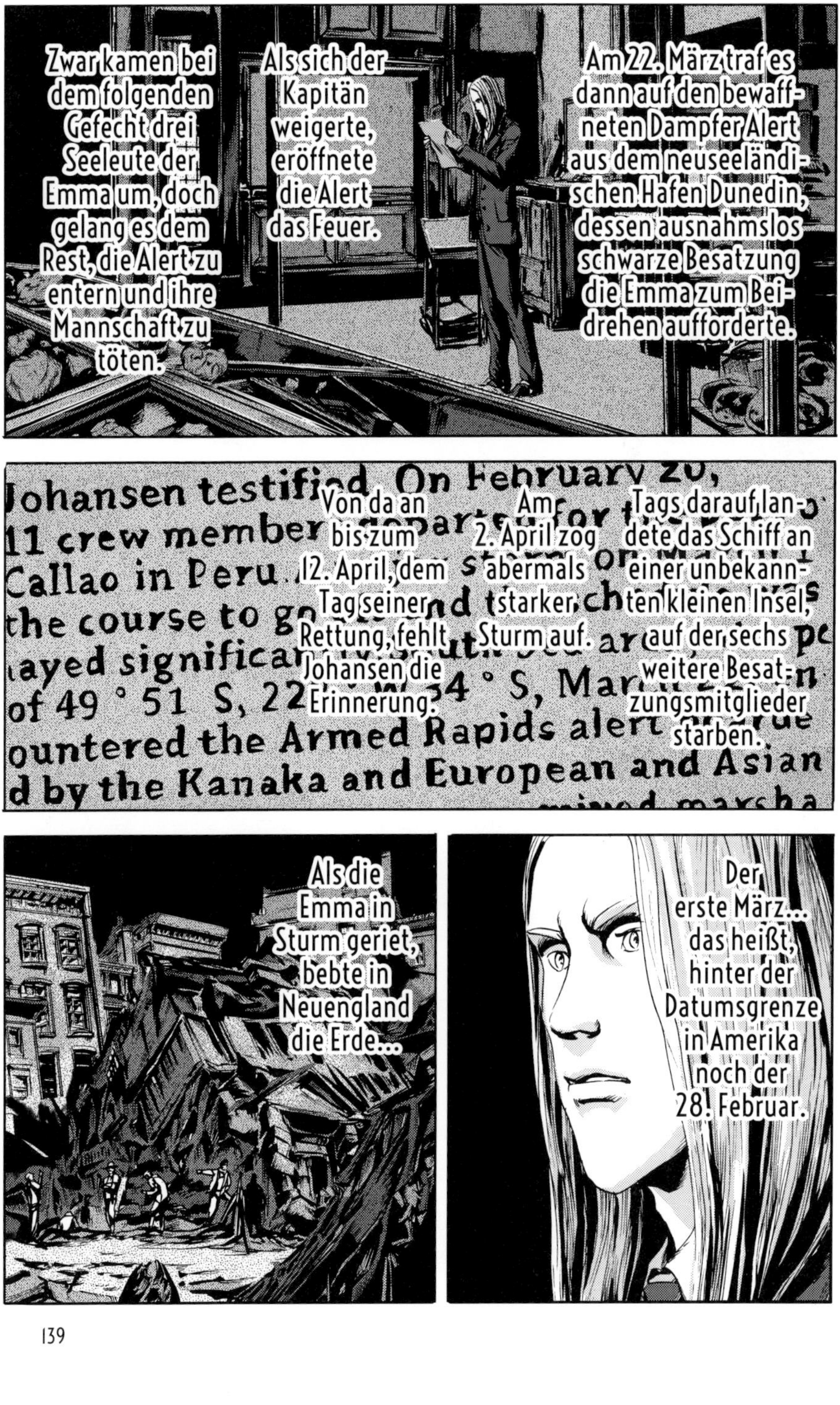
Am 22. März traf es dann auf den bewaffneten Dampfer Alert aus dem neuseeländischen Hafen Dunedin, dessen ausnahmslos schwarze Besatzung die Emma zum Beidrehen aufforderte.
Als sich der Kapitän weigerte, eröffnete die Alert das Feuer.
Zwar kamen bei dem folgenden Gefecht drei Seeleute der Emma um, doch gelang es dem Rest, die Alert zu entern und ihre Mannschaft zu töten.
Am 2. April zog abermals starker Sturm auf.
Tags darauf landete das Schiff an einer unbekannten kleinen Insel, auf der sechs weitere Besatzungsmitglieder starben.
Von da an bis zum 12. April, dem Tag seiner Rettung, fehlt Johansen die Erinnerung.
Als die Emma in Sturm geriet, bebte in Neuengland die Erde…
Der erste März… das heißt, hinter der Datumsgrenze in Amerika noch der 28. Februar.

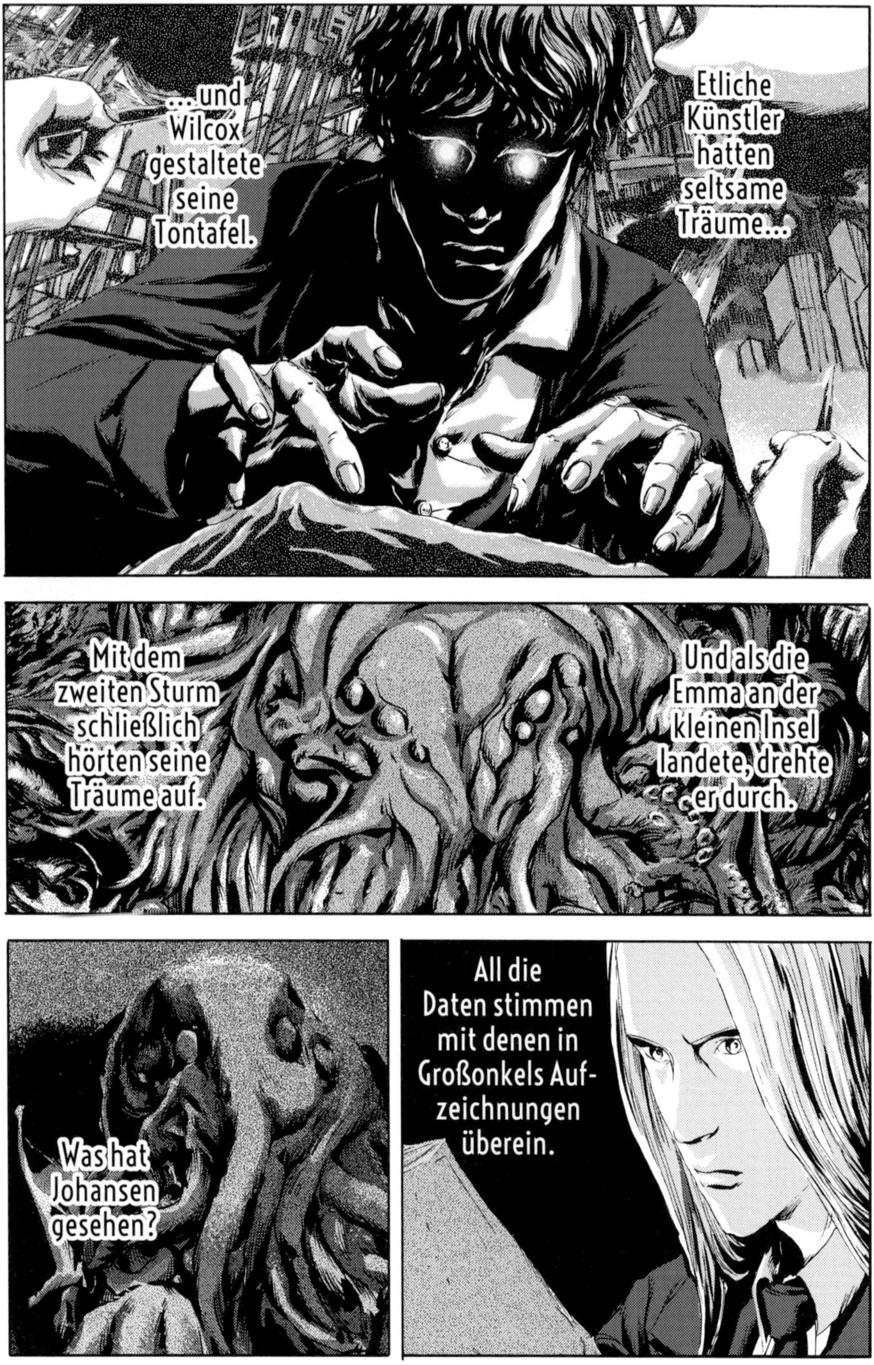
Etliche Künstler hatten seltsame Träume...
...und Wilcox gestaltete seine Tontafel.
Und als die Emma an der kleinen Insel landete, drehte er durch.
Mit dem zweiten Sturm schließlich hörten seine Träume auf.
All die Daten stimmen mit denen in Großonkels Aufzeichnungen überein.
Was hat Johansen gesehen?

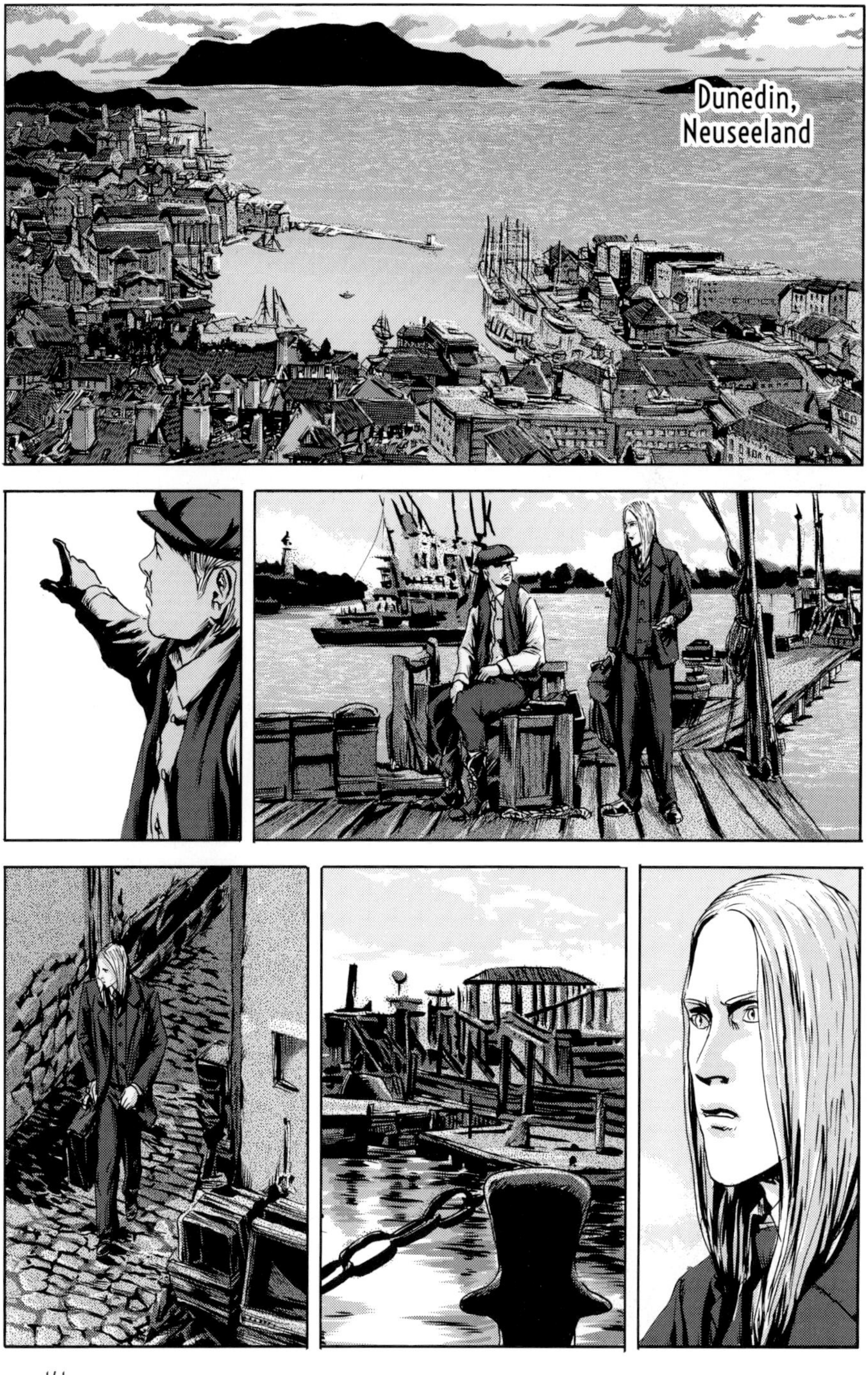
Dunedin,
Neuseeland

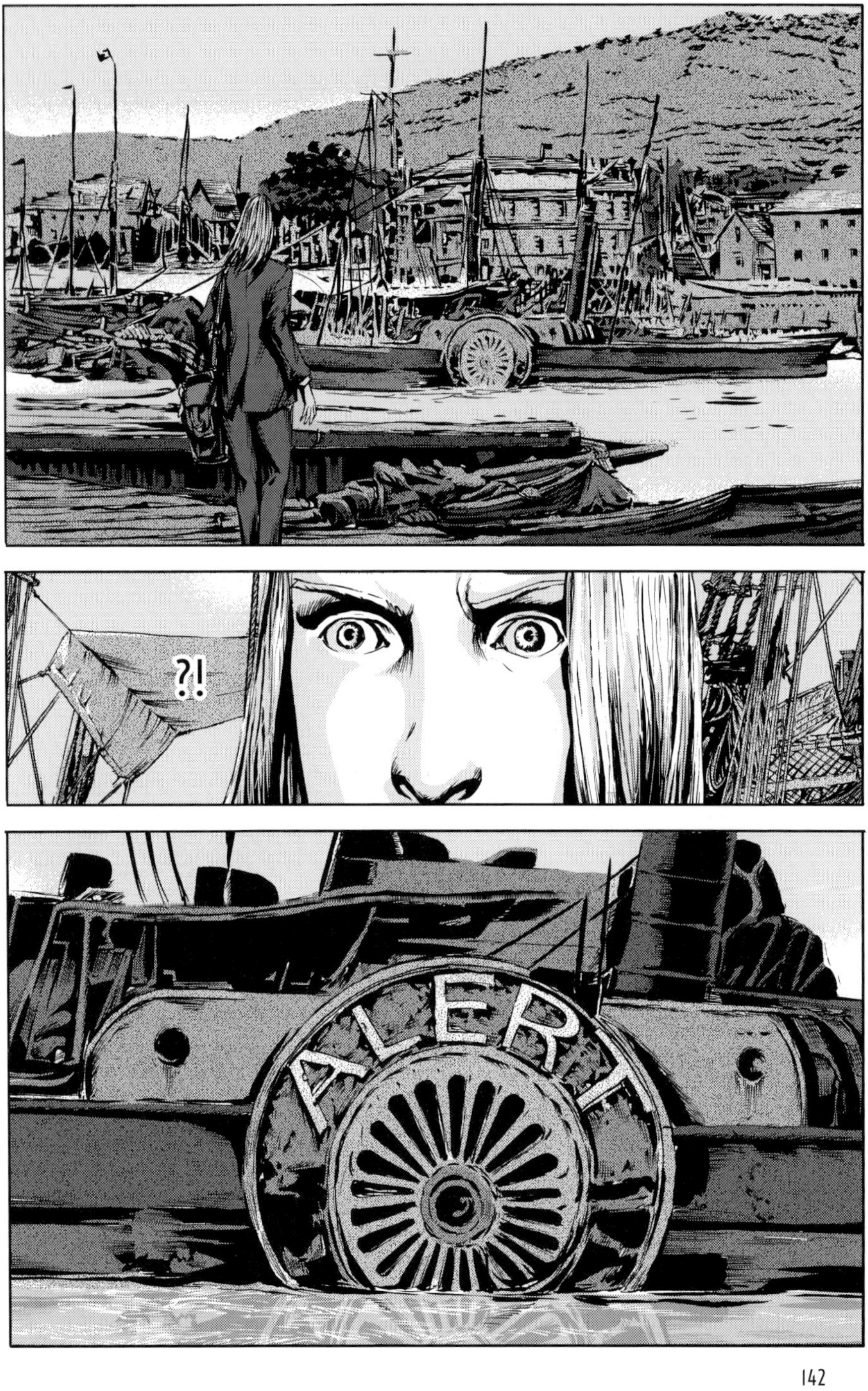
?!
ALERT

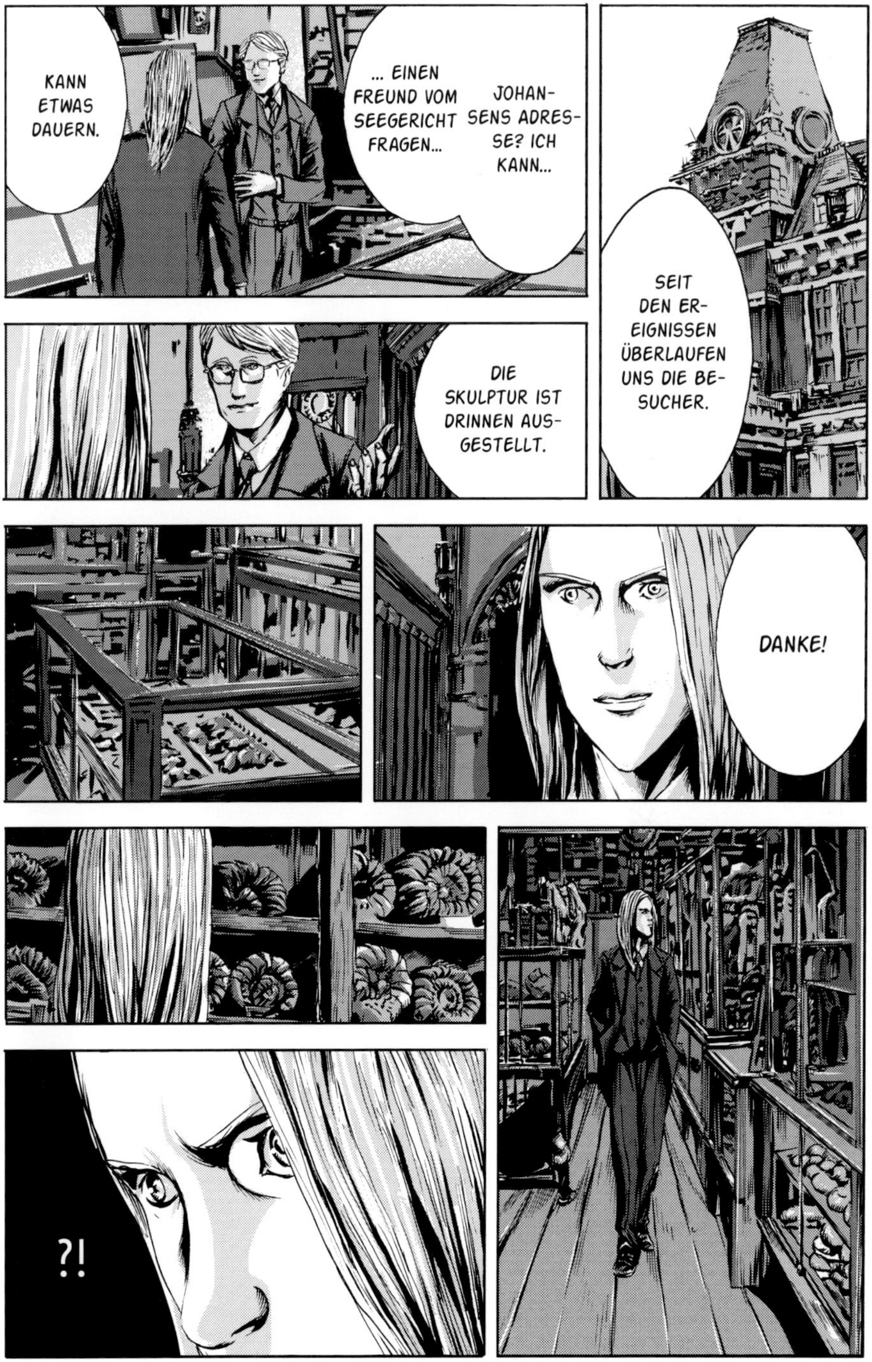
SEIT DEN ER-EIGNISSEN ÜBERLAUFEN UNS DIE BE-SUCHER.
JOHAN-SENS ADRES-SE? ICH KANN...
... EINEN FREUND VOM SEEGERICHT FRAGEN...
KANN ETWAS DAUERN.
DIE SKULPTUR IST DRINNEN AUS-GESTELLT.
DANKE!
?!

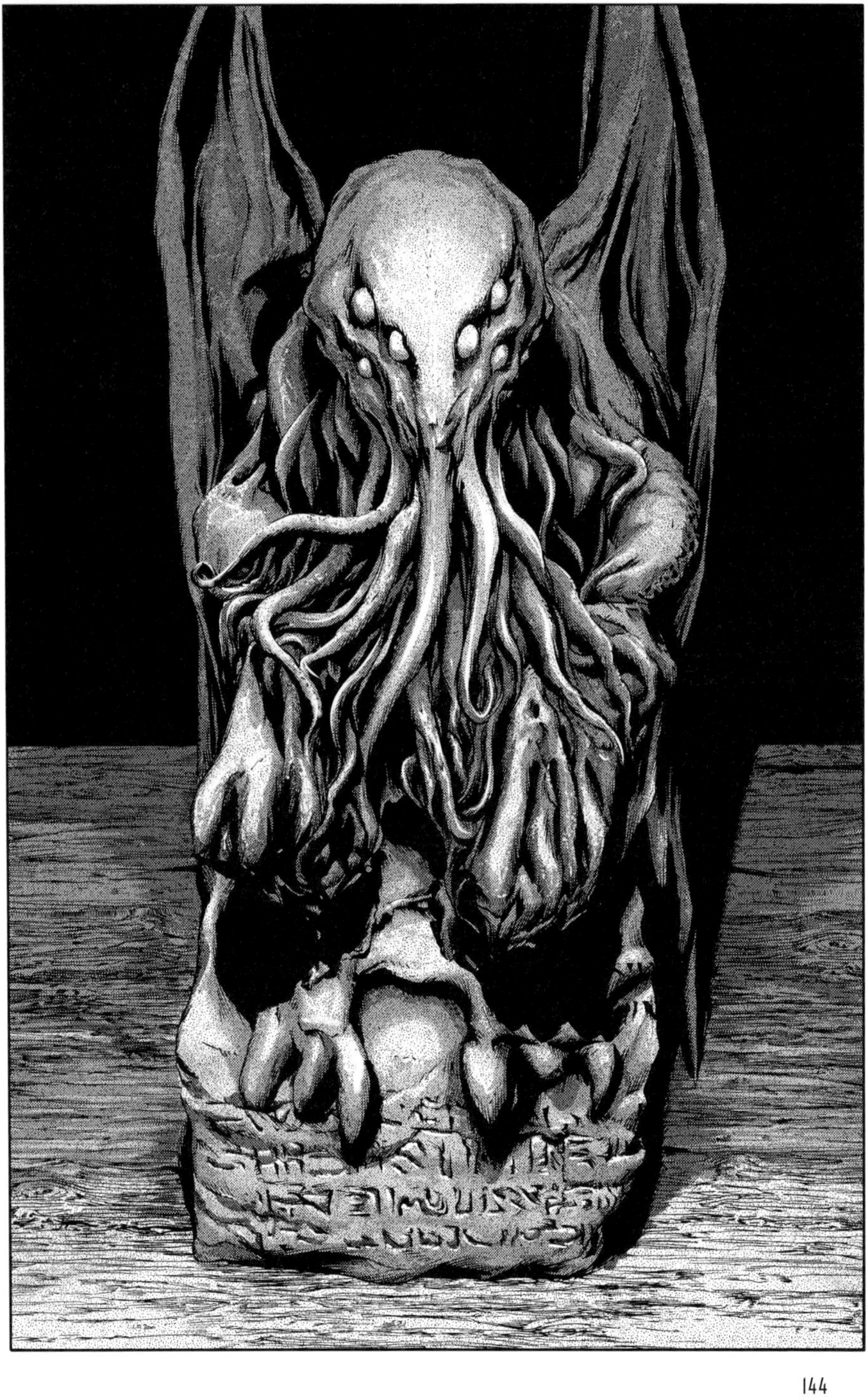

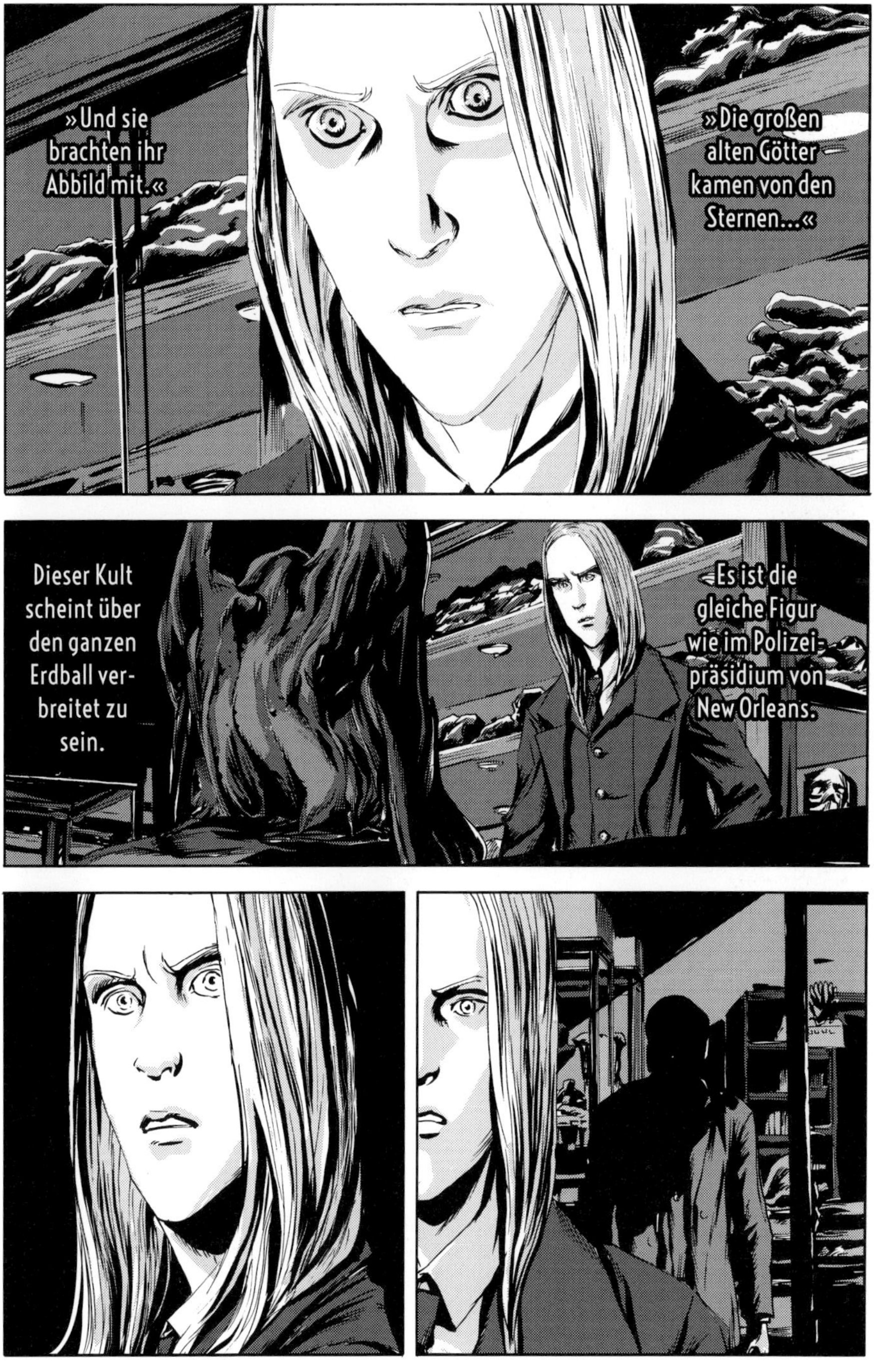
»Die großen alten Götter kamen von den Sternen…«
»Und sie brachten ihr Abbild mit.«
Es ist die gleiche Figur wie im Polizeipräsidium von New Orleans.
Dieser Kult scheint über den ganzen Erdball verbreitet zu sein.

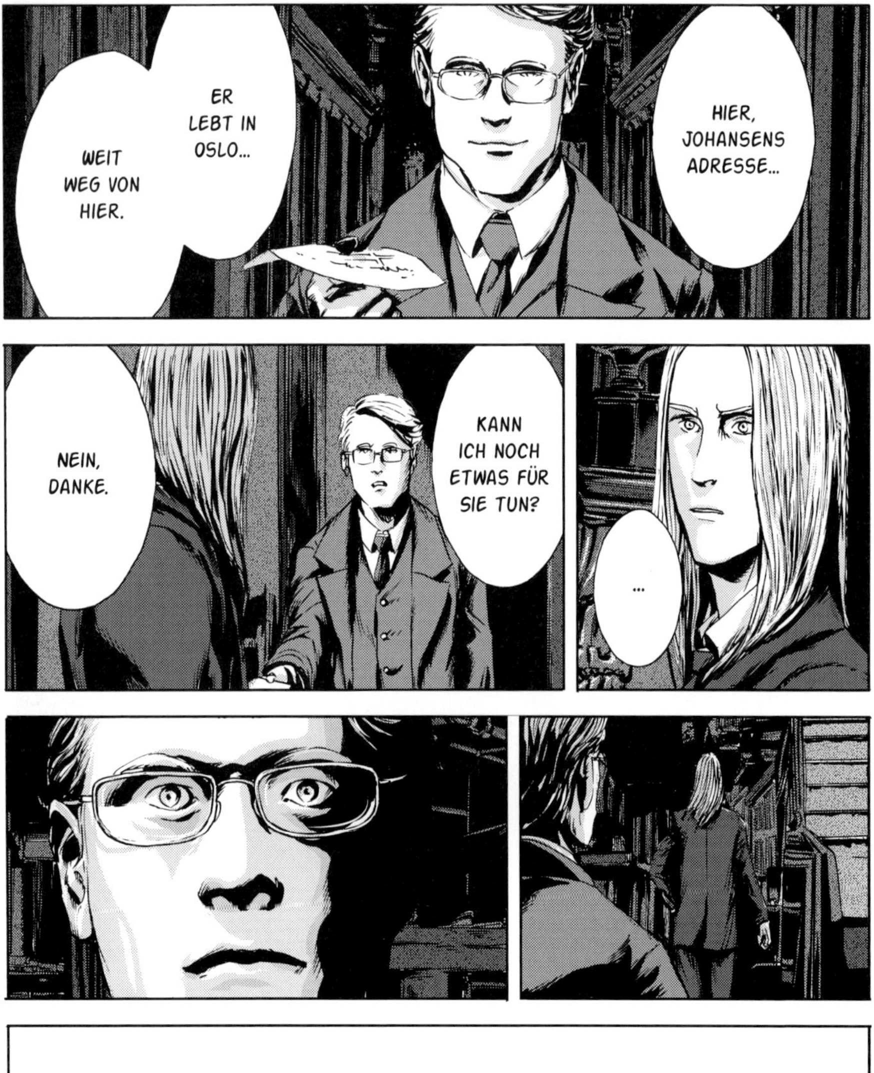
HIER, JOHANSENS ADRESSE...
ER LEBT IN OSLO...
WEIT WEG VON HIER.
...
KANN ICH NOCH ETWAS FÜR SIE TUN?
NEIN, DANKE.

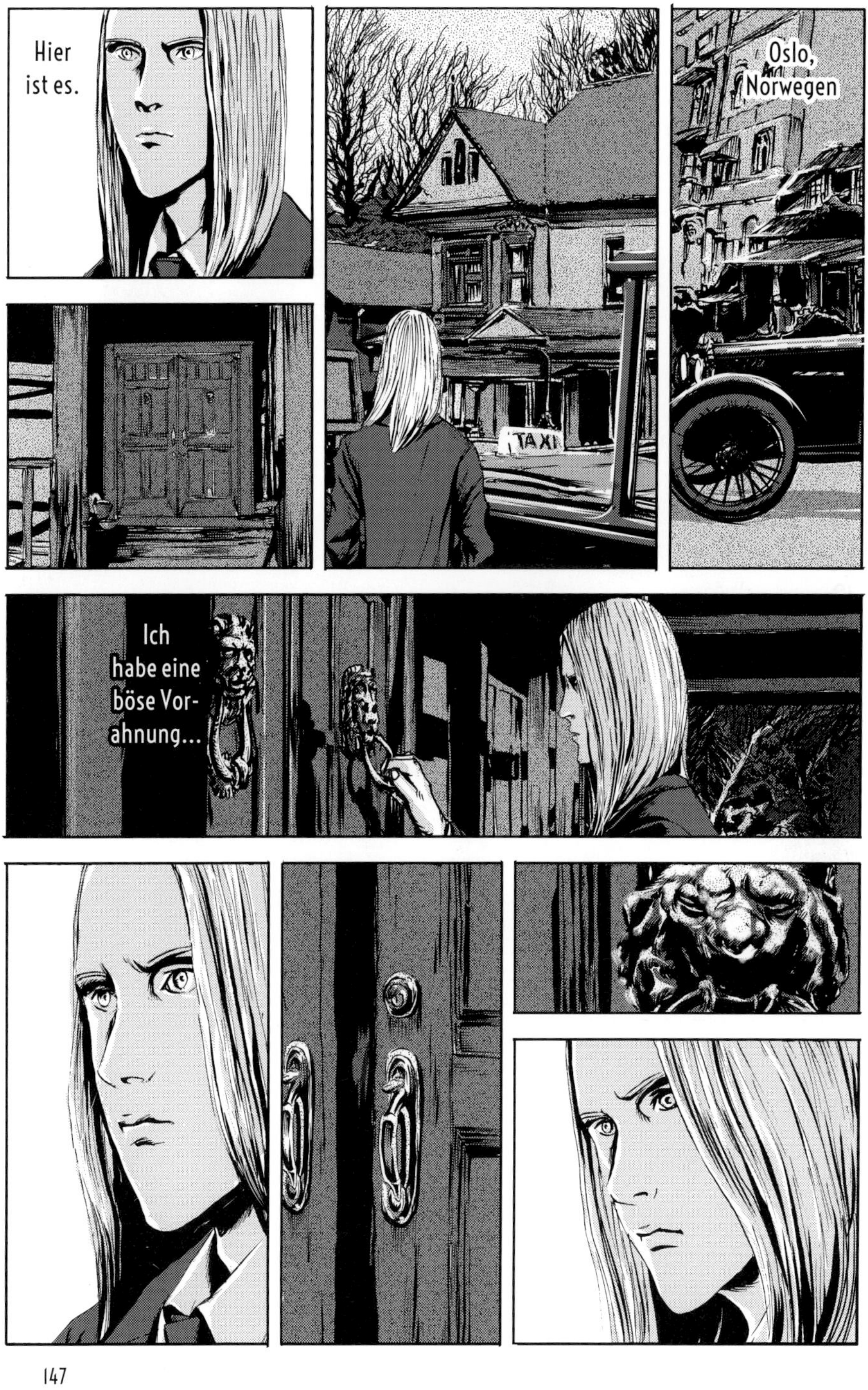
Oslo, Norwegen
Hier ist es.
TAXI
Ich habe eine böse Vorahnung...

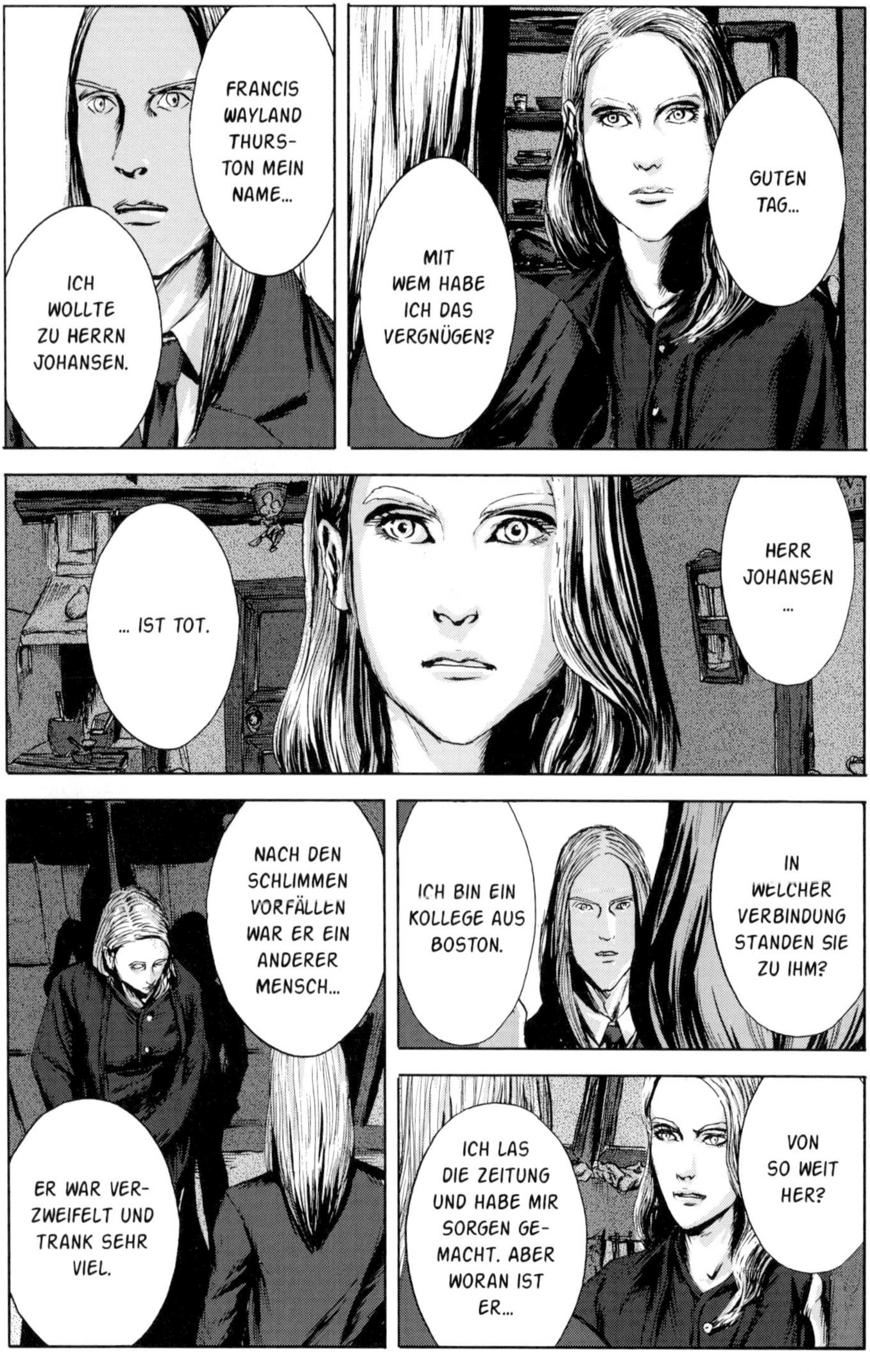
GUTEN TAG...
MIT WEM HABE ICH DAS VERGNÜGEN?
FRANCIS WAYLAND THURS-TON MEIN NAME...
ICH WOLLTE ZU HERRN JOHANSEN.
HERR JOHANSEN ...
... IST TOT.
IN WELCHER VERBINDUNG STANDEN SIE ZU IHM?
ICH BIN EIN KOLLEGE AUS BOSTON.
VON SO WEIT HER?
ICH LAS DIE ZEITUNG UND HABE MIR SORGEN GE-MACHT. ABER WORAN IST ER...
NACH DEN SCHLIMMEN VORFÄLLEN WAR ER EIN ANDERER MENSCH...
ER WAR VER-ZWEIFELT UND TRANK SEHR VIEL.

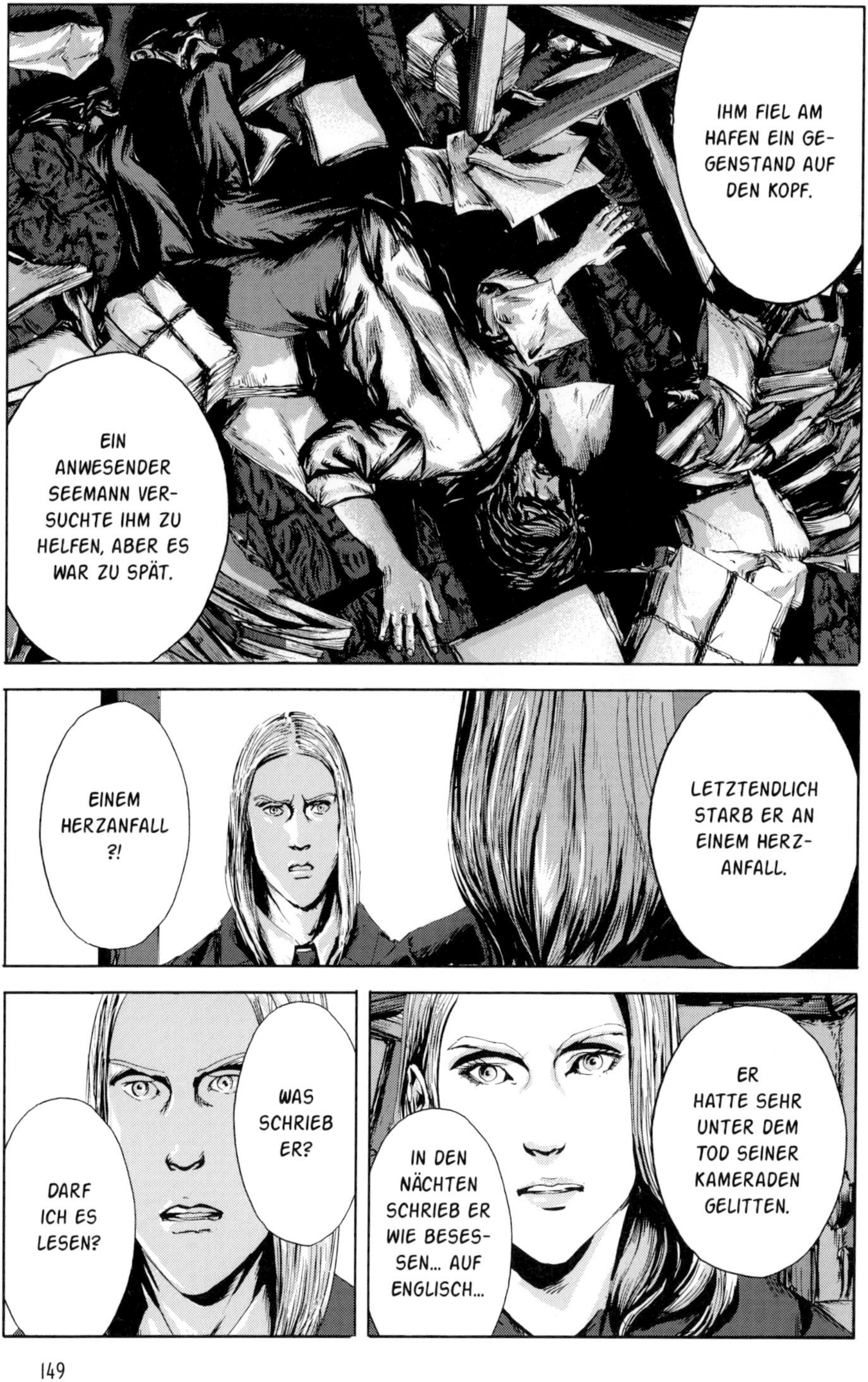
IHM FIEL AM HAFEN EIN GEGENSTAND AUF DEN KOPF.
EIN ANWESENDER SEEMANN VERSUCHTE IHM ZU HELFEN, ABER ES WAR ZU SPÄT.
LETZTENDLICH STARB ER AN EINEM HERZANFALL.
EINEM HERZANFALL ?!
ER HATTE SEHR UNTER DEM TOD SEINER KAMERADEN GELITTEN.
IN DEN NÄCHTEN SCHRIEB ER WIE BESESSEN… AUF ENGLISCH…
WAS SCHRIEB ER?
DARF ICH ES LESEN?

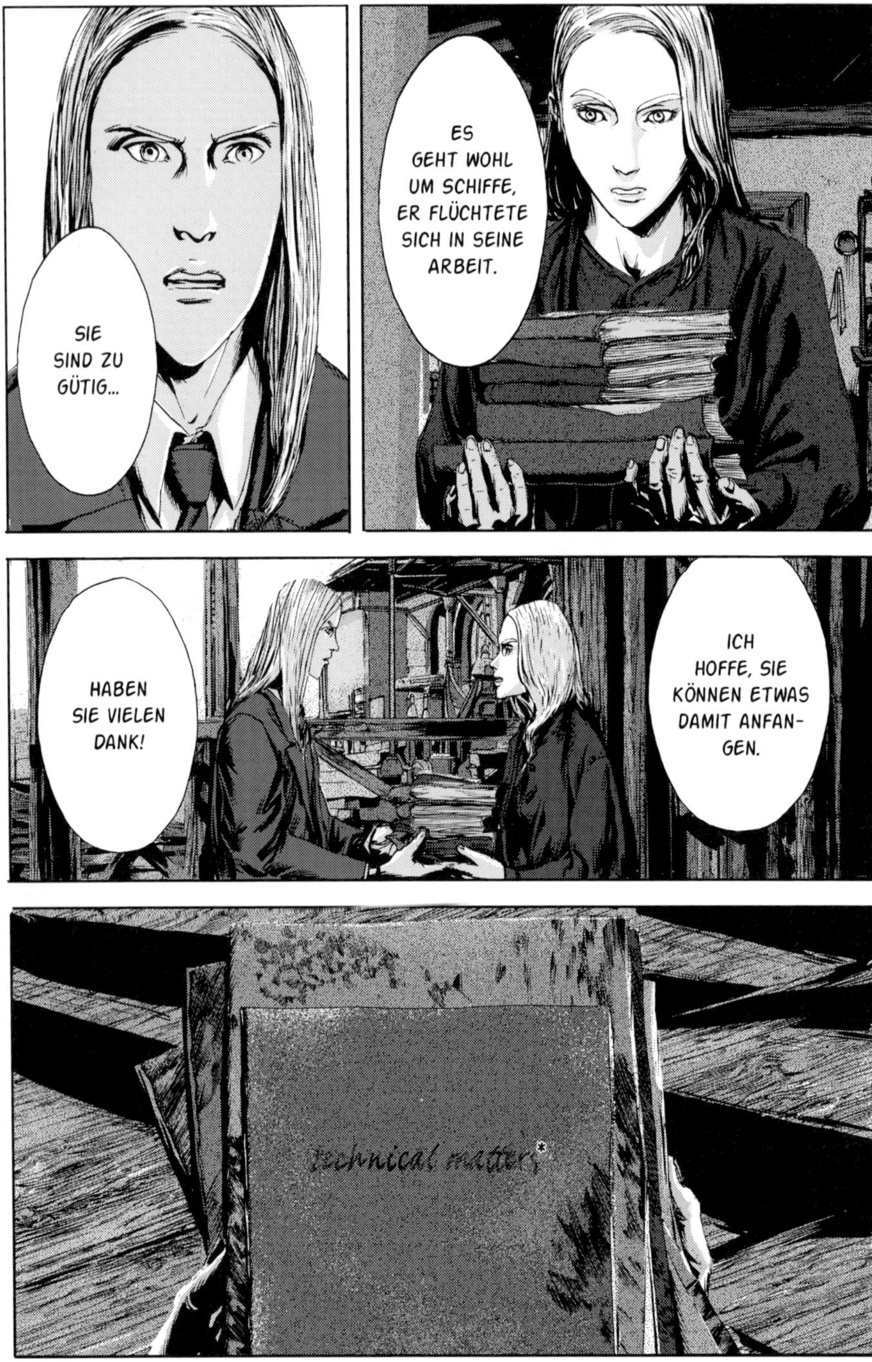

* Technische Daten

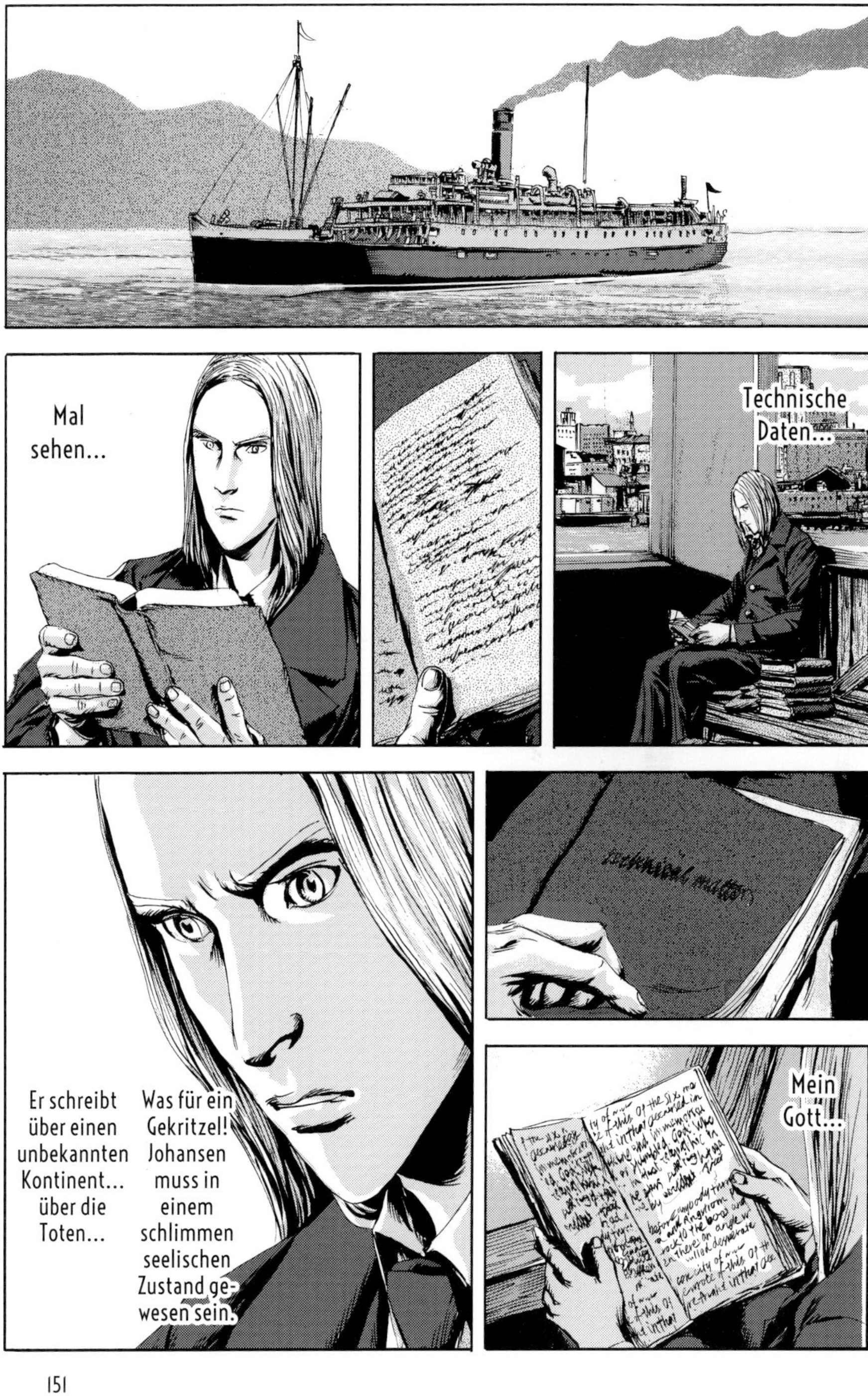

Technische Daten...
Mal sehen...
Mein Gott...
Was für ein Gekritzel! Johansen muss in einem schlimmen seelischen Zustand gewesen sein.
Er schreibt über einen unbekannten Kontinent... über die Toten...

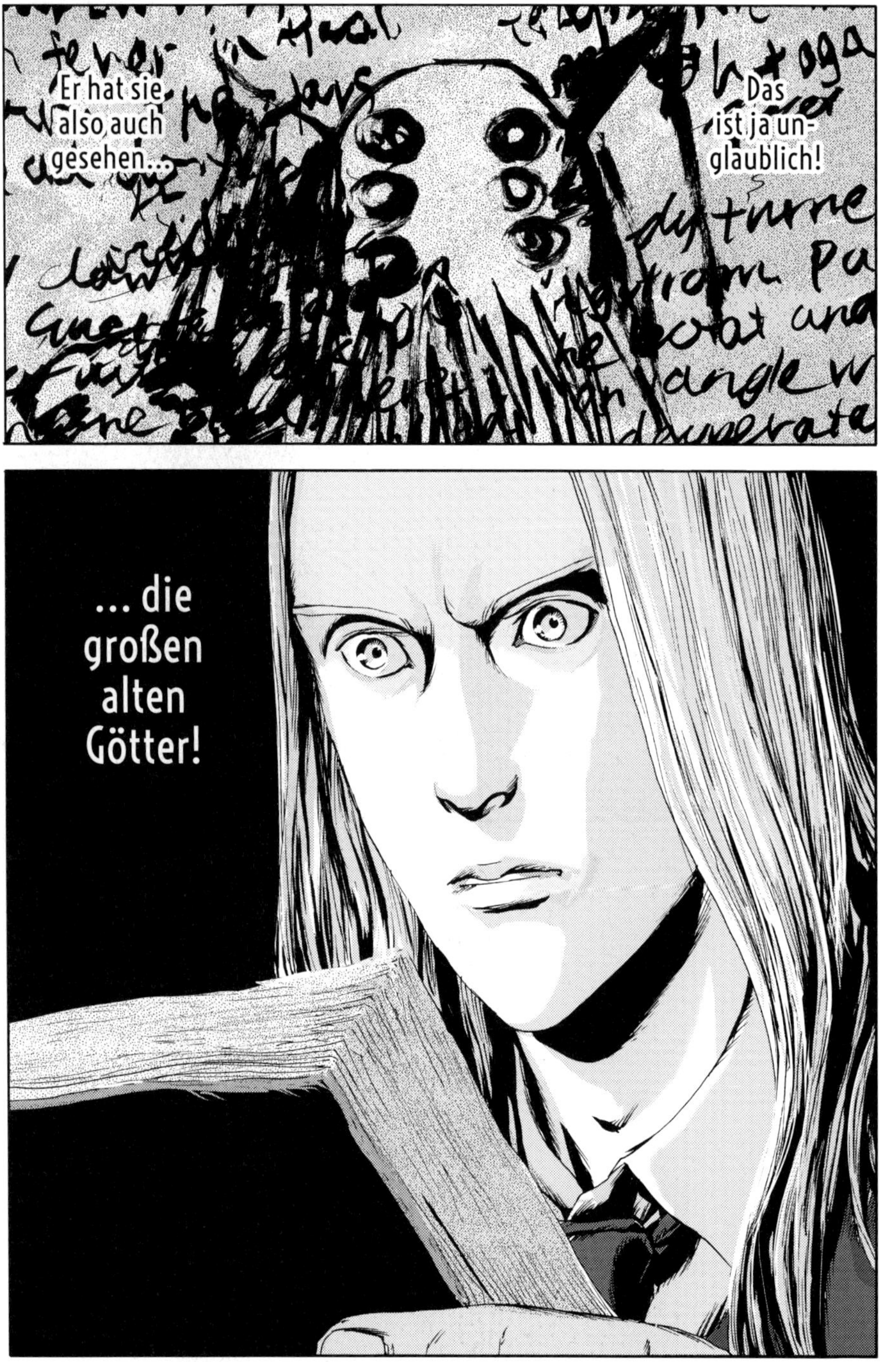
Das ist ja unglaublich!
Er hat sie also auch gesehen...
... die großen alten Götter!

5 DER WAHNSINN AUS DEM MEER

The Madness from the Sea

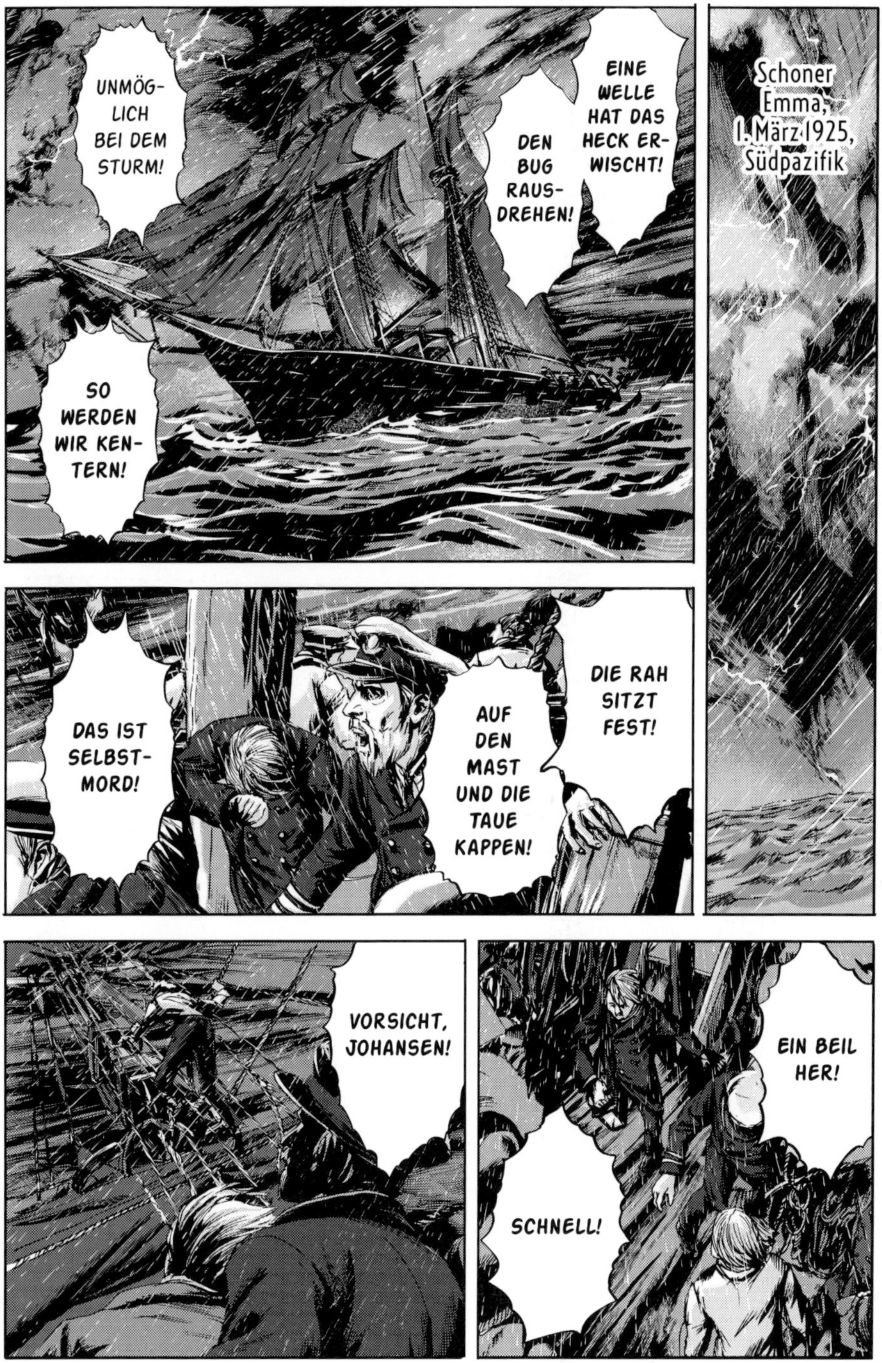
Schoner Emma, 1. März 1925, Südpazifik
EINE WELLE HAT DAS HECK ERWISCHT!
DEN BUG RAUS-DREHEN!
UNMÖG-LICH BEI DEM STURM!
SO WERDEN WIR KEN-TERN!
DIE RAH SITZT FEST!
AUF DEN MAST UND DIE TAUE KAPPEN!
DAS IST SELBST-MORD!
VORSICHT, JOHANSEN!
EIN BEIL HER!
SCHNELL!

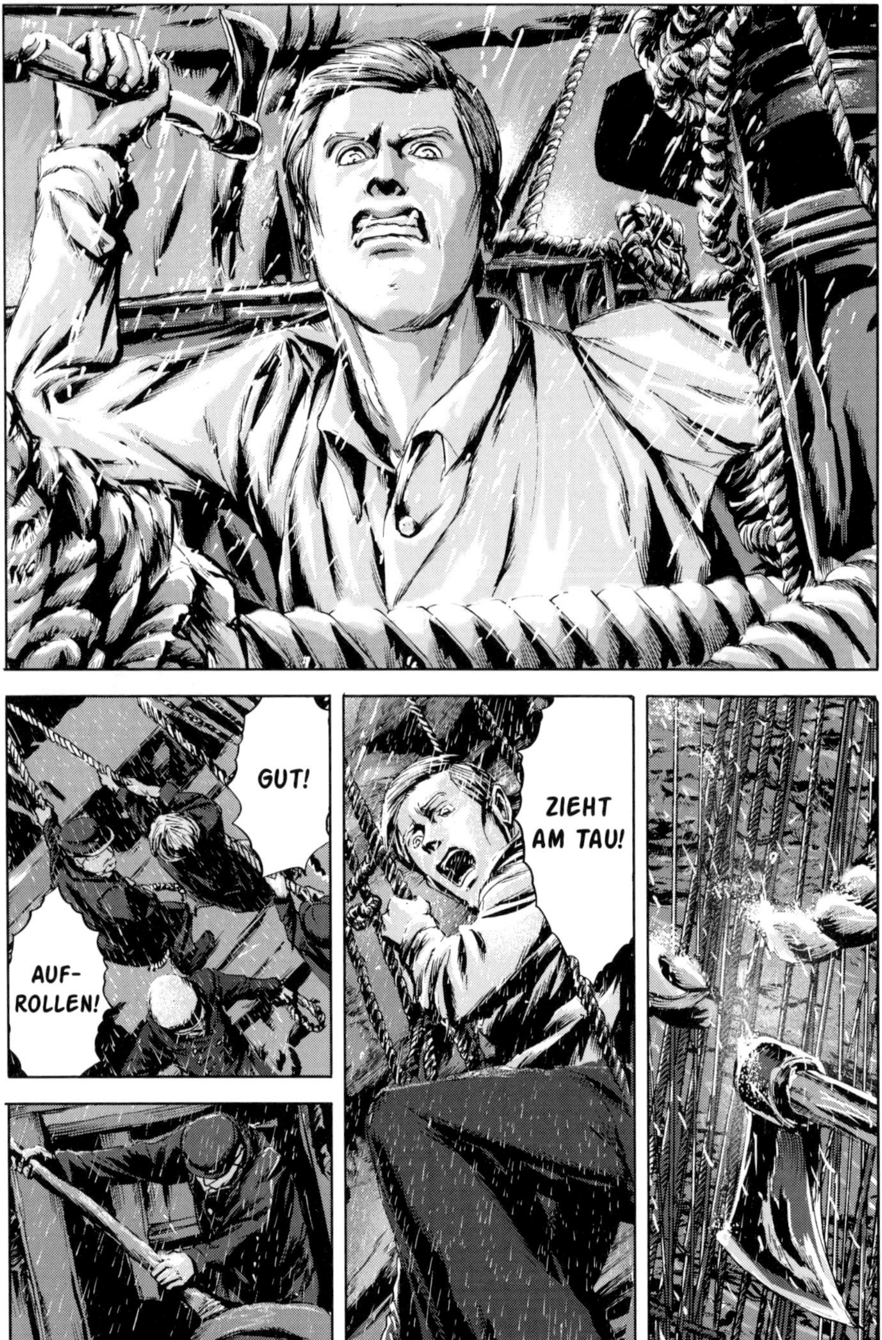
GUT!
AUF-
ROLLEN!
ZIEHT
AM TAU!

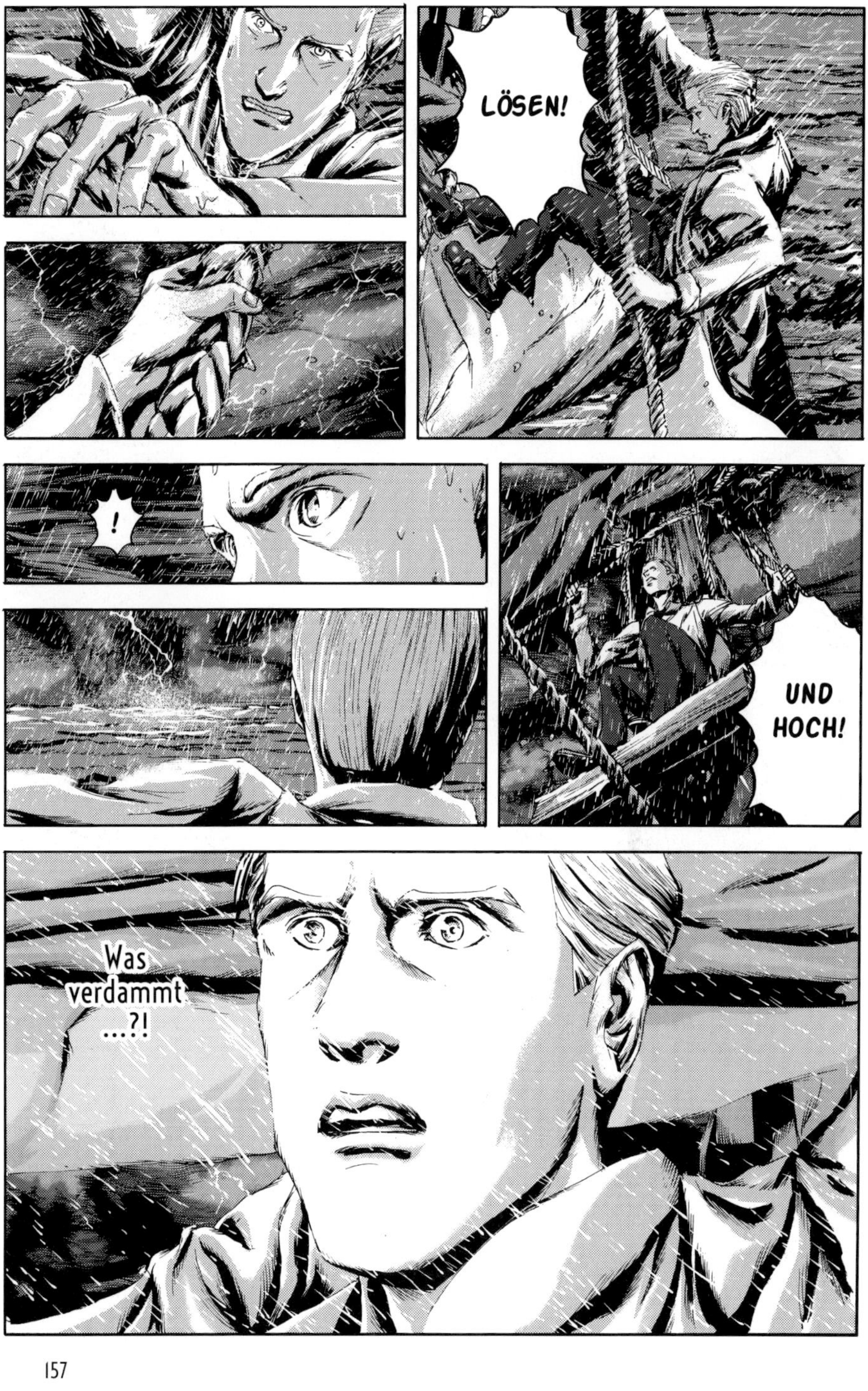
LÖSEN!
!
UND HOCH!
Was verdammt ...?!

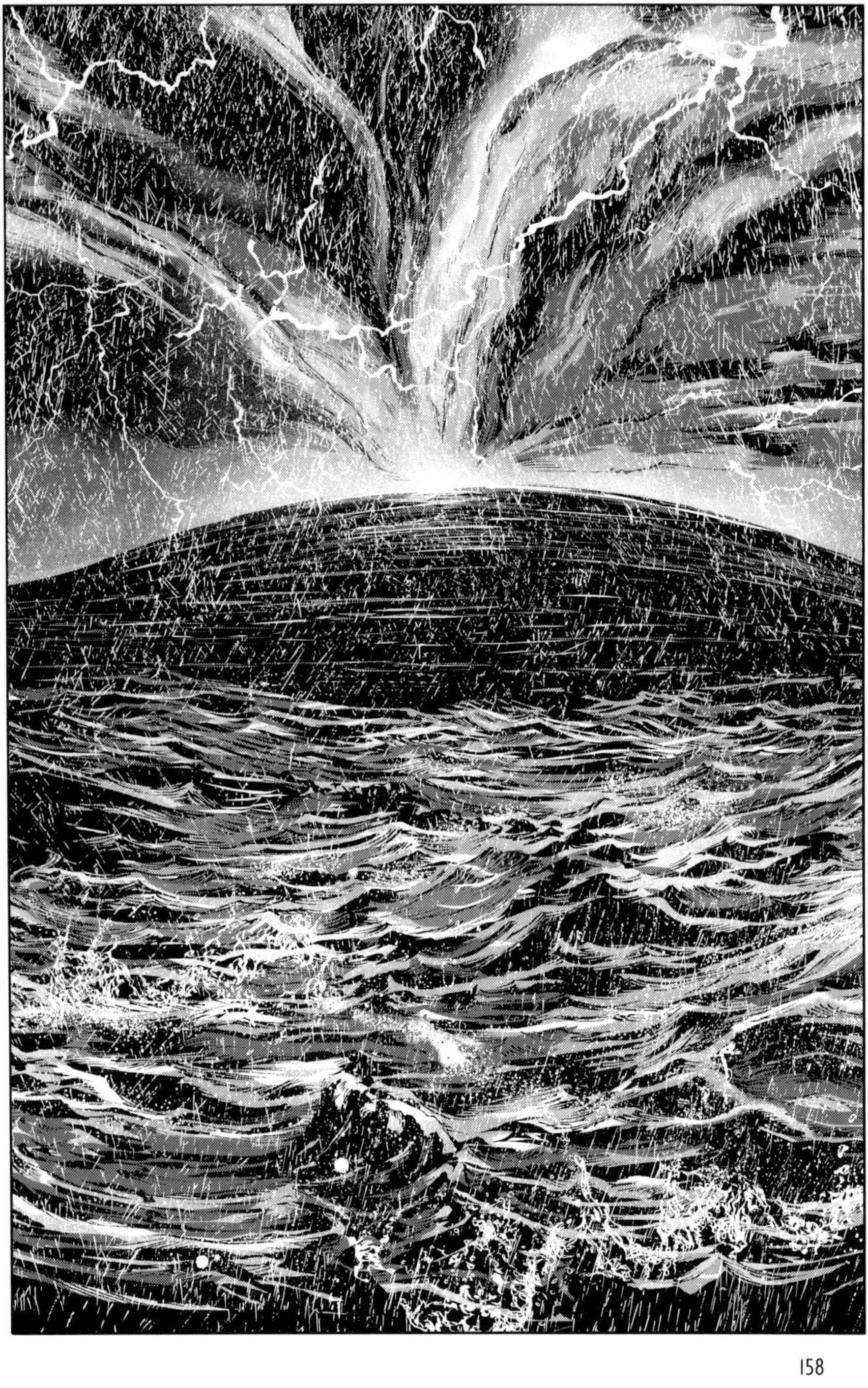

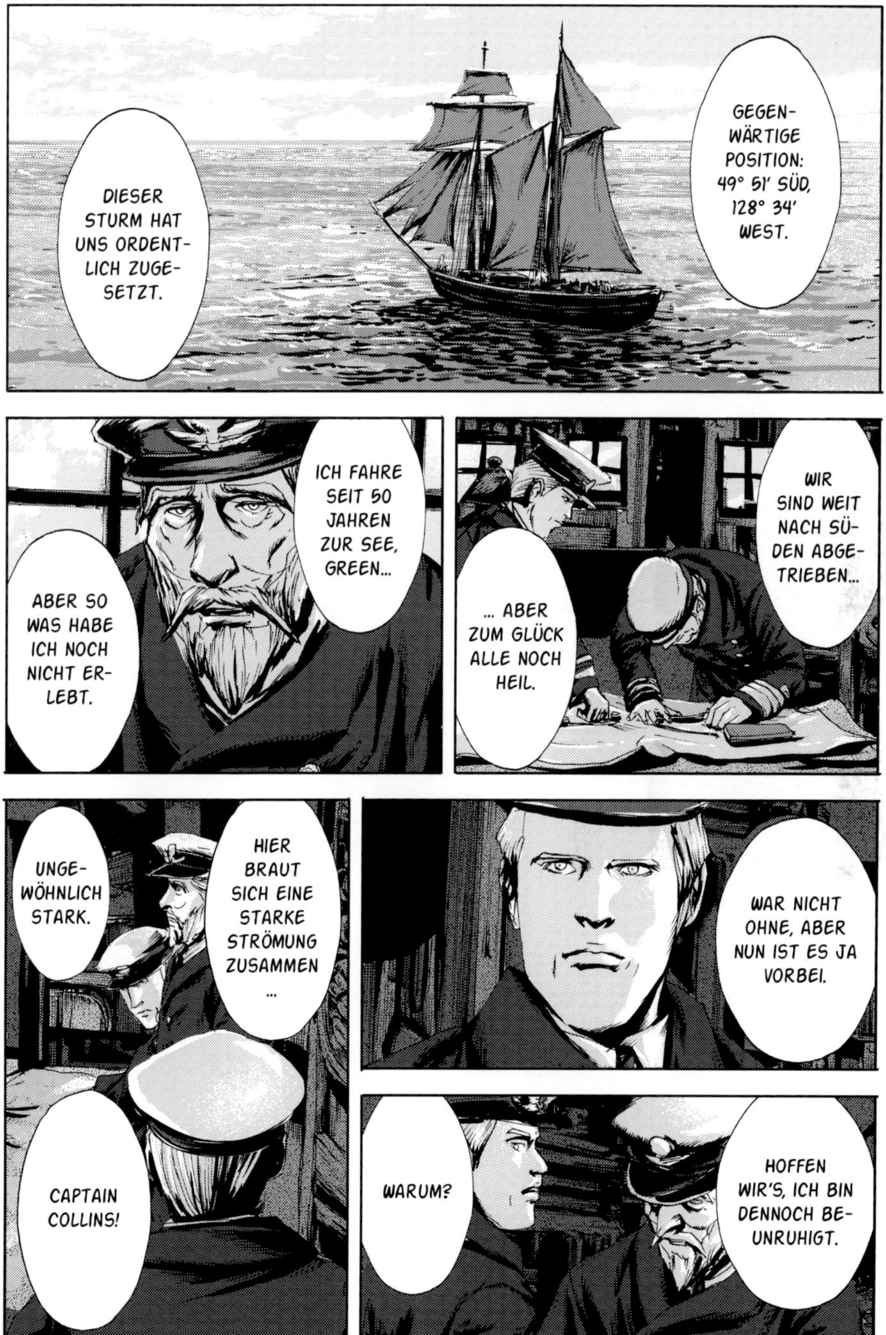
GEGEN-
WÄRTIGE
POSITION:
49° 51' SÜD,
128° 34'
WEST.
DIESER
STURM HAT
UNS ORDENT-
LICH ZUGE-
SETZT.
WIR
SIND WEIT
NACH SÜ-
DEN ABGE-
TRIEBEN...
... ABER
ZUM GLÜCK
ALLE NOCH
HEIL.
ICH FAHRE
SEIT 50
JAHREN
ZUR SEE,
GREEN...
ABER SO
WAS HABE
ICH NOCH
NICHT ER-
LEBT.
WAR NICHT
OHNE, ABER
NUN IST ES JA
VORBEI.
HOFFEN
WIR'S, ICH BIN
DENNOCH BE-
UNRUHIGT.
WARUM?
HIER
BRAUT
SICH EINE
STARKE
STRÖMUNG
ZUSAMMEN
...
UNGE-
WÖHNLICH
STARK.
CAPTAIN
COLLINS!

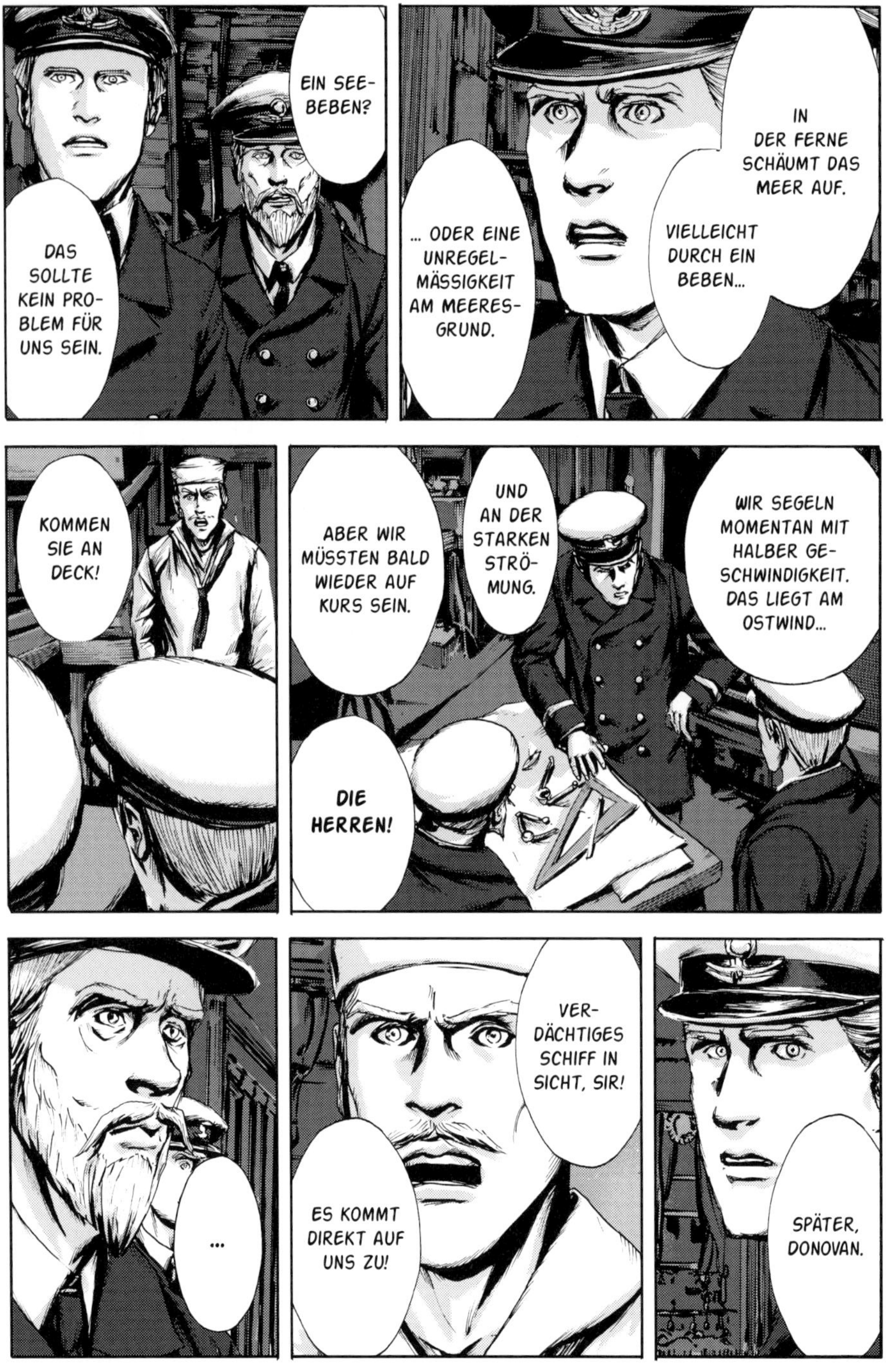
IN DER FERNE SCHÄUMT DAS MEER AUF.
VIELLEICHT DURCH EIN BEBEN...
... ODER EINE UNREGELMÄSSIGKEIT AM MEERESGRUND.
EIN SEE-BEBEN?
DAS SOLLTE KEIN PROBLEM FÜR UNS SEIN.
WIR SEGELN MOMENTAN MIT HALBER GESCHWINDIGKEIT. DAS LIEGT AM OSTWIND...
UND AN DER STARKEN STRÖMUNG.
ABER WIR MÜSSTEN BALD WIEDER AUF KURS SEIN.
DIE HERREN!
KOMMEN SIE AN DECK!
SPÄTER, DONOVAN.
VERDÄCHTIGES SCHIFF IN SICHT, SIR!
ES KOMMT DIREKT AUF UNS ZU!
...

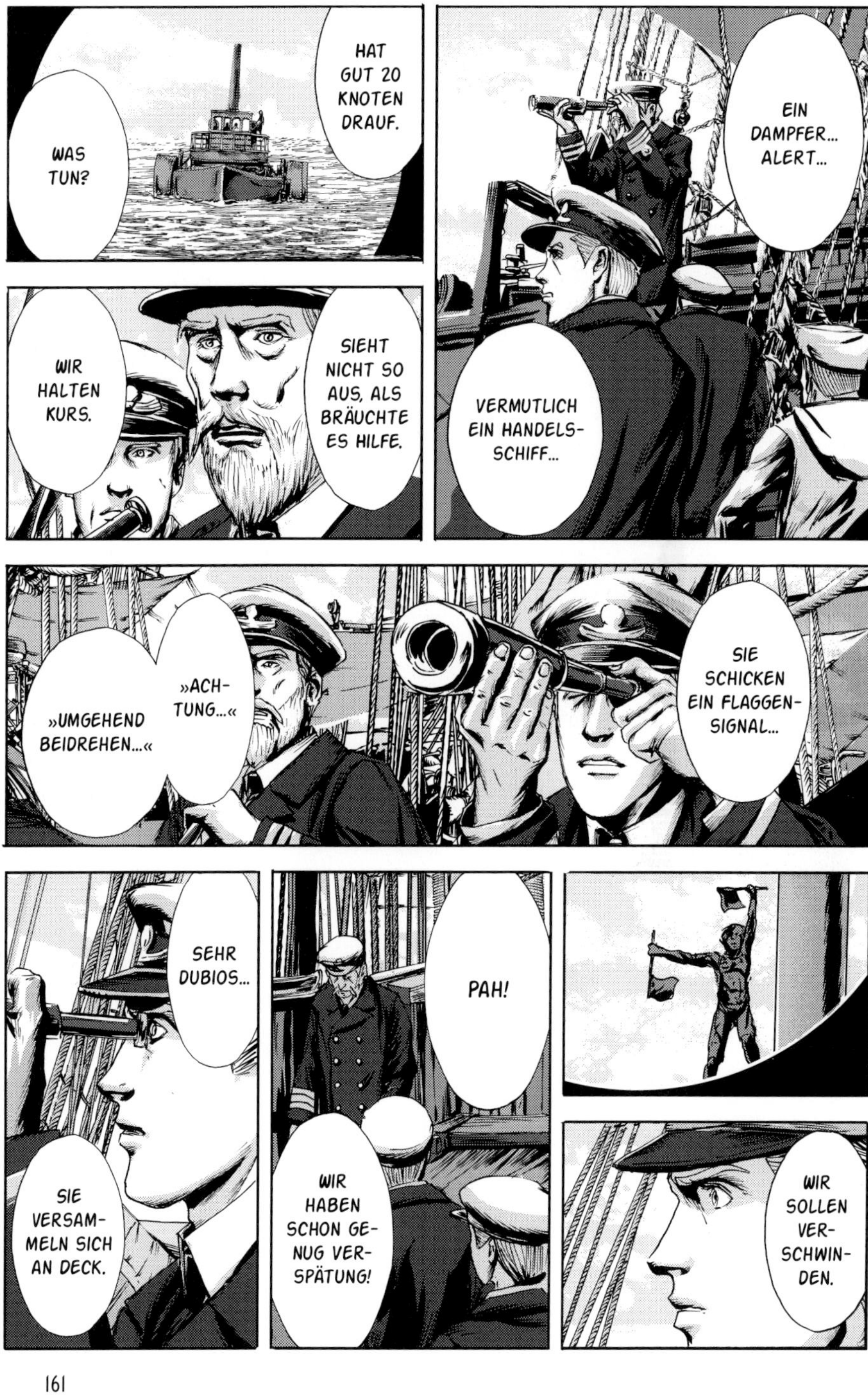

EIN DAMPFER... ALERT...
VERMUTLICH EIN HANDELS-SCHIFF...
HAT GUT 20 KNOTEN DRAUF.
WAS TUN?
SIEHT NICHT SO AUS, ALS BRÄUCHTE ES HILFE.
WIR HALTEN KURS.
SIE SCHICKEN EIN FLAGGEN-SIGNAL...
»ACH-TUNG...«
»UMGEHEND BEIDREHEN...«
WIR SOLLEN VER-SCHWIN-DEN.
PAH!
WIR HABEN SCHON GE-NUG VER-SPÄTUNG!
SEHR DUBIOS...
SIE VERSAM-MELN SICH AN DECK.

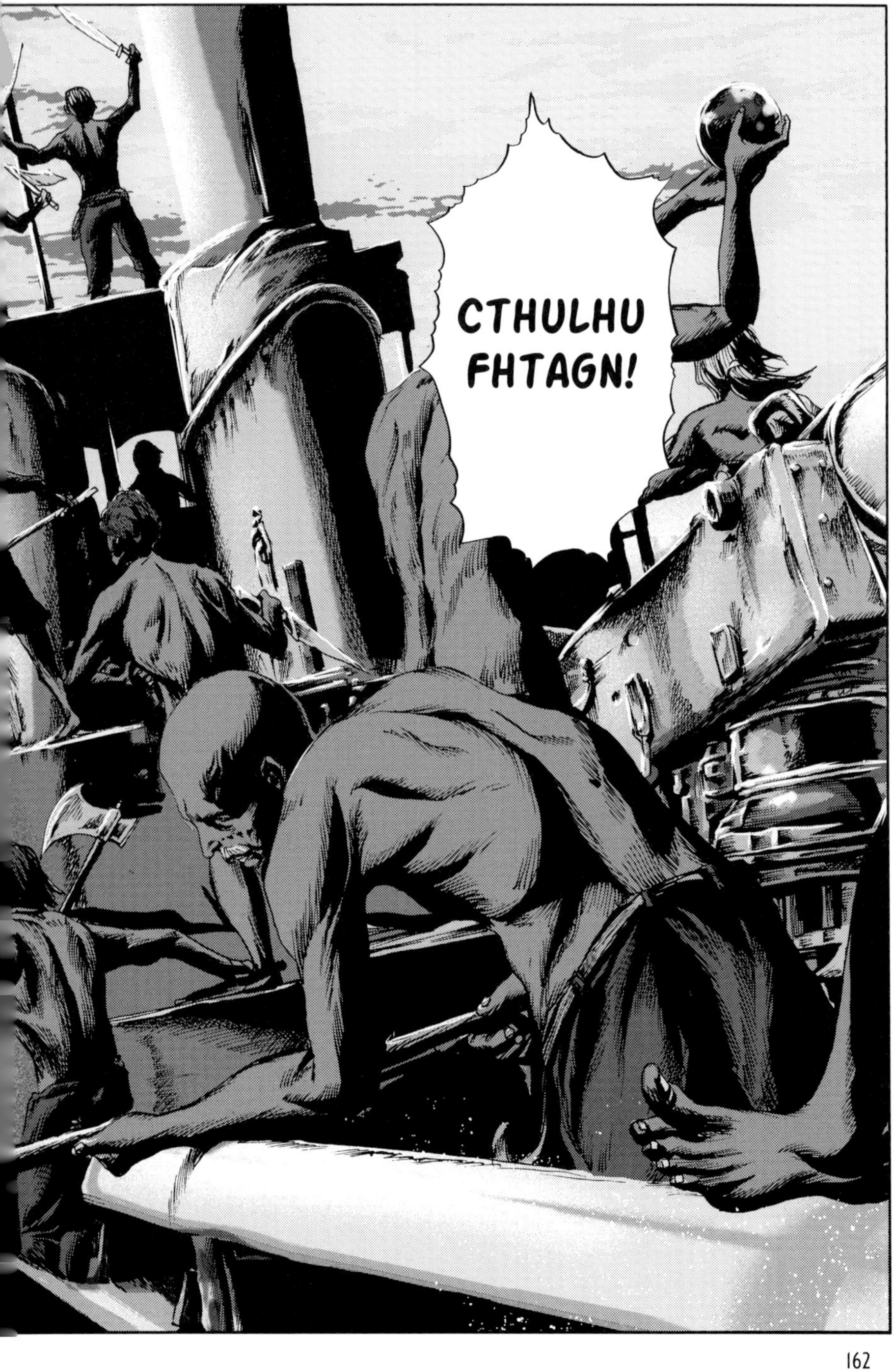
CTHULHU FHTAGN!

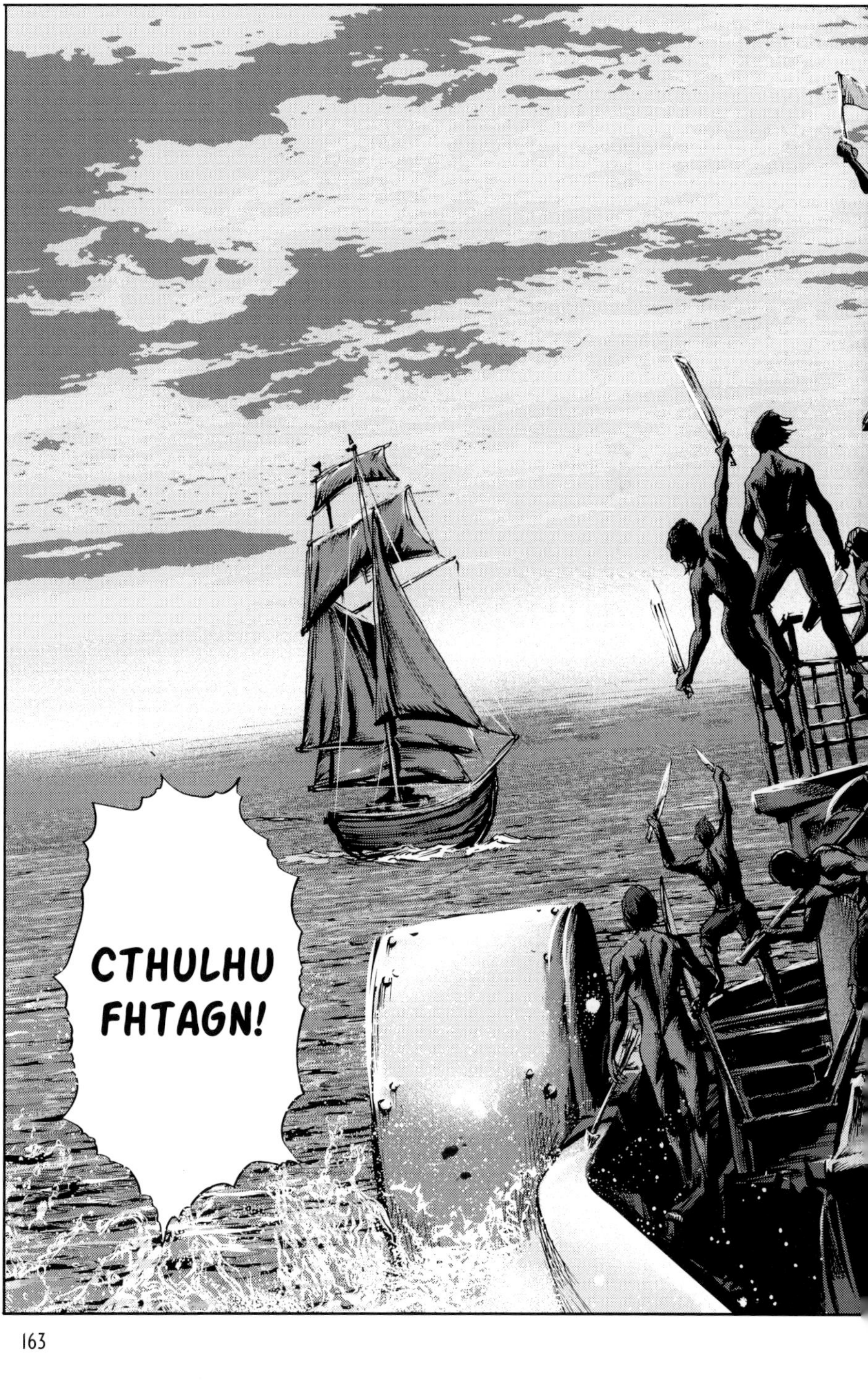
CTHULHU
FHTAGN!

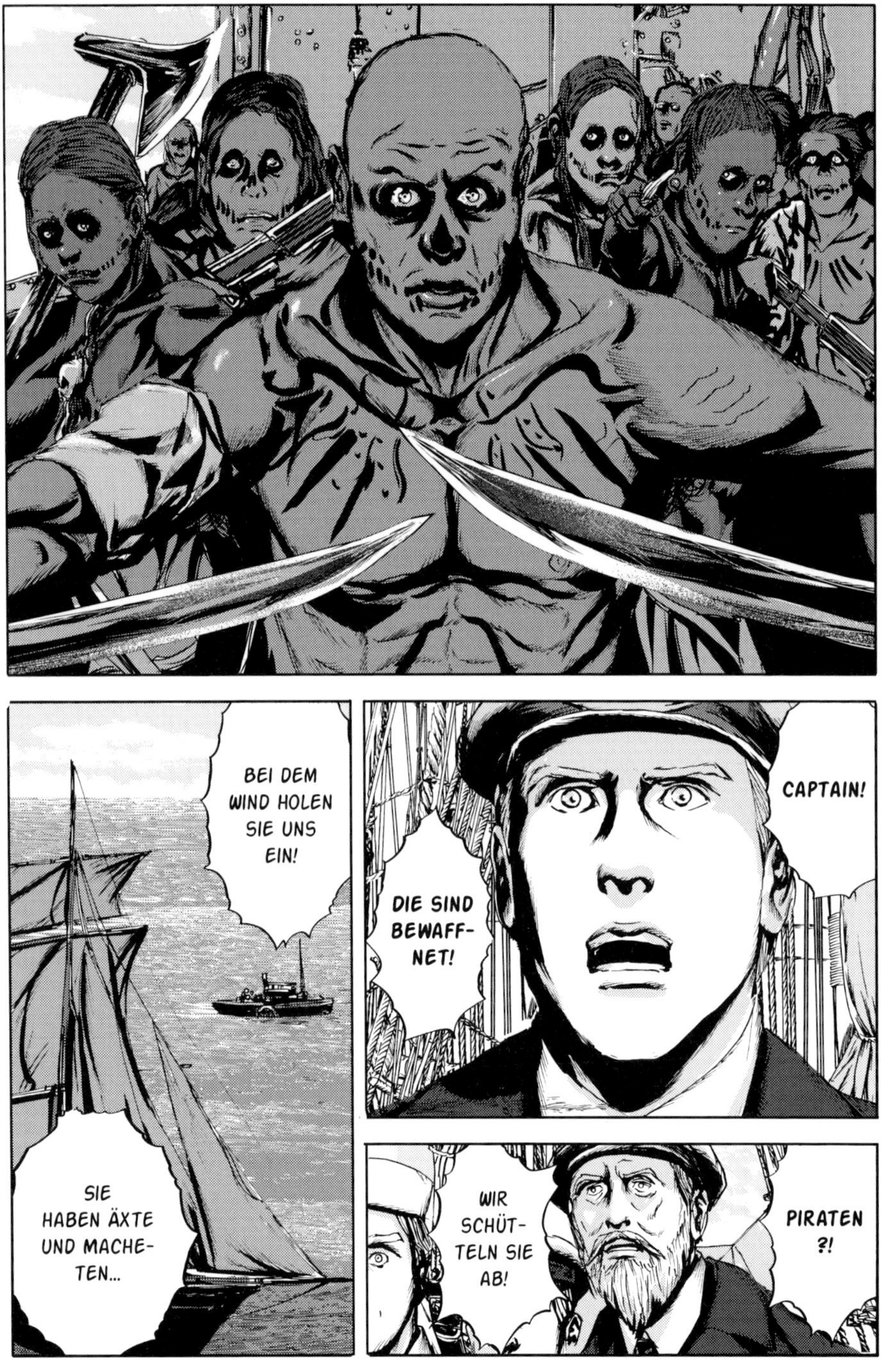
CAPTAIN!
DIE SIND BEWAFF-NET!
PIRATEN ?!
WIR SCHÜT-TELN SIE AB!
BEI DEM WIND HOLEN SIE UNS EIN!
SIE HABEN ÄXTE UND MACHE-TEN...

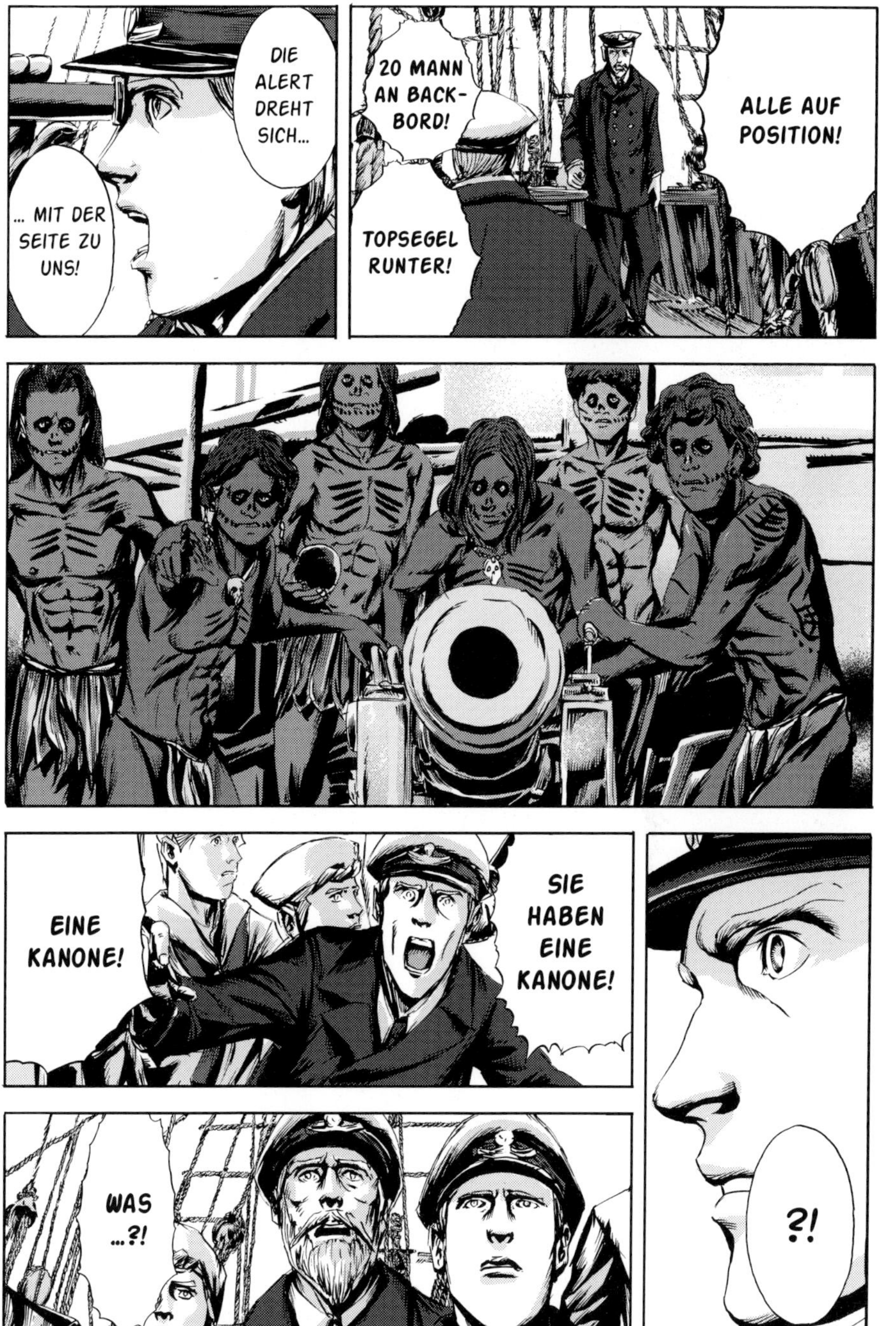
DIE ALERT DREHT SICH...
... MIT DER SEITE ZU UNS!
20 MANN AN BACKBORD!
TOPSEGEL RUNTER!
ALLE AUF POSITION!
EINE KANONE!
SIE HABEN EINE KANONE!
WAS ...?!
?!

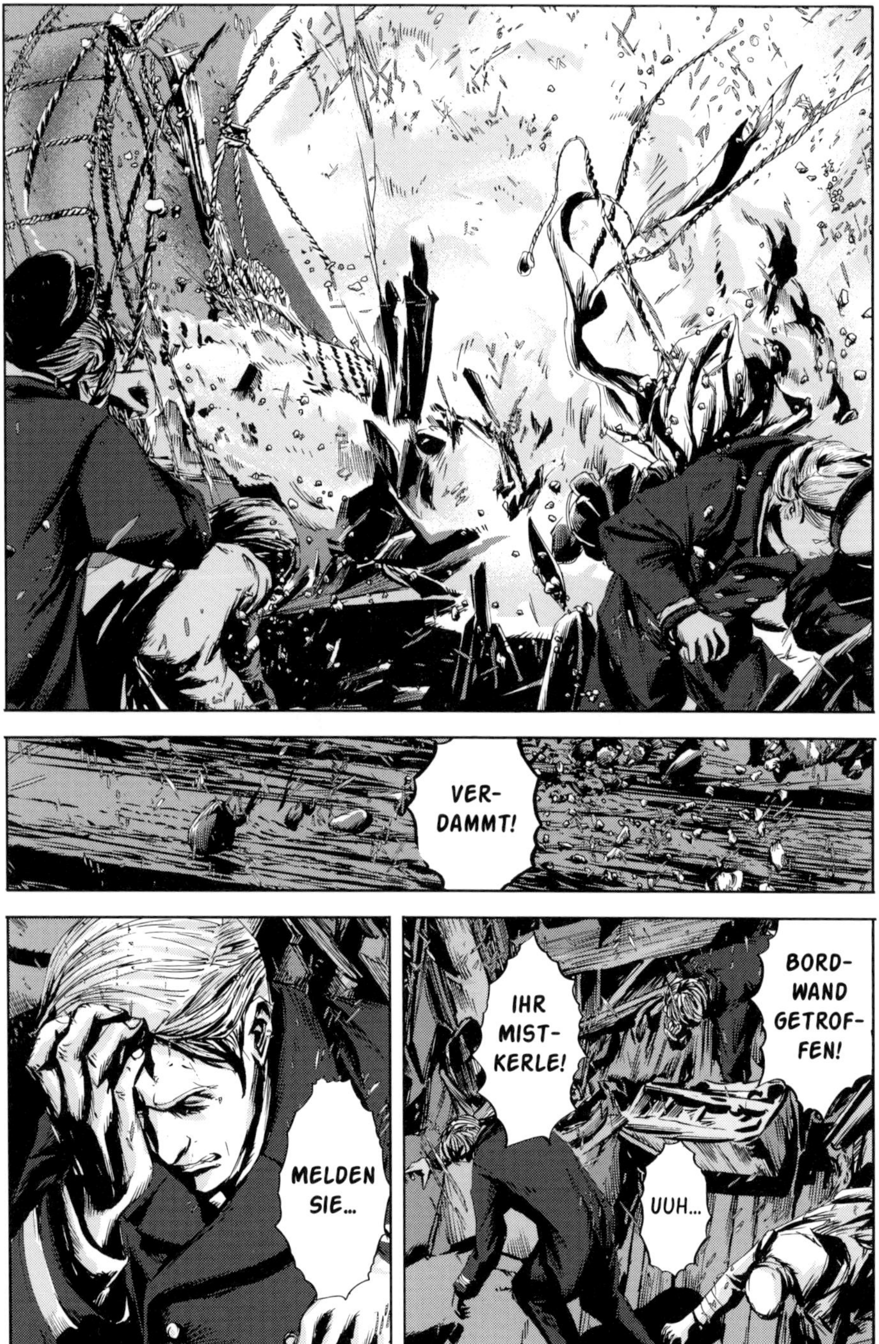
VER-
DAMMT!
BORD-
WAND
GETROF-
FEN!
IHR
MIST-
KERLE!
UUH...
MELDEN
SIE...

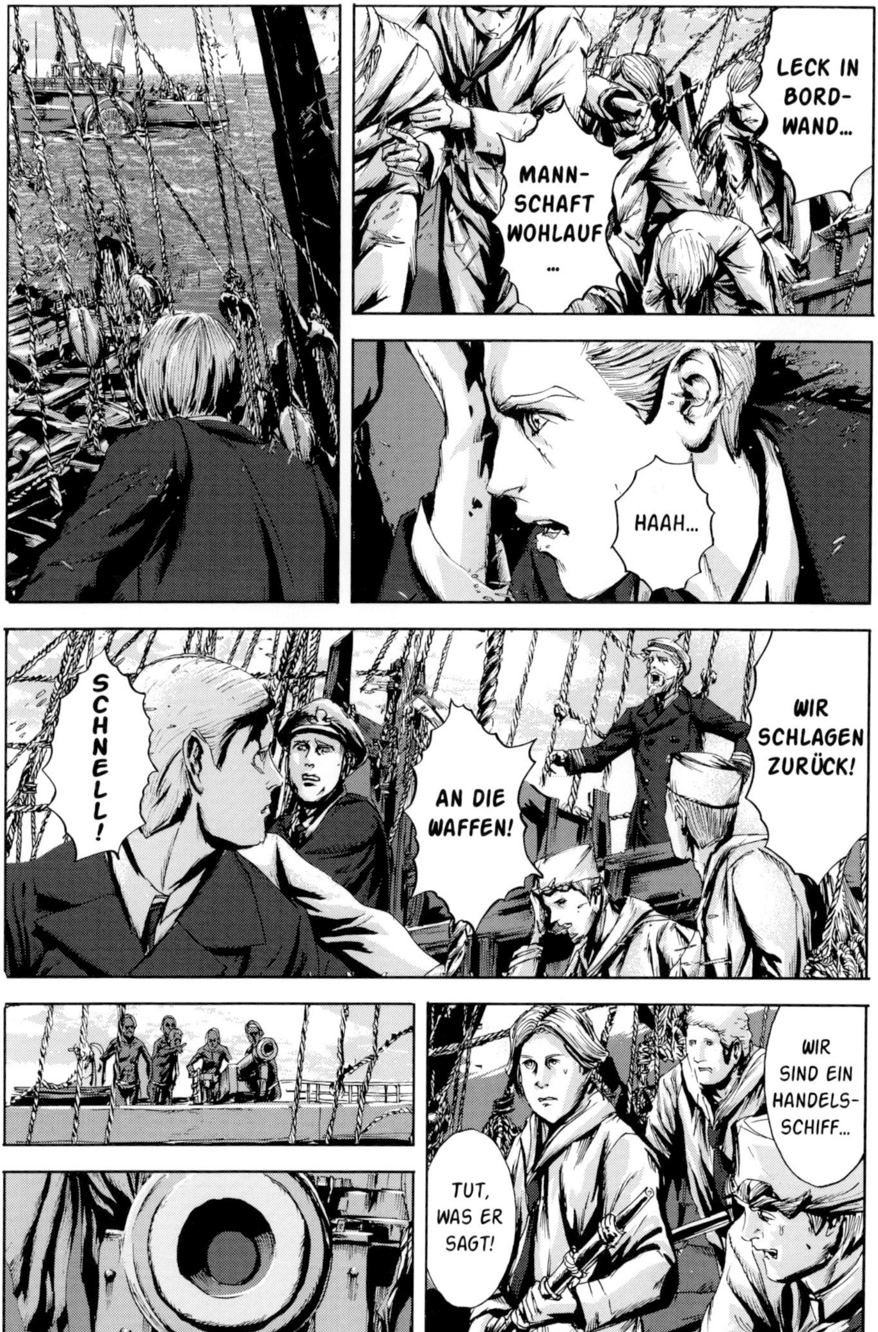
LECK IN BORDWAND...
MANNSCHAFT WOHLAUF ...
HAAH...
WIR SCHLAGEN ZURÜCK!
AN DIE WAFFEN!
SCHNELL!
WIR SIND EIN HANDELSSCHIFF...
TUT, WAS ER SAGT!

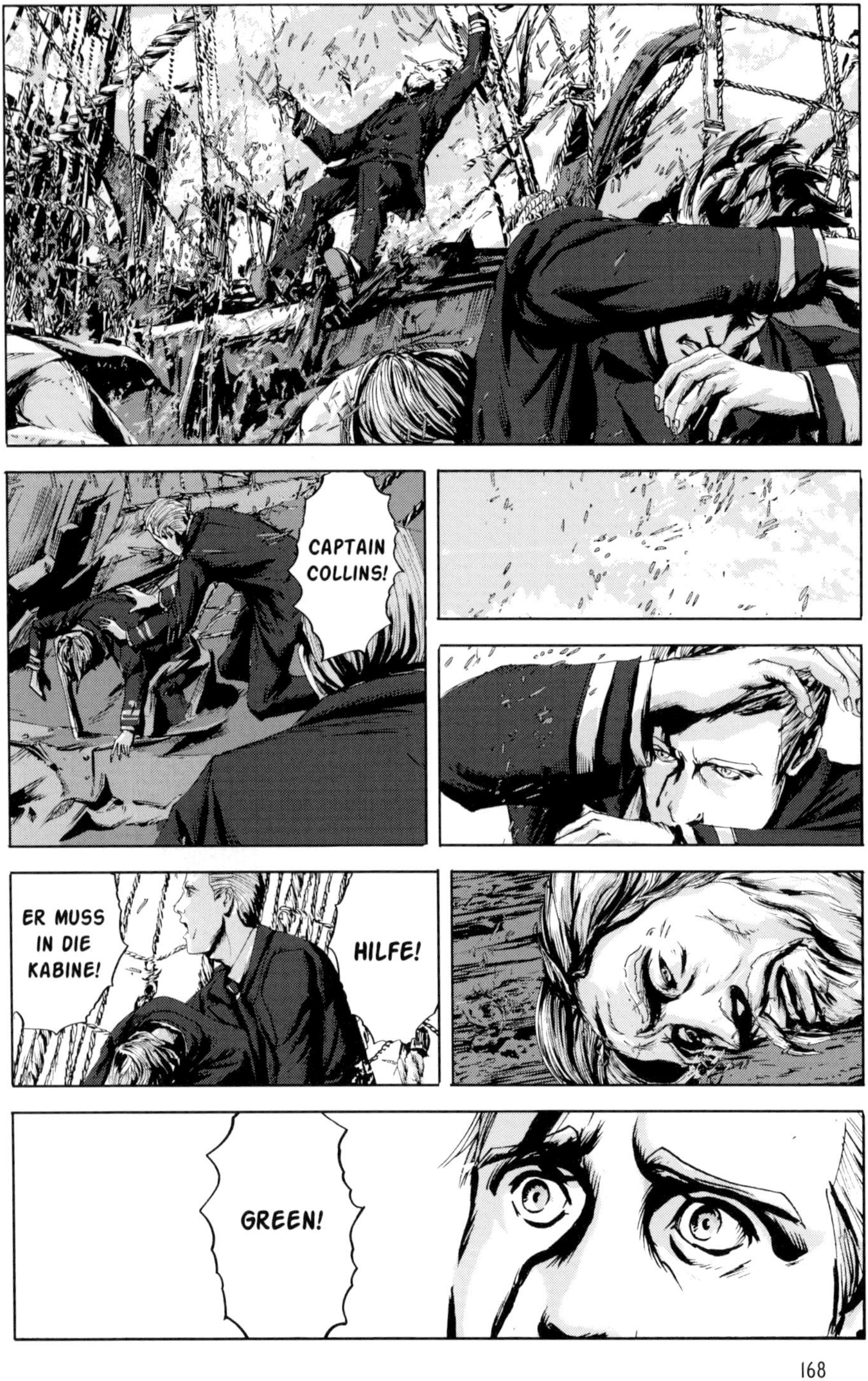
CAPTAIN COLLINS!
ER MUSS IN DIE KABINE!
HILFE!
GREEN!

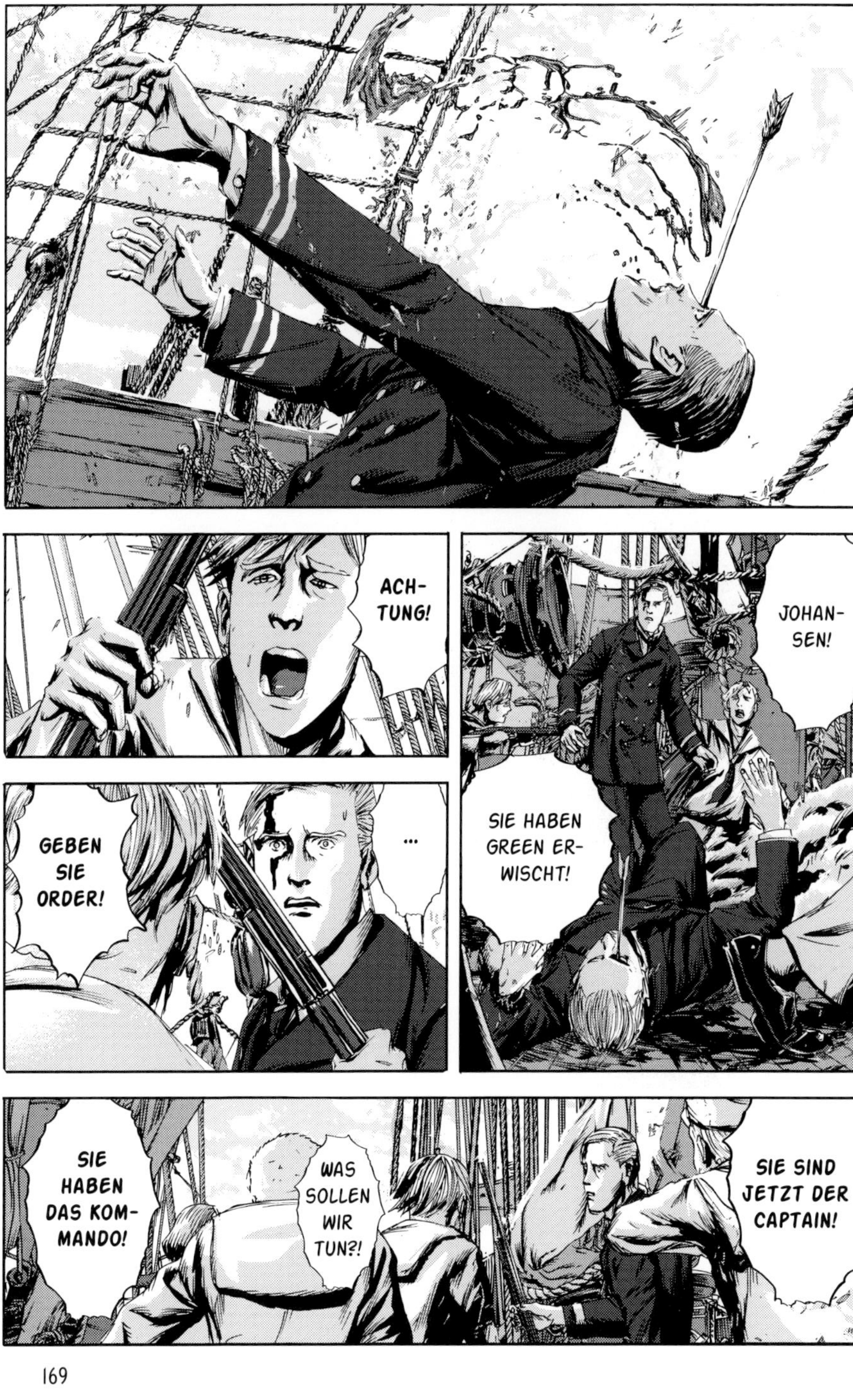

ACHTUNG!
JOHANSEN!
SIE HABEN GREEN ERWISCHT!
...
GEBEN SIE ORDER!
SIE SIND JETZT DER CAPTAIN!
WAS SOLLEN WIR TUN?!
SIE HABEN DAS KOMMANDO!

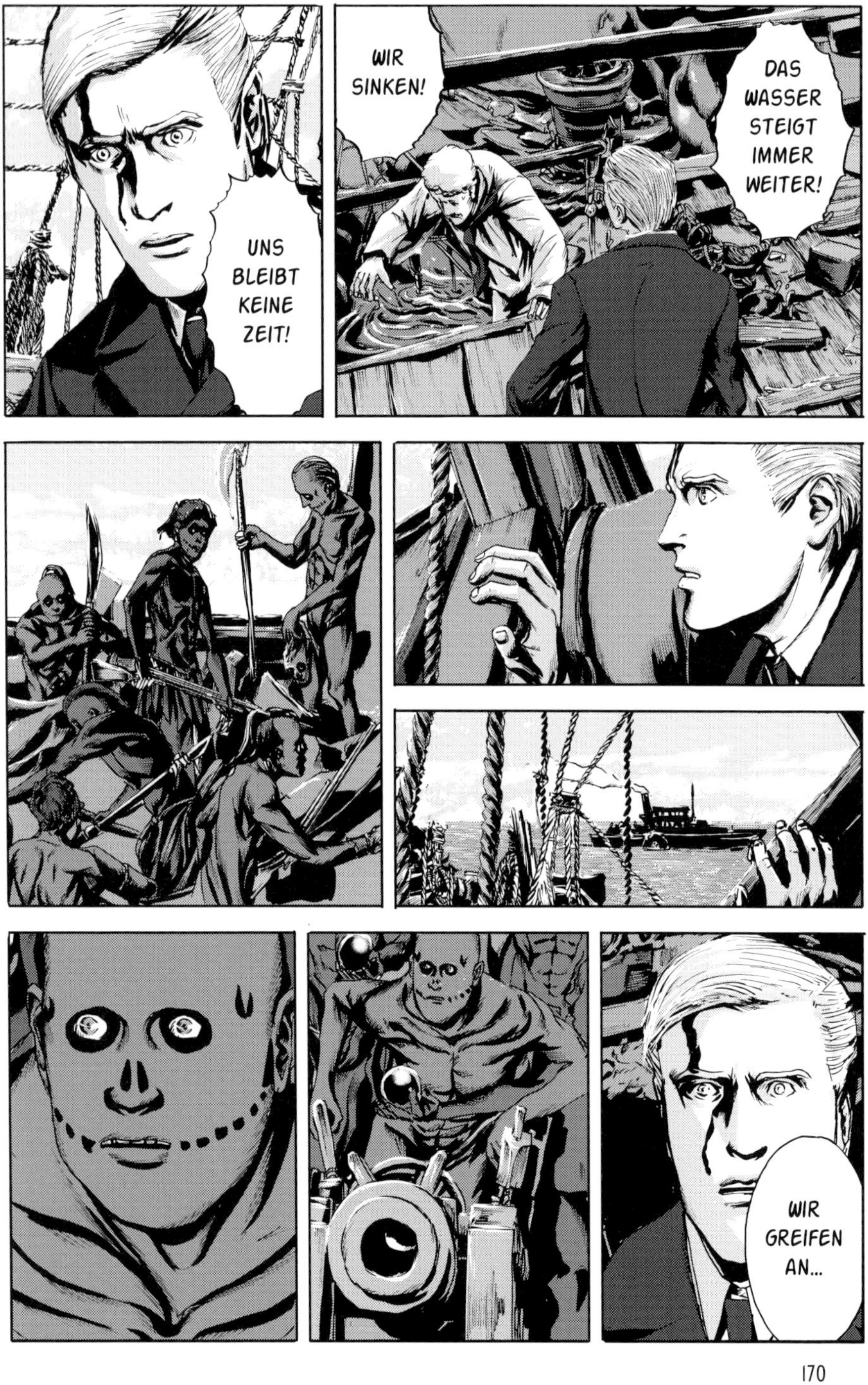
UNS BLEIBT KEINE ZEIT!
WIR SINKEN!
DAS WASSER STEIGT IMMER WEITER!
WIR GREIFEN AN...

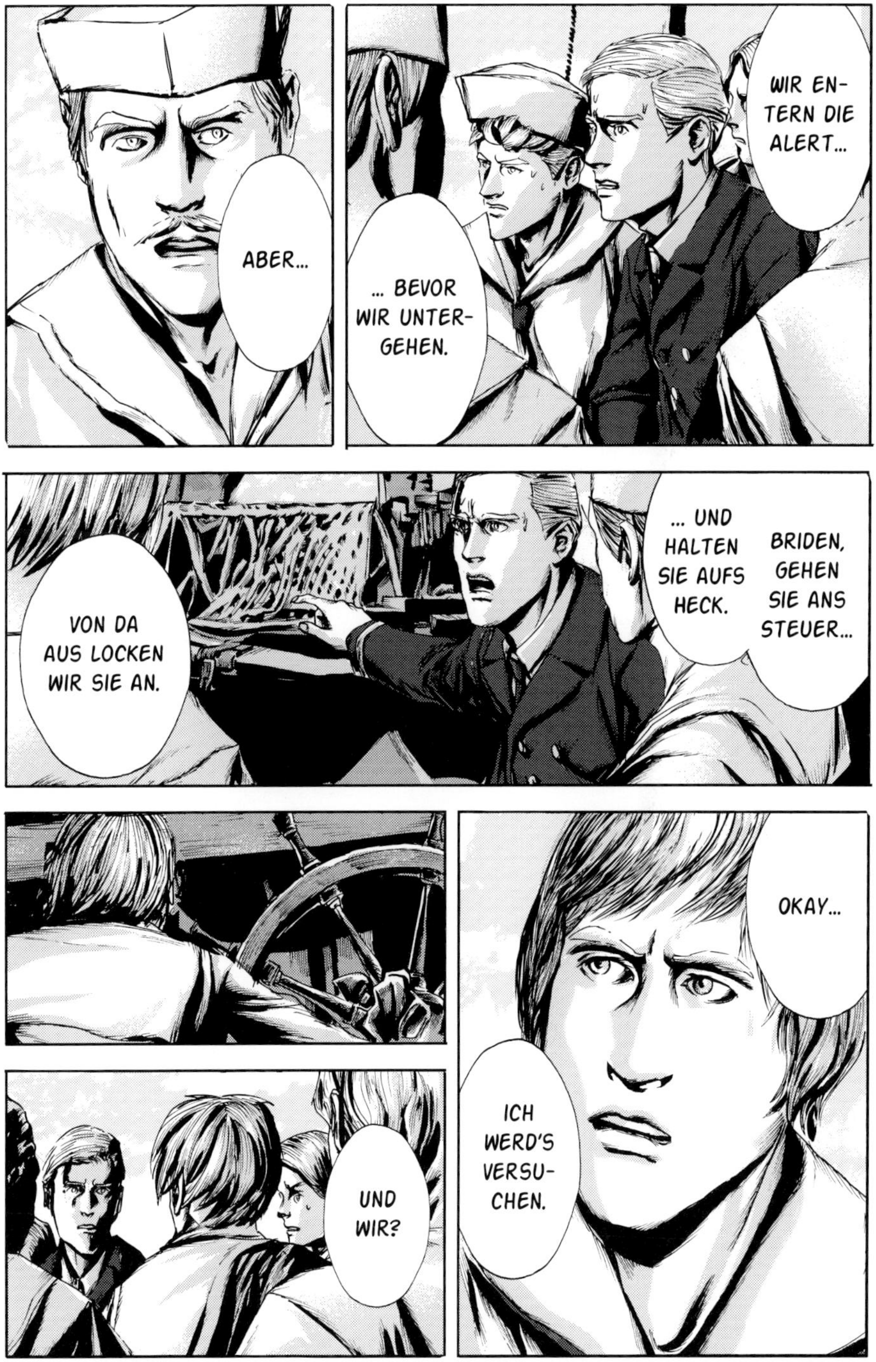
WIR ENTERN DIE ALERT…
… BEVOR WIR UNTERGEHEN.
ABER…
BRIDEN, GEHEN SIE ANS STEUER…
… UND HALTEN SIE AUFS HECK.
VON DA AUS LOCKEN WIR SIE AN.
OKAY…
ICH WERD'S VERSUCHEN.
UND WIR?

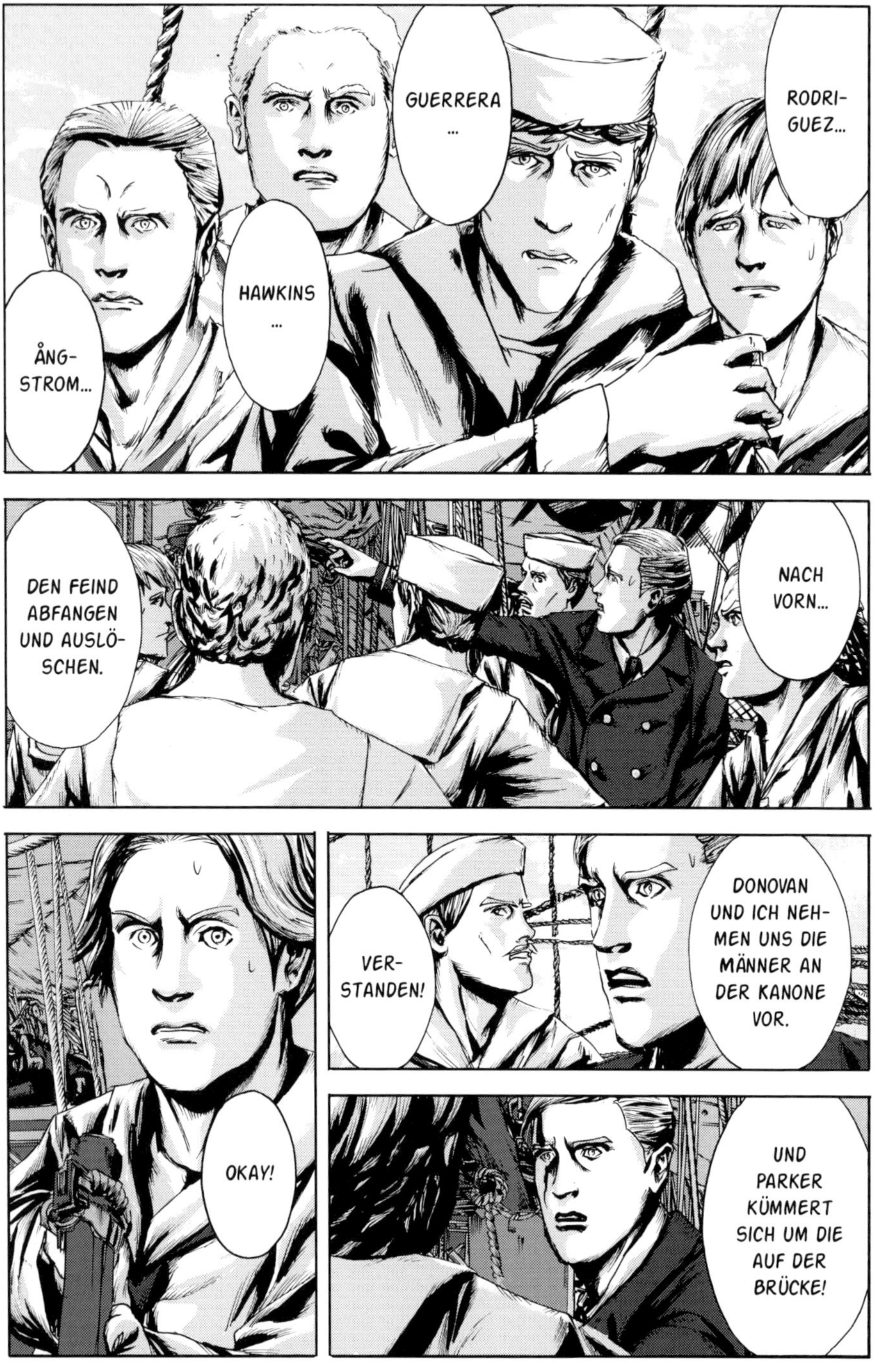
RODRI-
GUEZ…
GUERRERA
…
HAWKINS
…
ÅNG-
STROM…
NACH
VORN…
DEN FEIND
ABFANGEN
UND AUSLÖ-
SCHEN.
DONOVAN
UND ICH NEH-
MEN UNS DIE
MÄNNER AN
DER KANONE
VOR.
VER-
STANDEN!
UND
PARKER
KÜMMERT
SICH UM DIE
AUF DER
BRÜCKE!
OKAY!

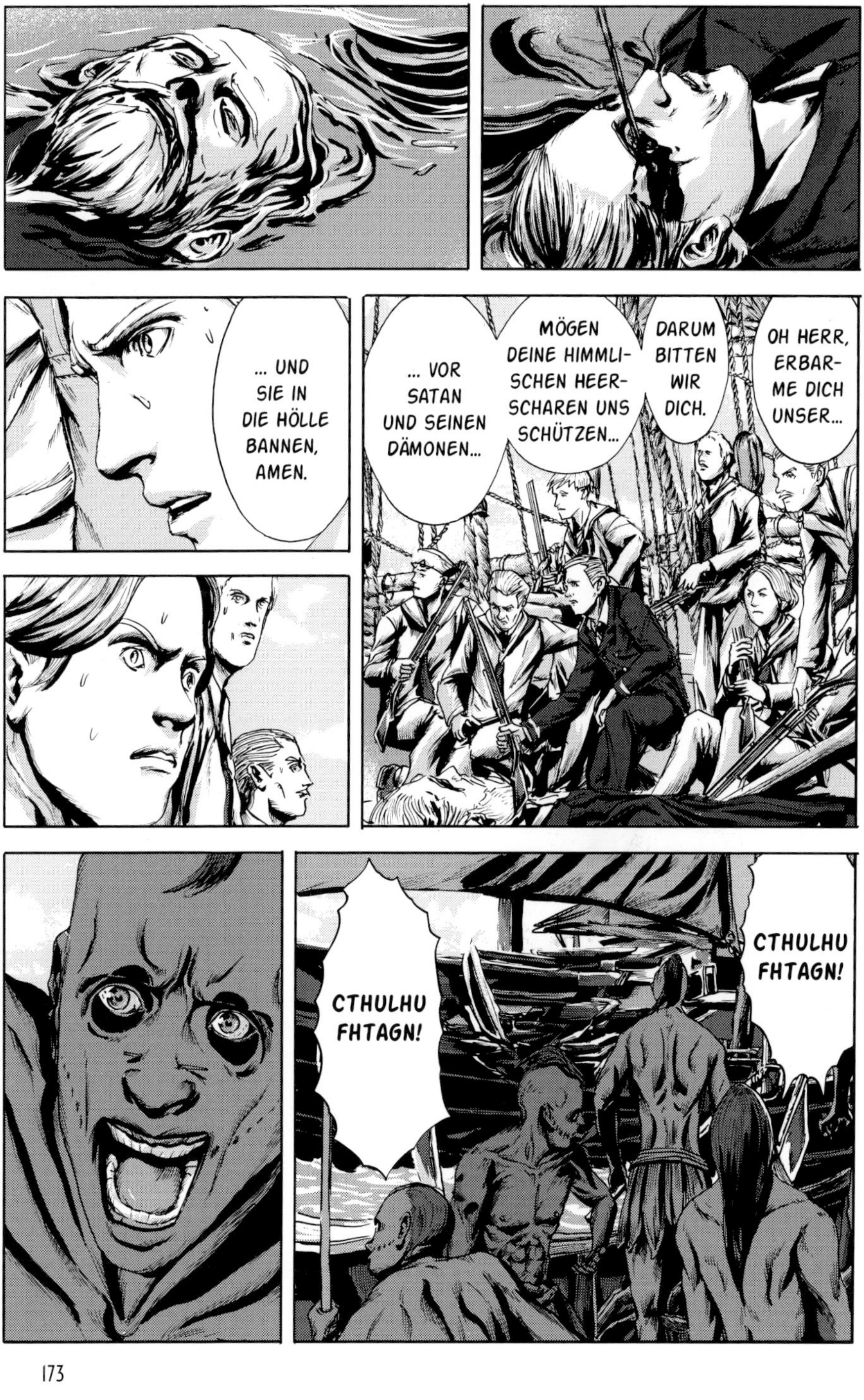
OH HERR, ERBARME DICH UNSER...
DARUM BITTEN WIR DICH.
MÖGEN DEINE HIMMLISCHEN HEERSCHAREN UNS SCHÜTZEN...
... VOR SATAN UND SEINEN DÄMONEN...
... UND SIE IN DIE HÖLLE BANNEN, AMEN.
CTHULHU FHTAGN!
CTHULHU FHTAGN!

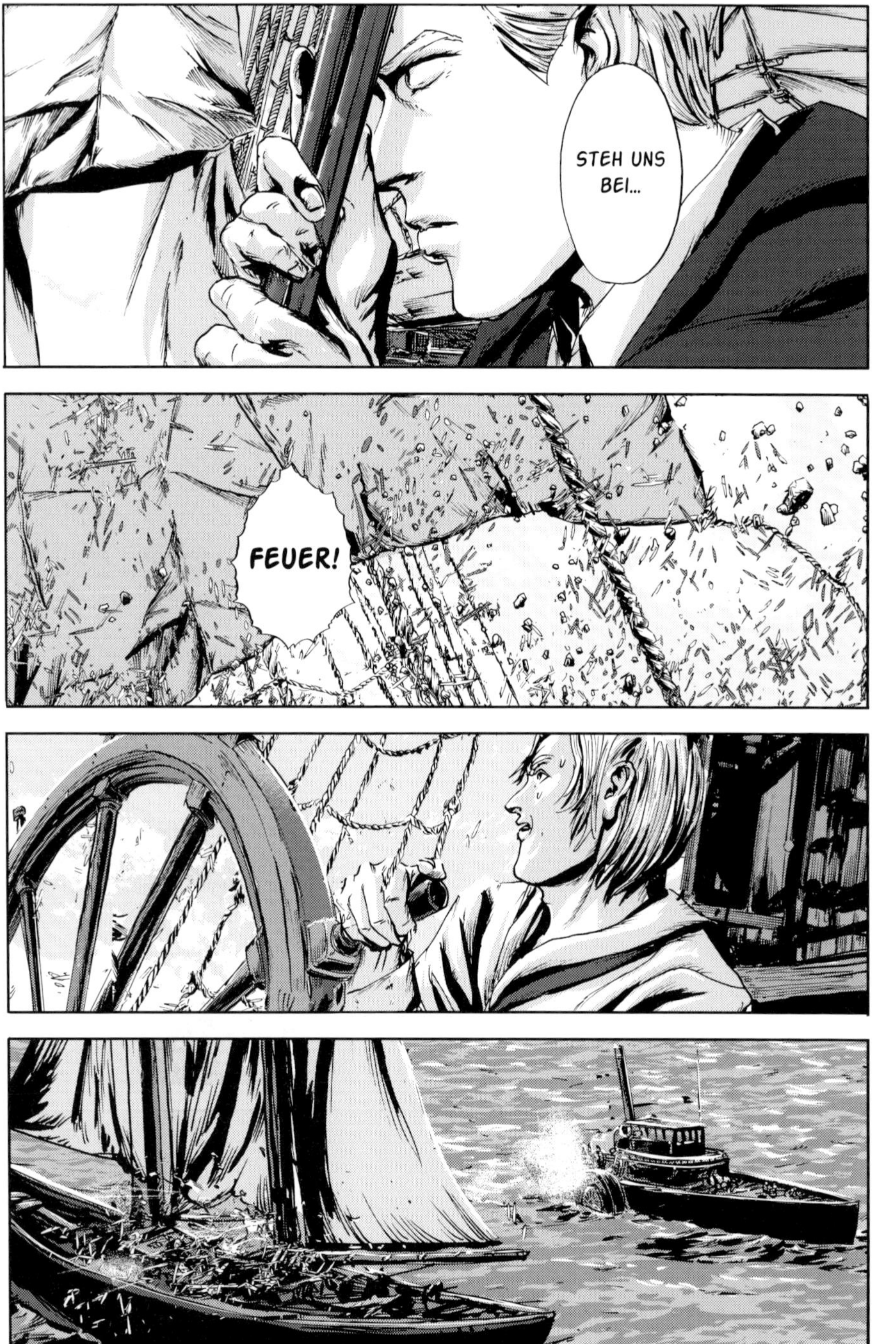
STEH UNS BEI...
FEUER!

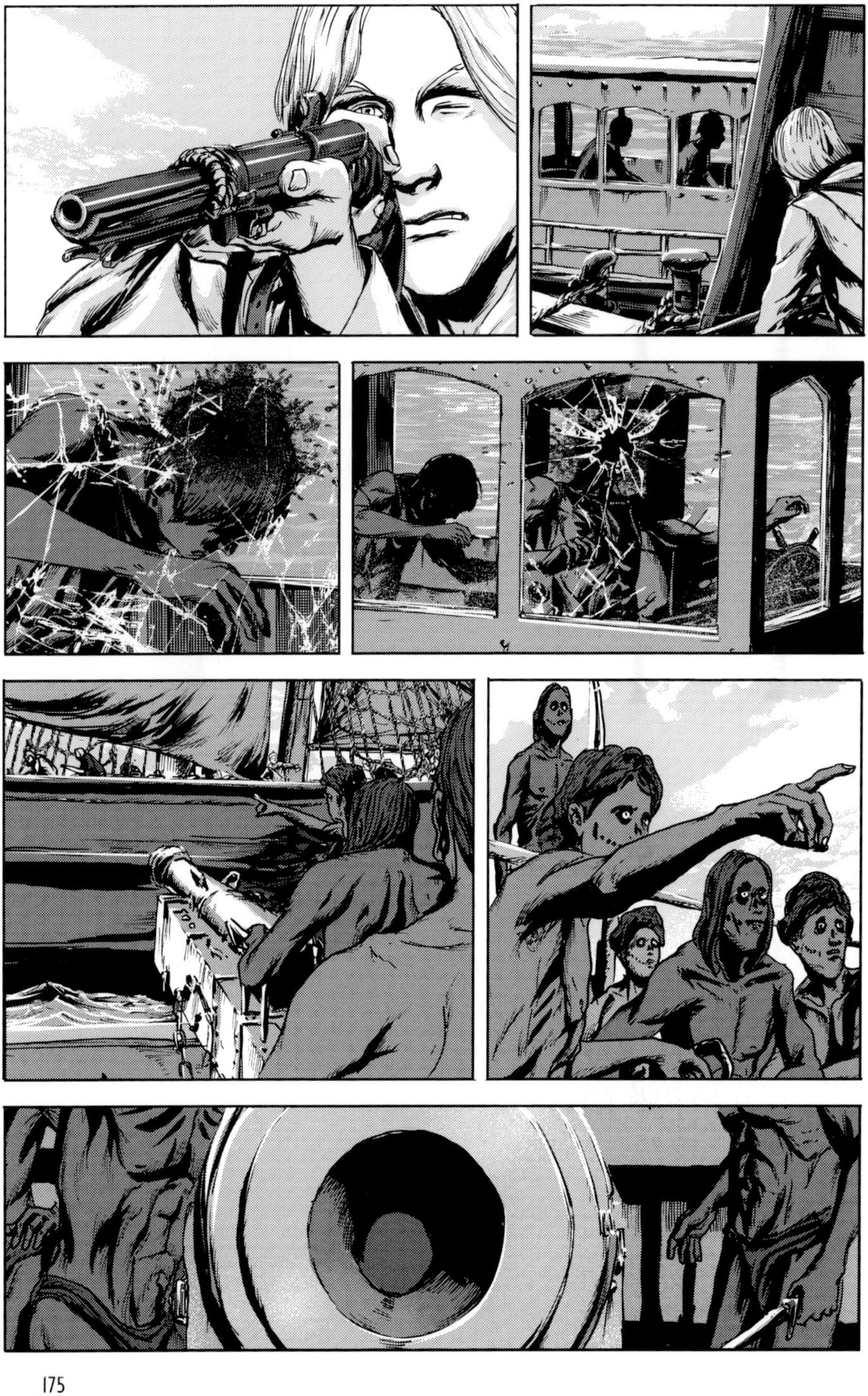

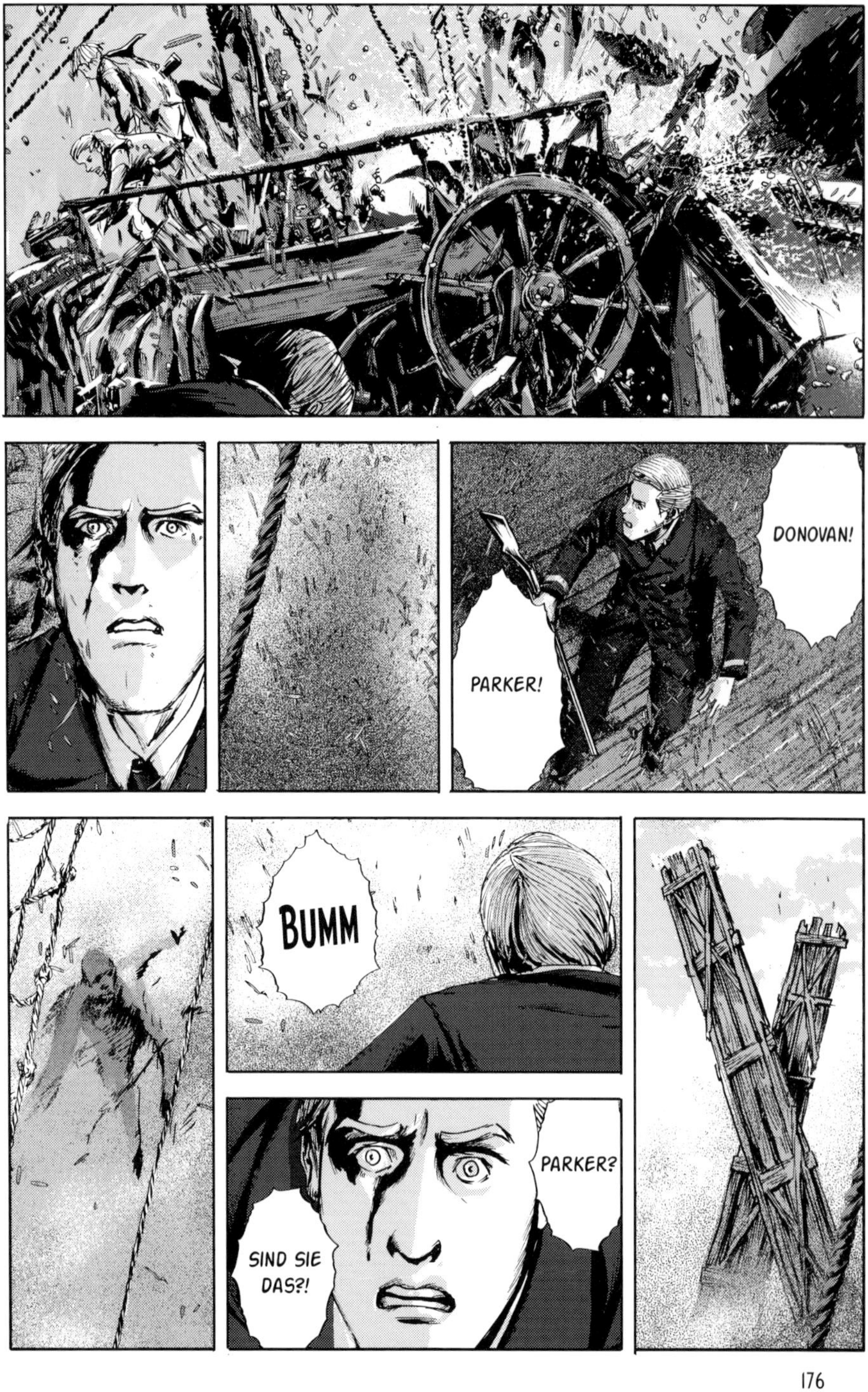
DONOVAN!
PARKER!
BUMM
PARKER?
SIND SIE DAS?!

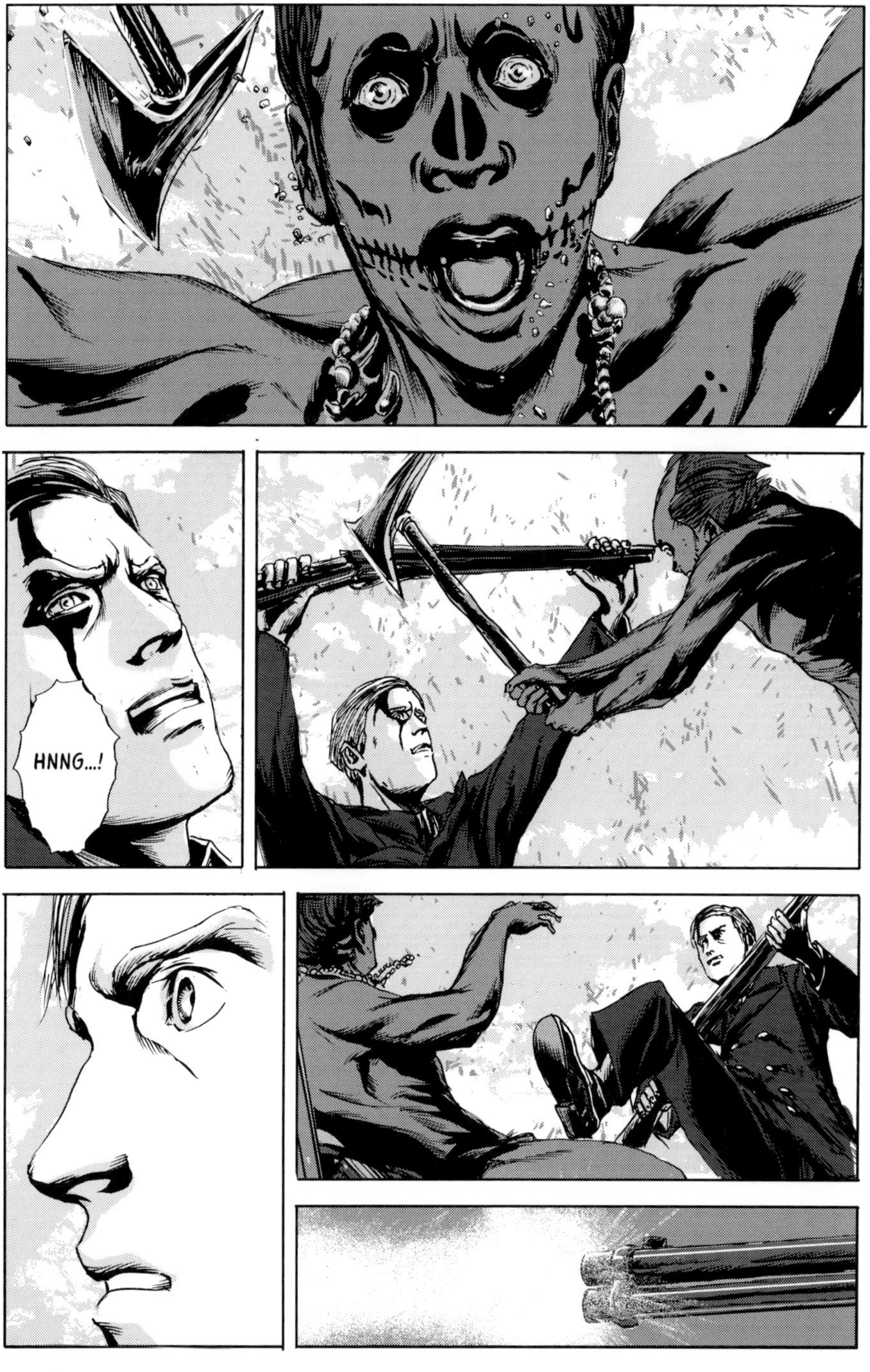
HNNG...!

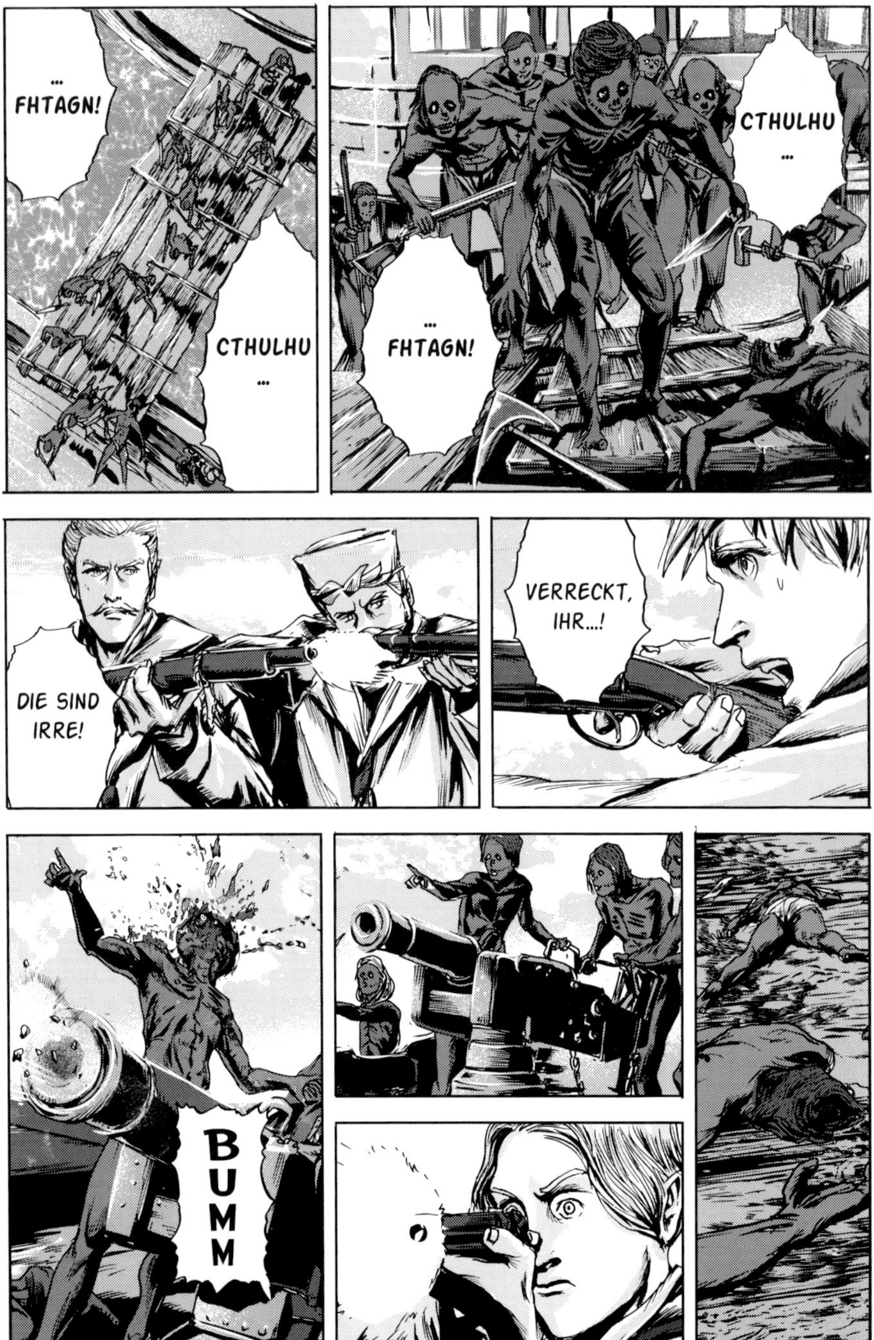

... FHTAGN!
CTHULHU ...
CTHULHU ...
... FHTAGN!
DIE SIND IRRE!
VERRECKT, IHR...!
BUMM

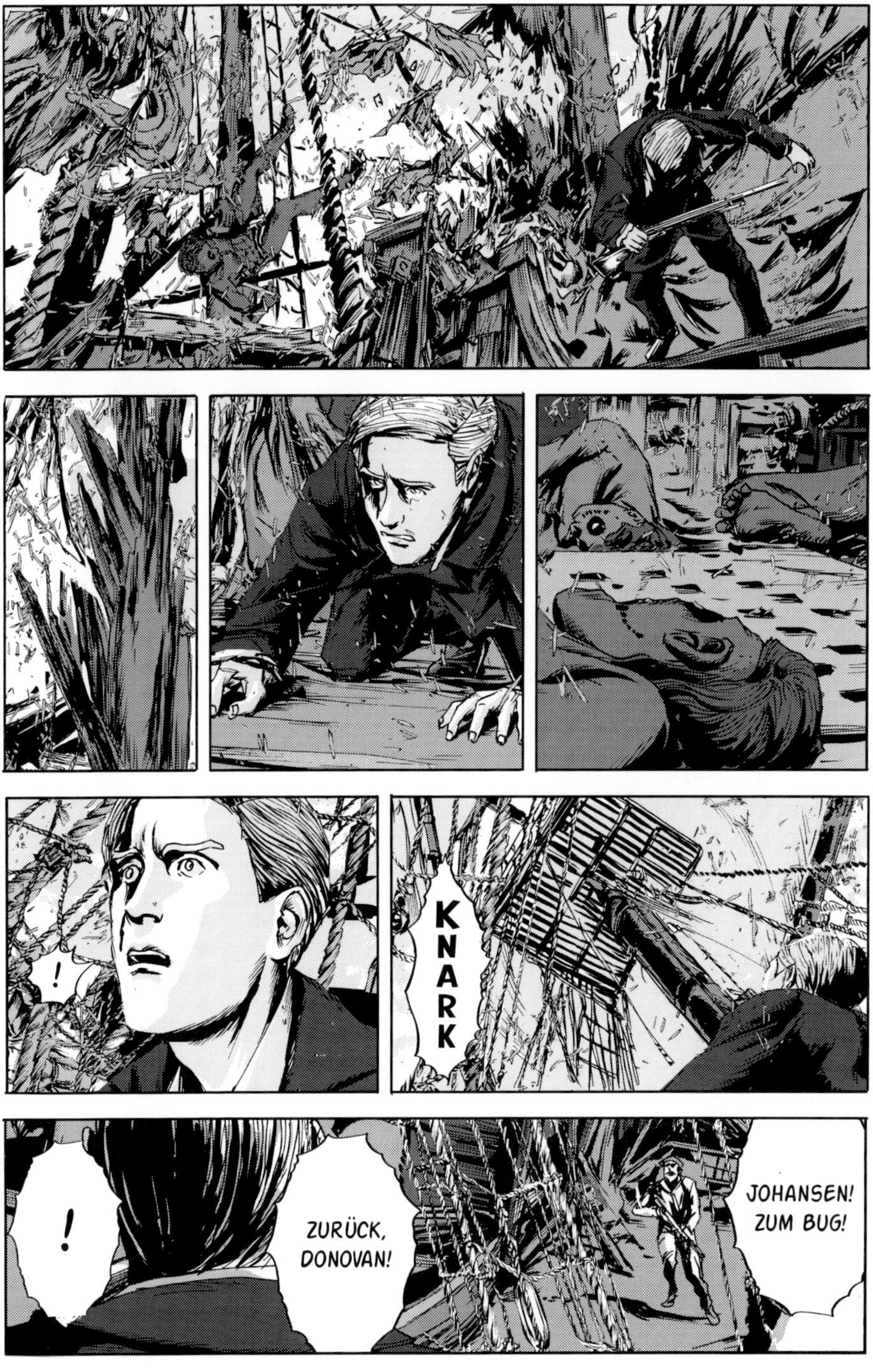
KNARK
!
JOHANSEN! ZUM BUG!
ZURÜCK, DONOVAN!
!

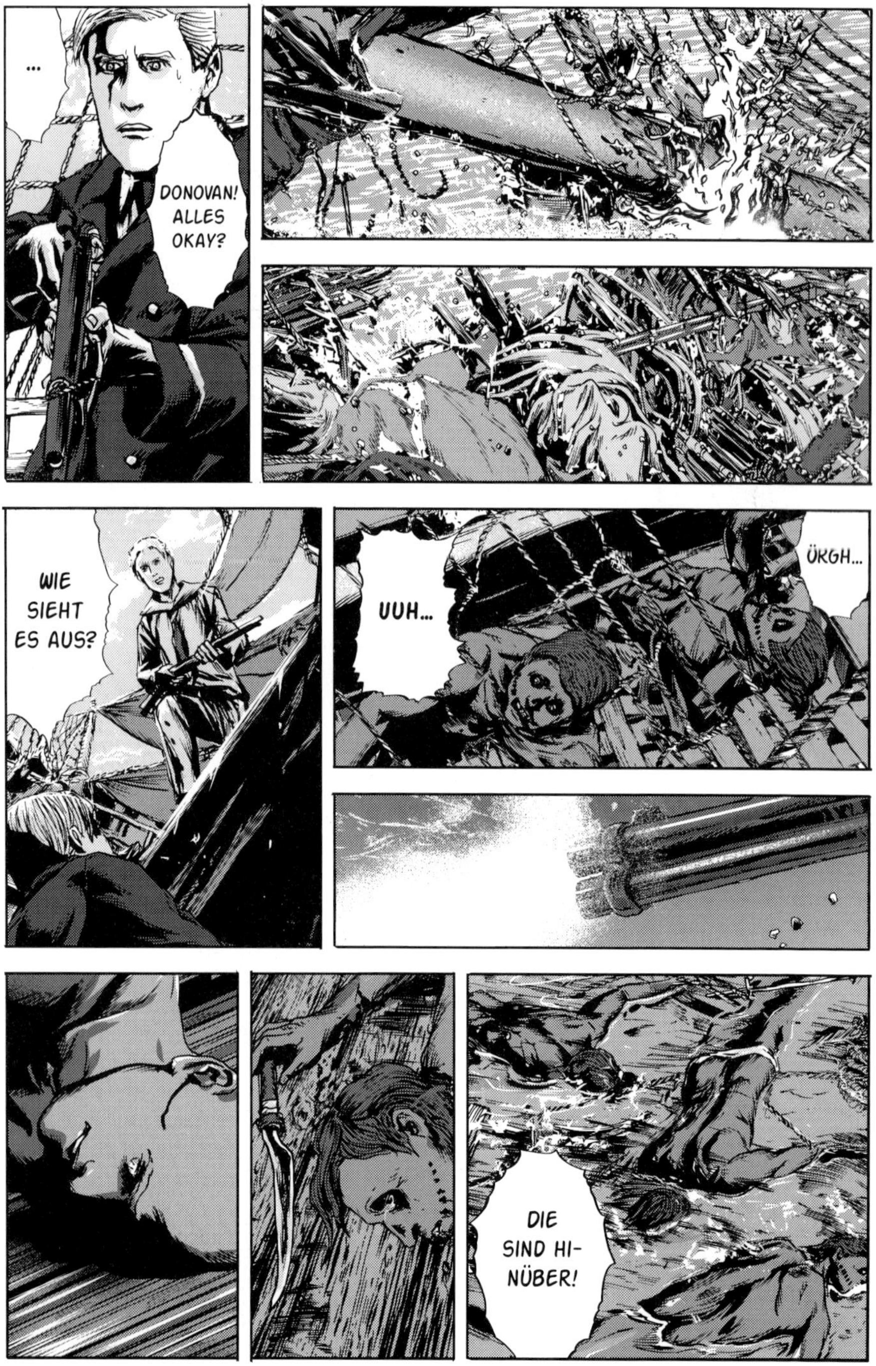
...
DONOVAN! ALLES OKAY?
WIE SIEHT ES AUS?
ÜRGH...
UUH...
DIE SIND HI- NÜBER!

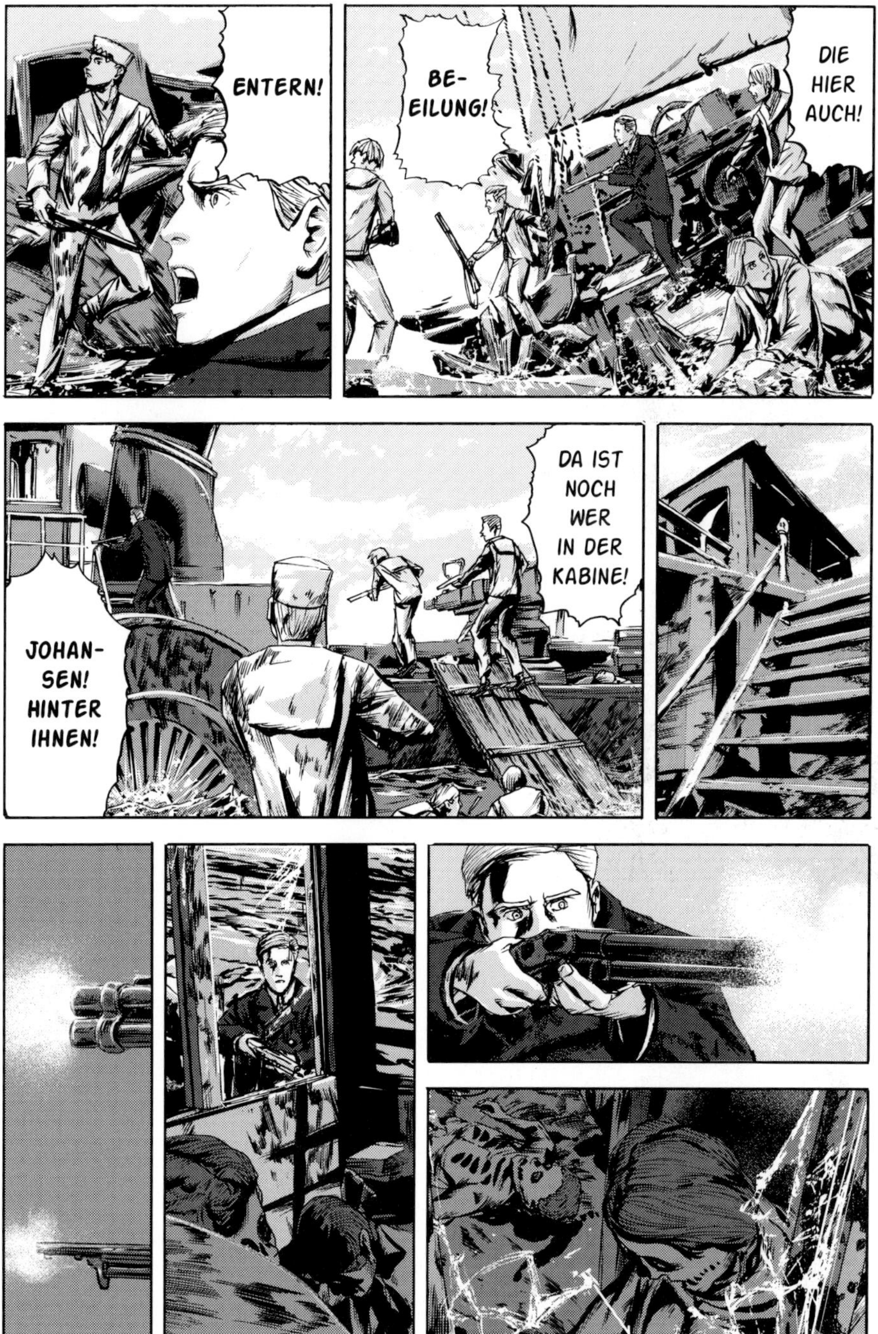
ENTERN!
BE-
EILUNG!
DIE
HIER
AUCH!
DA IST
NOCH
WER
IN DER
KABINE!
JOHAN-
SEN!
HINTER
IHNEN!

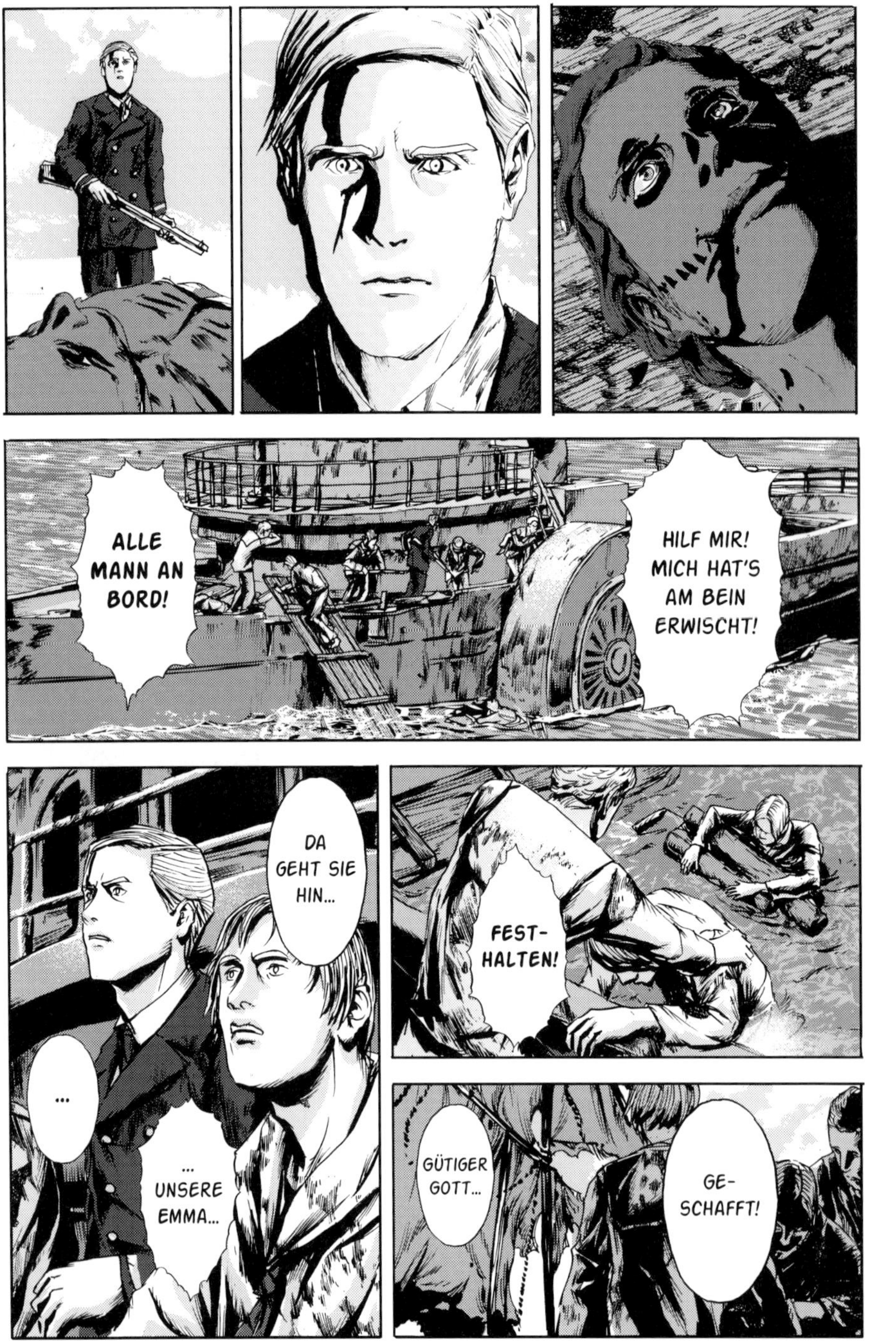
ALLE MANN AN BORD!
HILF MIR! MICH HAT'S AM BEIN ERWISCHT!
DA GEHT SIE HIN...
...
... UNSERE EMMA...
FEST-HALTEN!
GÜTIGER GOTT...
GE-SCHAFFT!

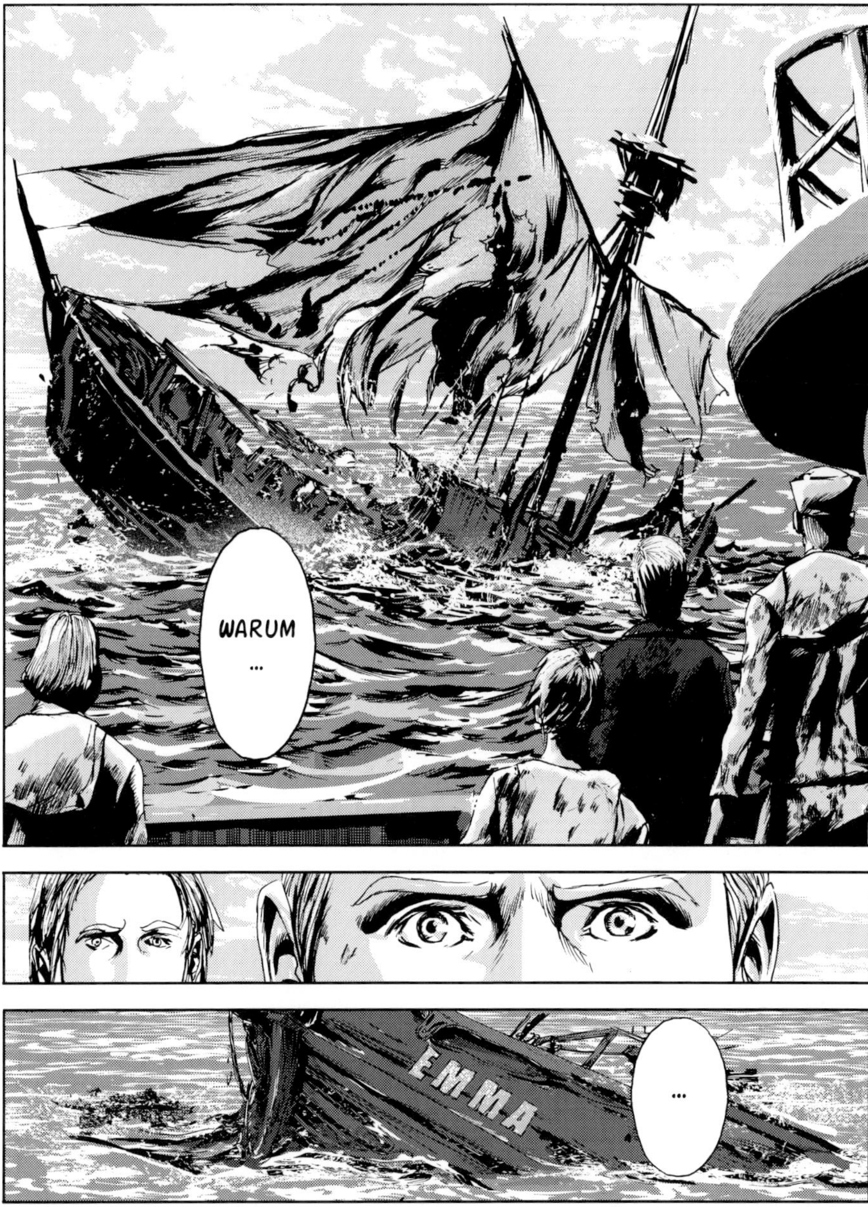
WARUM …
EMMA
…

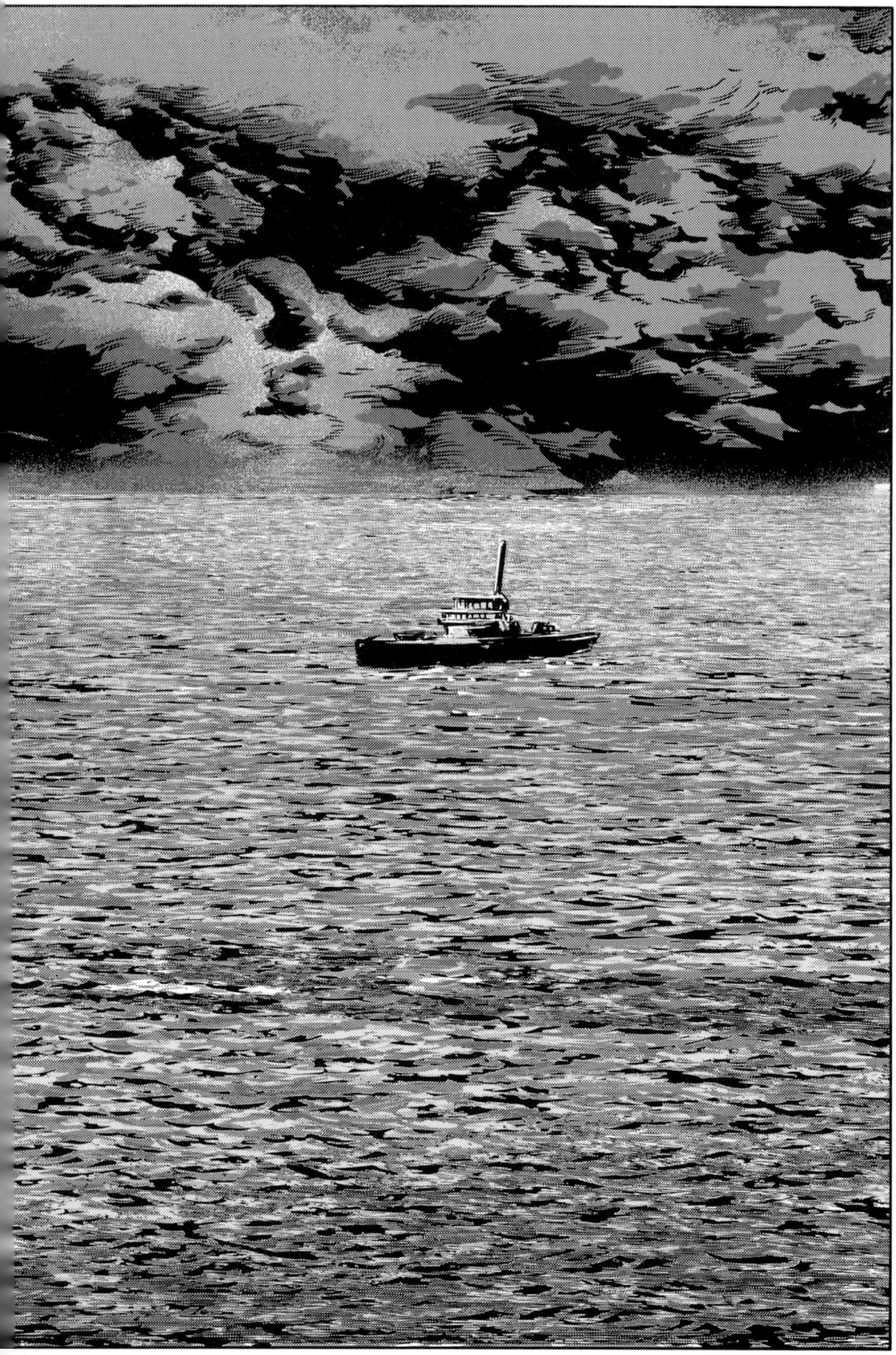

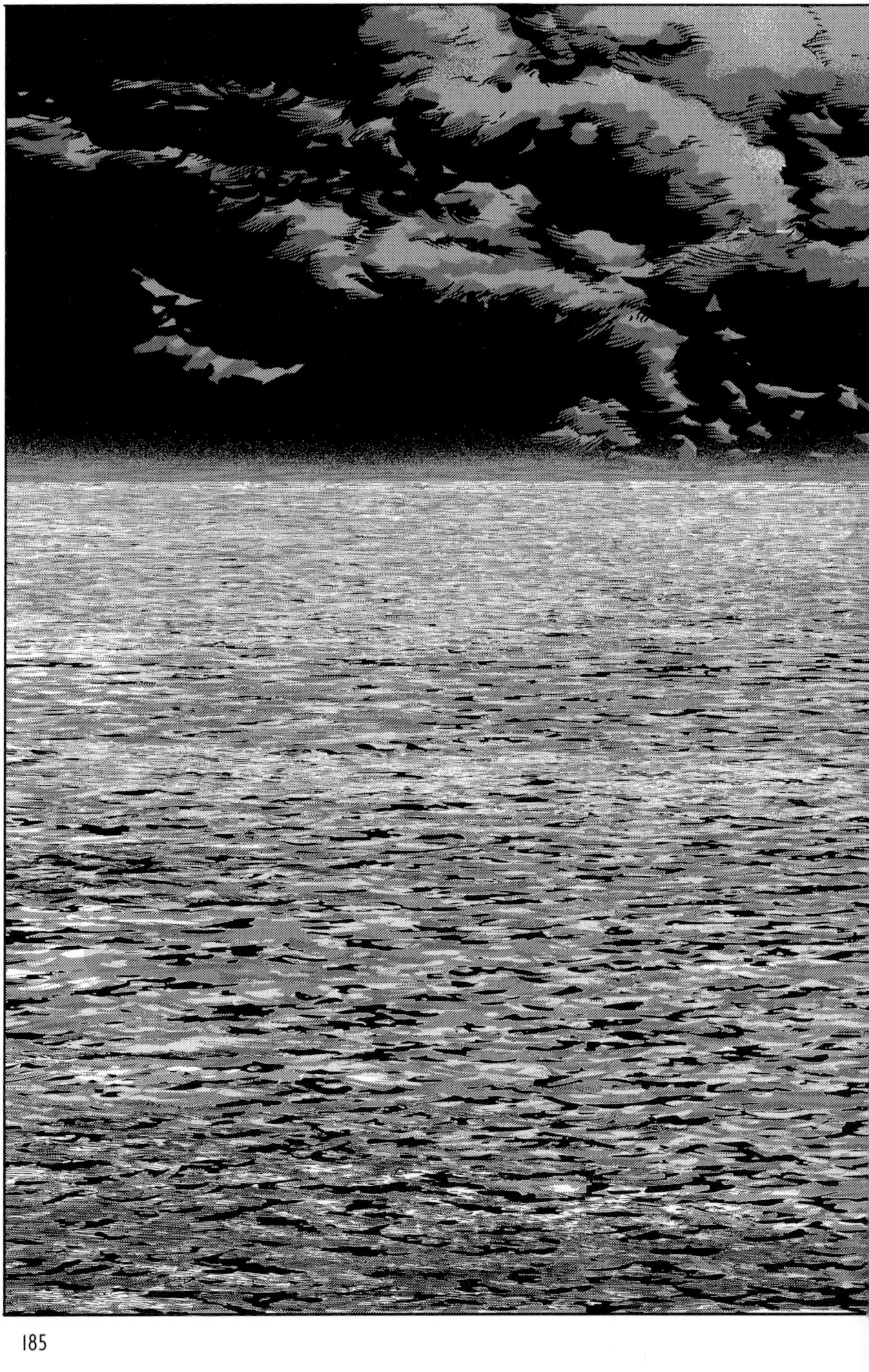

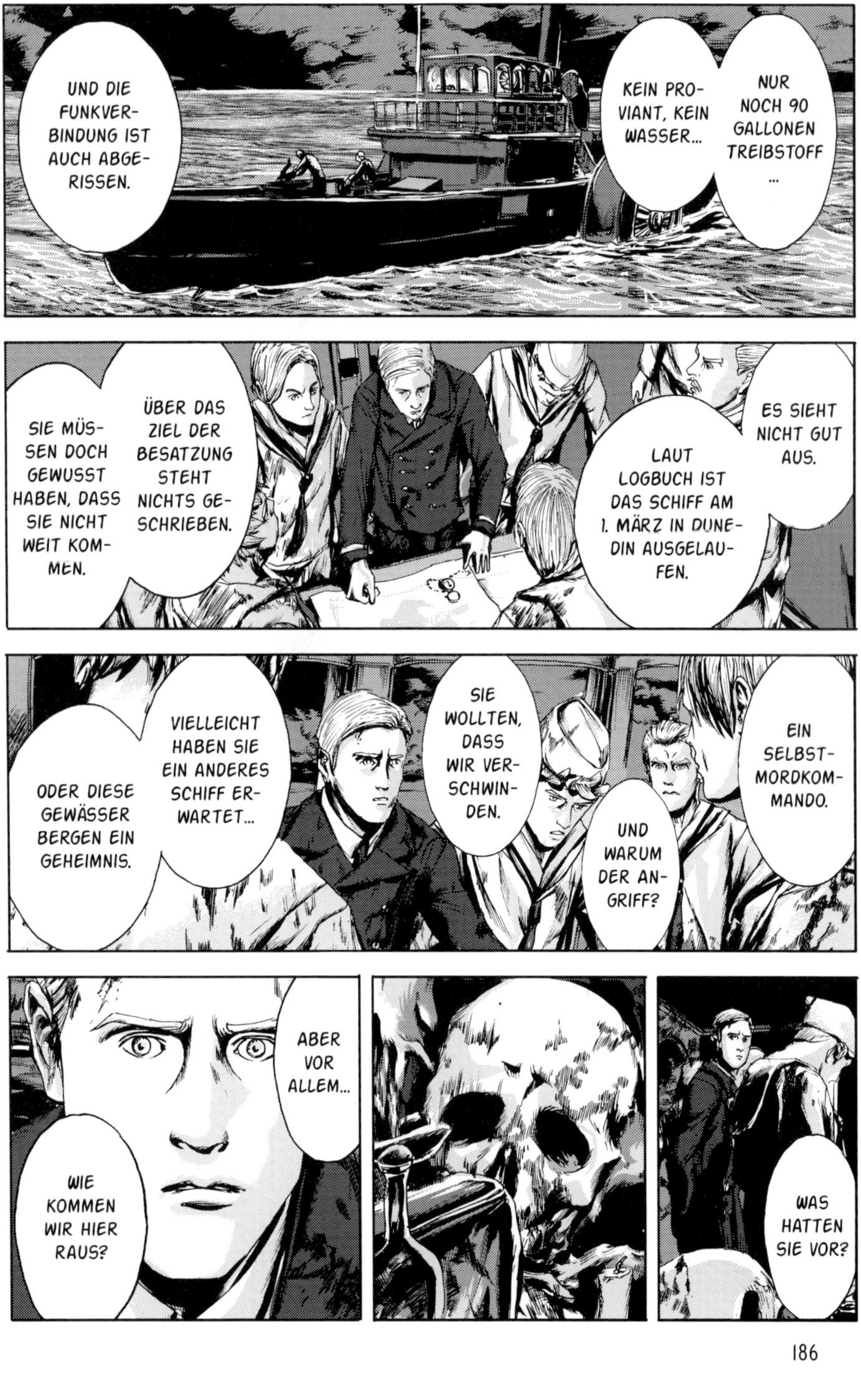

NUR NOCH 90 GALLONEN TREIBSTOFF ...
KEIN PROVIANT, KEIN WASSER...
UND DIE FUNKVERBINDUNG IST AUCH ABGERISSEN.
ES SIEHT NICHT GUT AUS.
LAUT LOGBUCH IST DAS SCHIFF AM 1. MÄRZ IN DUNEDIN AUSGELAUFEN.
ÜBER DAS ZIEL DER BESATZUNG STEHT NICHTS GESCHRIEBEN.
SIE MÜSSEN DOCH GEWUSST HABEN, DASS SIE NICHT WEIT KOMMEN.
EIN SELBSTMORDKOMMANDO.
UND WARUM DER ANGRIFF?
SIE WOLLTEN, DASS WIR VERSCHWINDEN.
VIELLEICHT HABEN SIE EIN ANDERES SCHIFF ERWARTET...
ODER DIESE GEWÄSSER BERGEN EIN GEHEIMNIS.
WAS HATTEN SIE VOR?
ABER VOR ALLEM...
WIE KOMMEN WIR HIER RAUS?

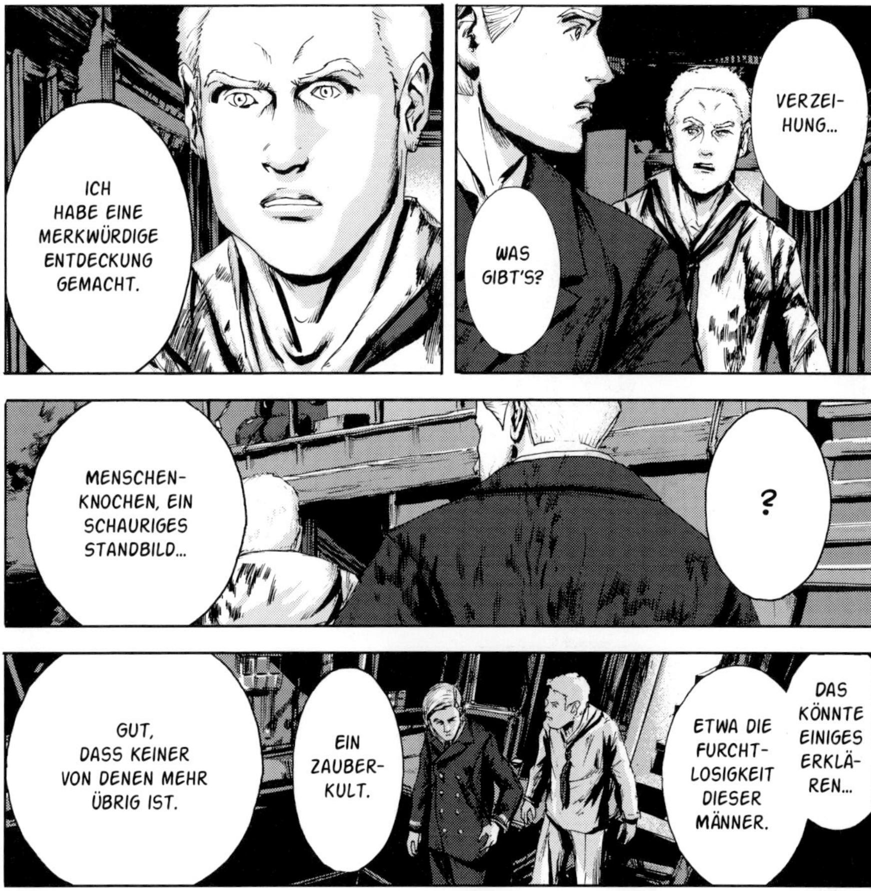
VERZEI-HUNG...
WAS GIBT'S?
ICH HABE EINE MERKWÜRDIGE ENTDECKUNG GEMACHT.
?
MENSCHEN-KNOCHEN, EIN SCHAURIGES STANDBILD...
DAS KÖNNTE EINIGES ERKLÄ-REN...
ETWA DIE FURCHT-LOSIGKEIT DIESER MÄNNER.
EIN ZAUBER-KULT.
GUT, DASS KEINER VON DENEN MEHR ÜBRIG IST.
OFFENBAR GENOSSEN SIE ES, ZU TÖTEN.
DASS DAS MENSCHEN WAREN...
...
DIESE IRREN...

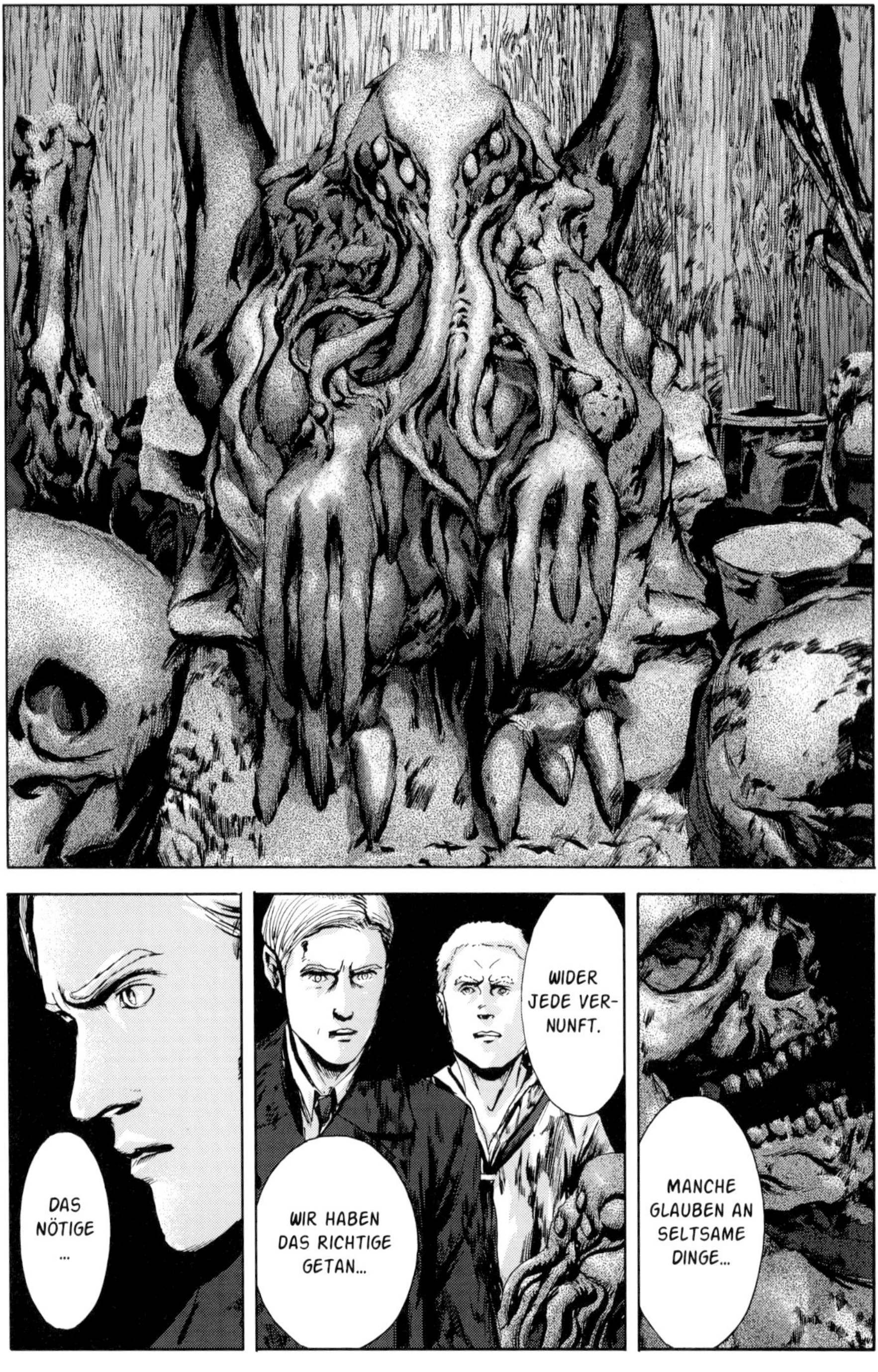
MANCHE GLAUBEN AN SELTSAME DINGE...
WIDER JEDE VERNUNFT.
WIR HABEN DAS RICHTIGE GETAN...
DAS NÖTIGE ...

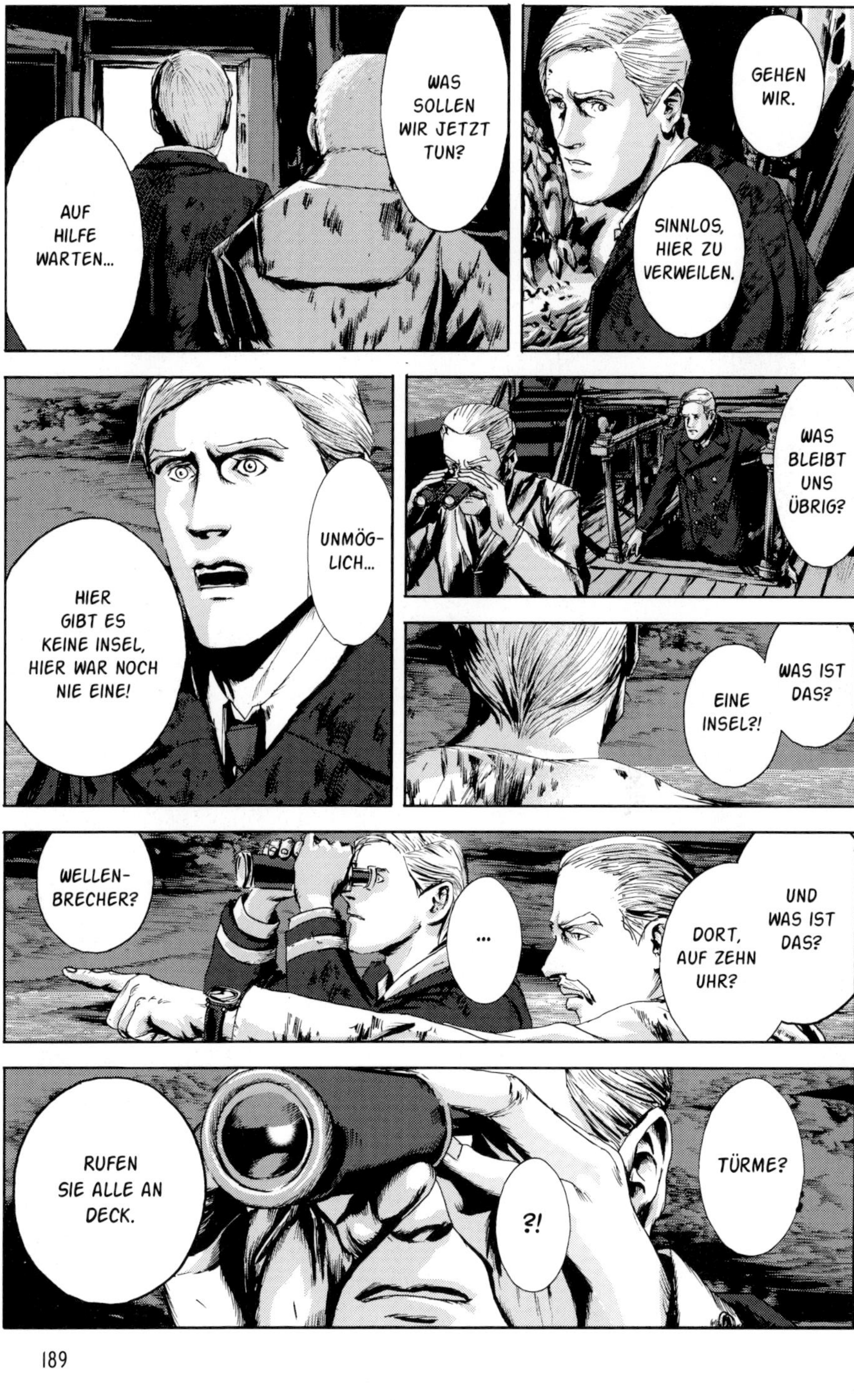
GEHEN WIR.
SINNLOS, HIER ZU VERWEILEN.
WAS SOLLEN WIR JETZT TUN?
AUF HILFE WARTEN...
WAS BLEIBT UNS ÜBRIG?
WAS IST DAS?
EINE INSEL?!
UNMÖGLICH...
HIER GIBT ES KEINE INSEL, HIER WAR NOCH NIE EINE!
UND WAS IST DAS?
DORT, AUF ZEHN UHR?
...
WELLENBRECHER?
TÜRME?
?!
RUFEN SIE ALLE AN DECK.

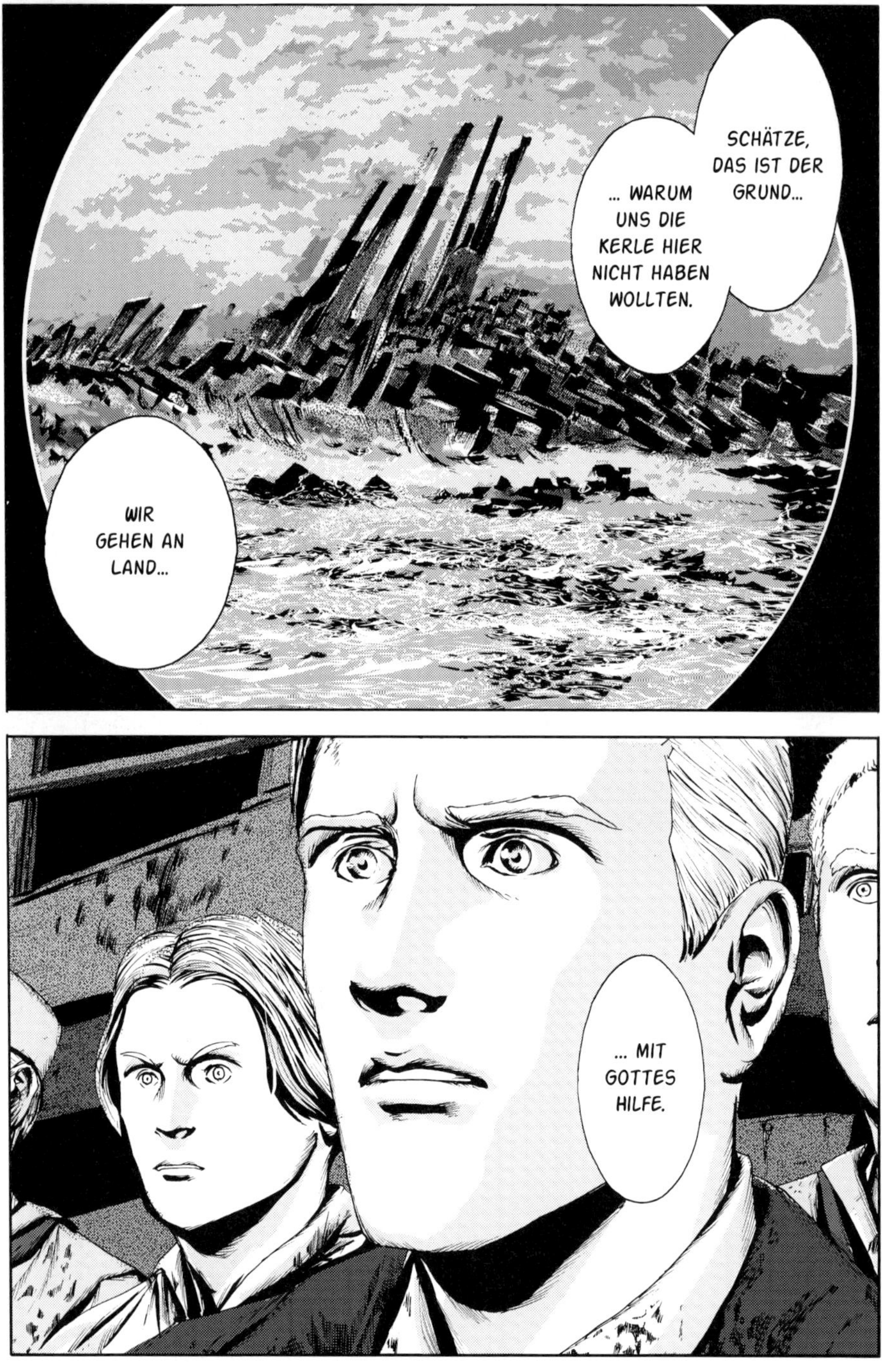
SCHÄTZE, DAS IST DER GRUND...
... WARUM UNS DIE KERLE HIER NICHT HABEN WOLLTEN.
WIR GEHEN AN LAND...
... MIT GOTTES HILFE.

6 R’LYEH

R’lyeh

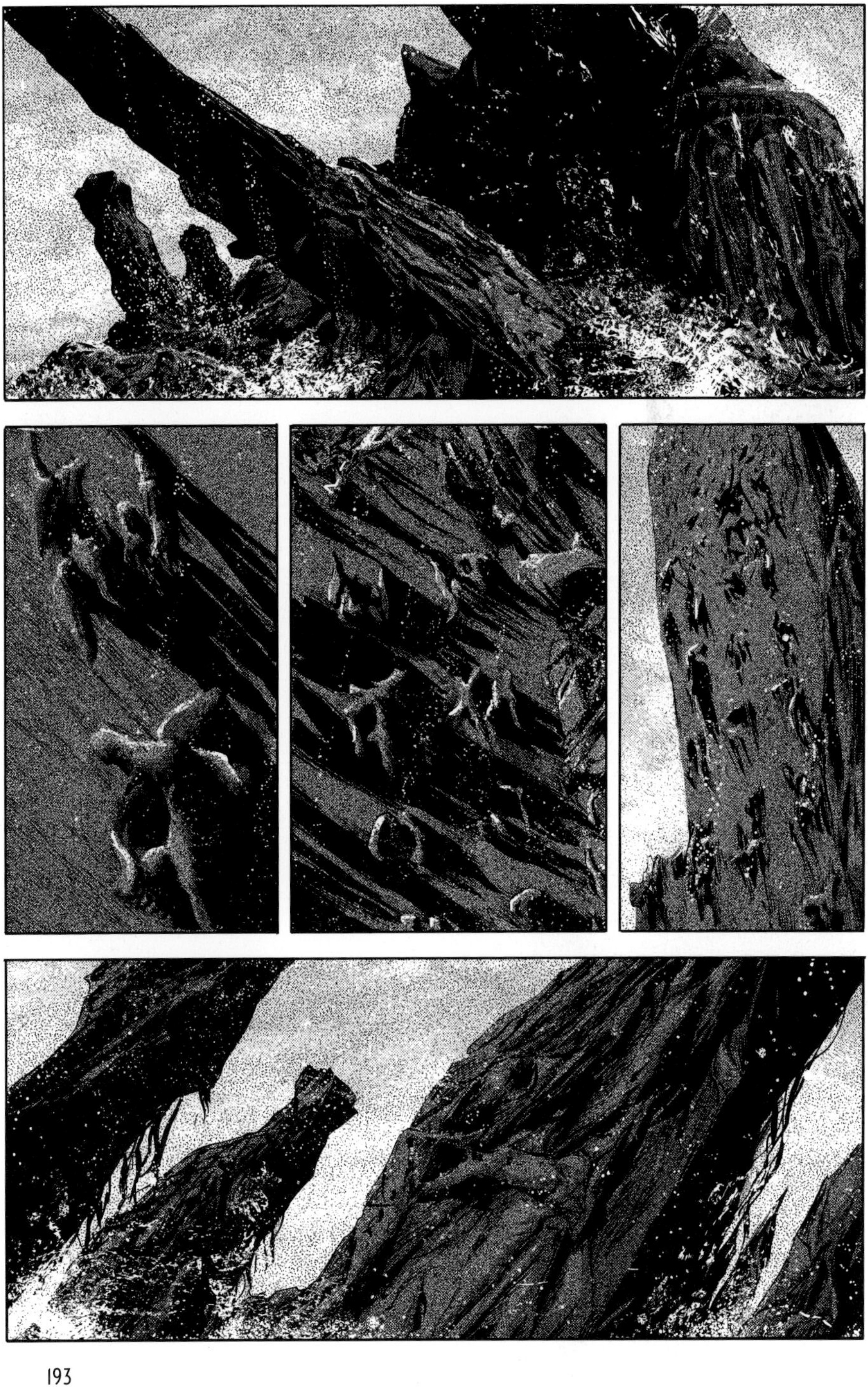

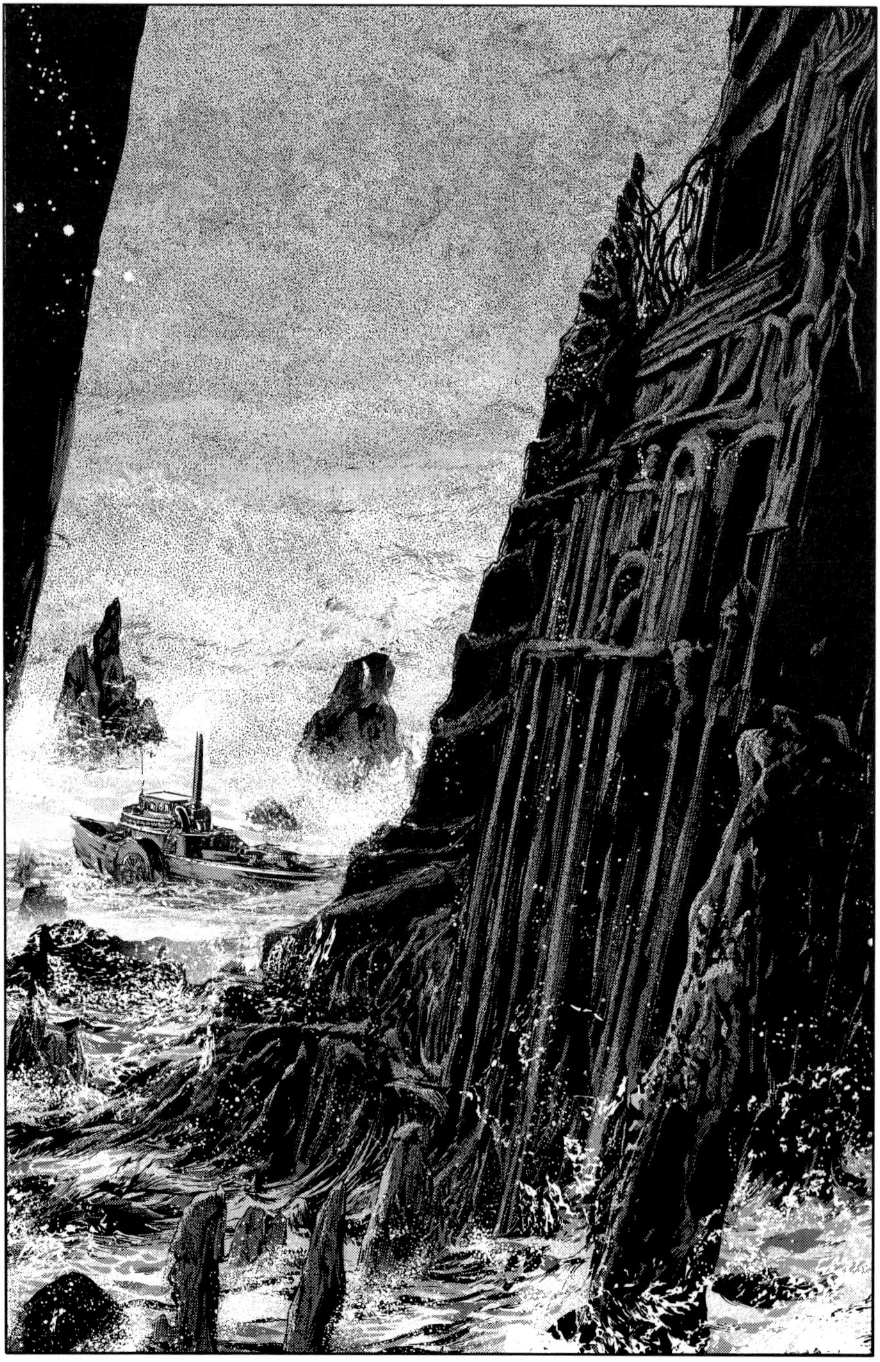

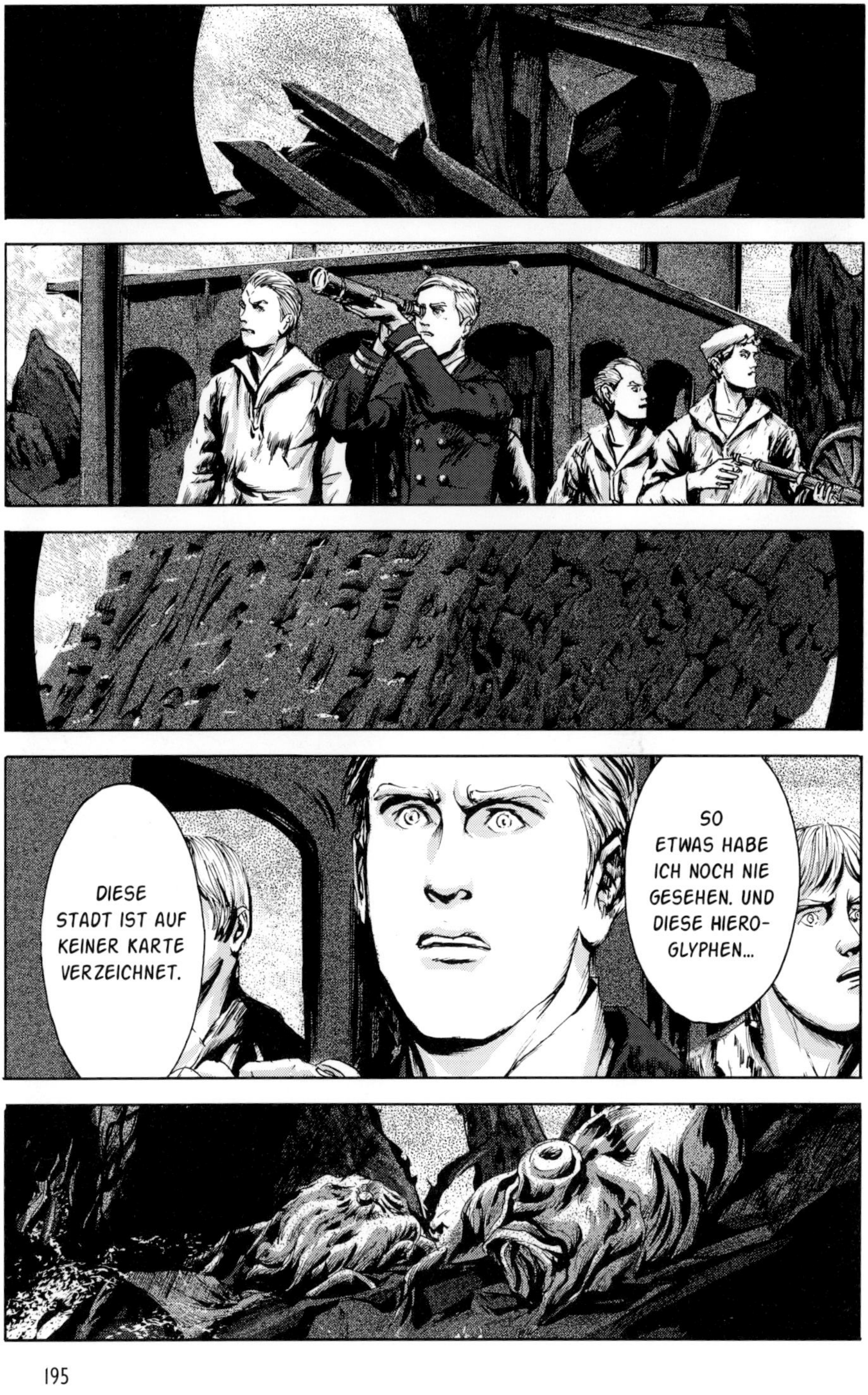
SO ETWAS HABE ICH NOCH NIE GESEHEN. UND DIESE HIERO-GLYPHEN...
DIESE STADT IST AUF KEINER KARTE VERZEICHNET.

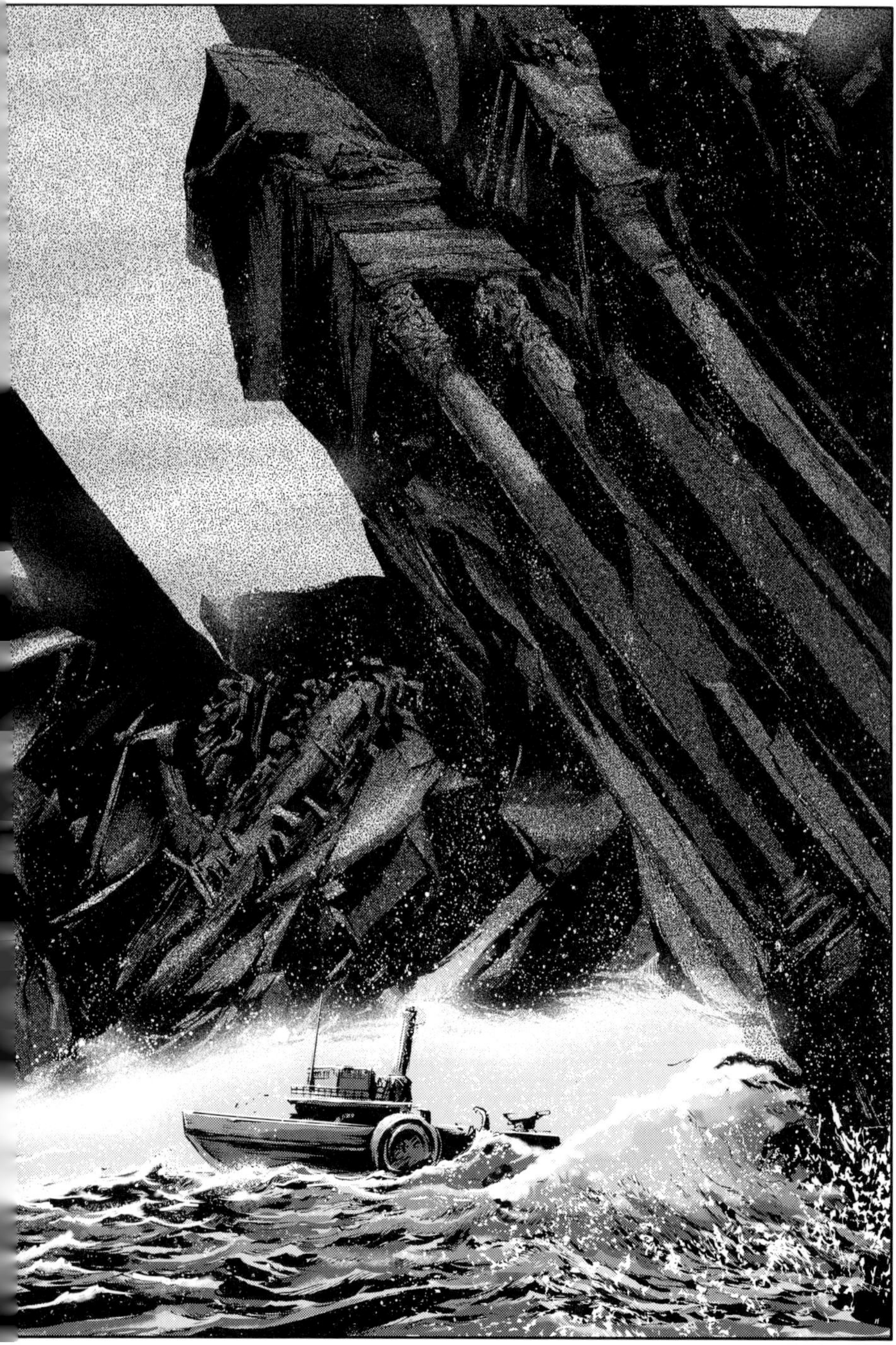

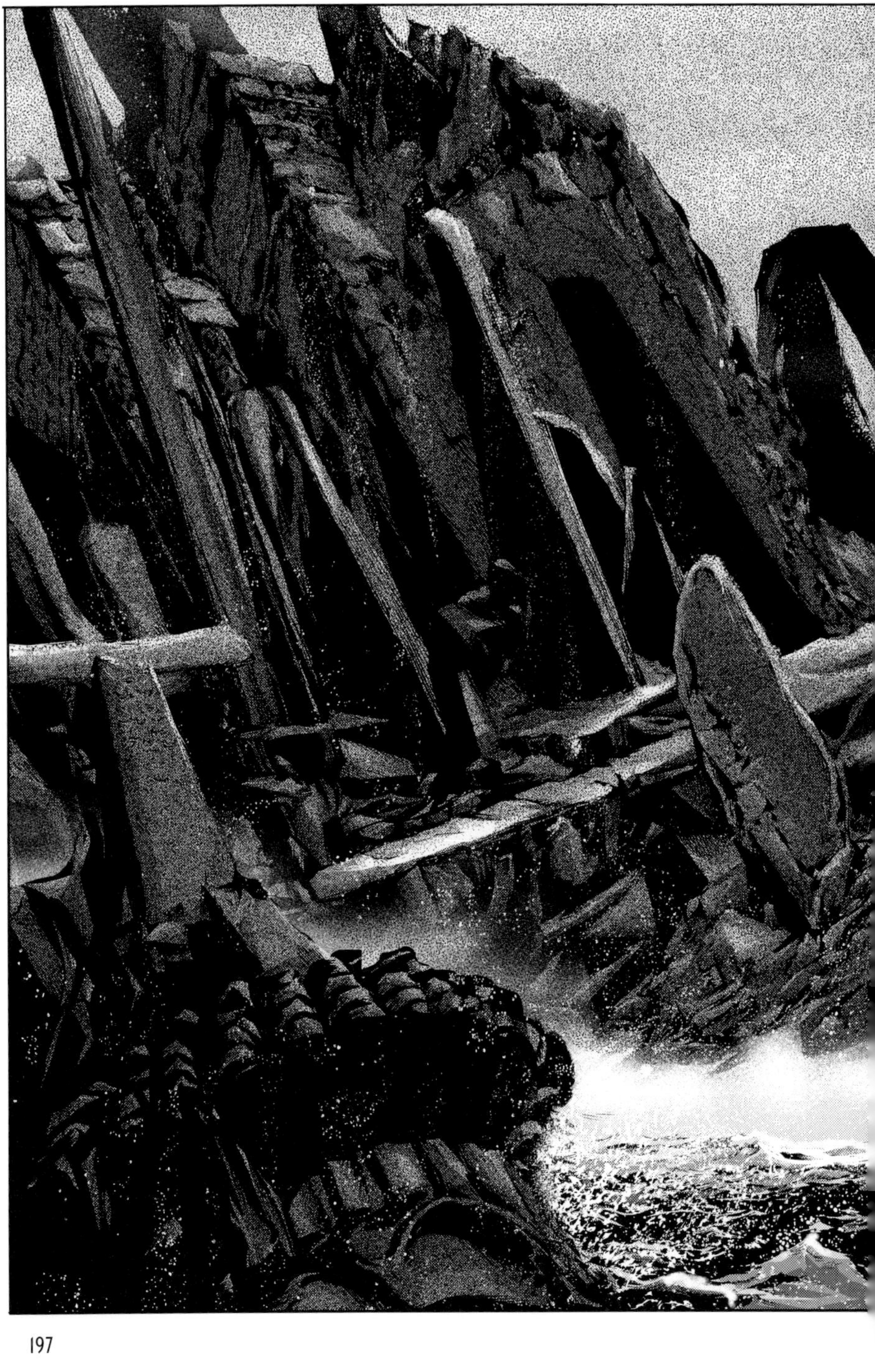

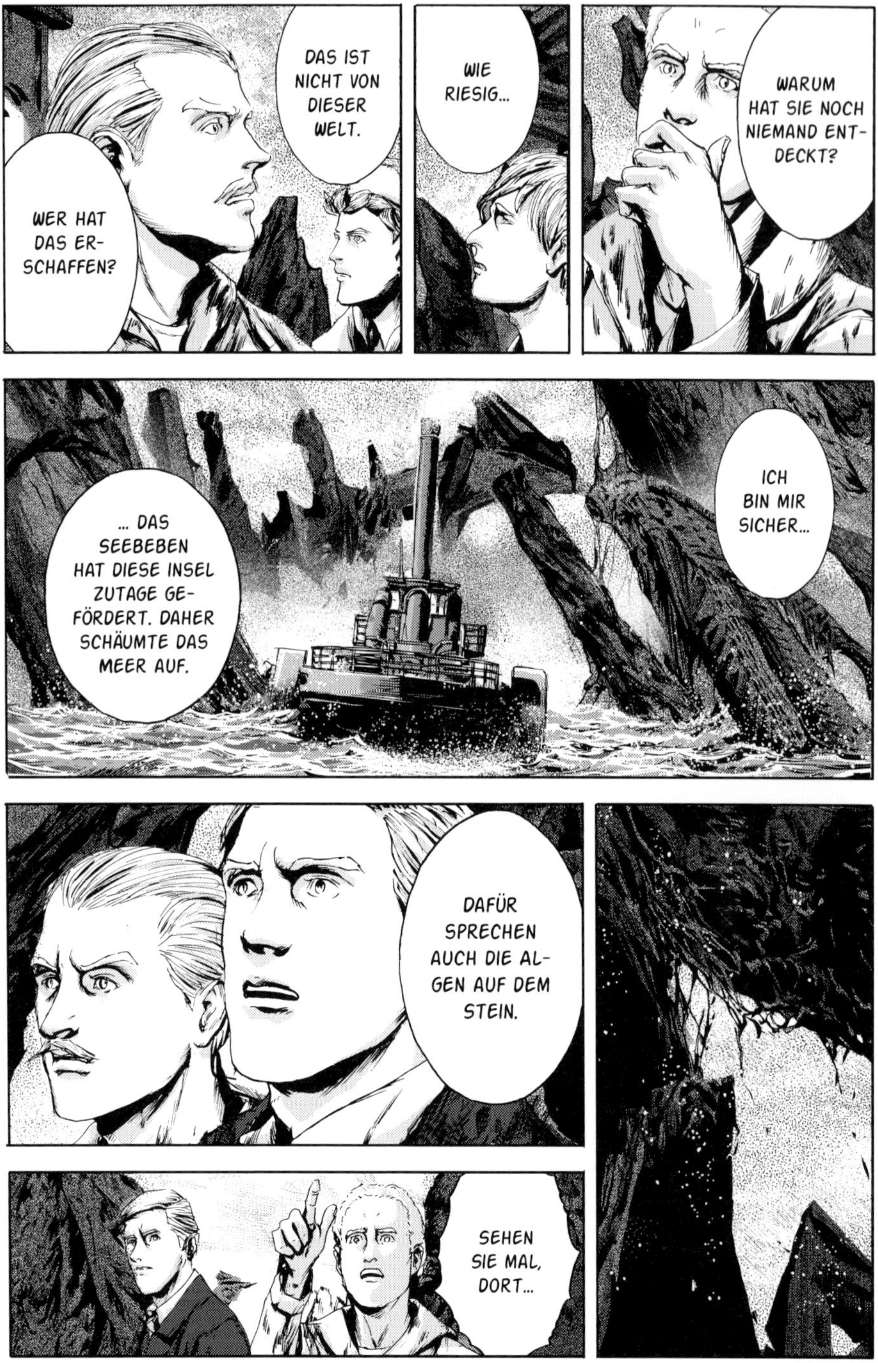
DAS IST NICHT VON DIESER WELT.
WER HAT DAS ER-SCHAFFEN?
WIE RIESIG...
WARUM HAT SIE NOCH NIEMAND ENT-DECKT?
ICH BIN MIR SICHER...
... DAS SEEBEBEN HAT DIESE INSEL ZUTAGE GE-FÖRDERT. DAHER SCHÄUMTE DAS MEER AUF.
DAFÜR SPRECHEN AUCH DIE AL-GEN AUF DEM STEIN.
SEHEN SIE MAL, DORT...

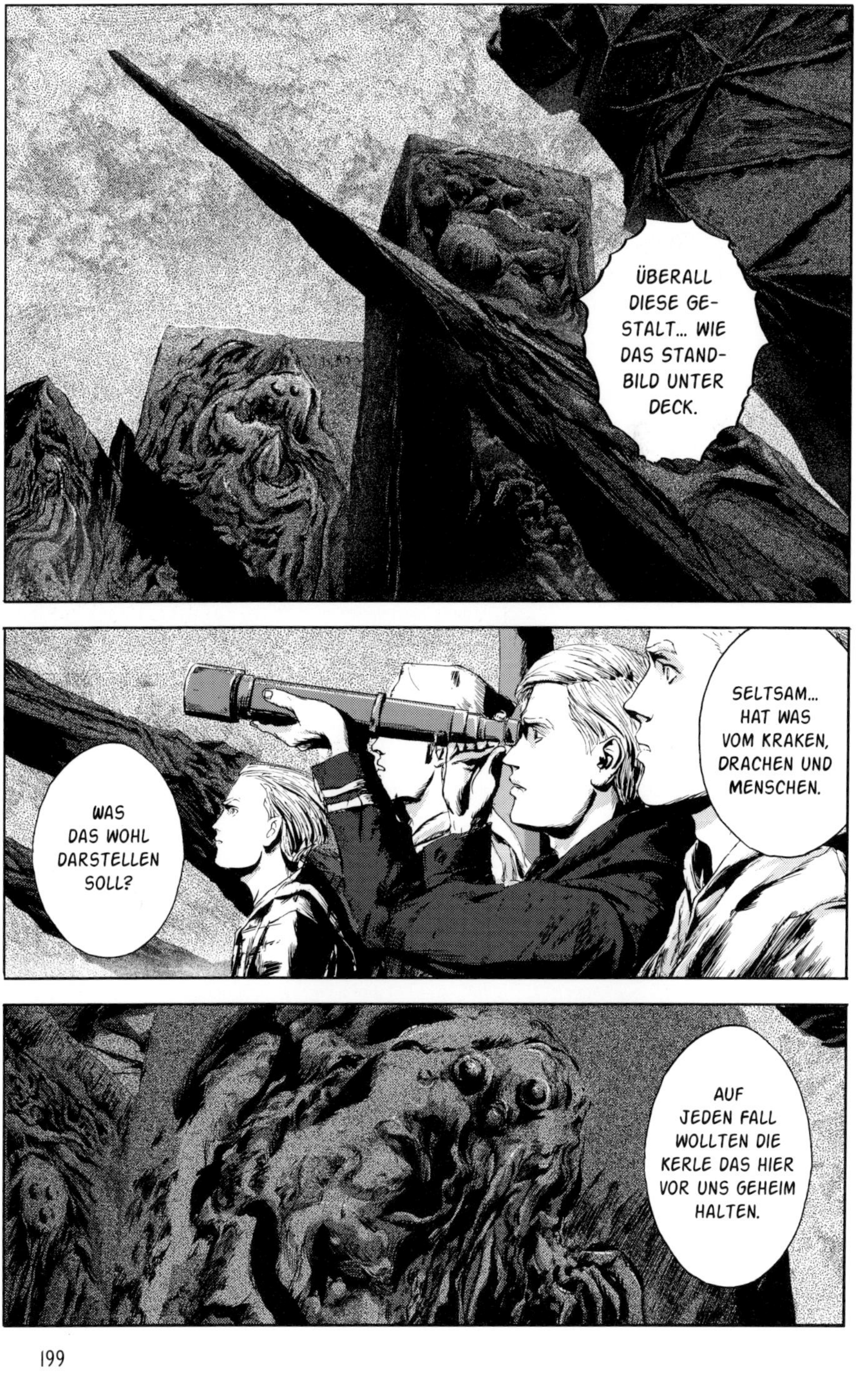
ÜBERALL DIESE GESTALT... WIE DAS STANDBILD UNTER DECK.
SELTSAM... HAT WAS VOM KRAKEN, DRACHEN UND MENSCHEN.
WAS DAS WOHL DARSTELLEN SOLL?
AUF JEDEN FALL WOLLTEN DIE KERLE DAS HIER VOR UNS GEHEIM HALTEN.

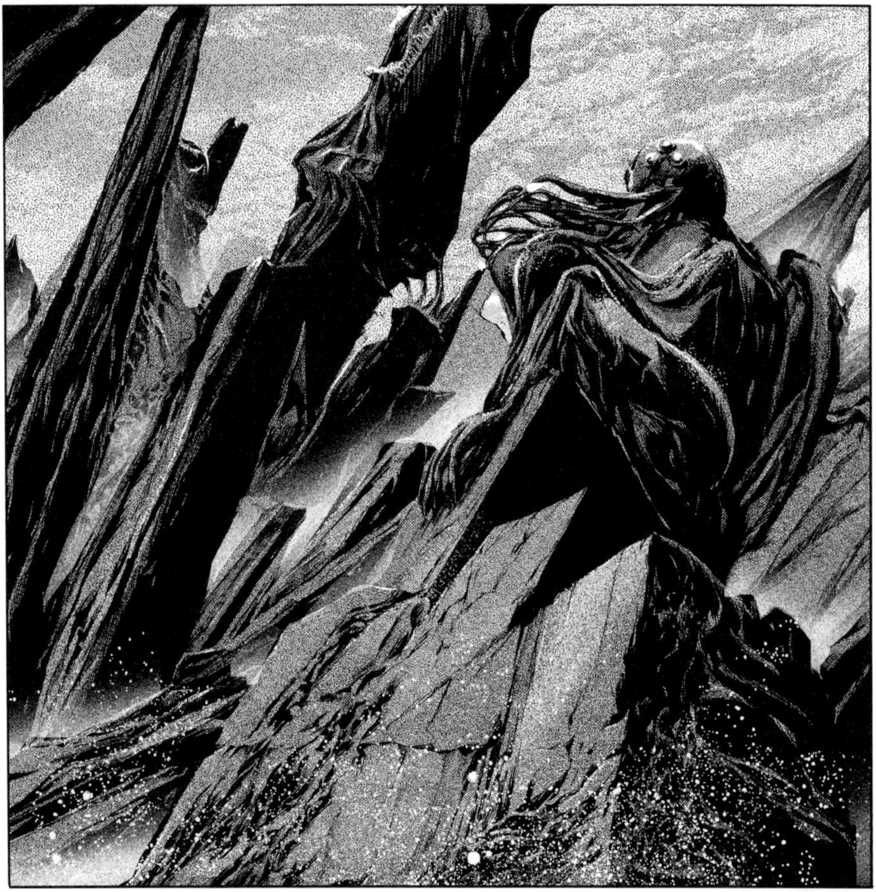
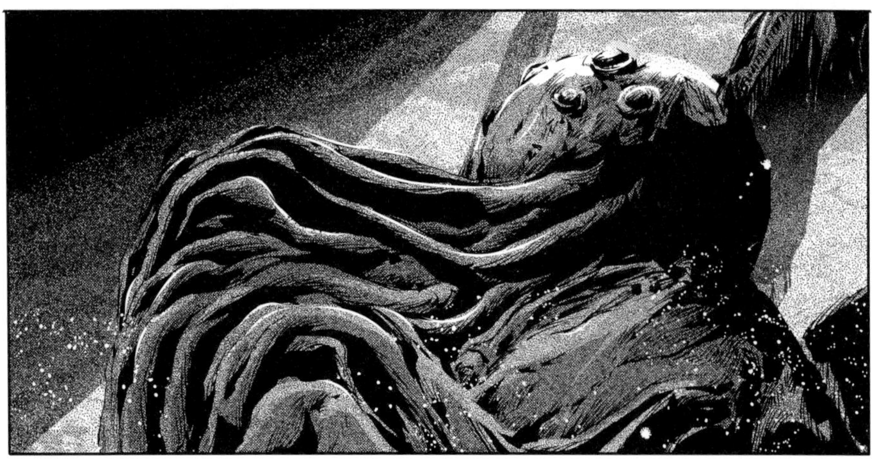

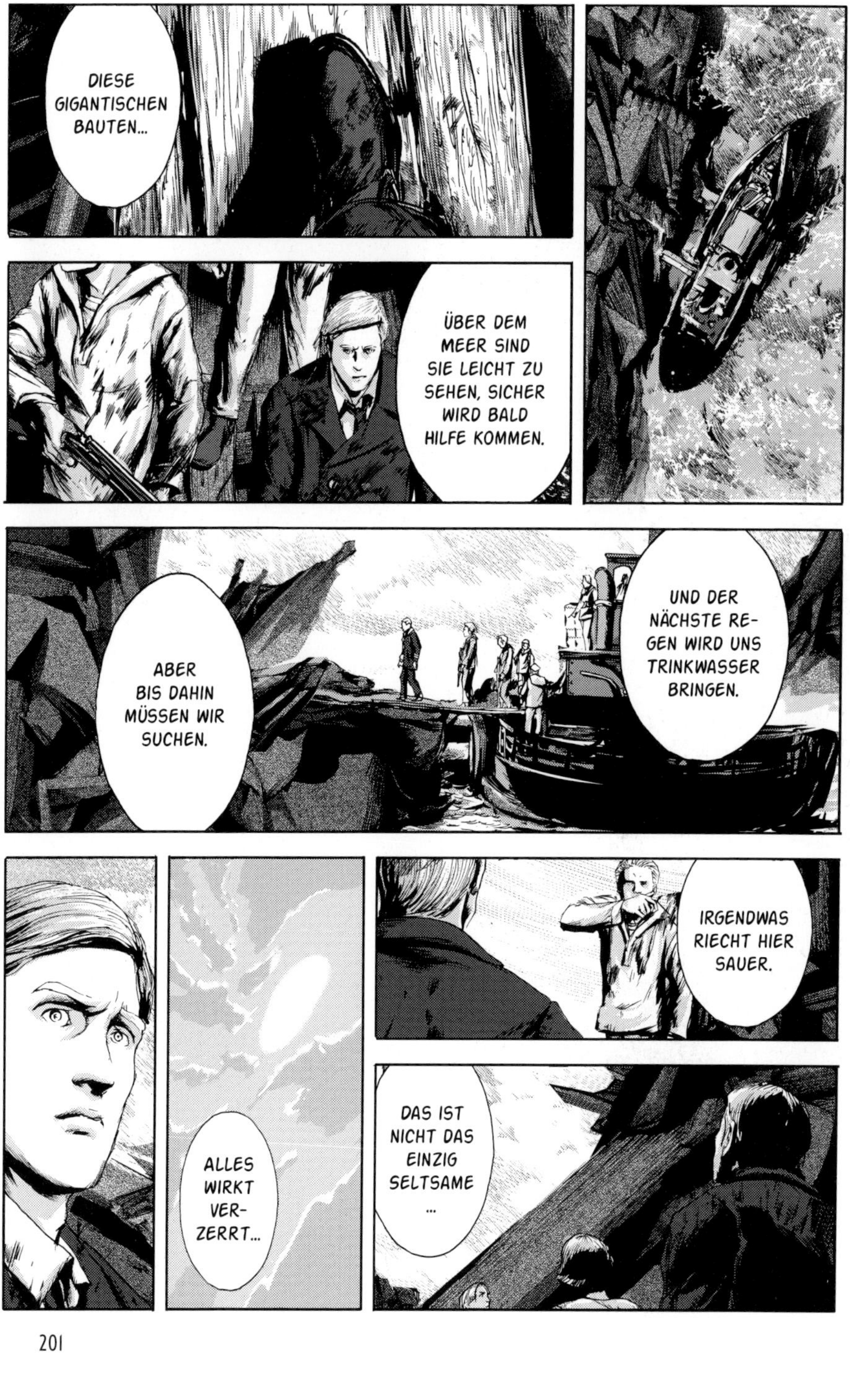
DIESE GIGANTISCHEN BAUTEN...
ÜBER DEM MEER SIND SIE LEICHT ZU SEHEN, SICHER WIRD BALD HILFE KOMMEN.
UND DER NÄCHSTE RE-GEN WIRD UNS TRINKWASSER BRINGEN.
ABER BIS DAHIN MÜSSEN WIR SUCHEN.
IRGENDWAS RIECHT HIER SAUER.
ALLES WIRKT VER-ZERRT...
DAS IST NICHT DAS EINZIG SELTSAME ...

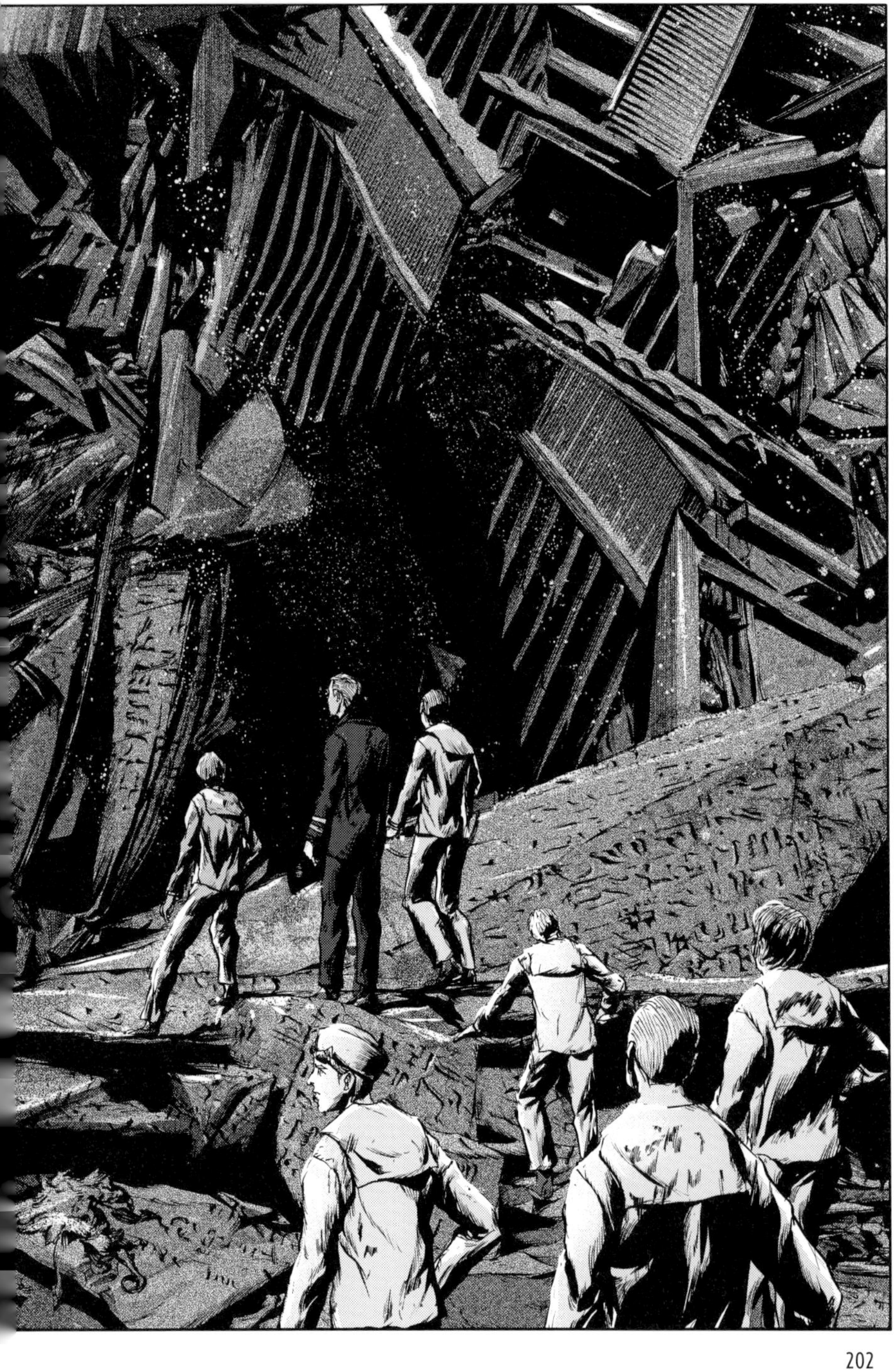

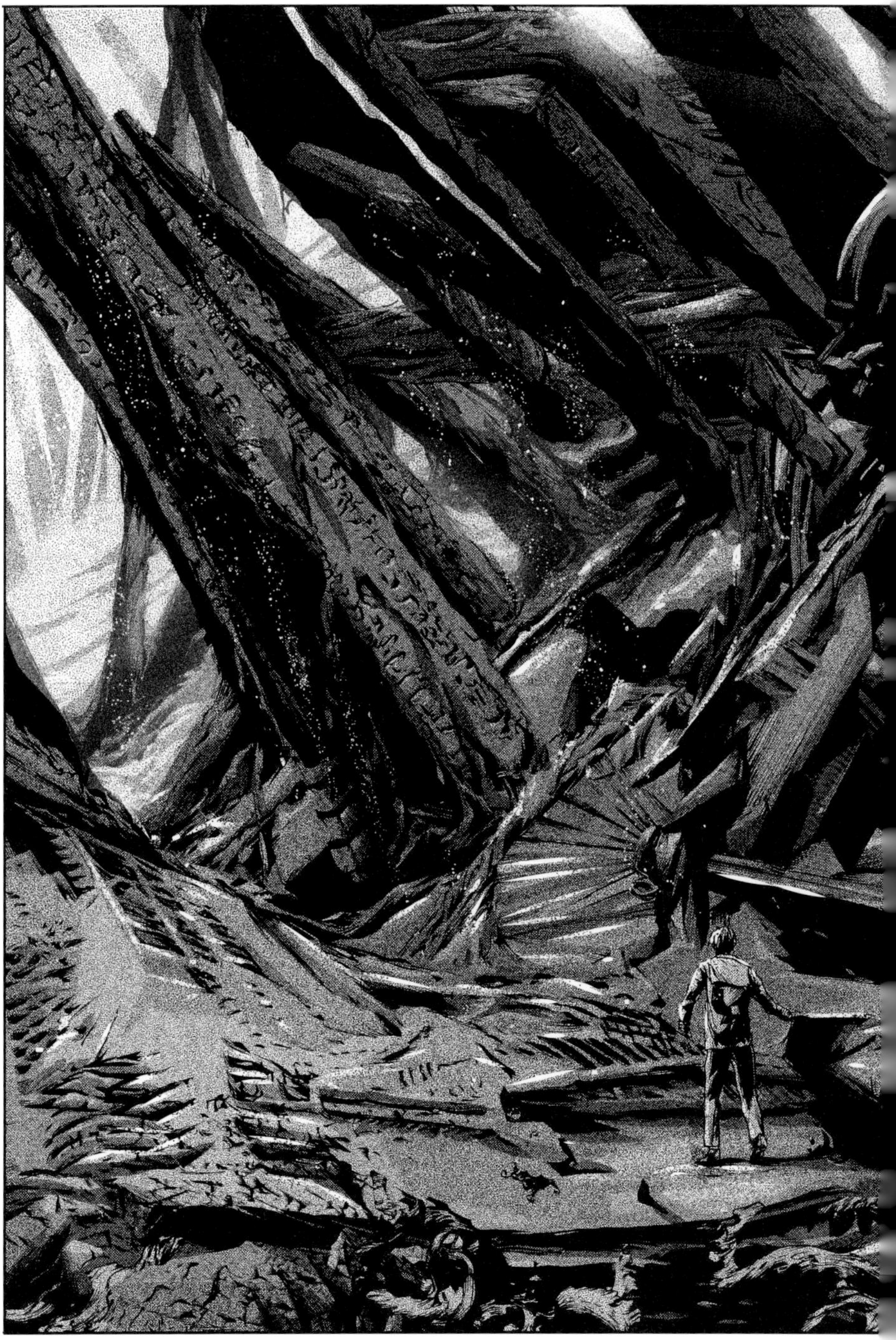

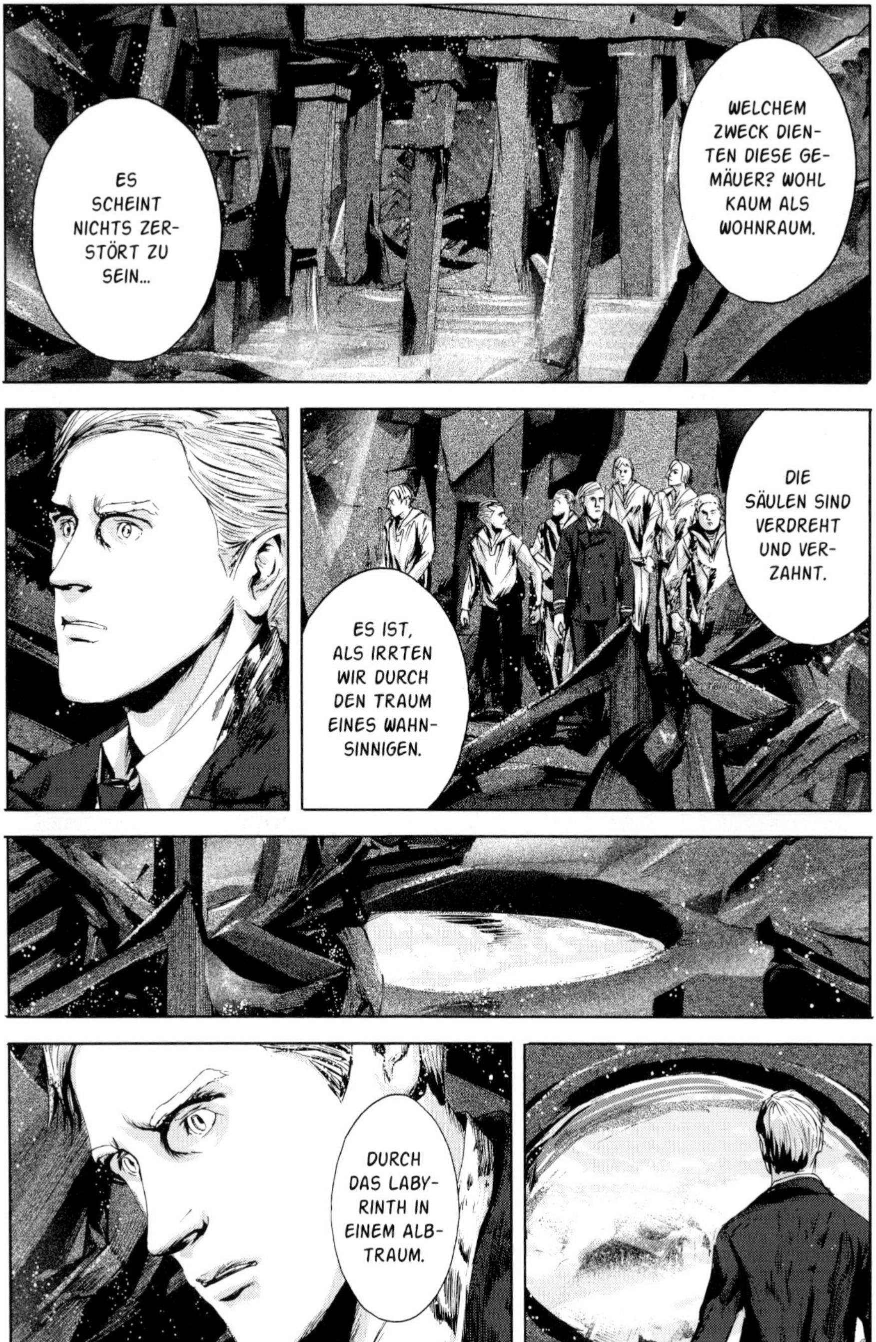
ES SCHEINT NICHTS ZER-STÖRT ZU SEIN...
WELCHEM ZWECK DIEN-TEN DIESE GE-MÄUER? WOHL KAUM ALS WOHNRAUM.
ES IST, ALS IRRTEN WIR DURCH DEN TRAUM EINES WAHN-SINNIGEN.
DIE SÄULEN SIND VERDREHT UND VER-ZAHNT.
DURCH DAS LABY-RINTH IN EINEM ALB-TRAUM.

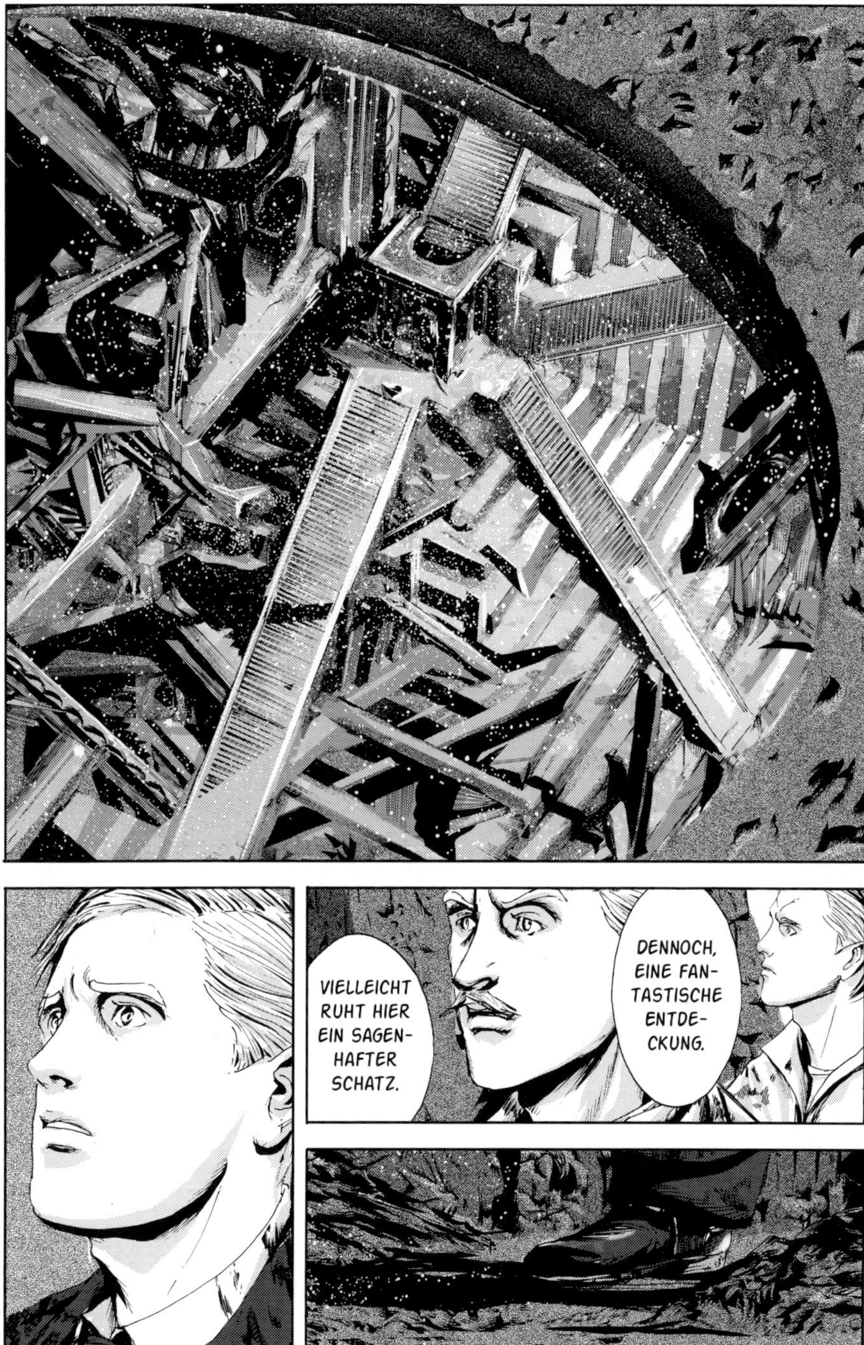
DENNOCH, EINE FANTASTISCHE ENTDECKUNG.
VIELLEICHT RUHT HIER EIN SAGENHAFTER SCHATZ.

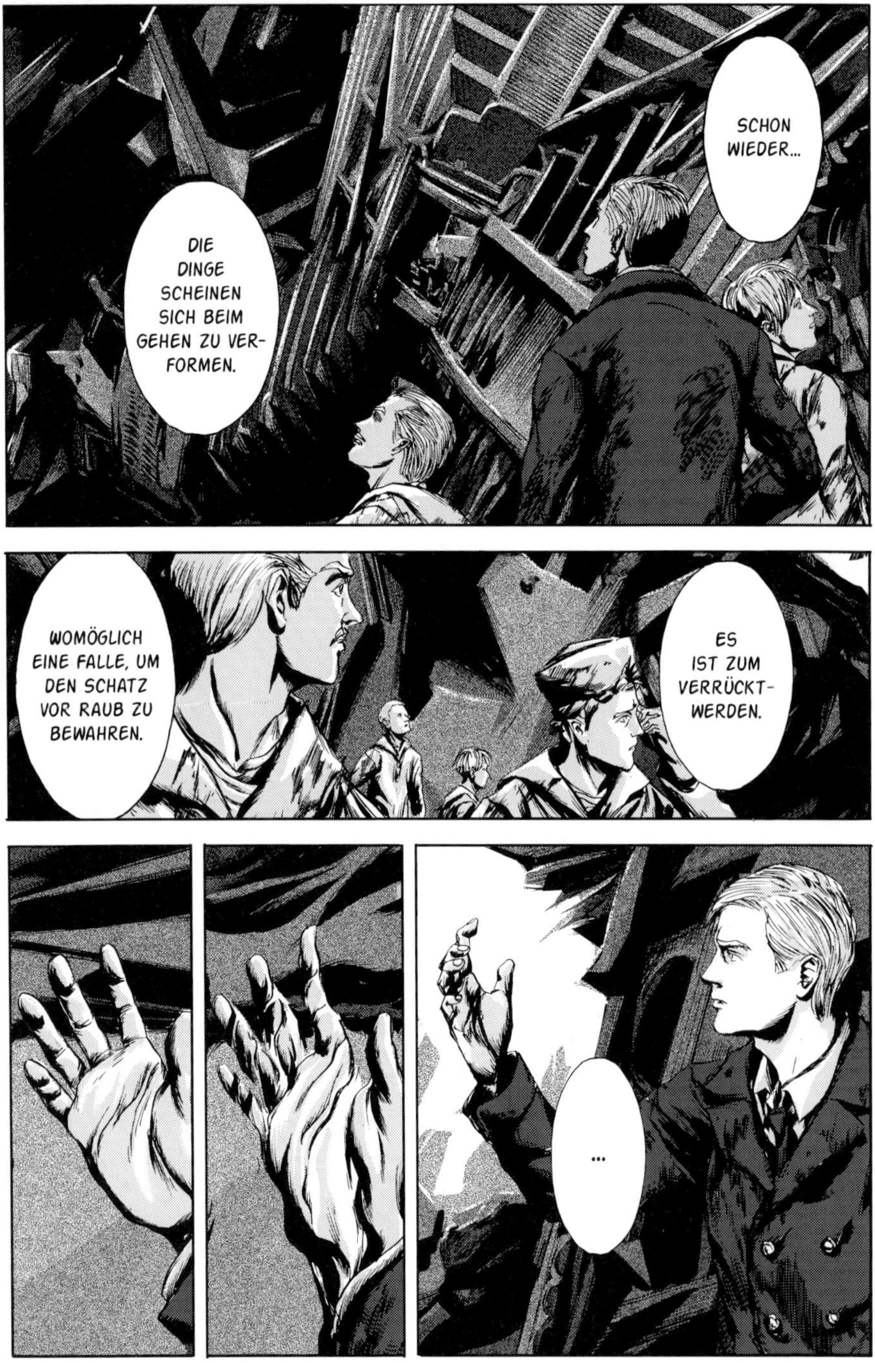
SCHON WIEDER...
DIE DINGE SCHEINEN SICH BEIM GEHEN ZU VERFORMEN.
ES IST ZUM VERRÜCKT-WERDEN.
WOMÖGLICH EINE FALLE, UM DEN SCHATZ VOR RAUB ZU BEWAHREN.
...

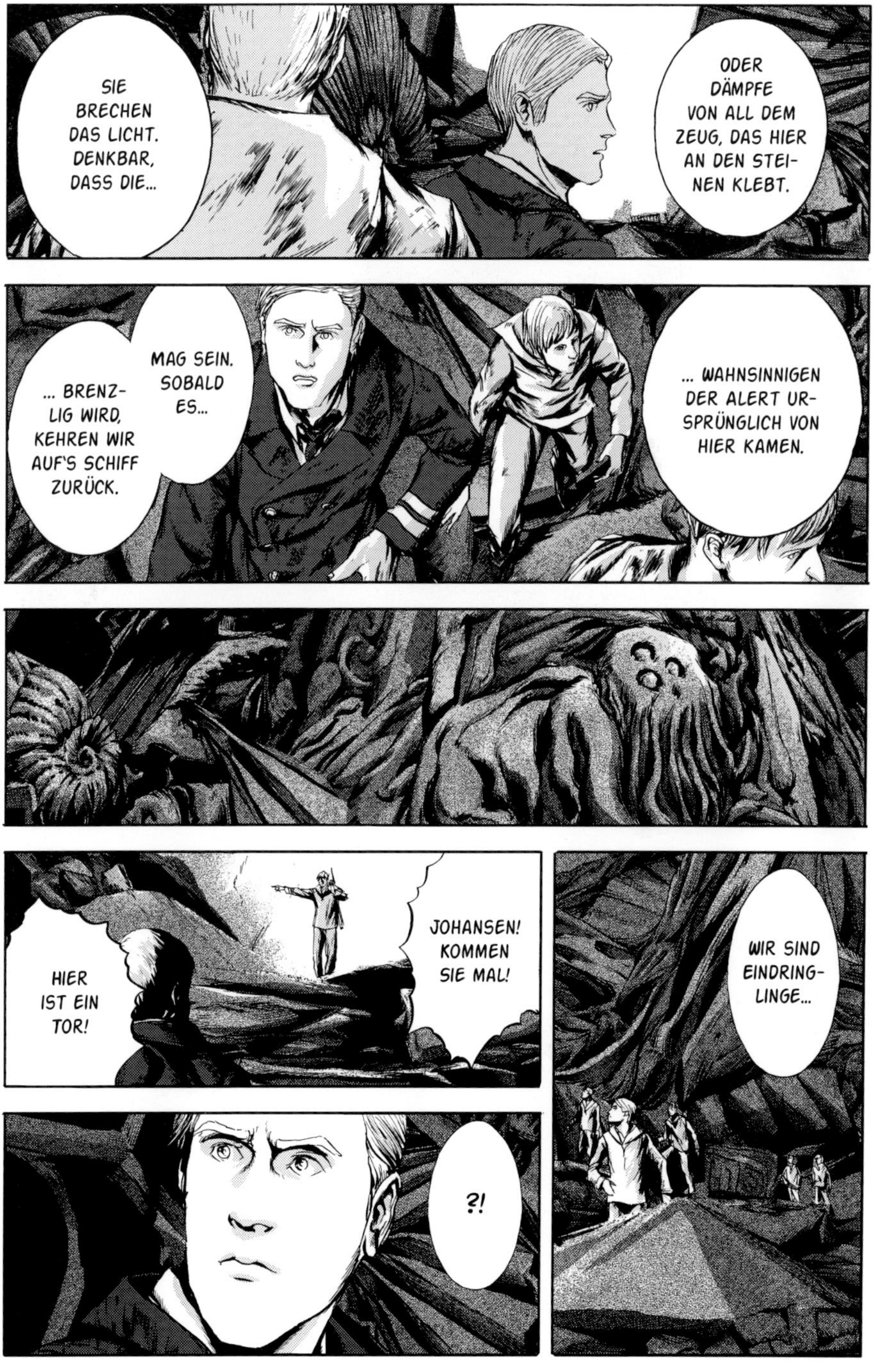
SIE BRECHEN DAS LICHT. DENKBAR, DASS DIE...
ODER DÄMPFE VON ALL DEM ZEUG, DAS HIER AN DEN STEINEN KLEBT.
... WAHNSINNIGEN DER ALERT URSPRÜNGLICH VON HIER KAMEN.
MAG SEIN. SOBALD ES...
... BRENZLIG WIRD, KEHREN WIR AUF'S SCHIFF ZURÜCK.
JOHANSEN! KOMMEN SIE MAL!
HIER IST EIN TOR!
WIR SIND EINDRINGLINGE...
?!

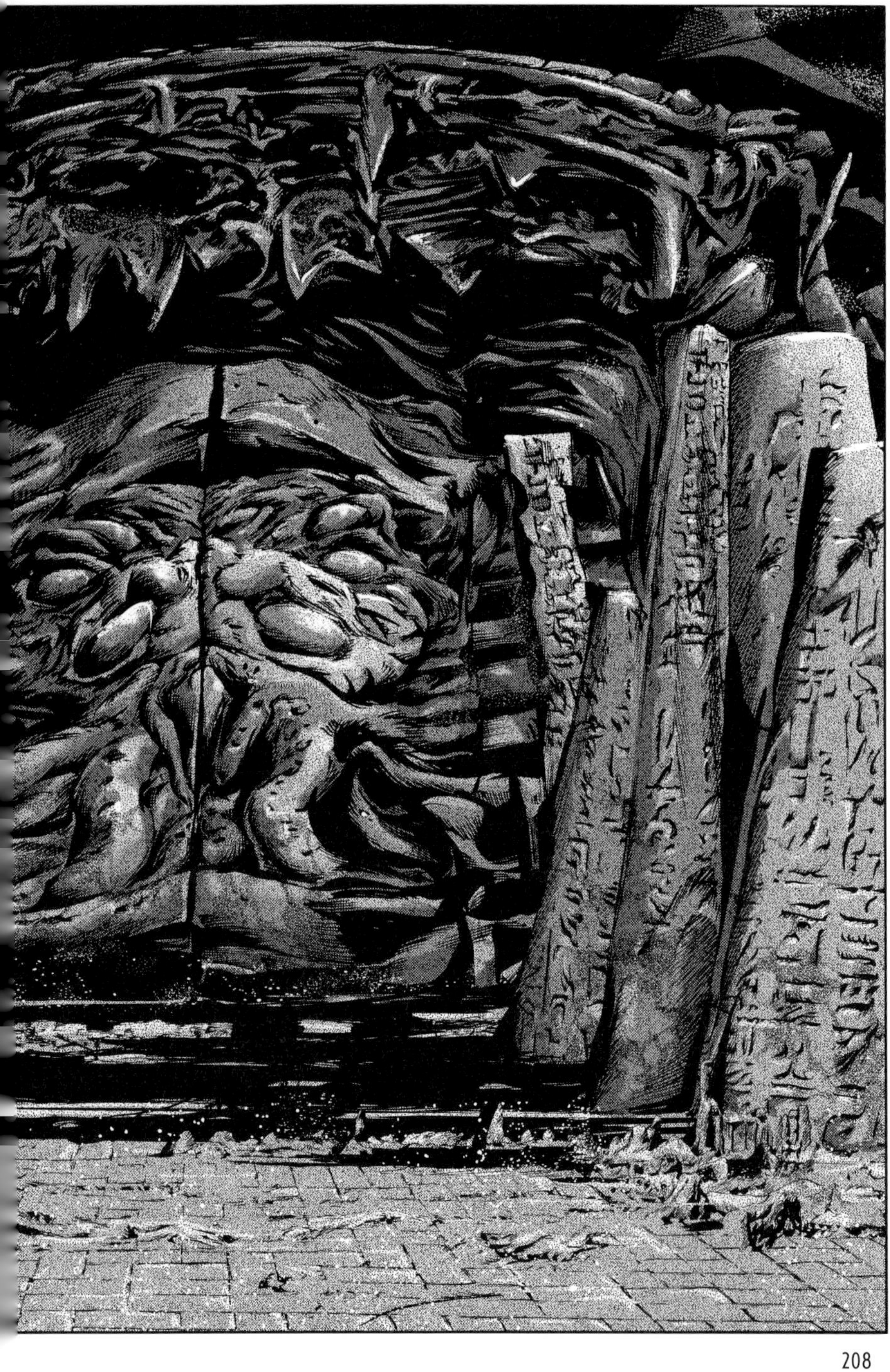

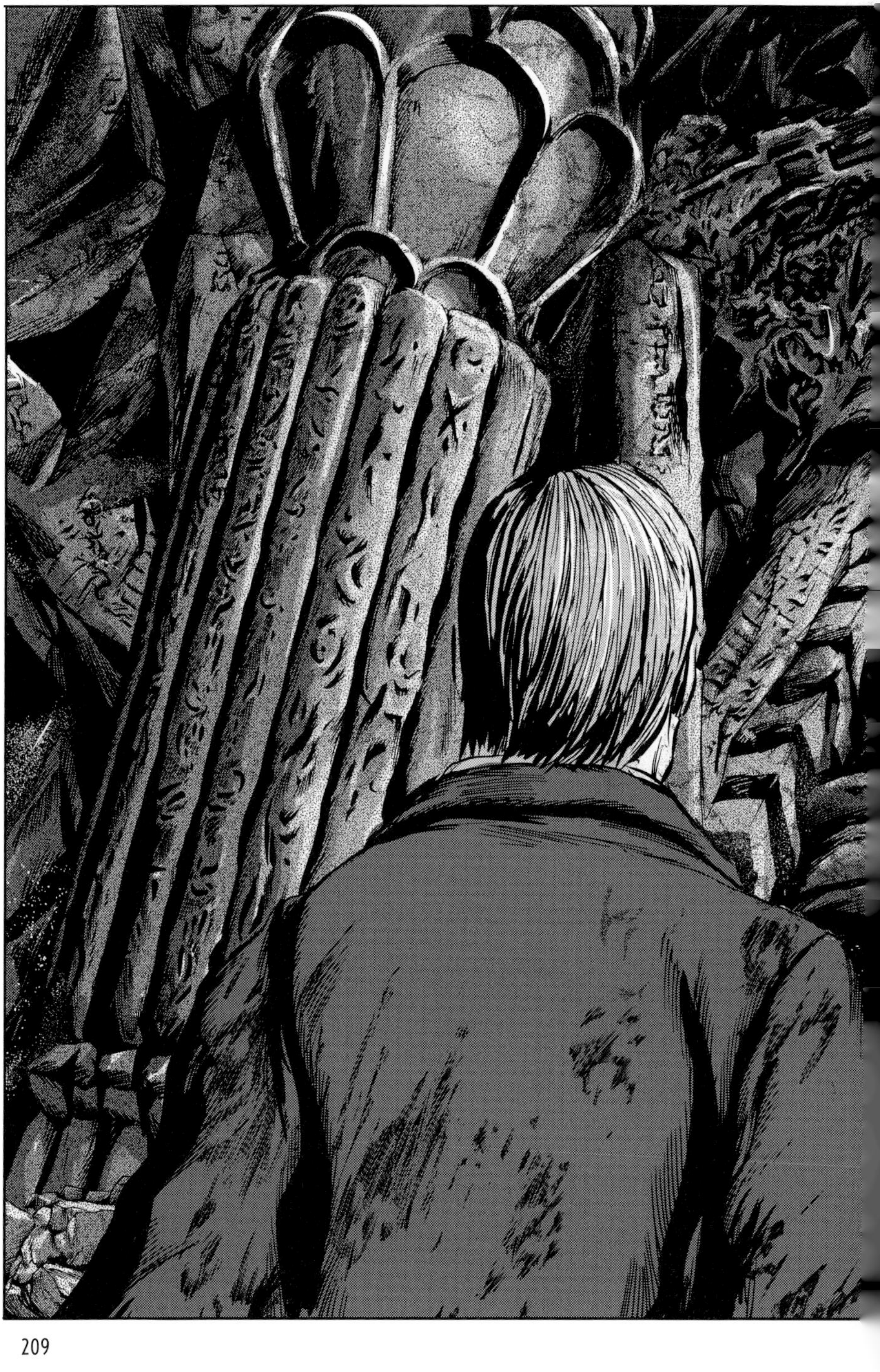

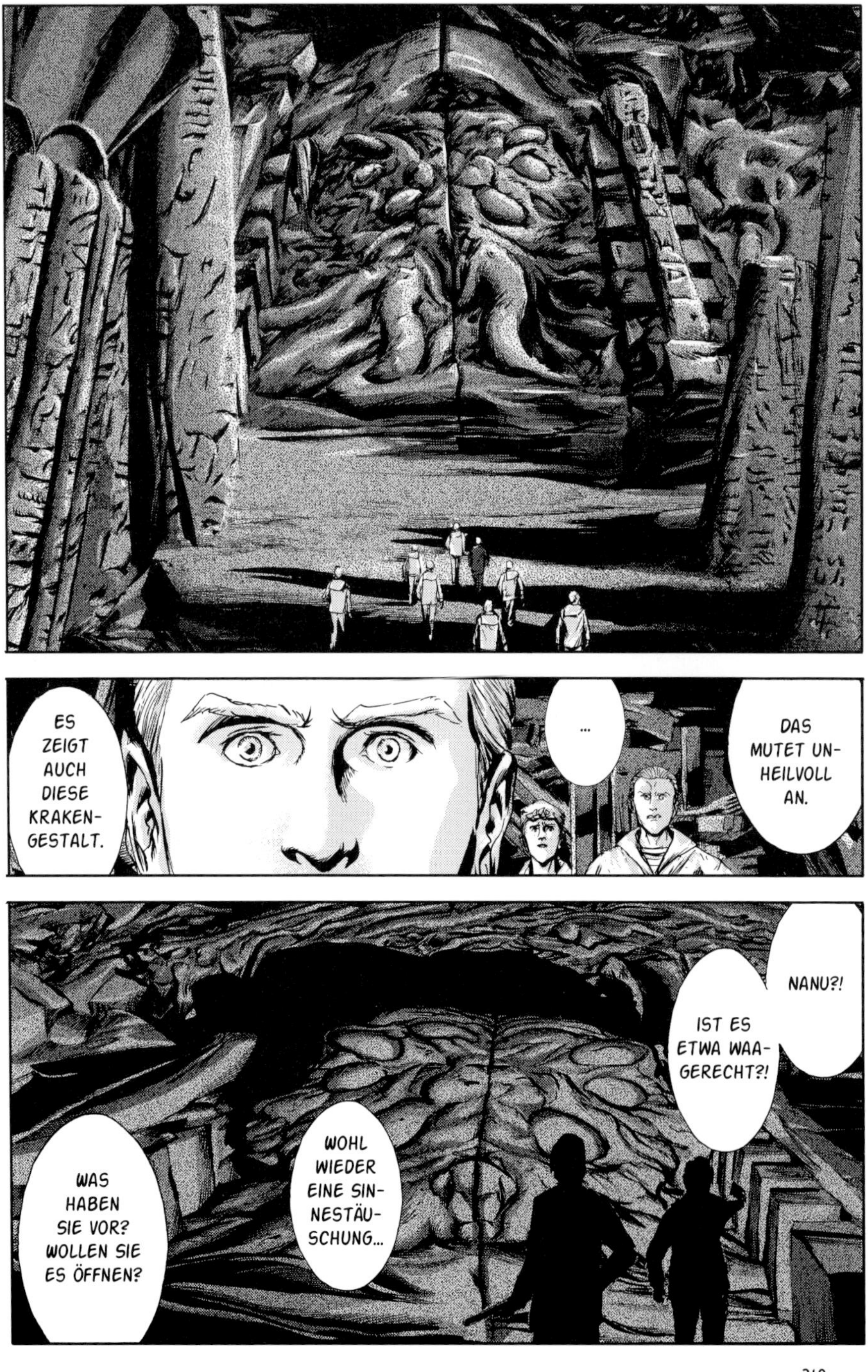
DAS MUTET UN-HEILVOLL AN.
...
ES ZEIGT AUCH DIESE KRAKEN-GESTALT.
NANU?!
IST ES ETWA WAA-GERECHT?!
WOHL WIEDER EINE SIN-NESTÄU-SCHUNG...
WAS HABEN SIE VOR? WOLLEN SIE ES ÖFFNEN?

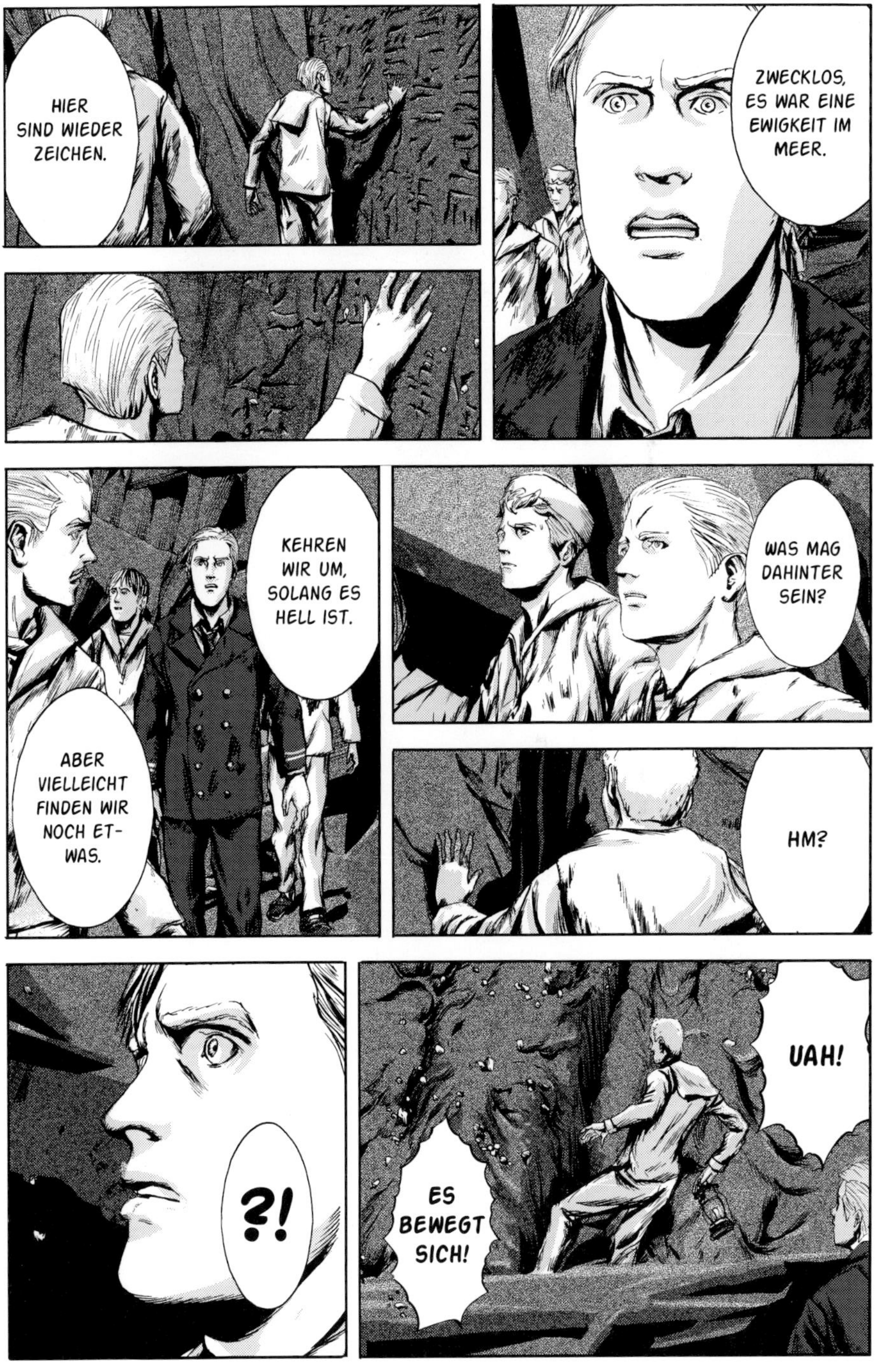
HIER SIND WIEDER ZEICHEN.
ZWECKLOS, ES WAR EINE EWIGKEIT IM MEER.
KEHREN WIR UM, SOLANG ES HELL IST.
ABER VIELLEICHT FINDEN WIR NOCH ET-WAS.
WAS MAG DAHINTER SEIN?
HM?
?!
UAH!
ES BEWEGT SICH!

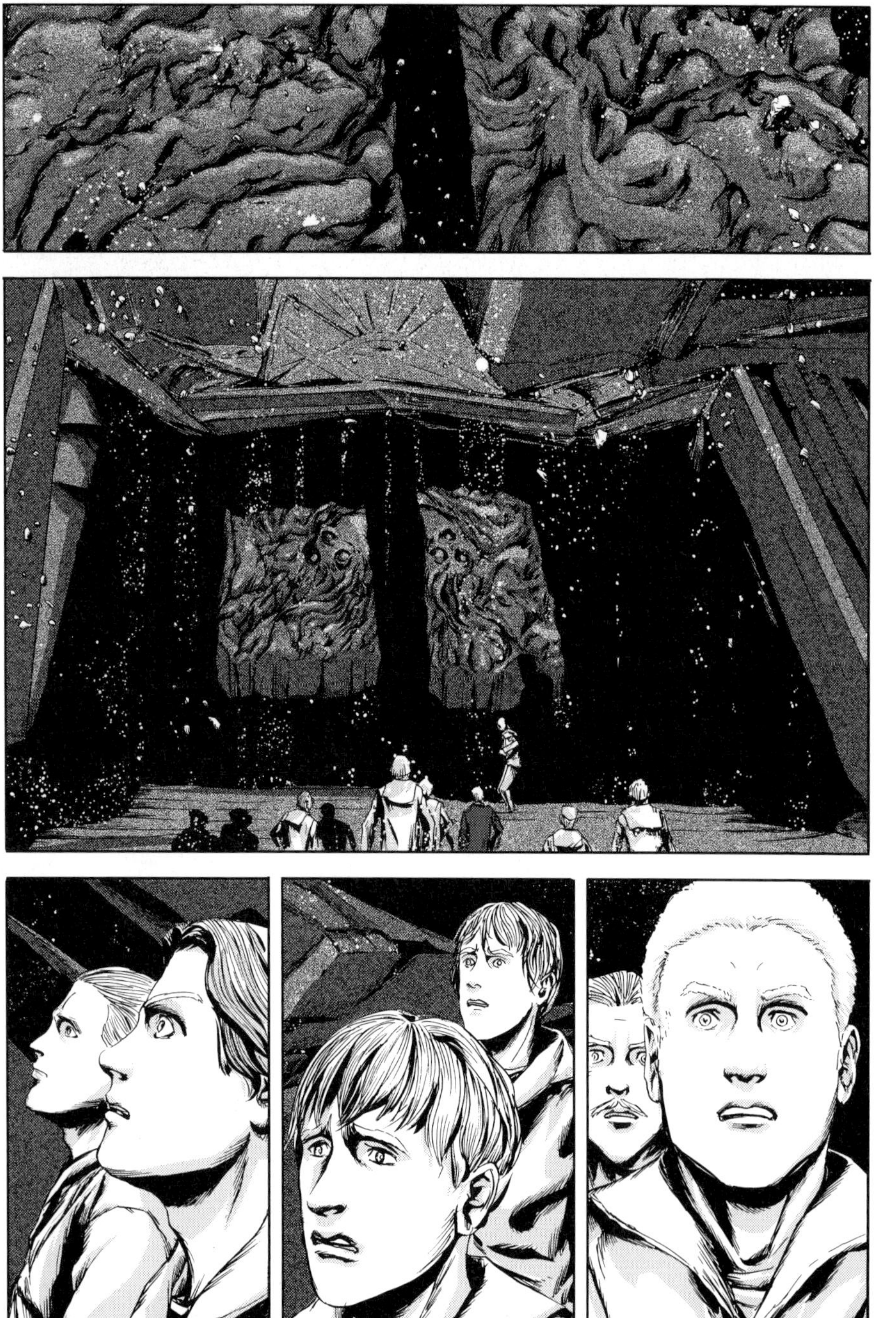

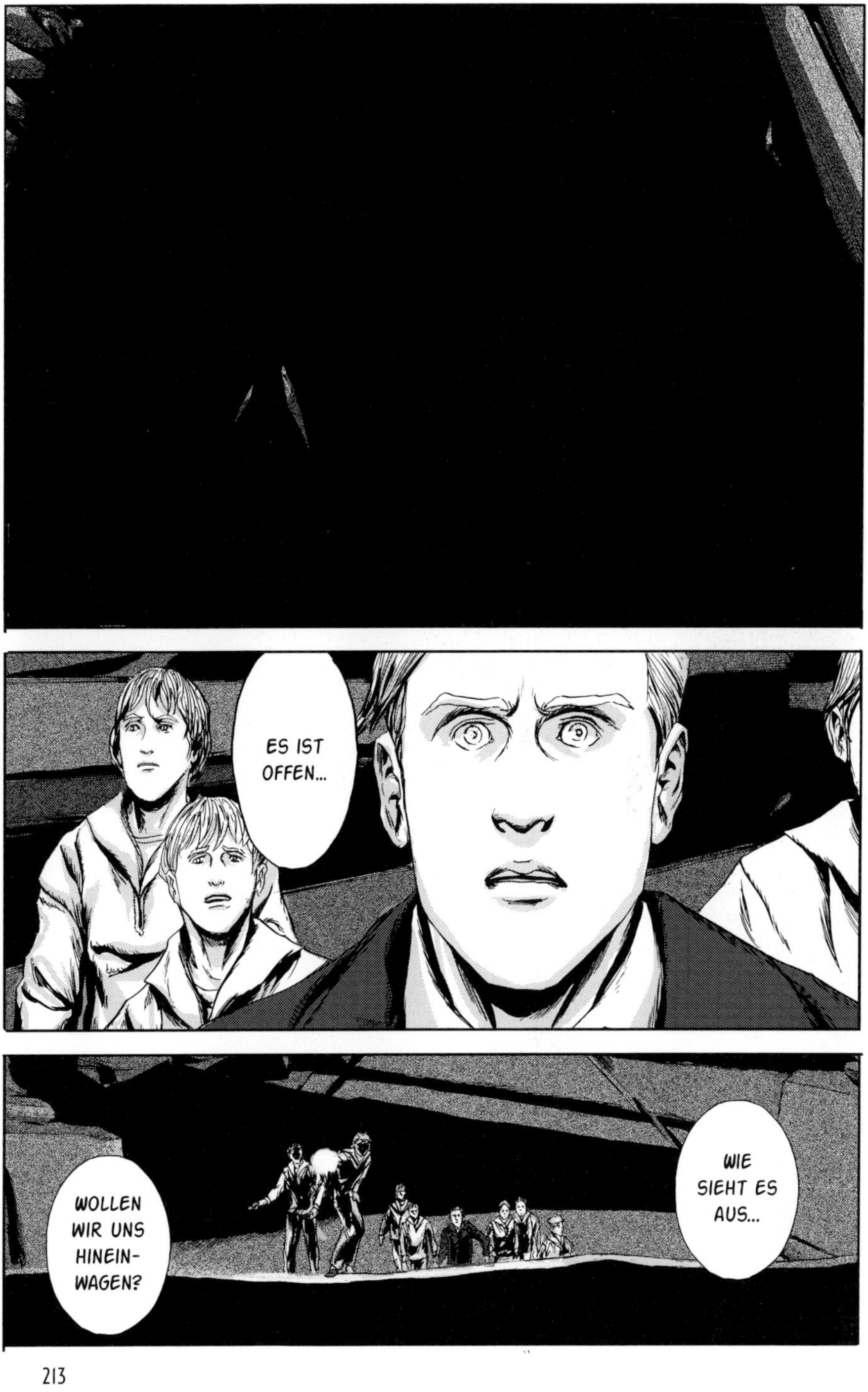
ES IST OFFEN...
WIE SIEHT ES AUS...
WOLLEN WIR UNS HINEIN-WAGEN?

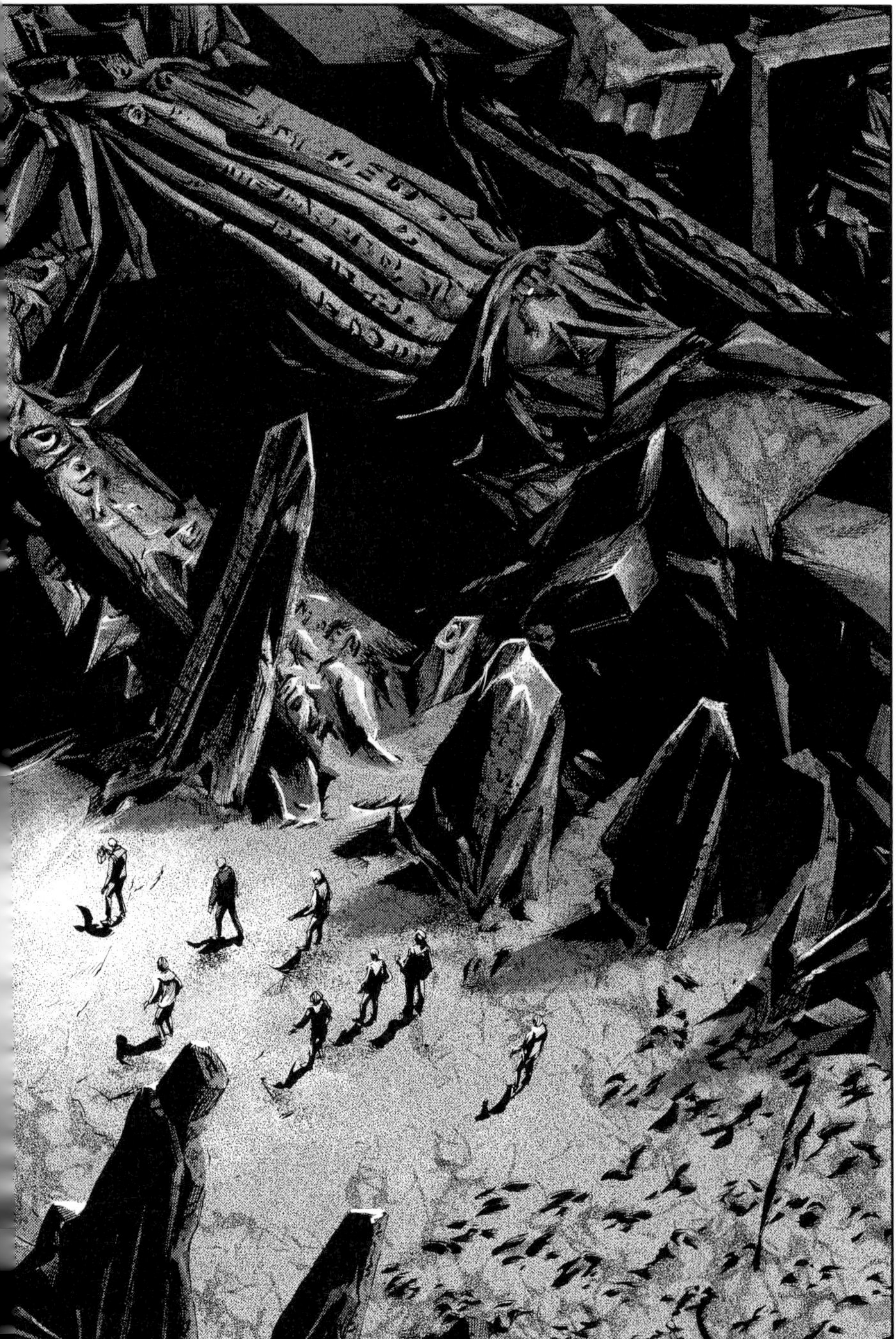

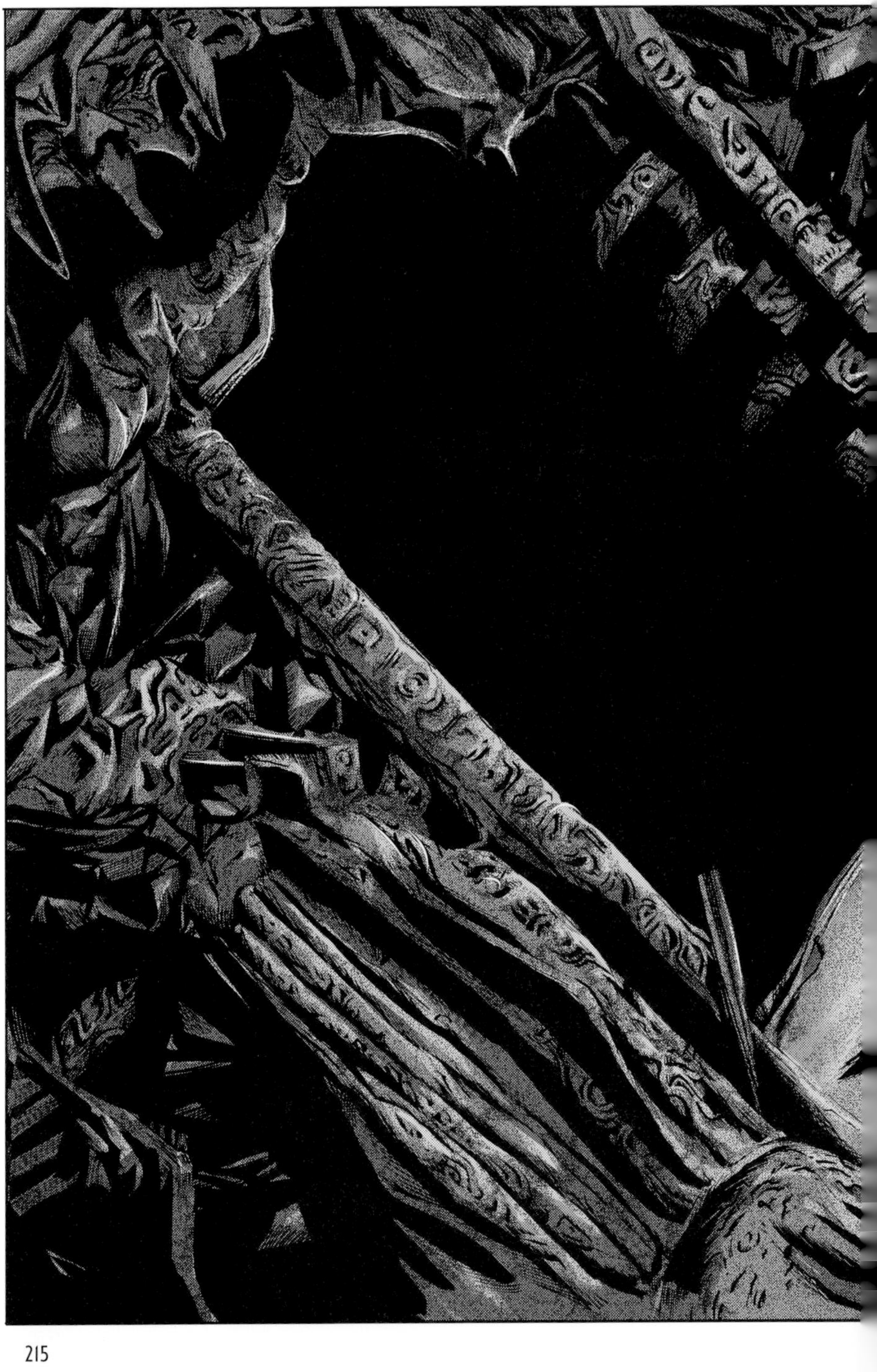

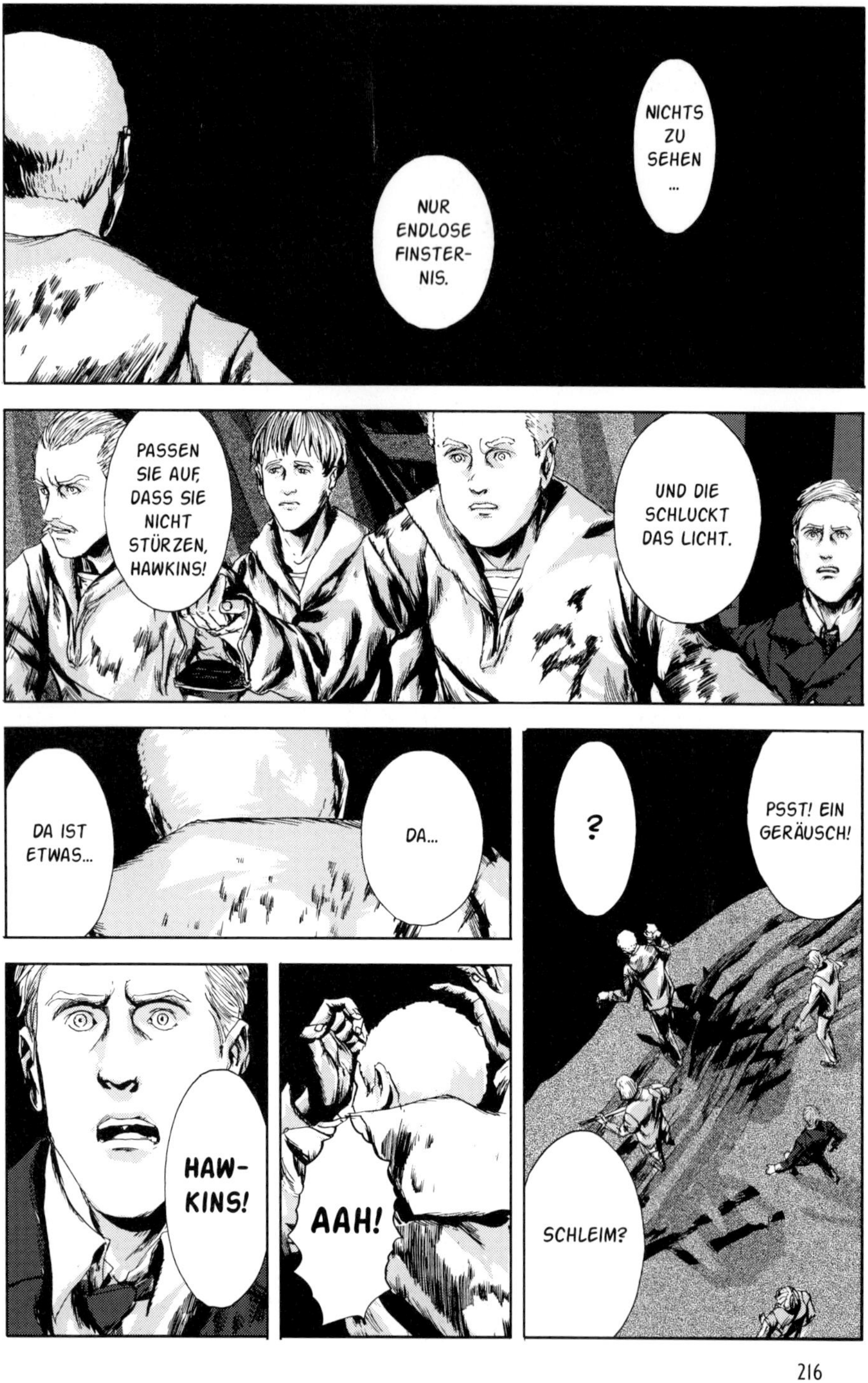
NICHTS ZU SEHEN ...
NUR ENDLOSE FINSTERNIS.
PASSEN SIE AUF, DASS SIE NICHT STÜRZEN, HAWKINS!
UND DIE SCHLUCKT DAS LICHT.
DA IST ETWAS...
DA...
?
PSST! EIN GERÄUSCH!
HAWKINS!
AAH!
SCHLEIM?

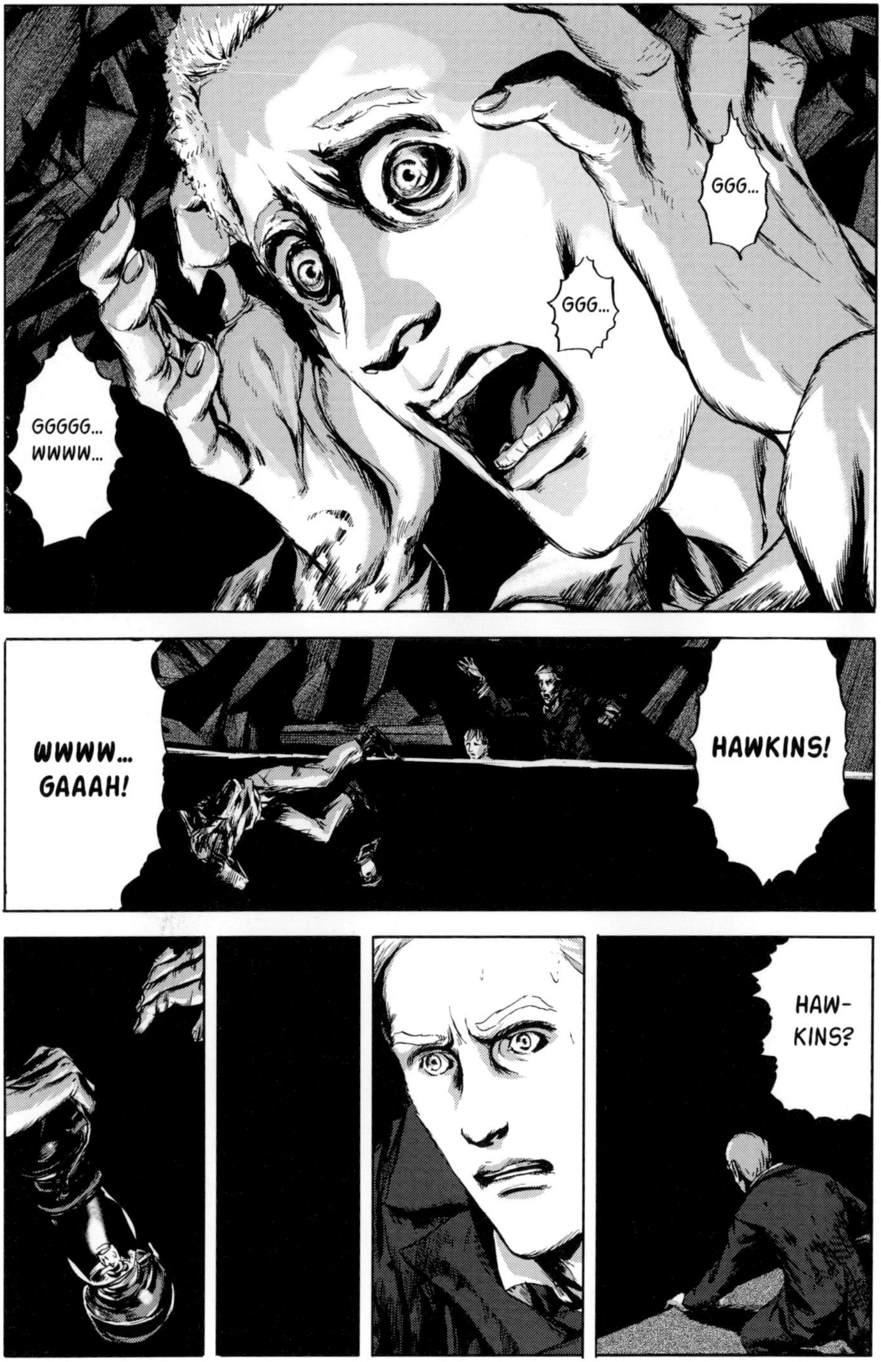
GGG...
GGG...
GGGGG... WWWW...
WWWW... GAAAH!
HAWKINS!
HAW-KINS?

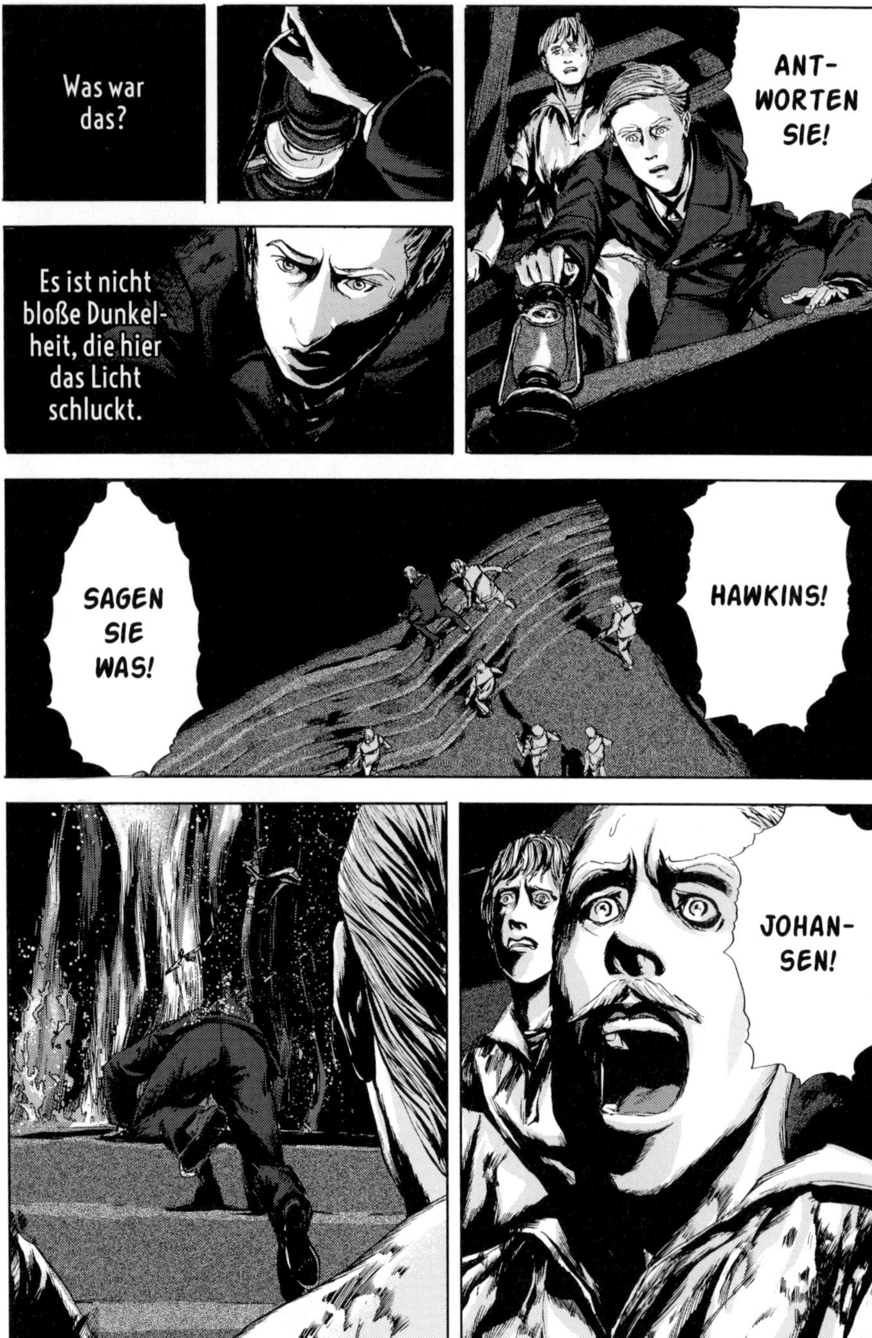
Was war das?
ANT-WORTEN SIE!
Es ist nicht bloße Dunkelheit, die hier das Licht schluckt.
HAWKINS!
SAGEN SIE WAS!
JOHAN-SEN!

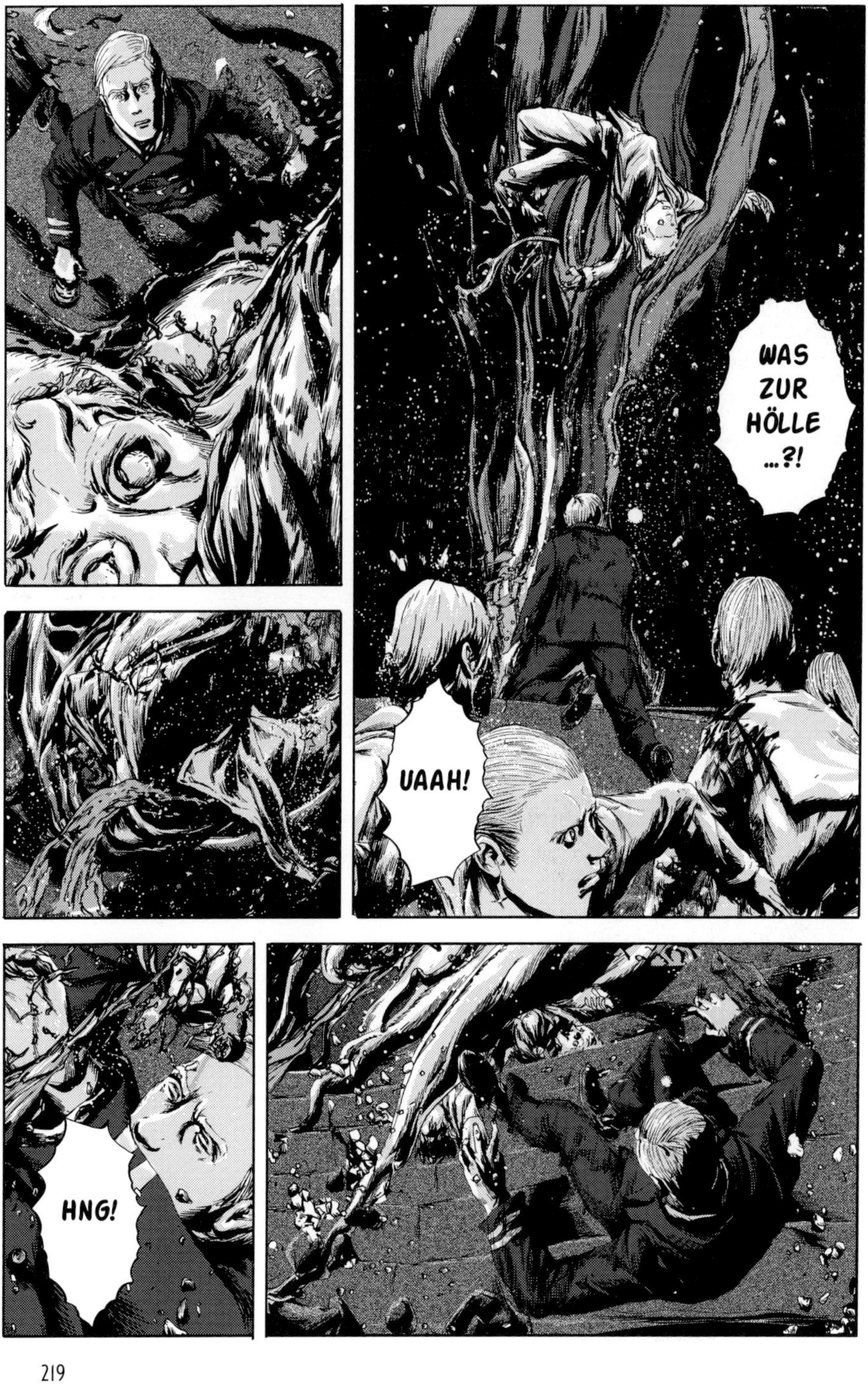
WAS ZUR HÖLLE ...?!
UAAH!
HNG!

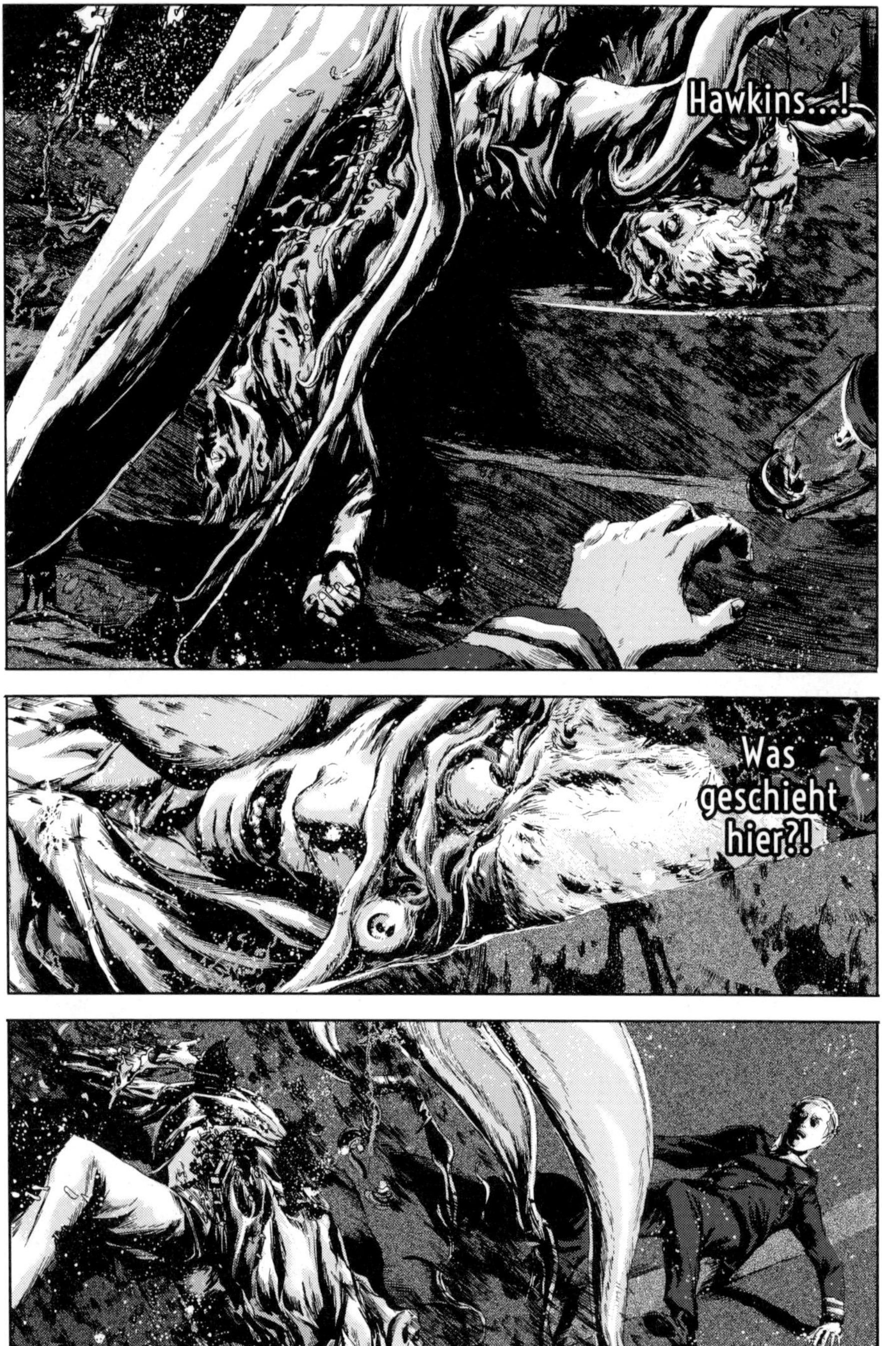
Hawkins...!
Was geschieht hier?!

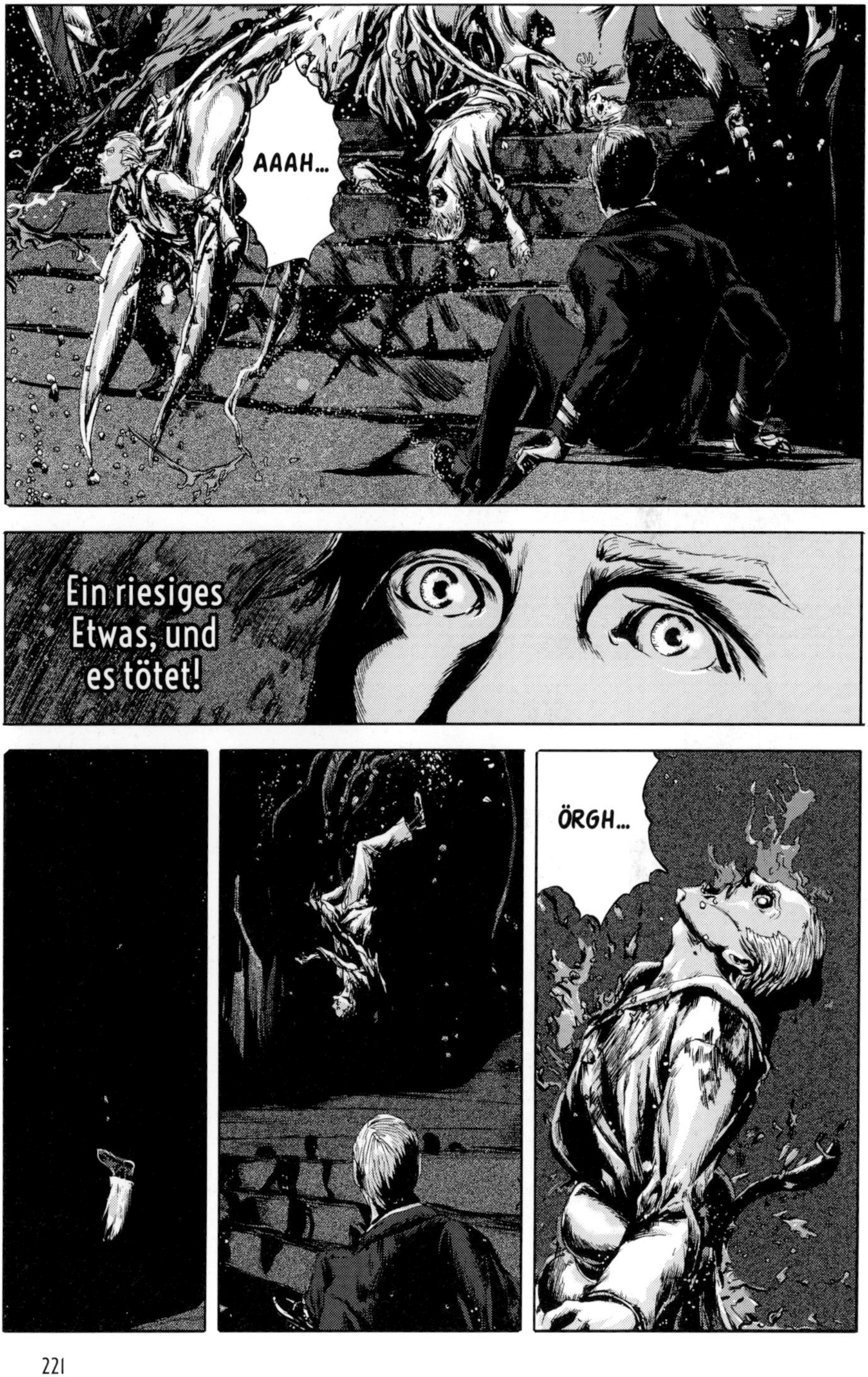
AAAH…
Ein riesiges Etwas, und es tötet!
ÖRGH…

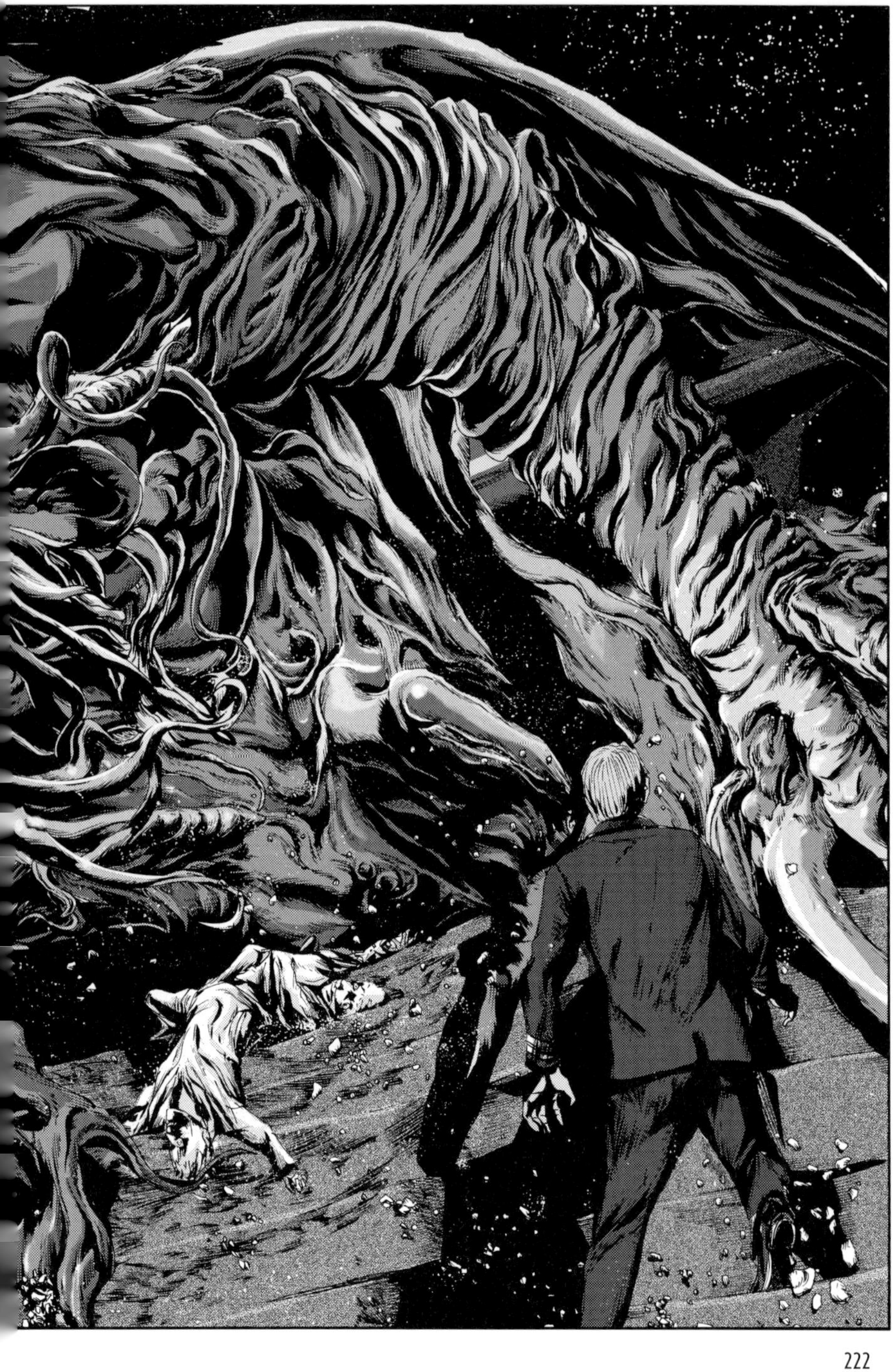

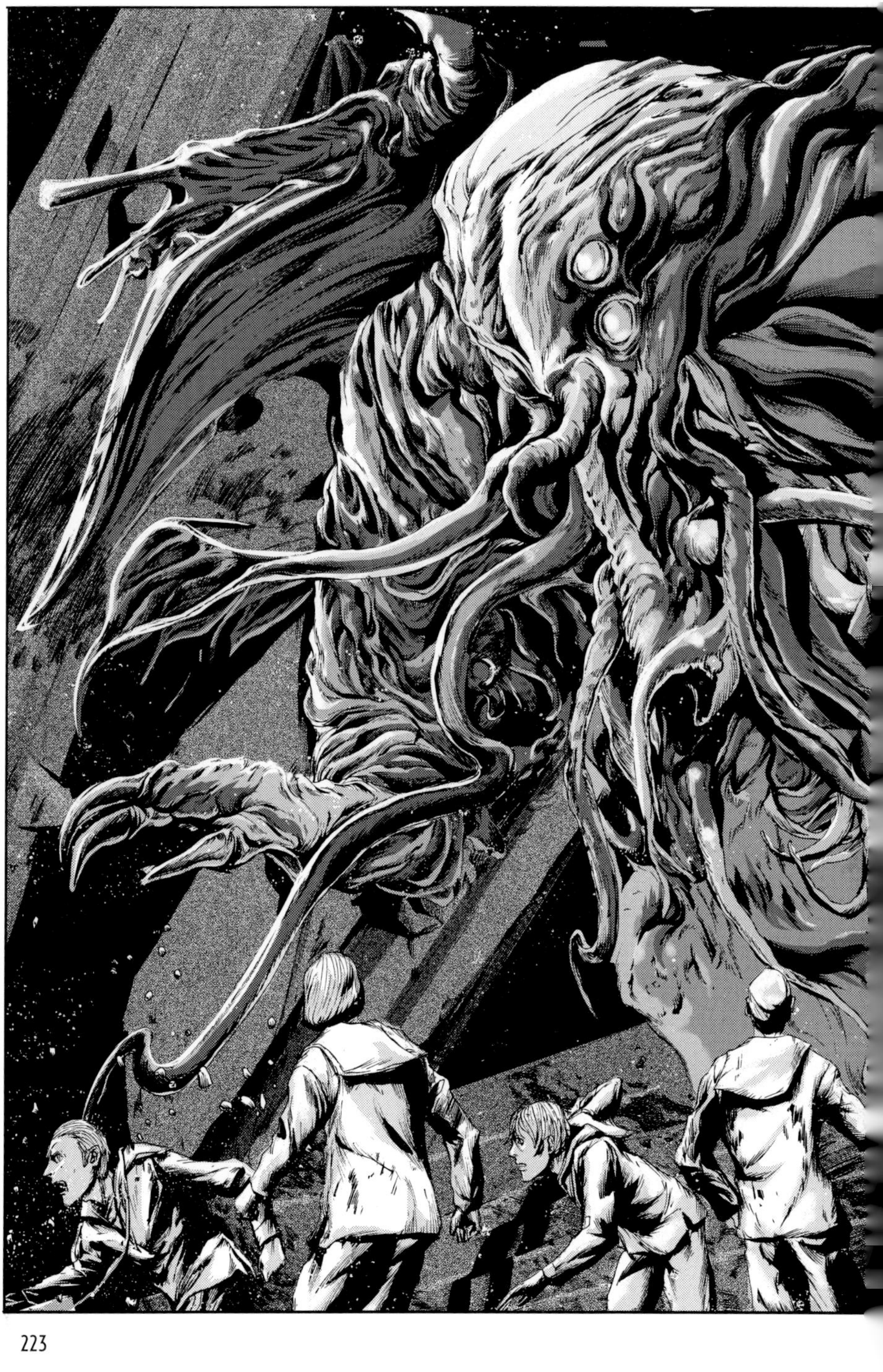

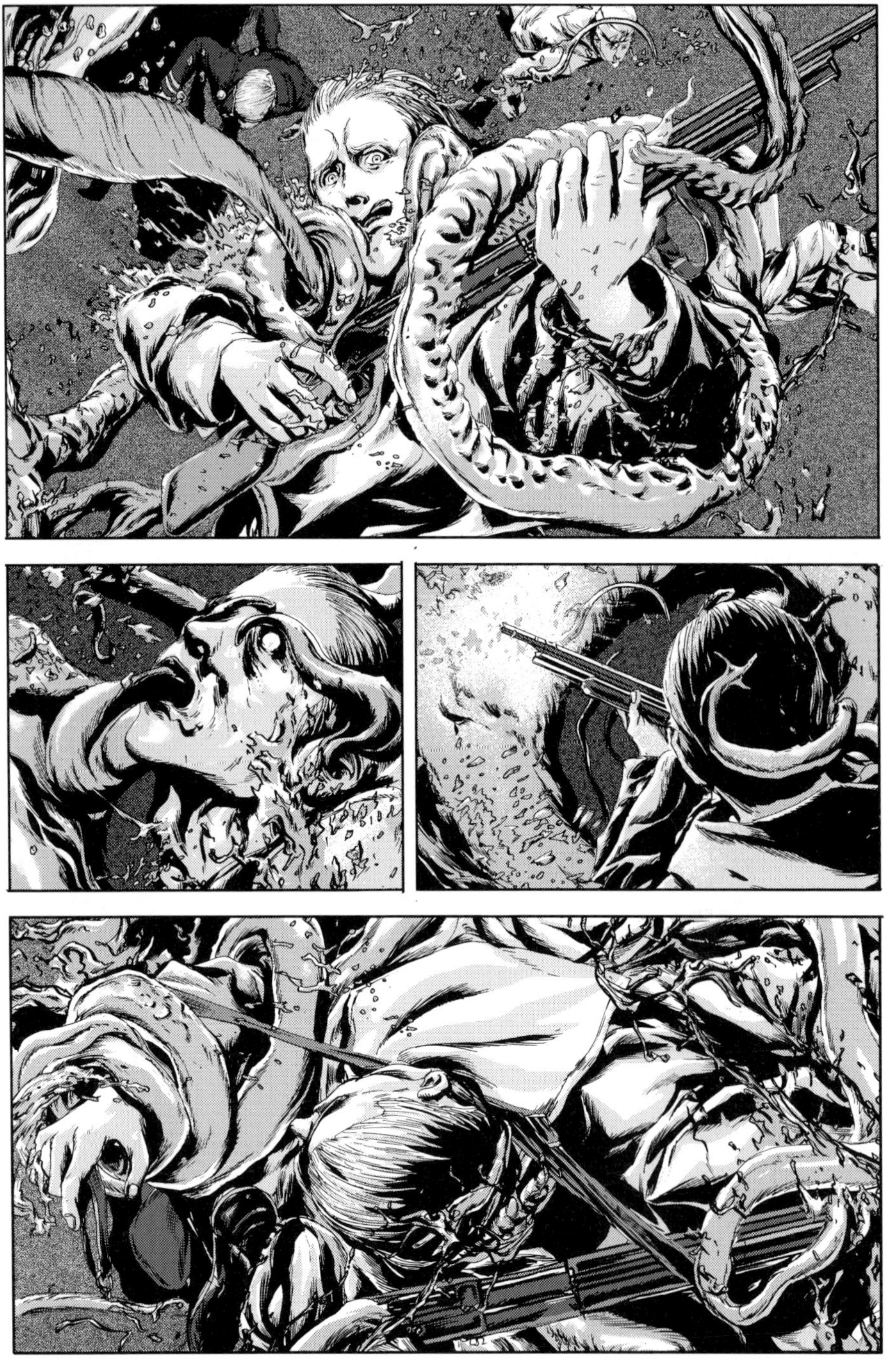

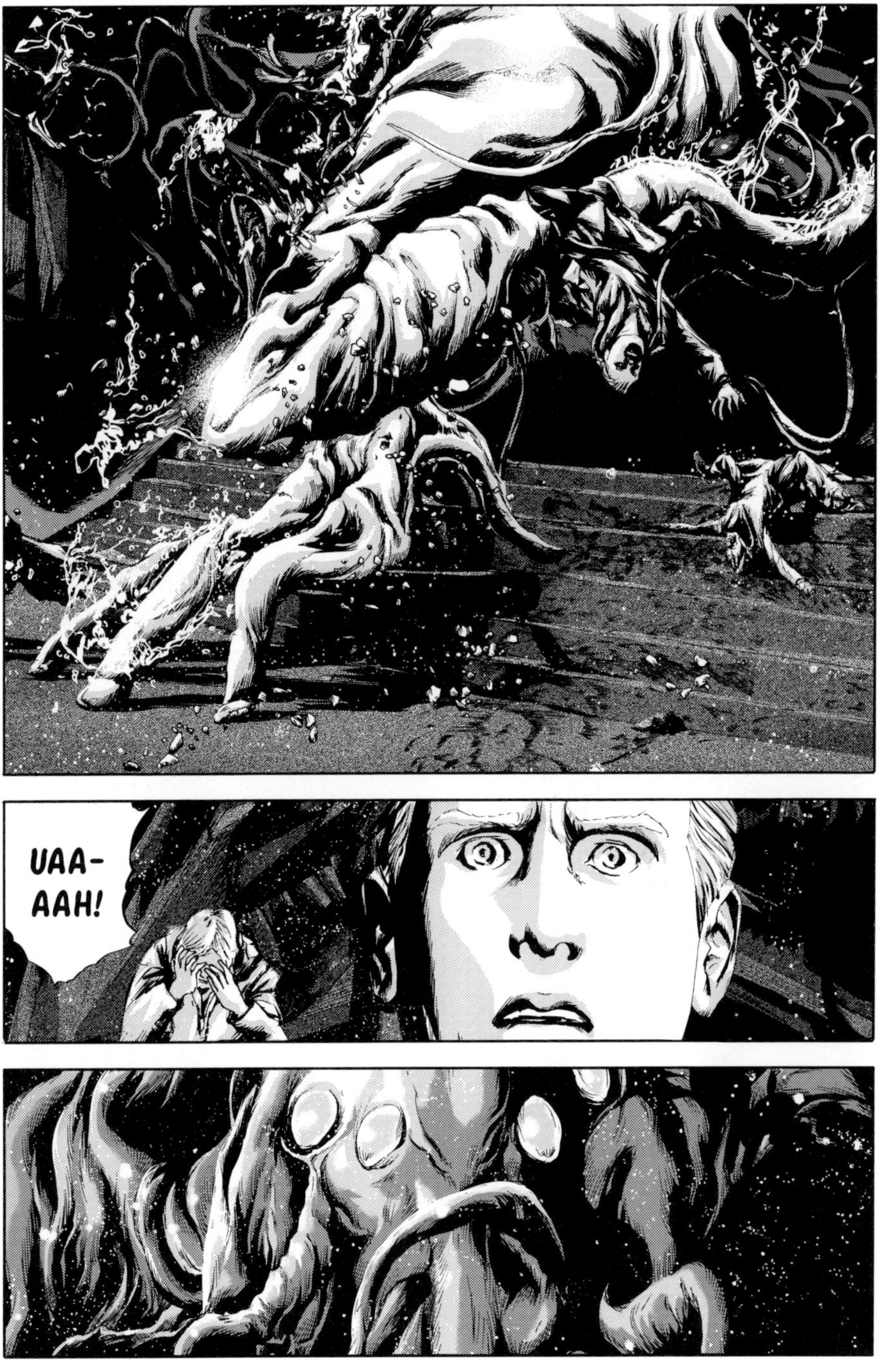
UAA-
AAH!

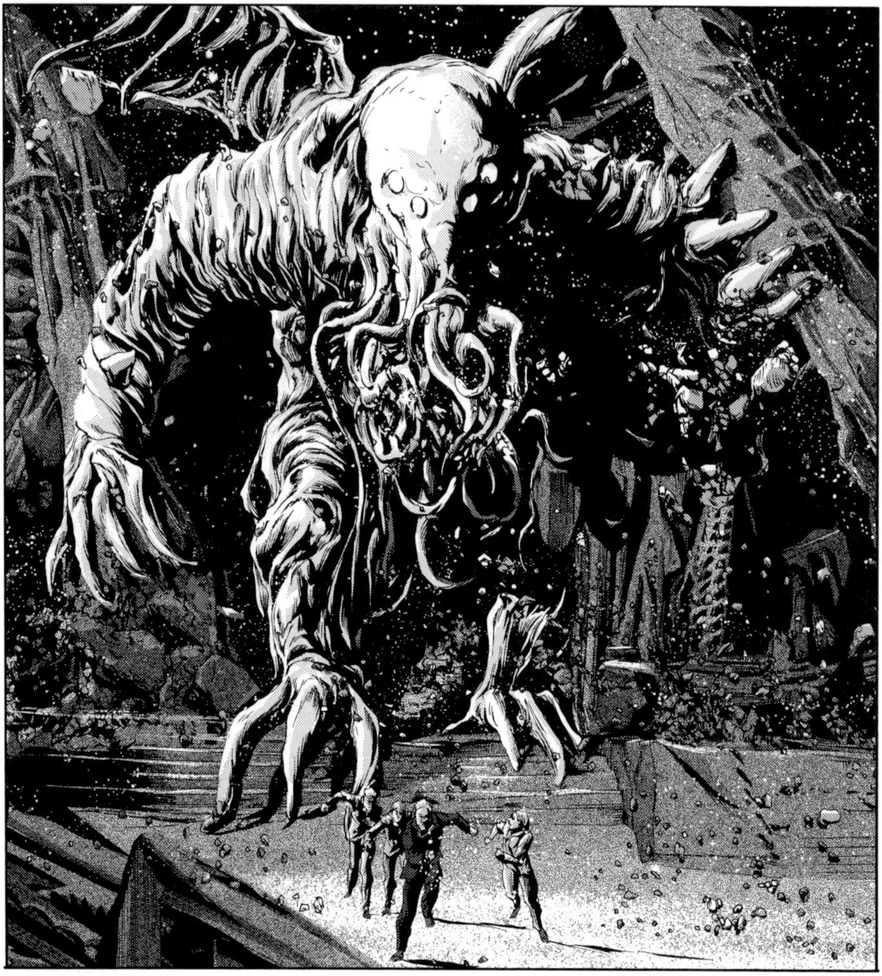

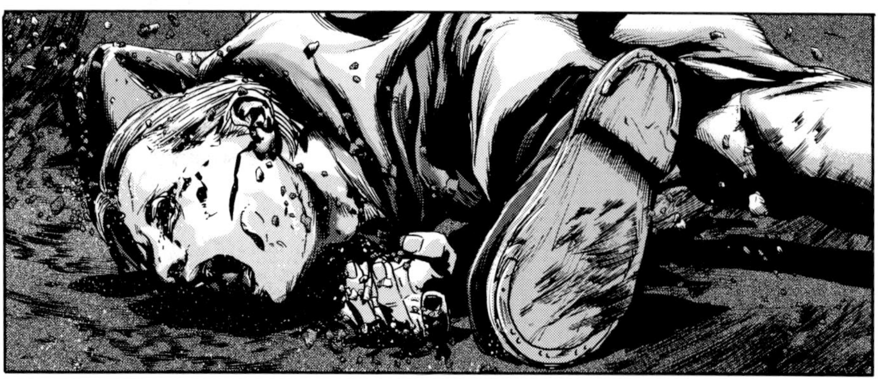

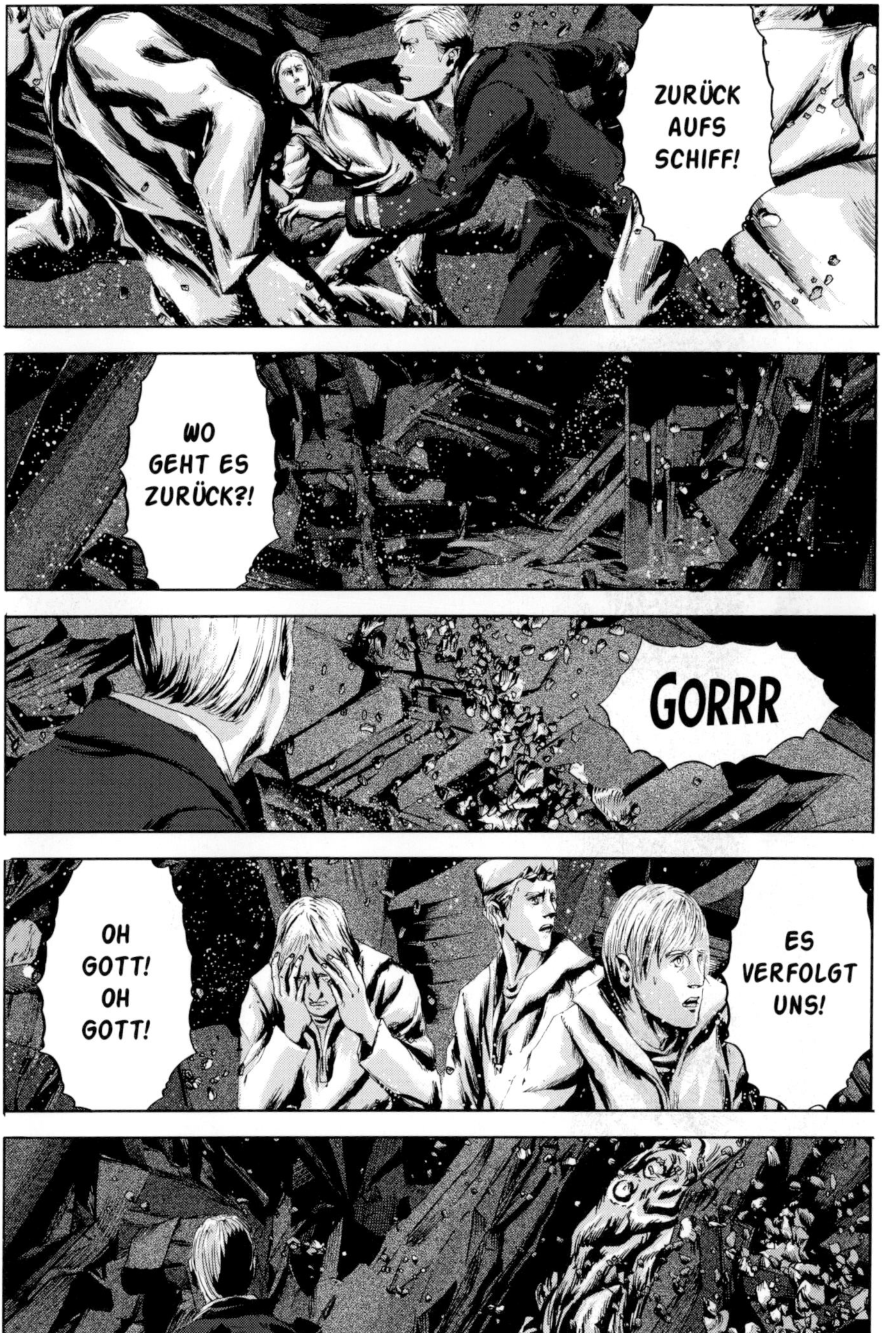
ZURÜCK AUFS SCHIFF!
WO GEHT ES ZURÜCK?!
GORRR
ES VERFOLGT UNS!
OH GOTT! OH GOTT!

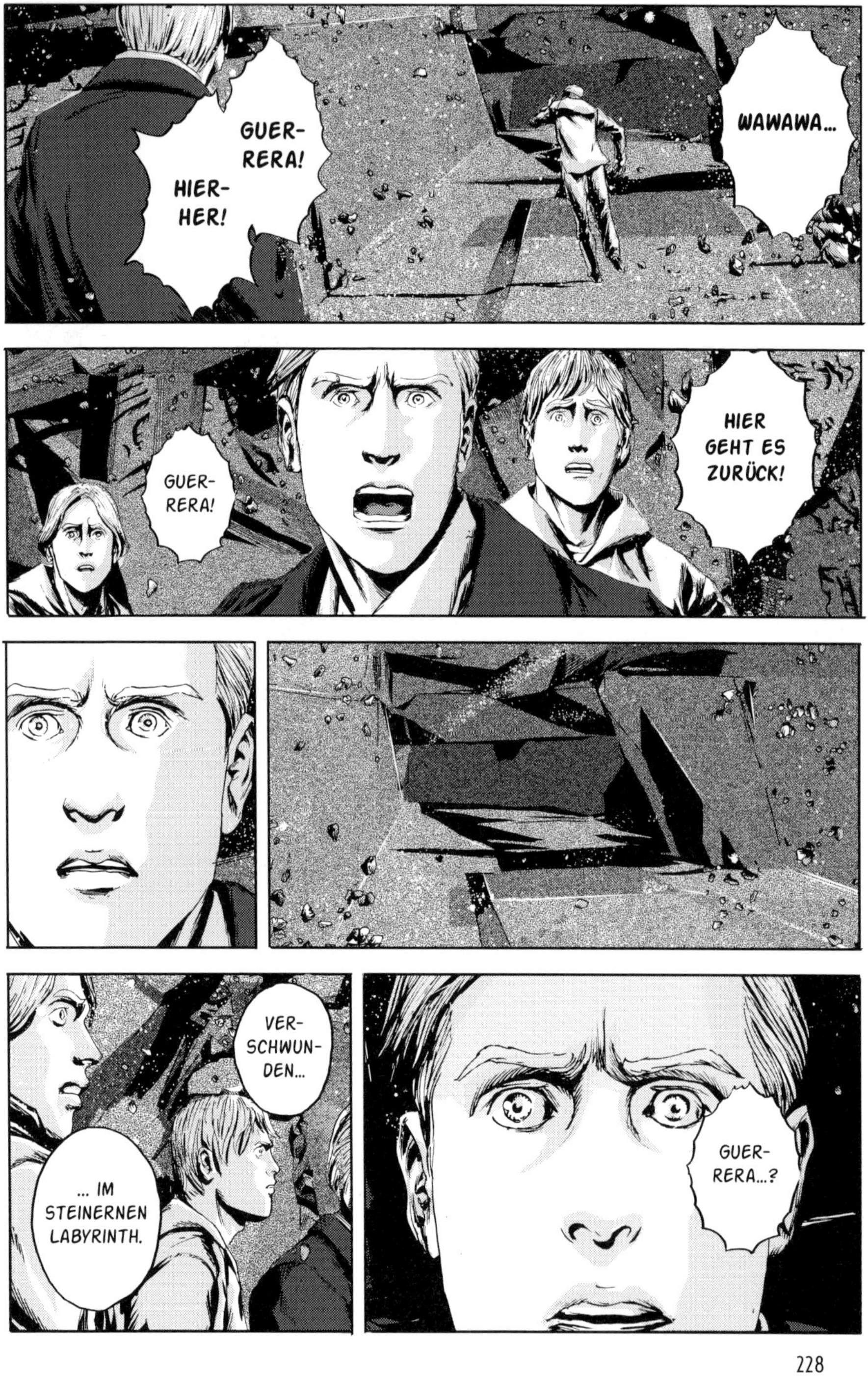
WAWAWA...
GUER-RERA!
HIER-HER!
HIER GEHT ES ZURÜCK!
GUER-RERA!
VER-SCHWUN-DEN...
... IM STEINERNEN LABYRINTH.
GUER-RERA...?

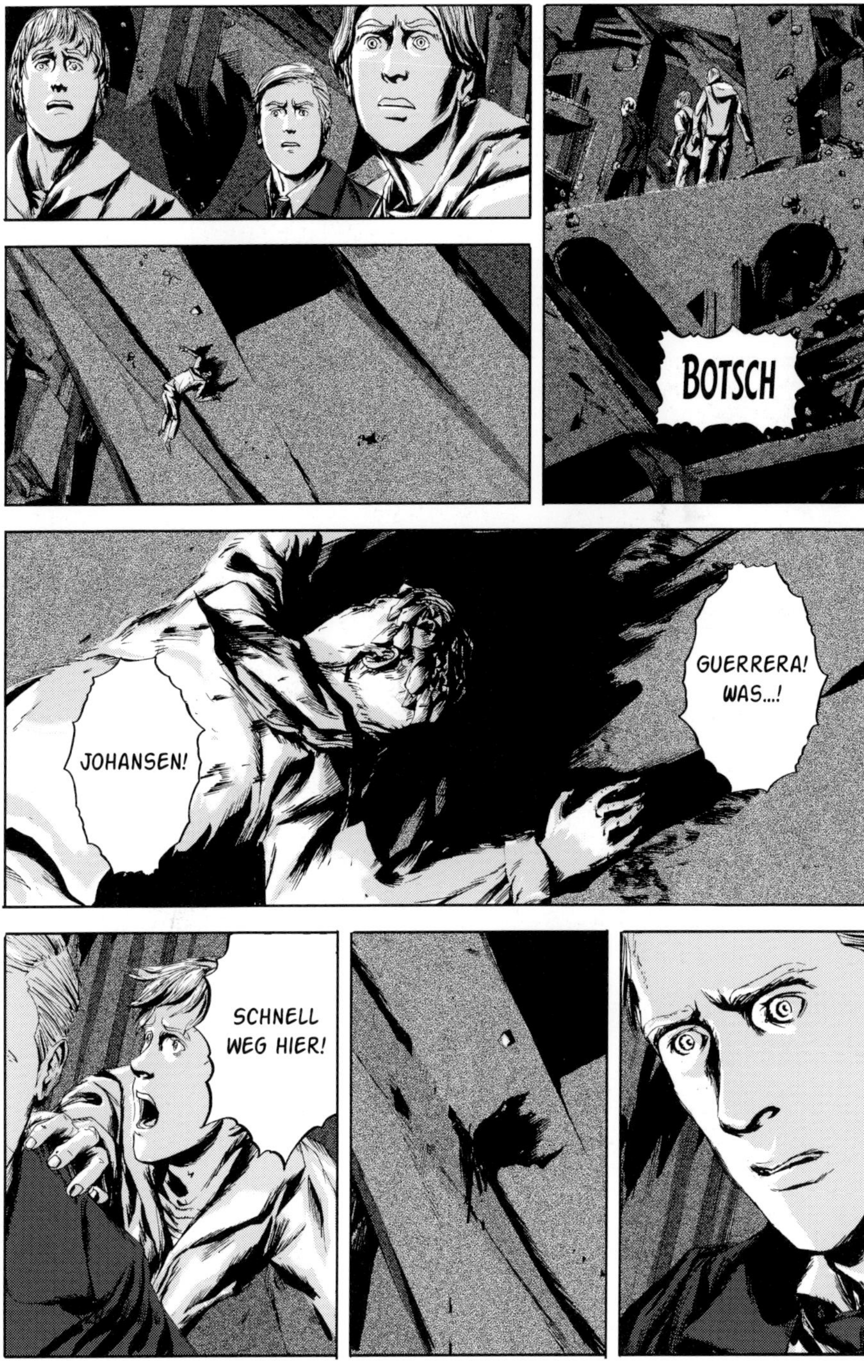
BOTSCH
GUERRERA! WAS...!
JOHANSEN!
SCHNELL WEG HIER!

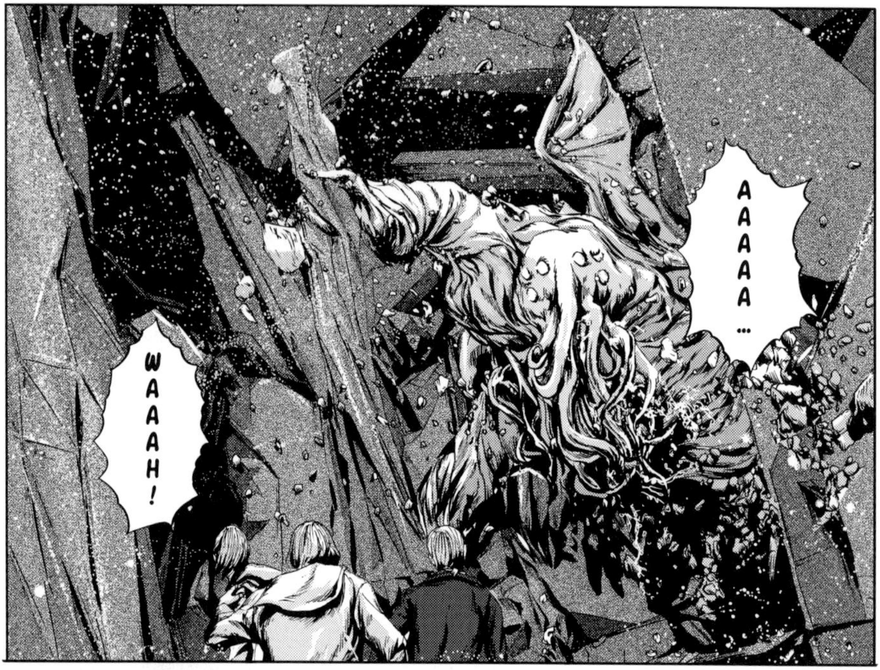
AAAAA…
WAAAAH!

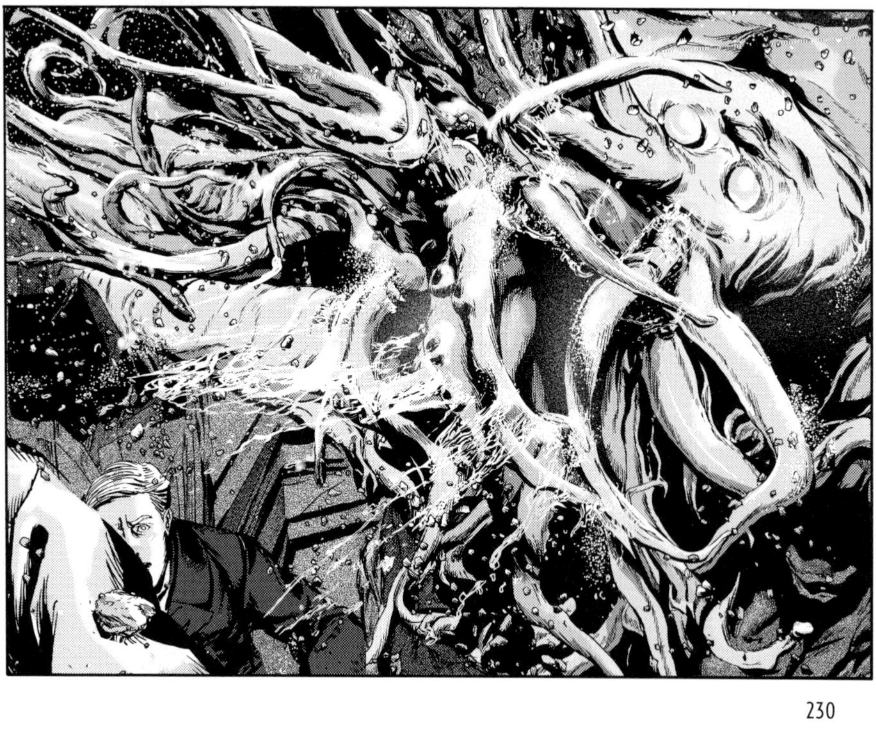

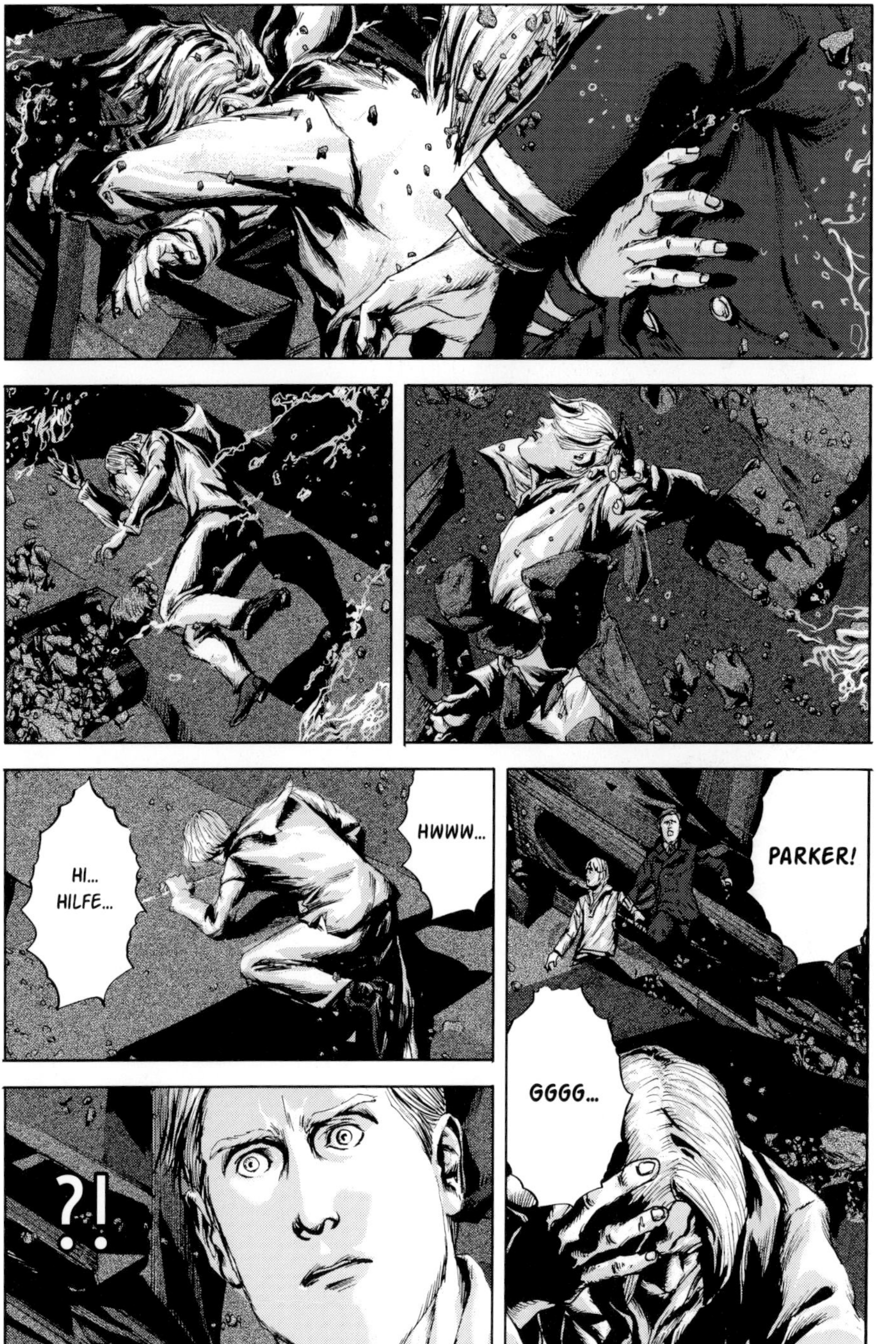
HWWW...
HI...
HILFE...
PARKER!
GGGG...
?!

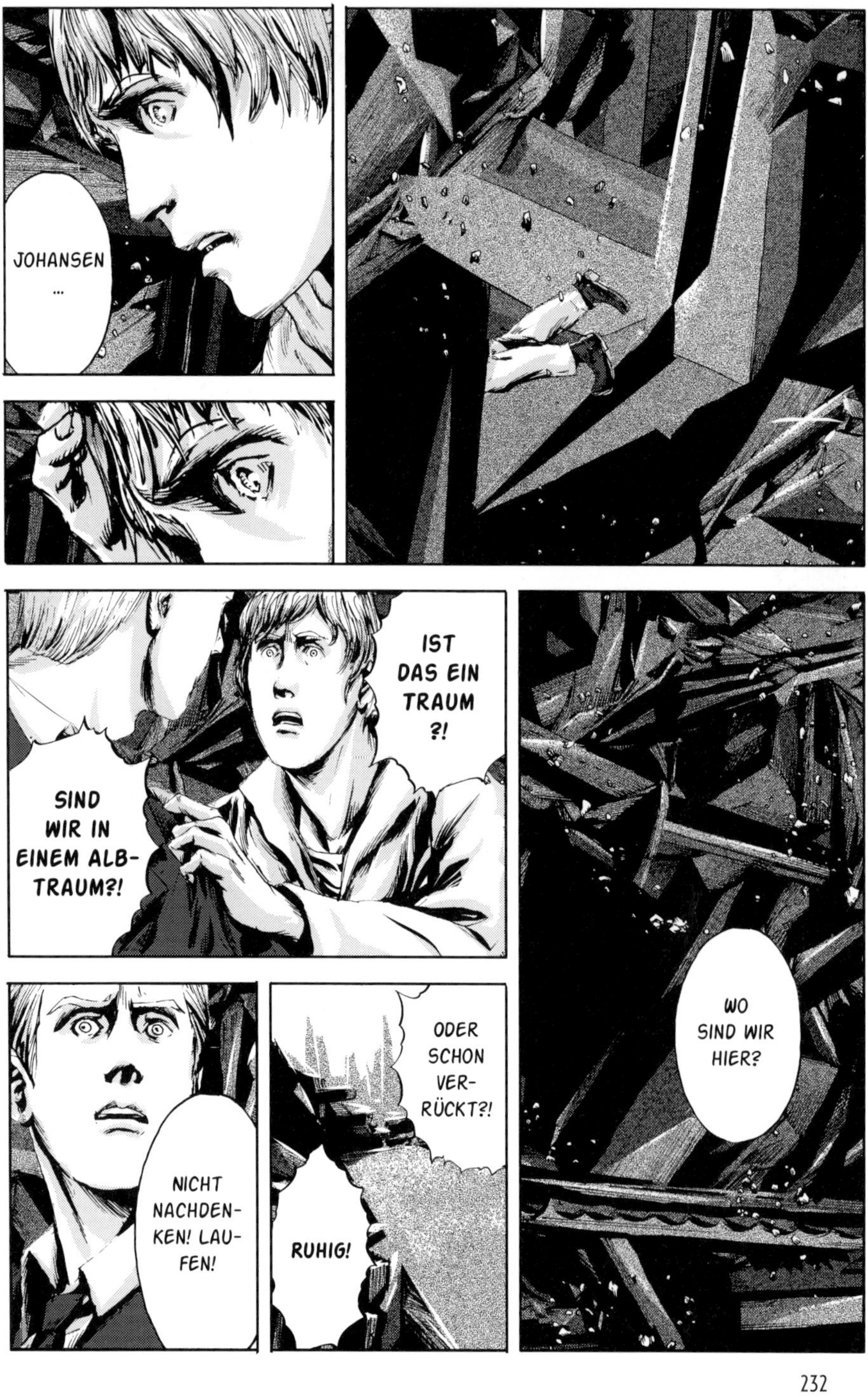
JOHANSEN ...
IST DAS EIN TRAUM ?!
SIND WIR IN EINEM ALB-TRAUM?!
WO SIND WIR HIER?
ODER SCHON VER-RÜCKT?!
RUHIG!
NICHT NACHDEN-KEN! LAU-FEN!

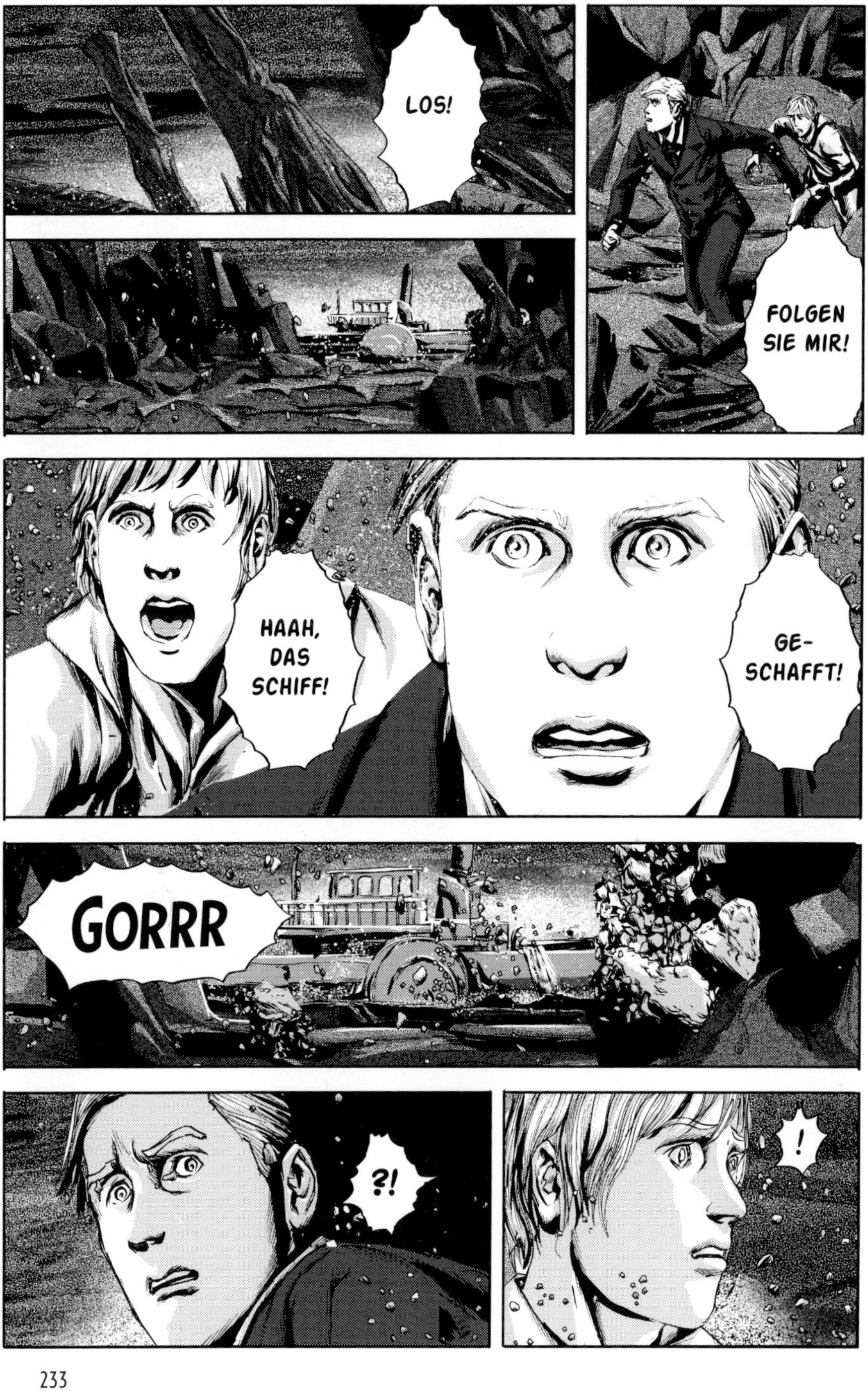
LOS!
FOLGEN SIE MIR!
HAAH, DAS SCHIFF!
GE-SCHAFFT!
GORRR
?!
!

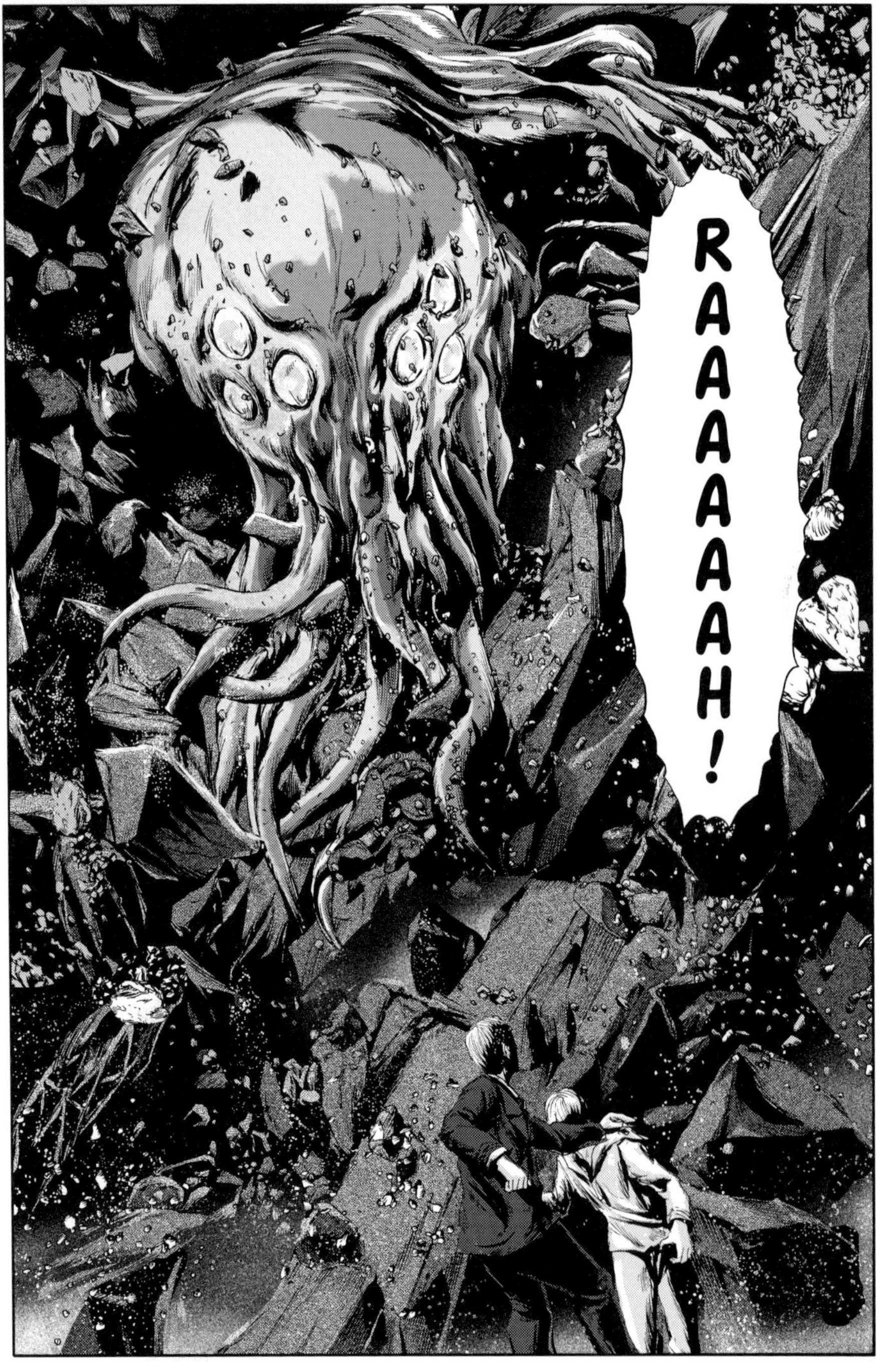
RAAAAAAAH!

7 DIE ALTEN GÖTTER

The Great Old Ones

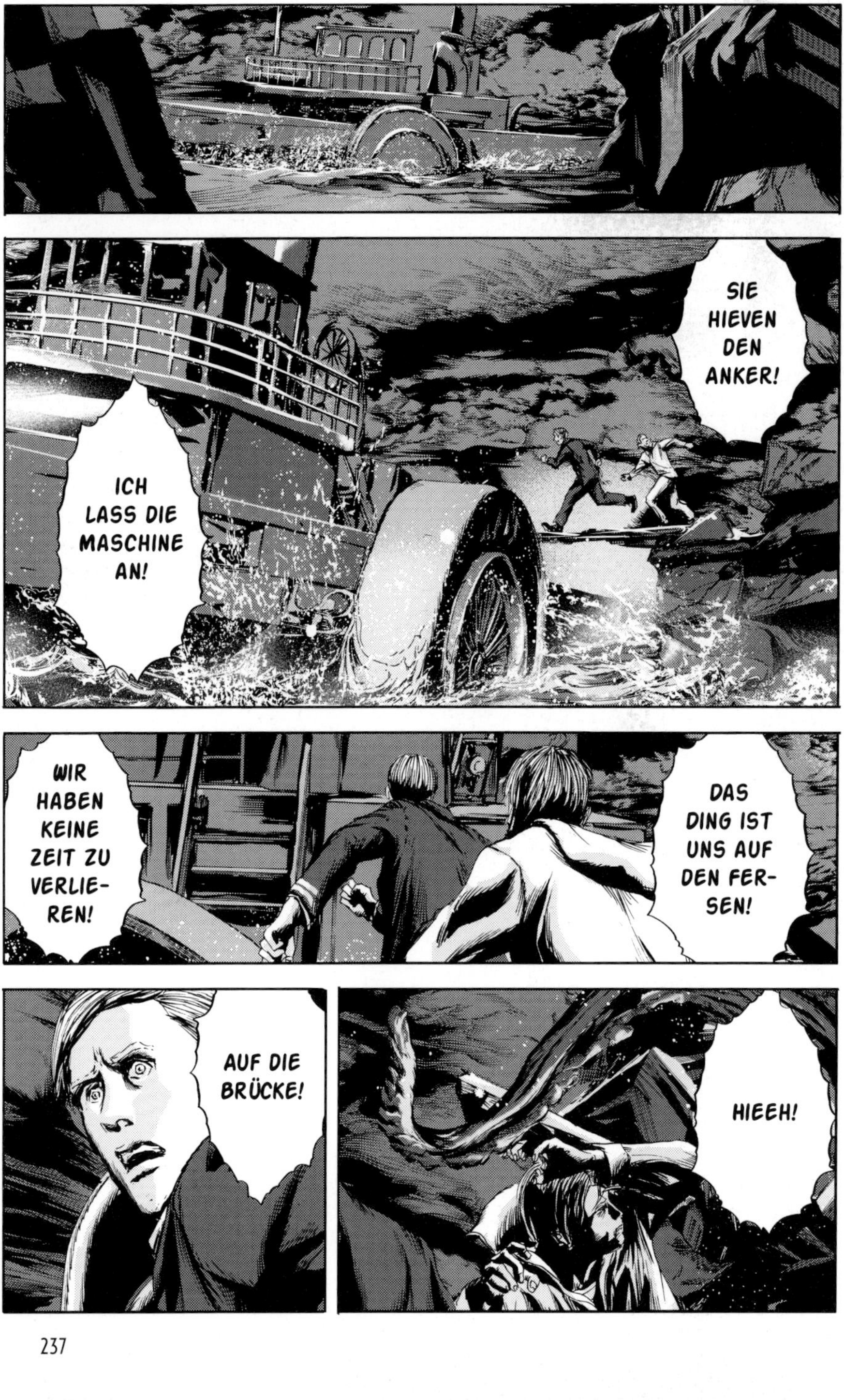
SIE HIEVEN DEN ANKER!
ICH LASS DIE MASCHINE AN!
DAS DING IST UNS AUF DEN FER-SEN!
WIR HABEN KEINE ZEIT ZU VERLIE-REN!
AUF DIE BRÜCKE!
HIEEH!

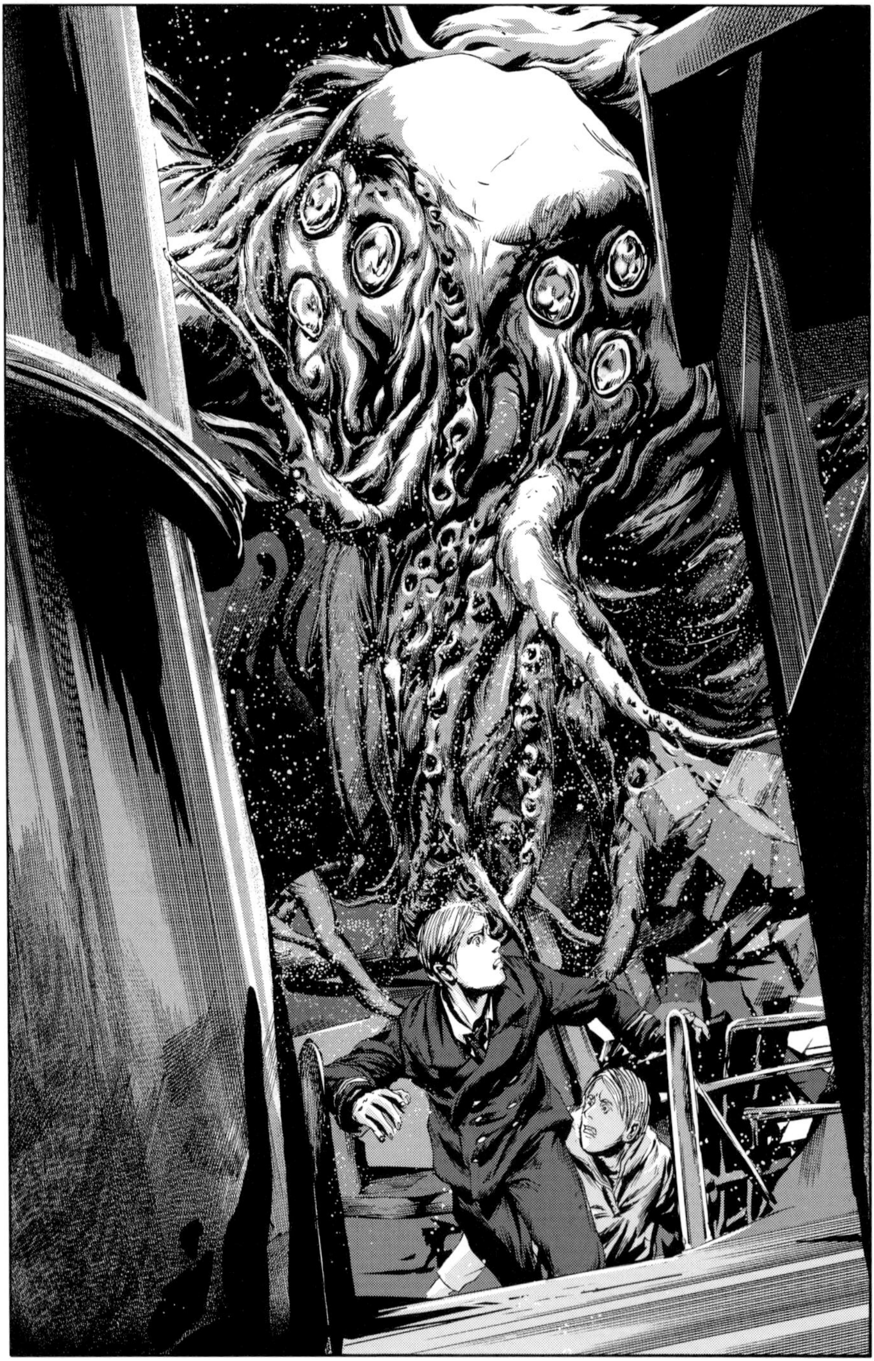

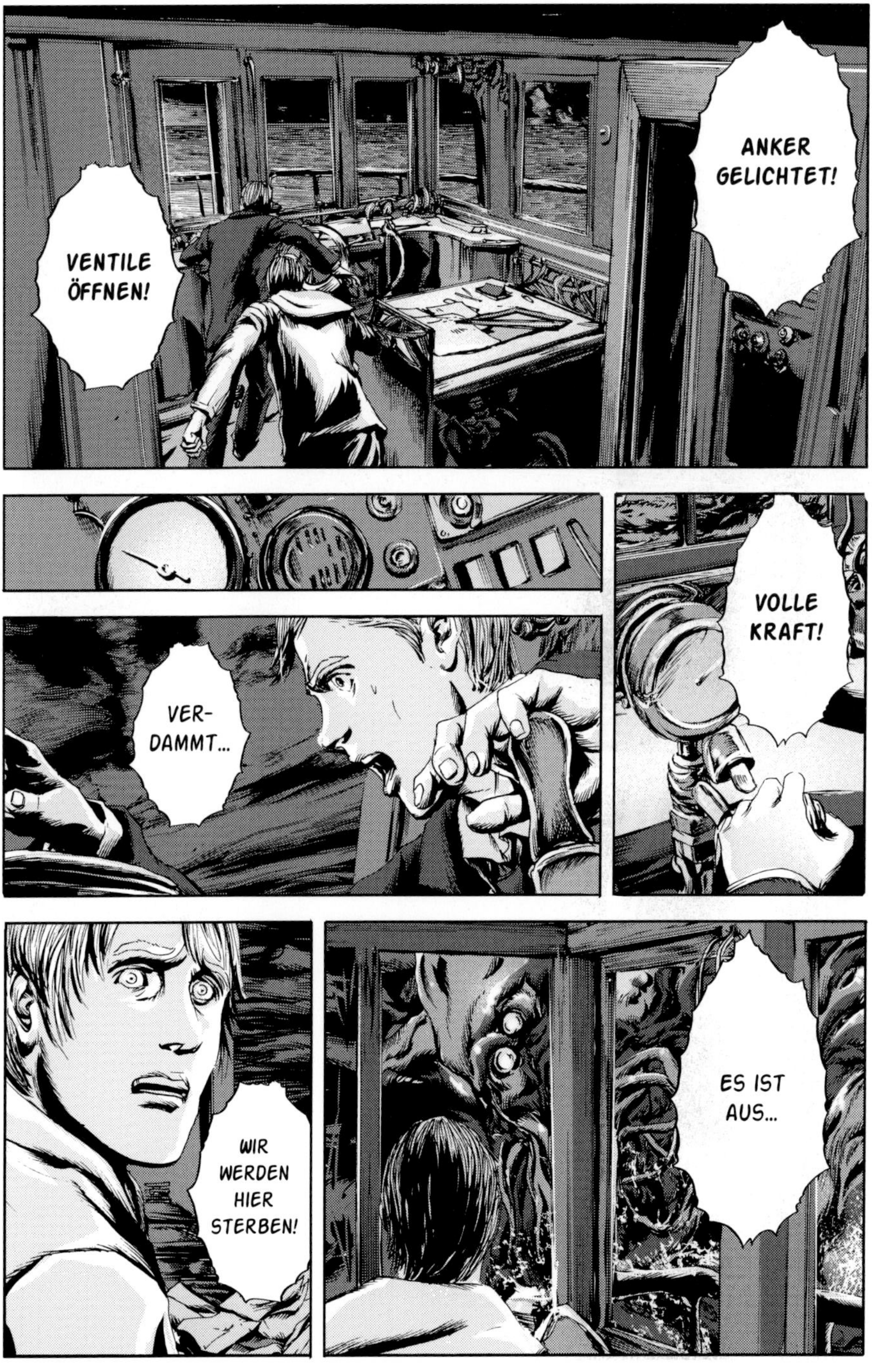
ANKER GELICHTET!
VENTILE ÖFFNEN!
VOLLE KRAFT!
VER-DAMMT...
ES IST AUS...
WIR WERDEN HIER STERBEN!

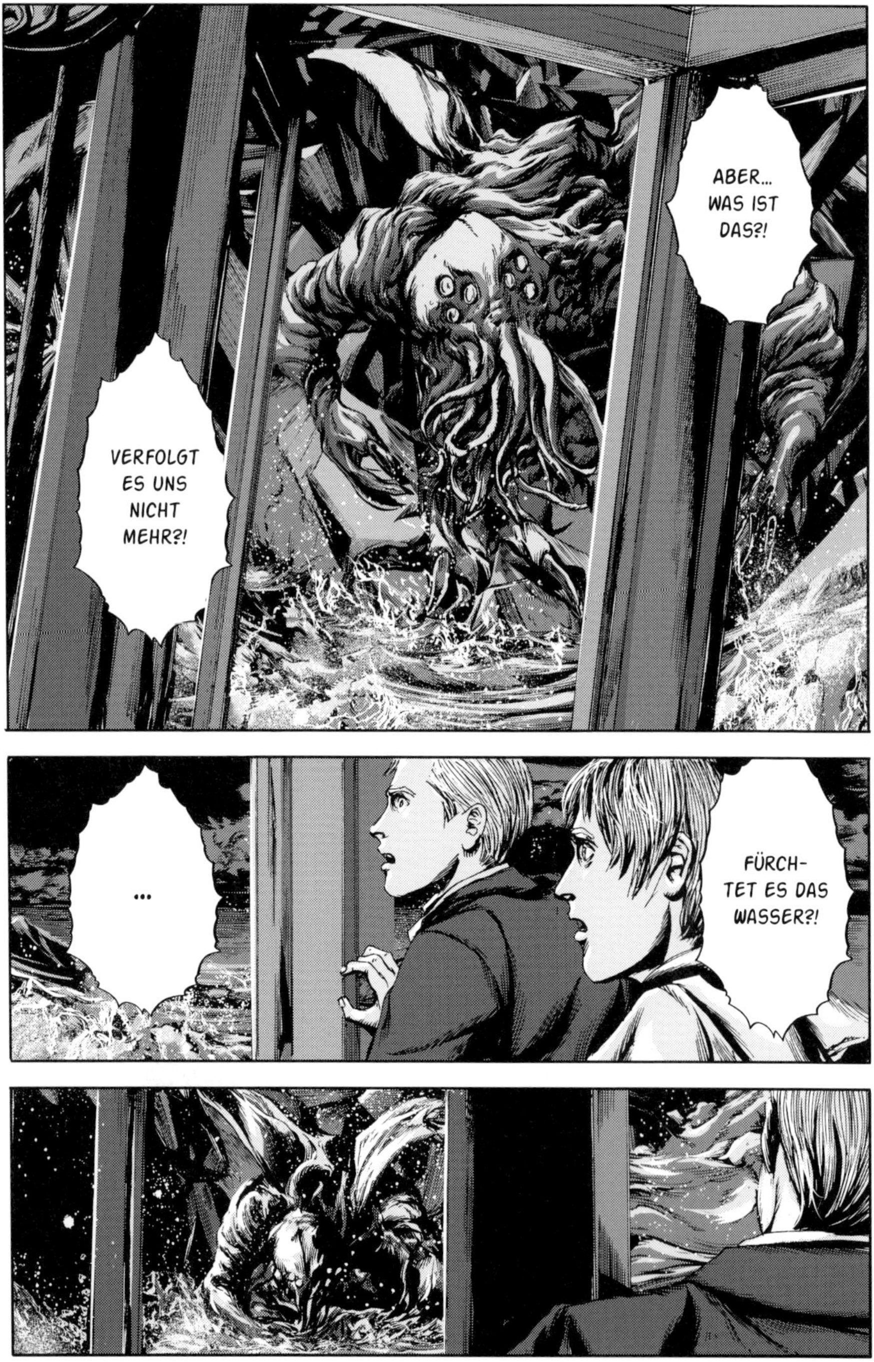
ABER... WAS IST DAS?!
VERFOLGT ES UNS NICHT MEHR?!
FÜRCH-TET ES DAS WASSER?!
...

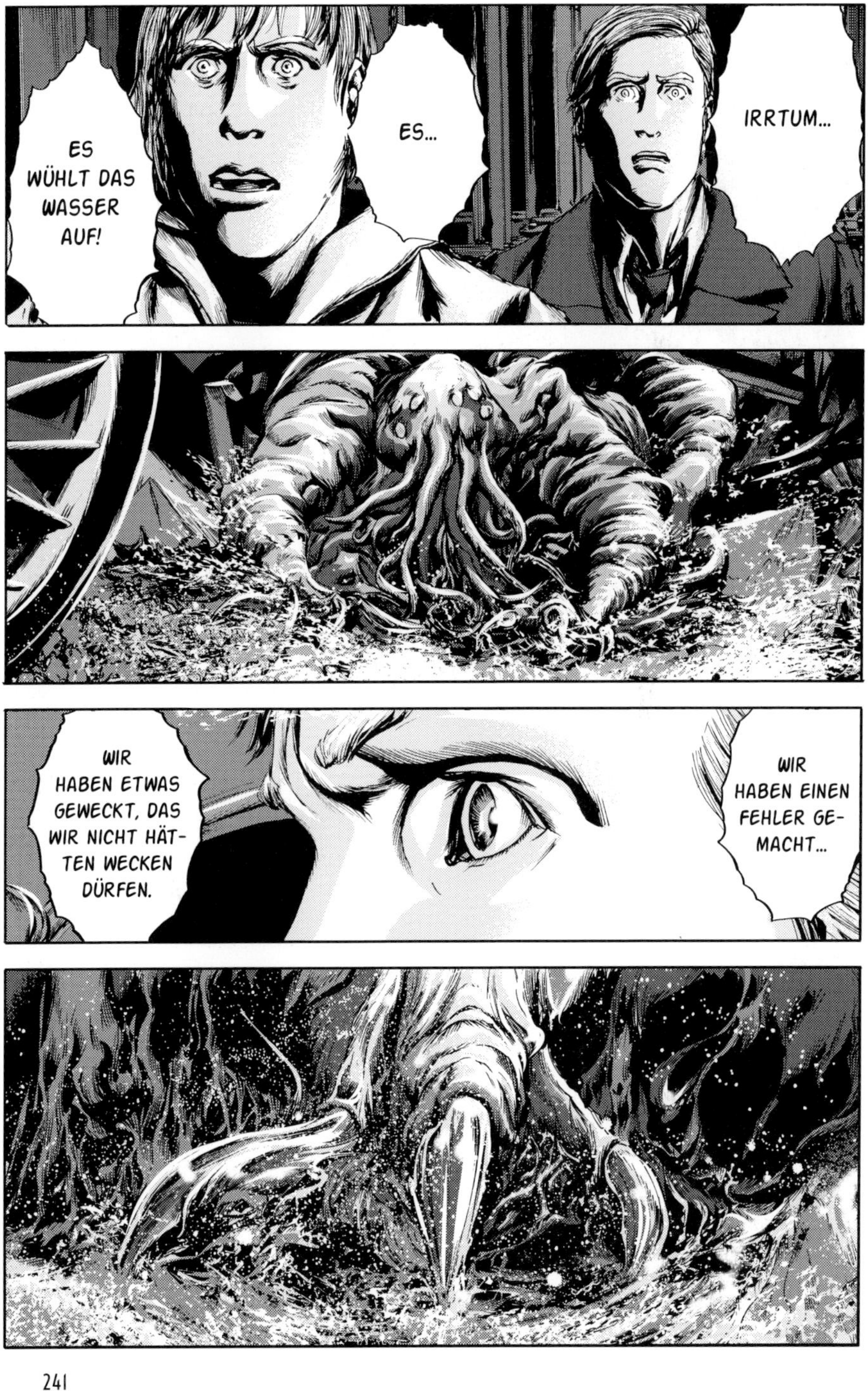
IRRTUM...
ES...
ES WÜHLT DAS WASSER AUF!
WIR HABEN EINEN FEHLER GEMACHT...
WIR HABEN ETWAS GEWECKT, DAS WIR NICHT HÄTTEN WECKEN DÜRFEN.

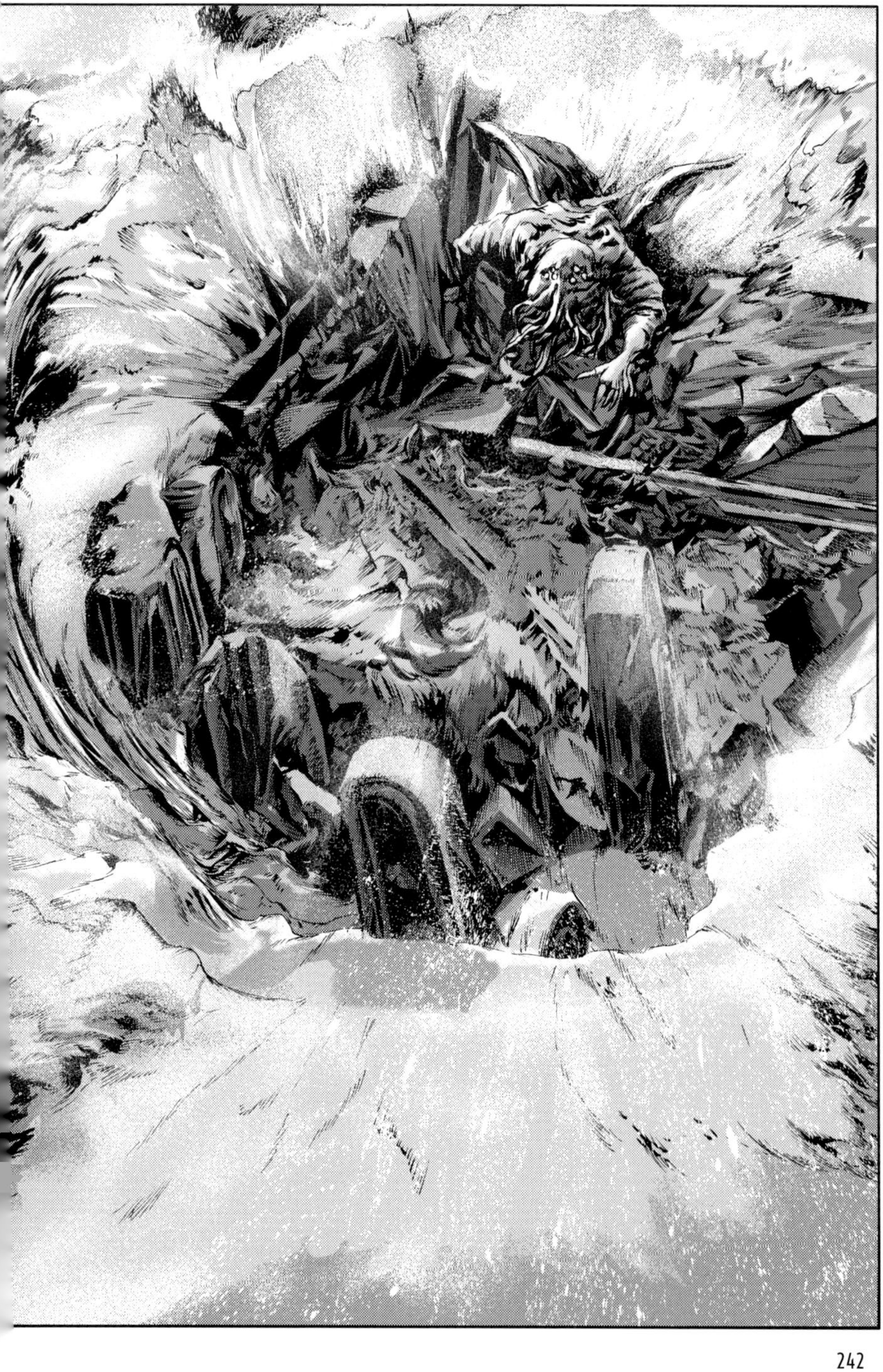

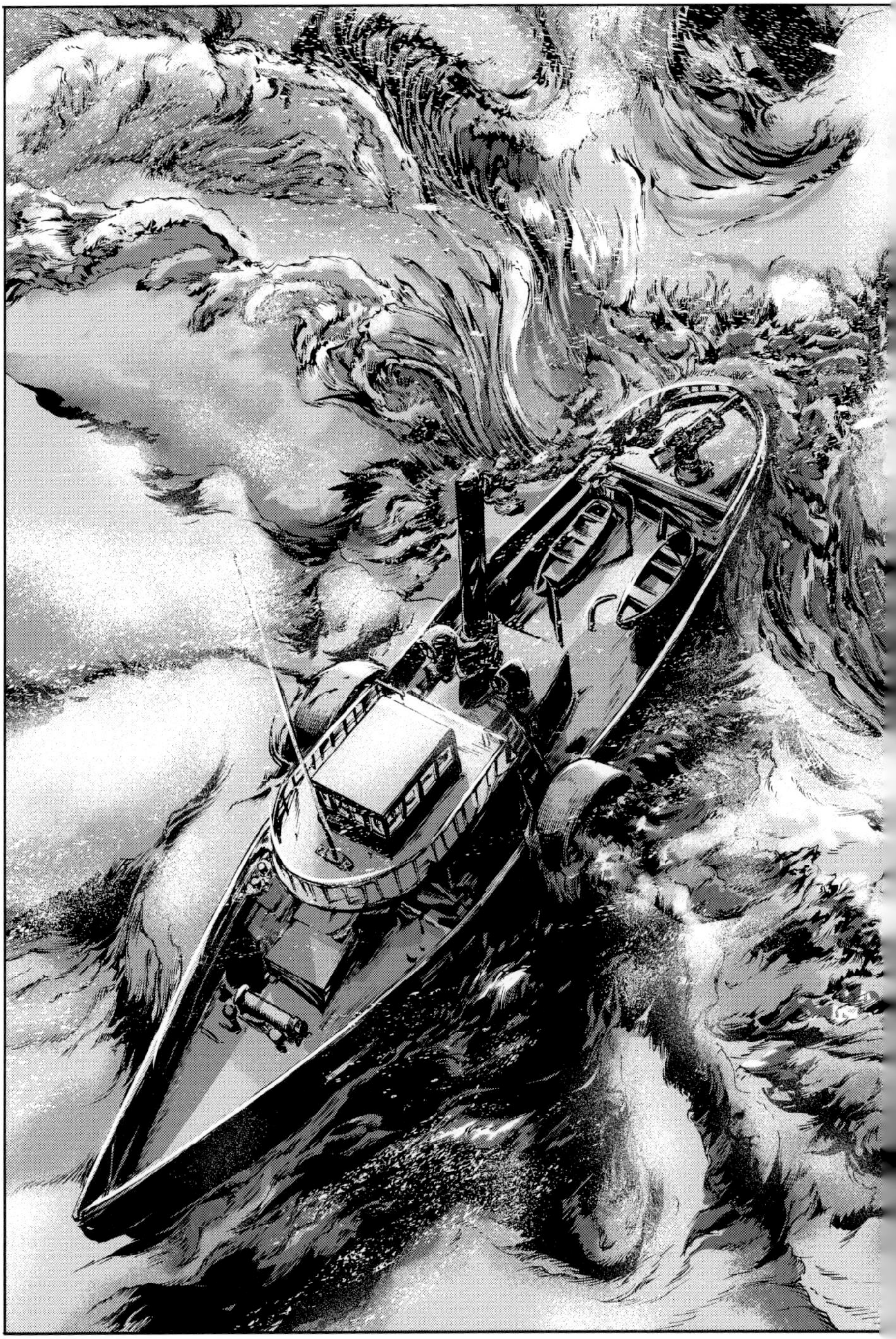

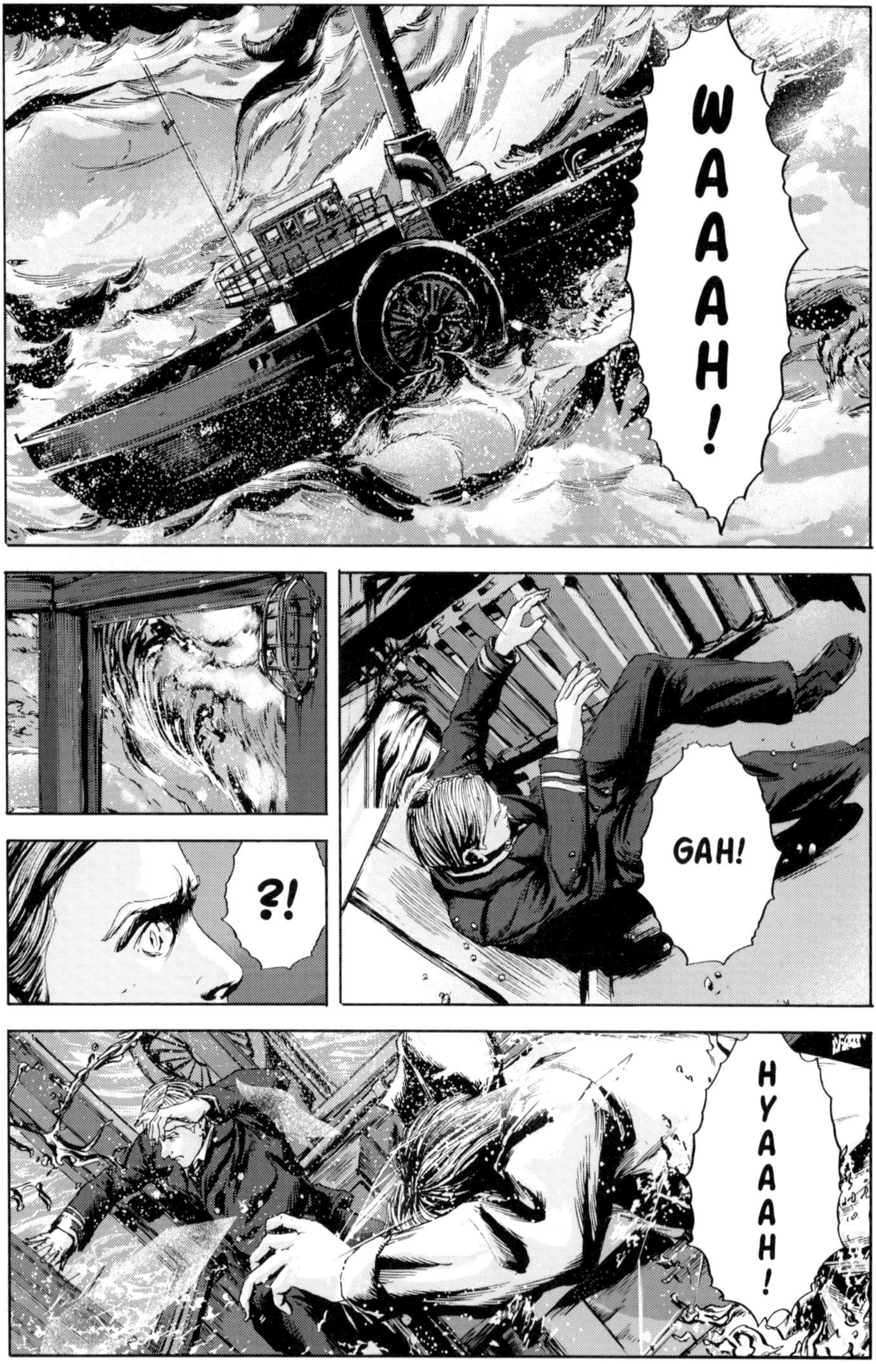
WAAAAH!
?!
GAH!
HYAAAAH!

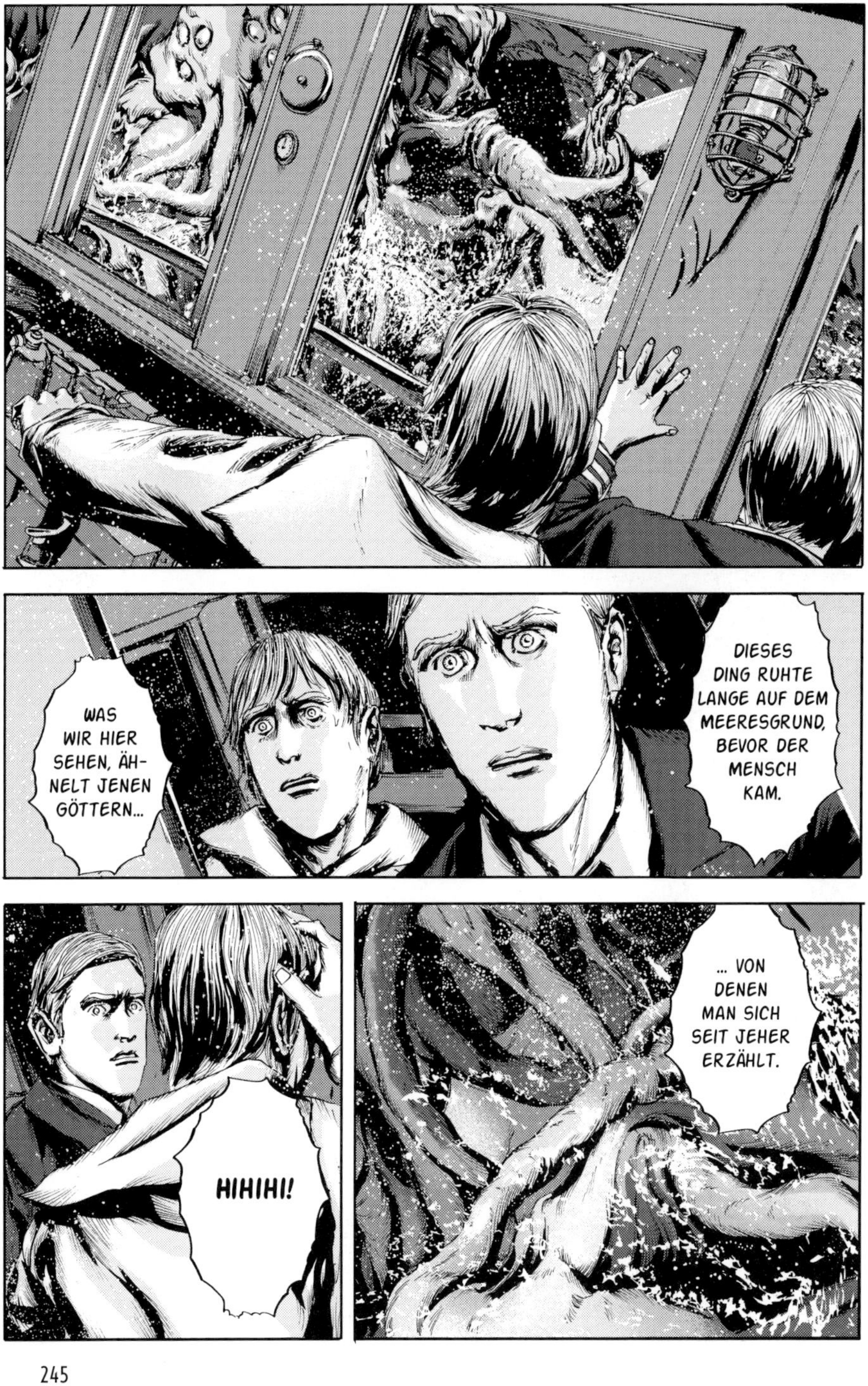
DIESES DING RUHTE LANGE AUF DEM MEERESGRUND, BEVOR DER MENSCH KAM.
WAS WIR HIER SEHEN, ÄHNELT JENEN GÖTTERN...
... VON DENEN MAN SICH SEIT JEHER ERZÄHLT.
HIHIHI!

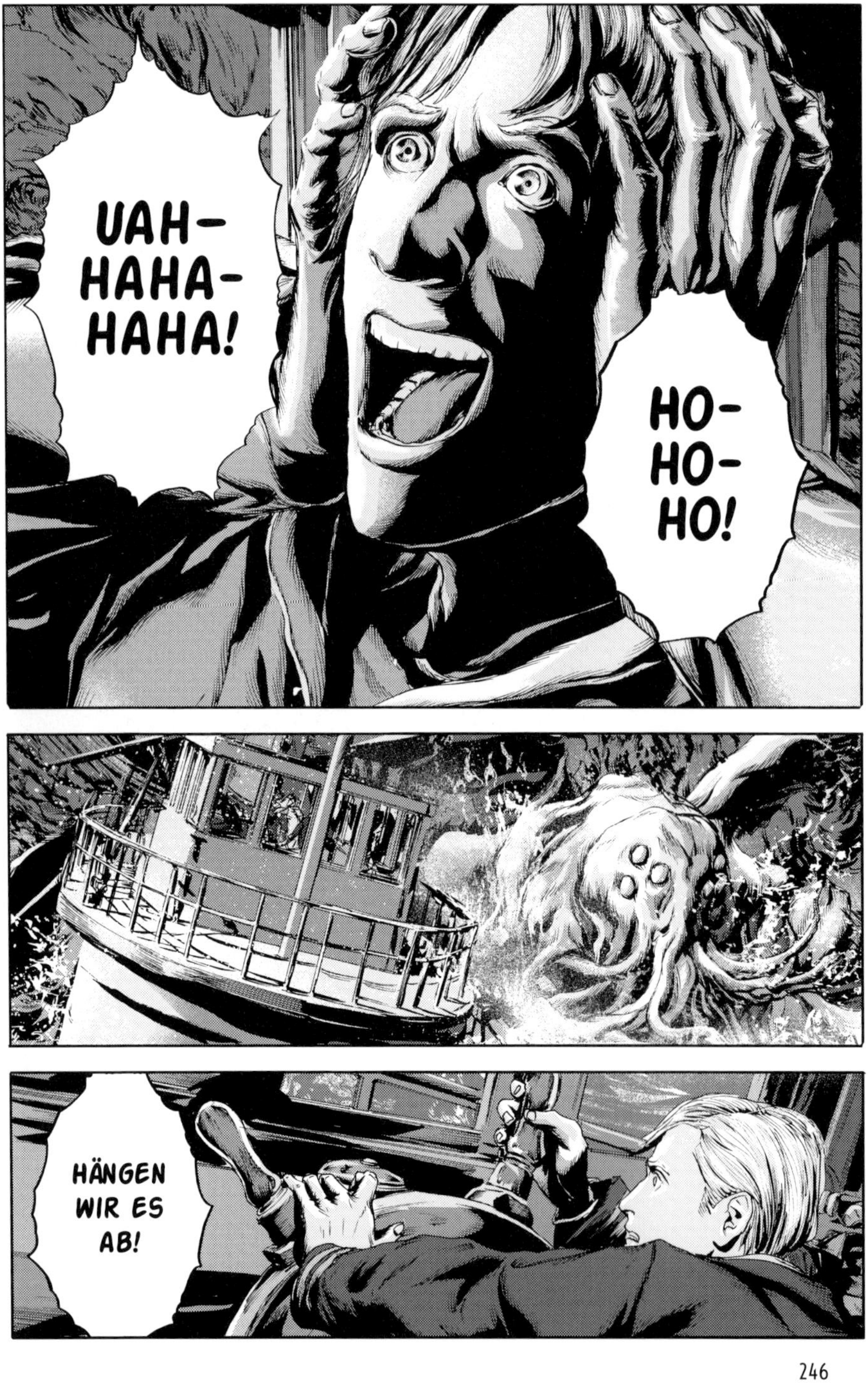
HO-
HO-
HO!
UAH-
HAHA-
HAHA!
HÄNGEN
WIR ES
AB!

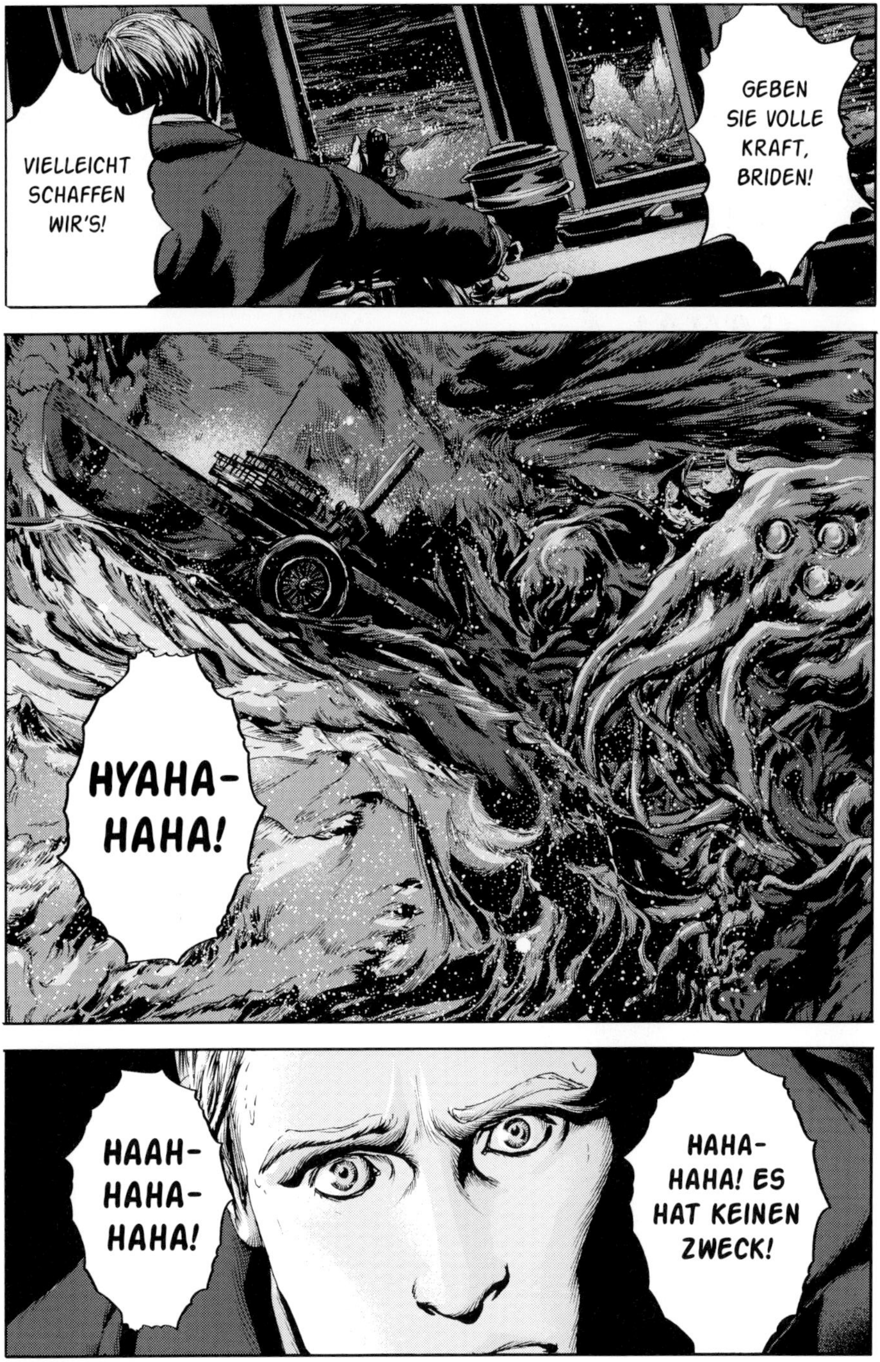
GEBEN SIE VOLLE KRAFT, BRIDEN!
VIELLEICHT SCHAFFEN WIR'S!
HYAHA-HAHA!
HAHA-HAHA! ES HAT KEINEN ZWECK!
HAAH-HAHA-HAHA!

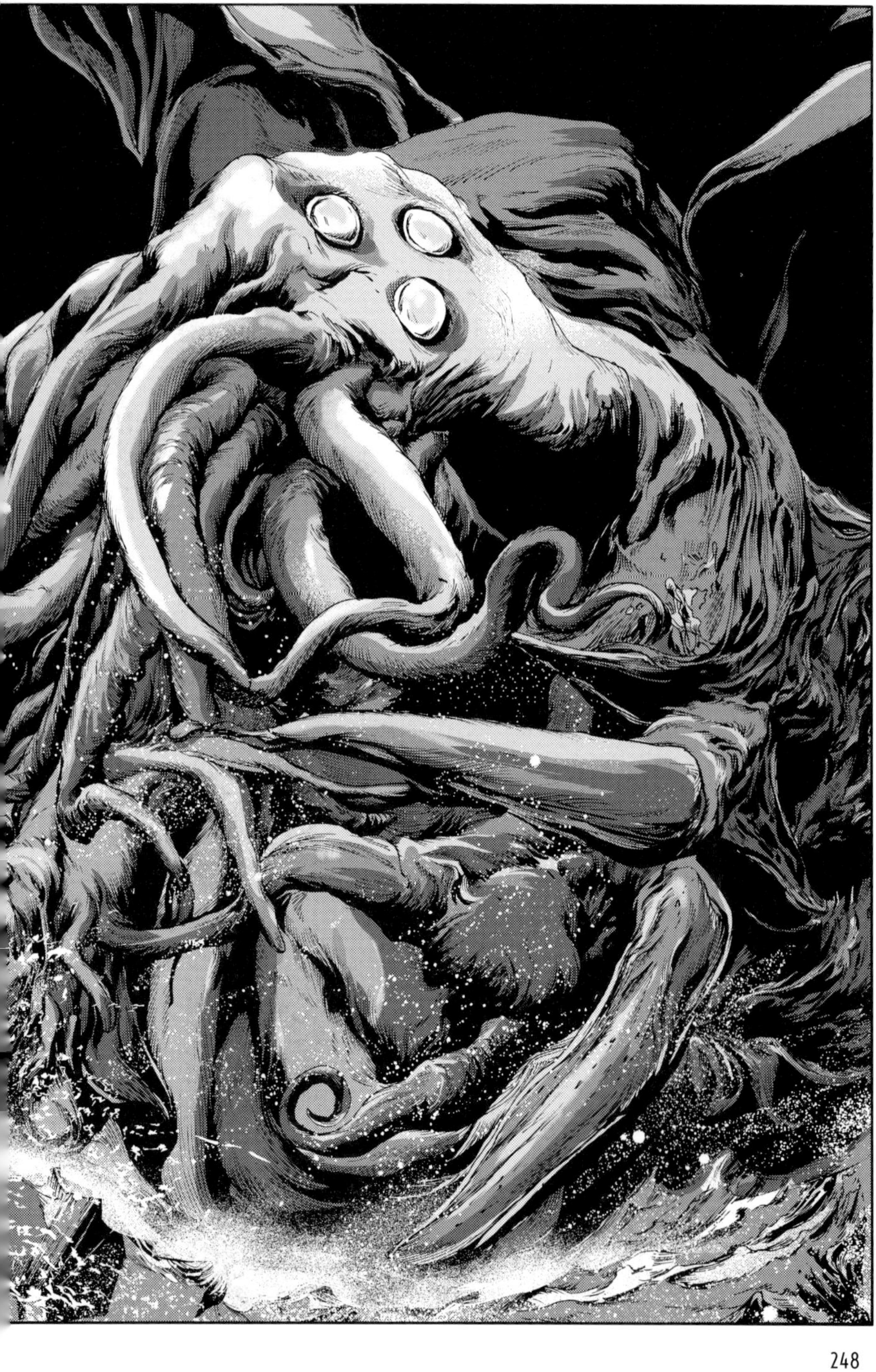

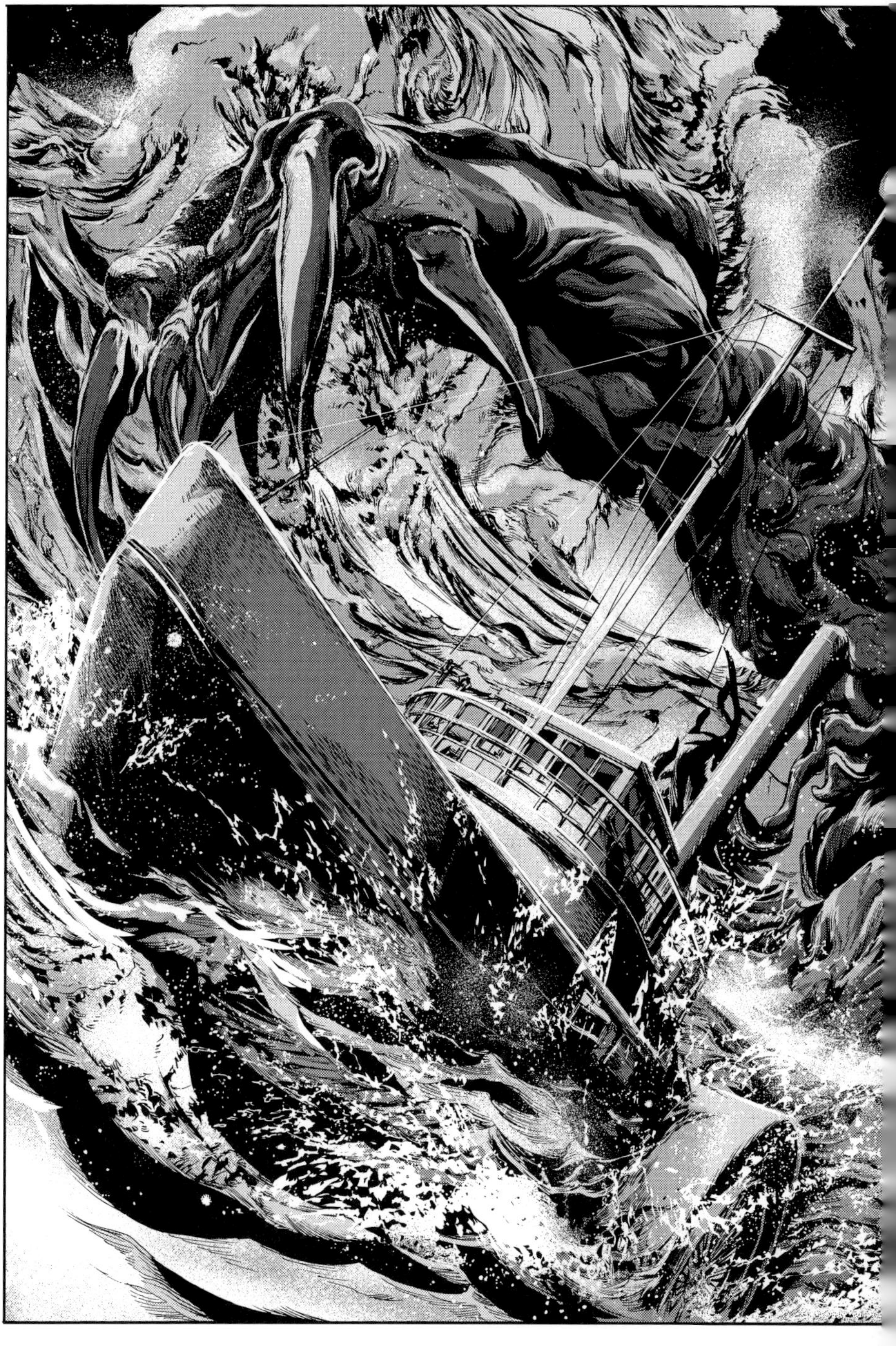

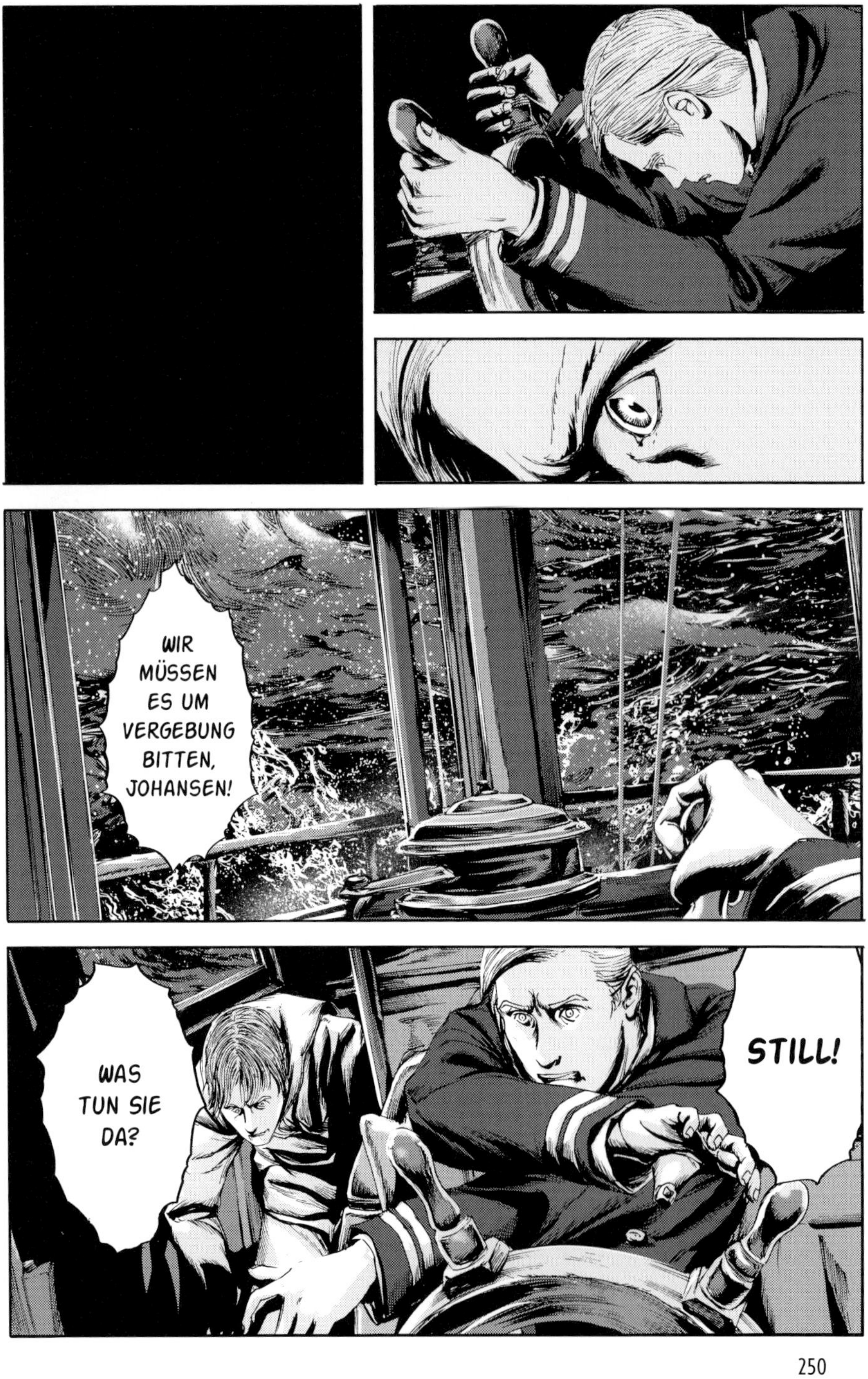
WIR MÜSSEN ES UM VERGEBUNG BITTEN, JOHANSEN!
STILL!
WAS TUN SIE DA?

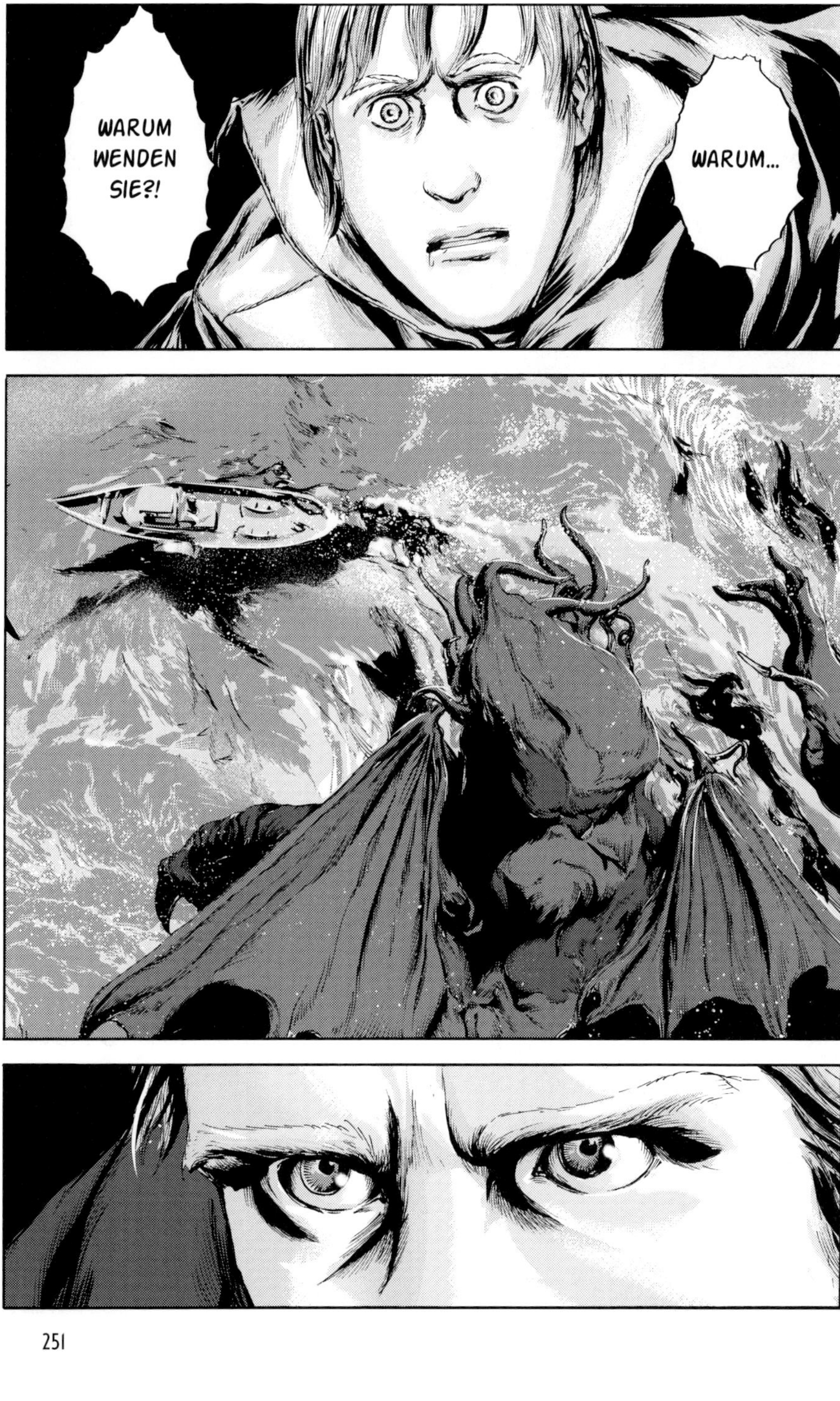
WARUM…
WARUM WENDEN SIE?!

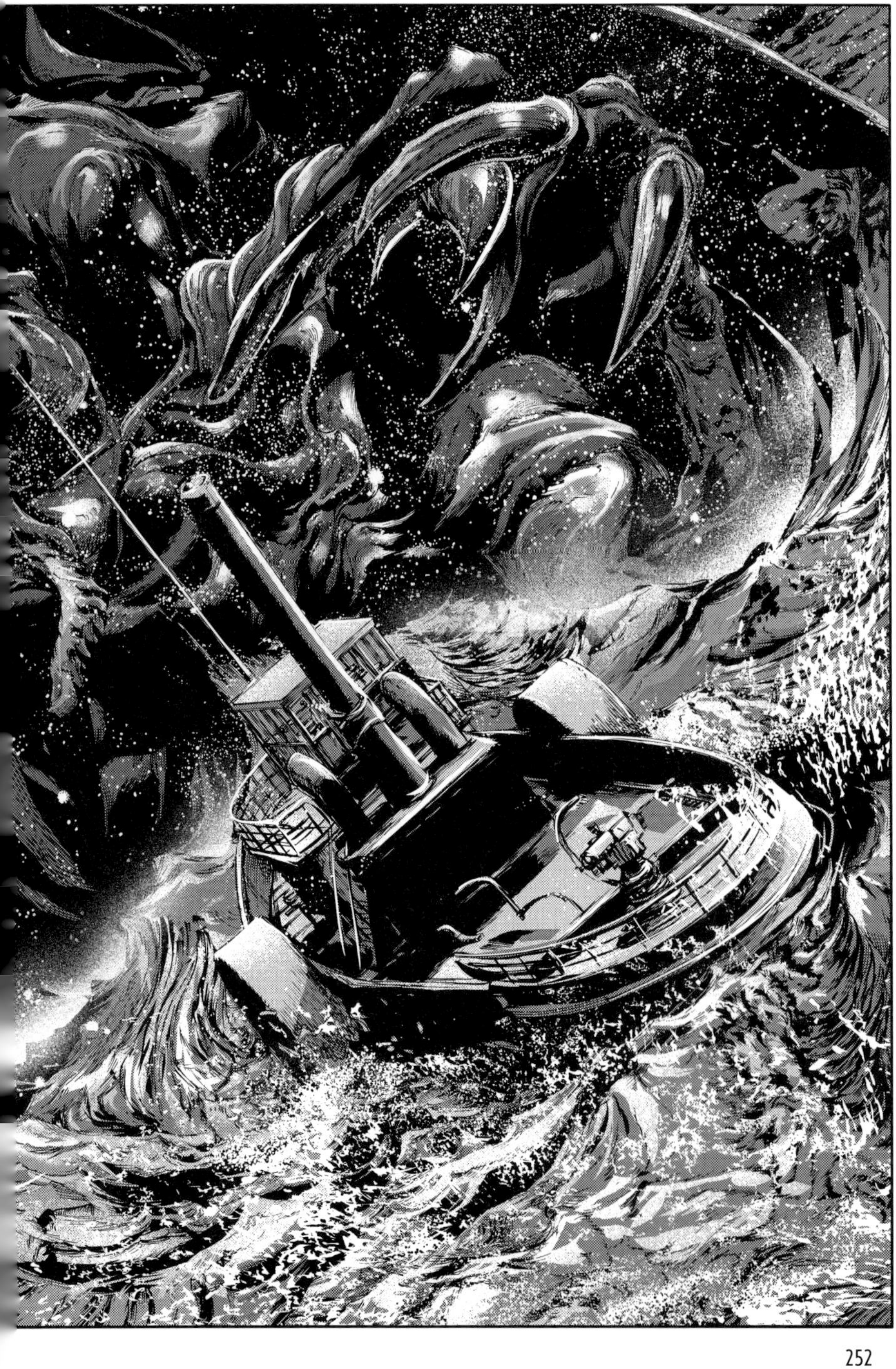

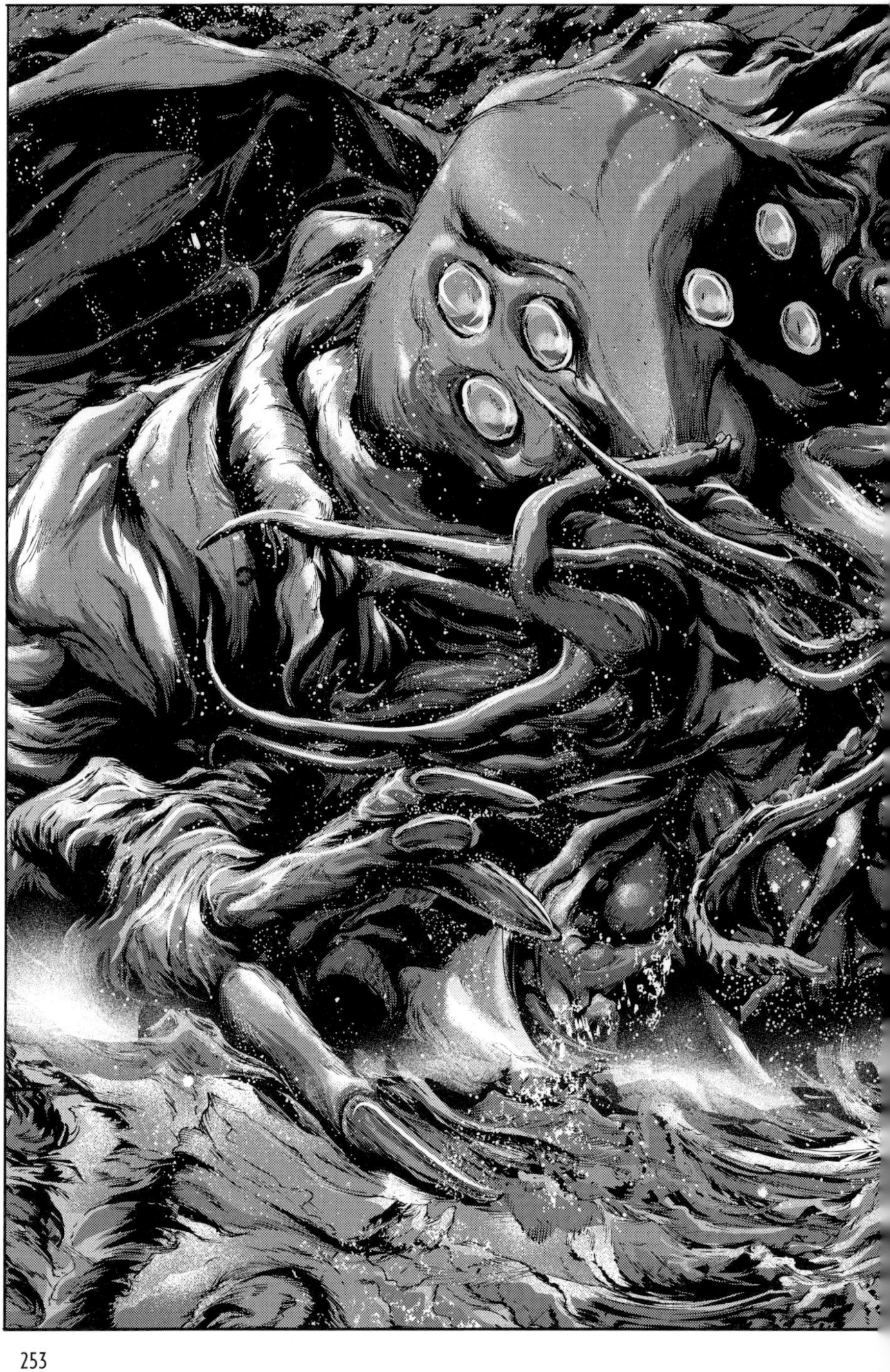

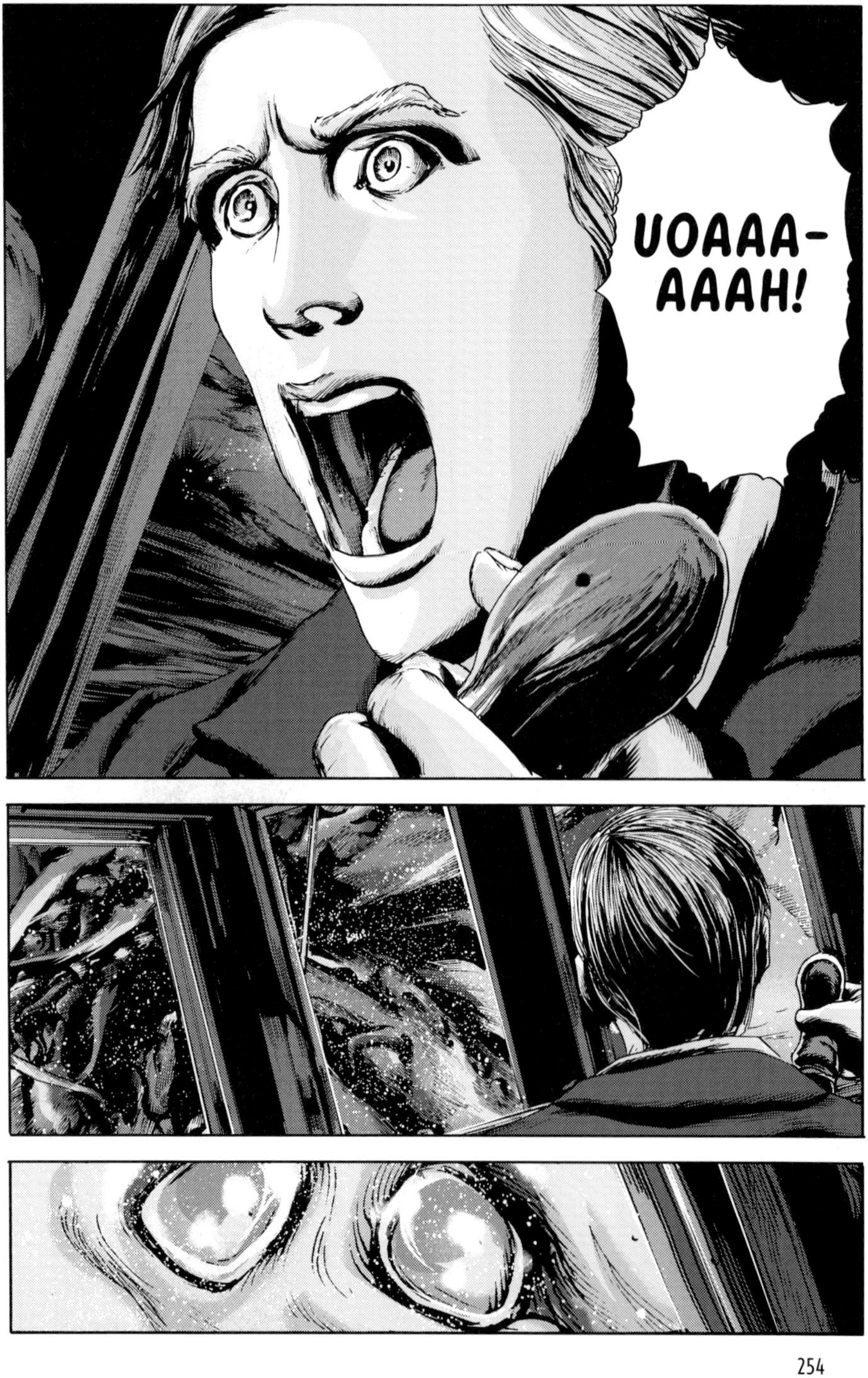
UOAAA-AAAH!

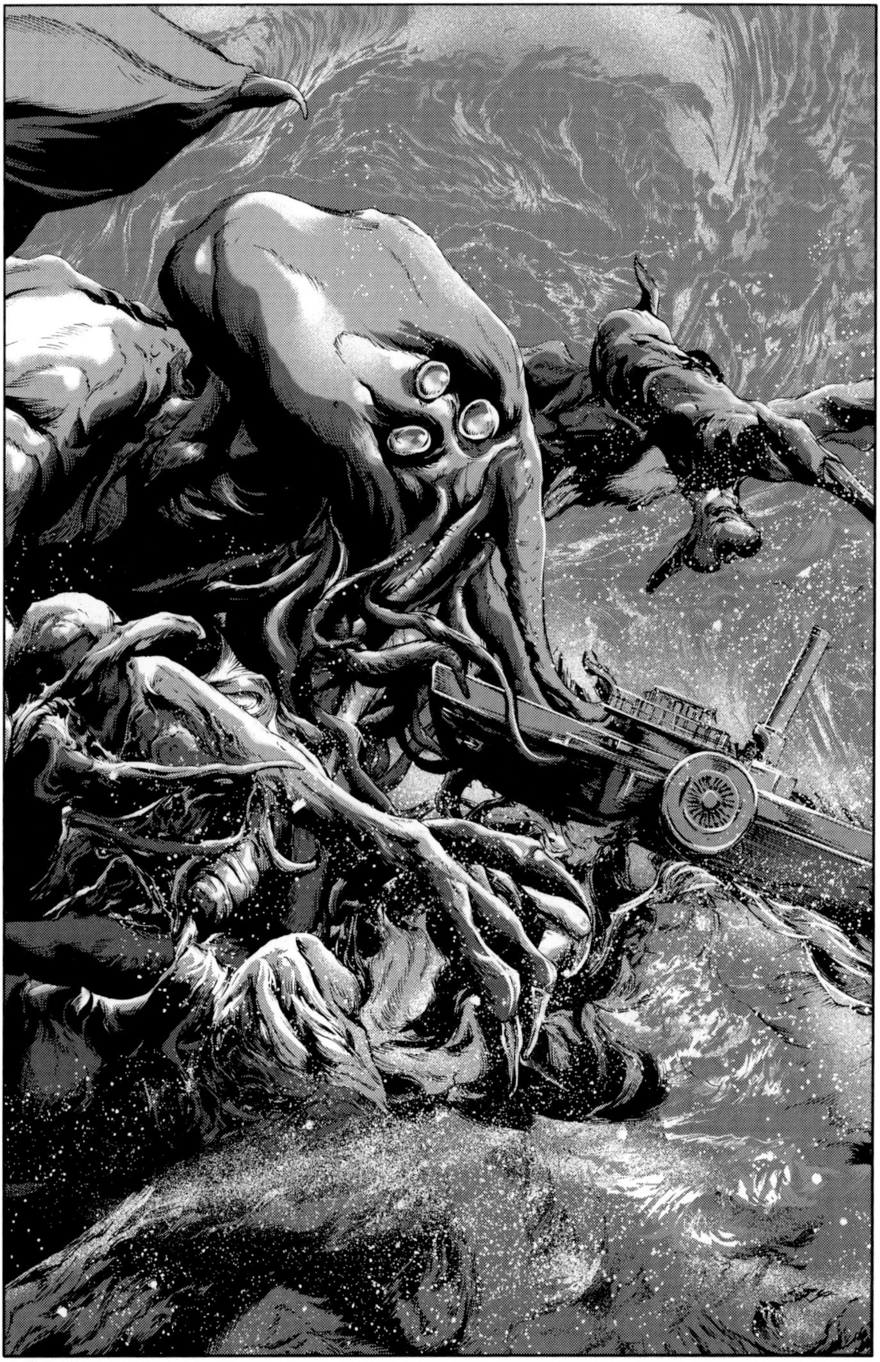

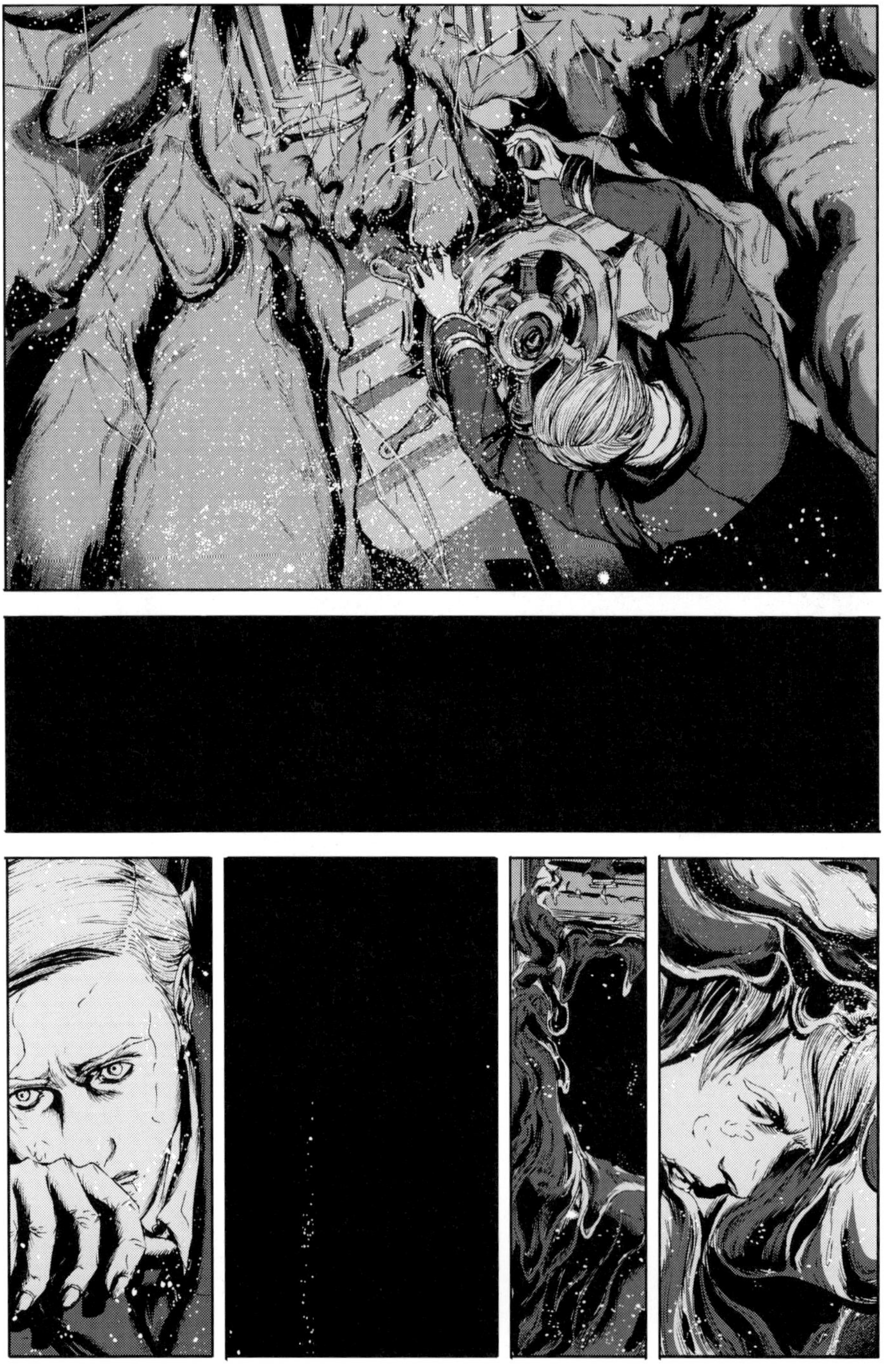

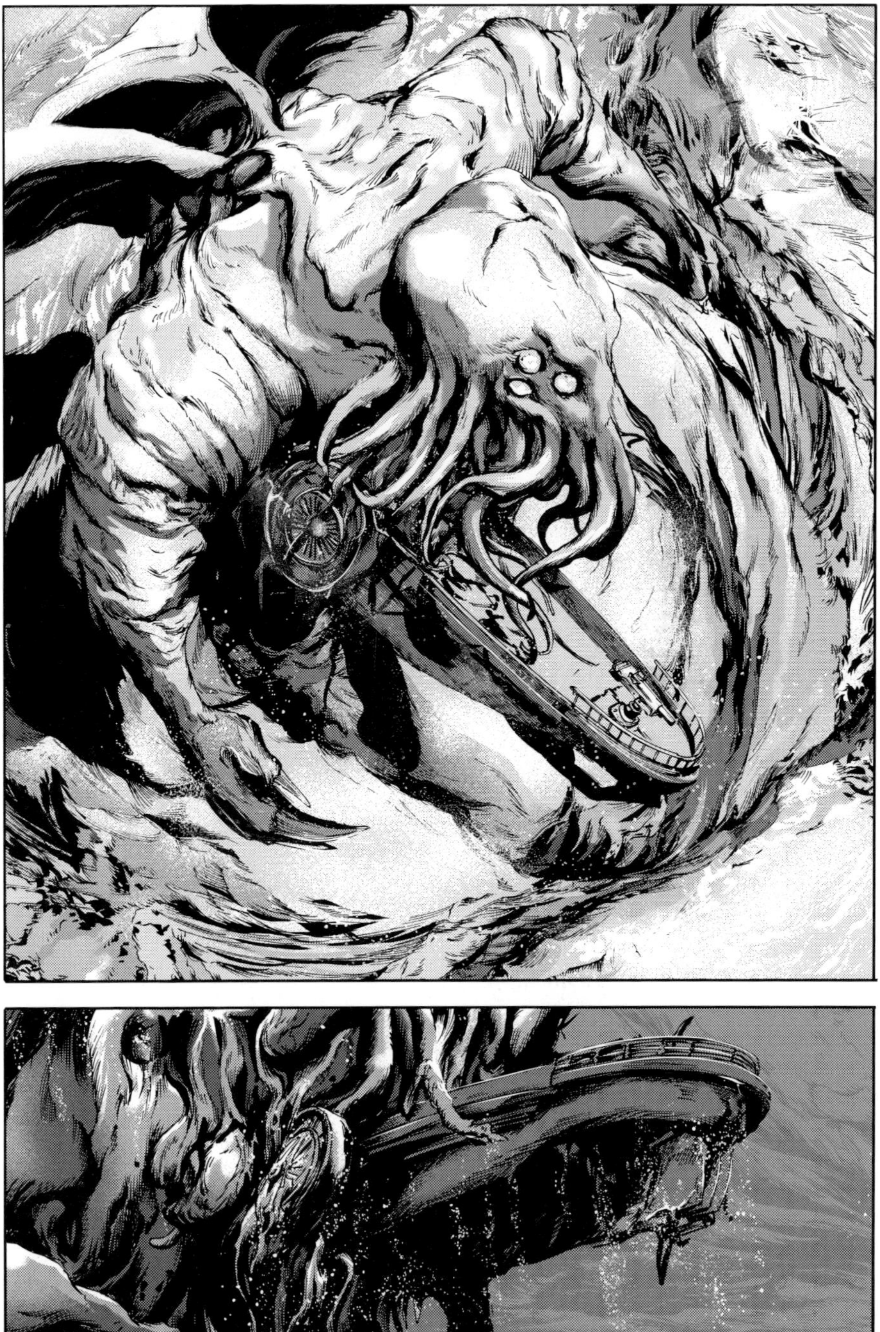

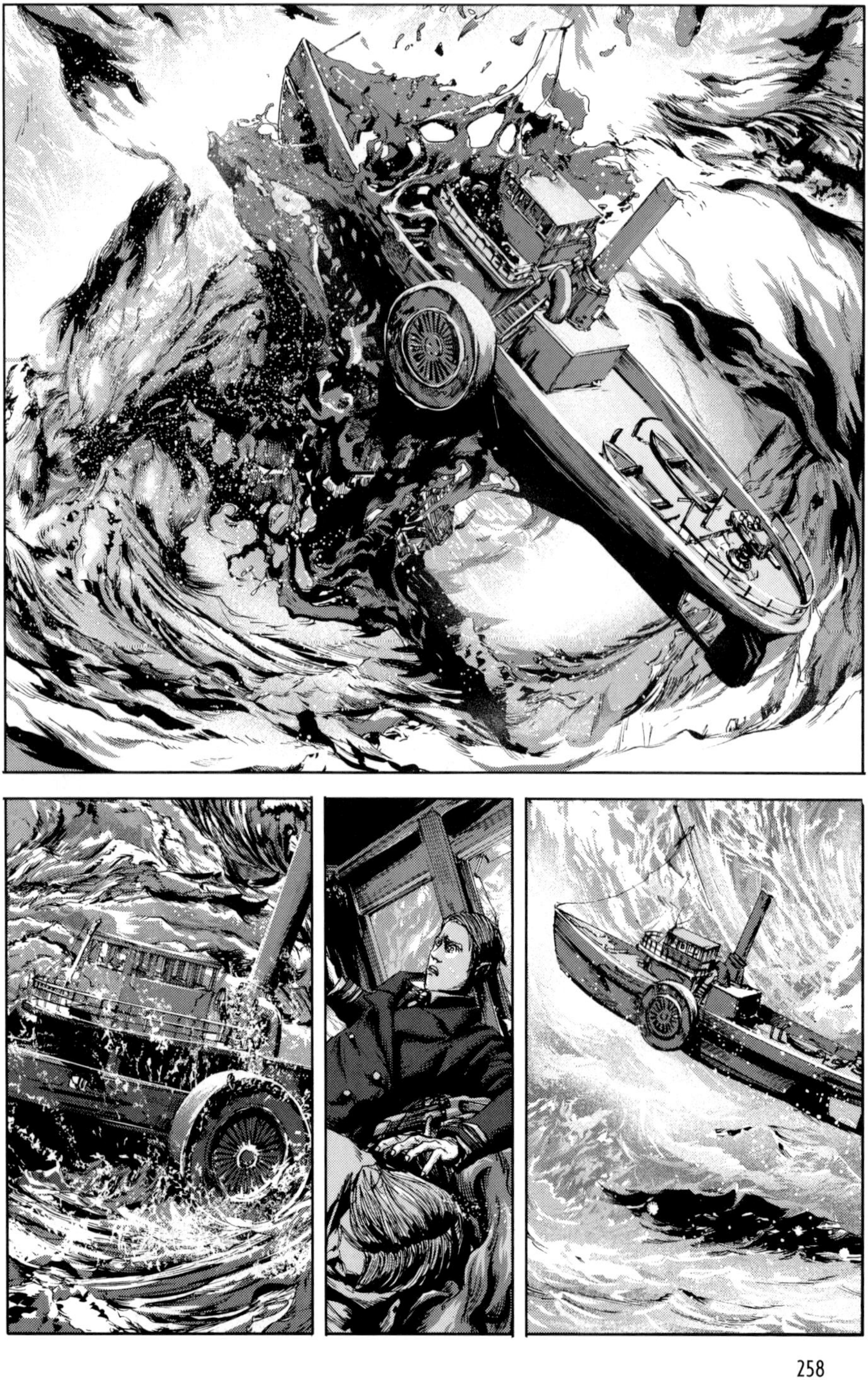

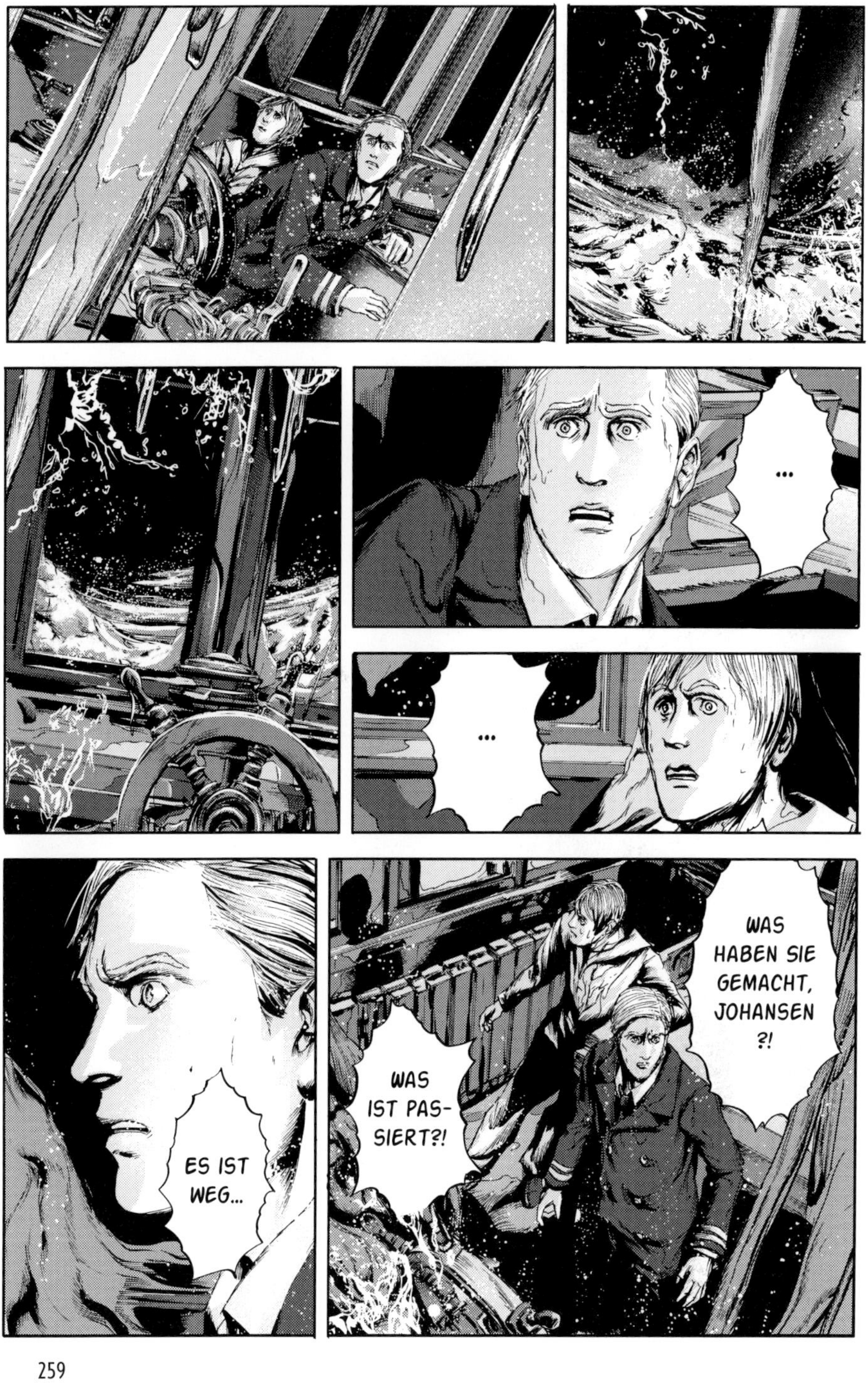
...
...
ES IST WEG...
WAS IST PAS-SIERT?!
WAS HABEN SIE GEMACHT, JOHANSEN ?!

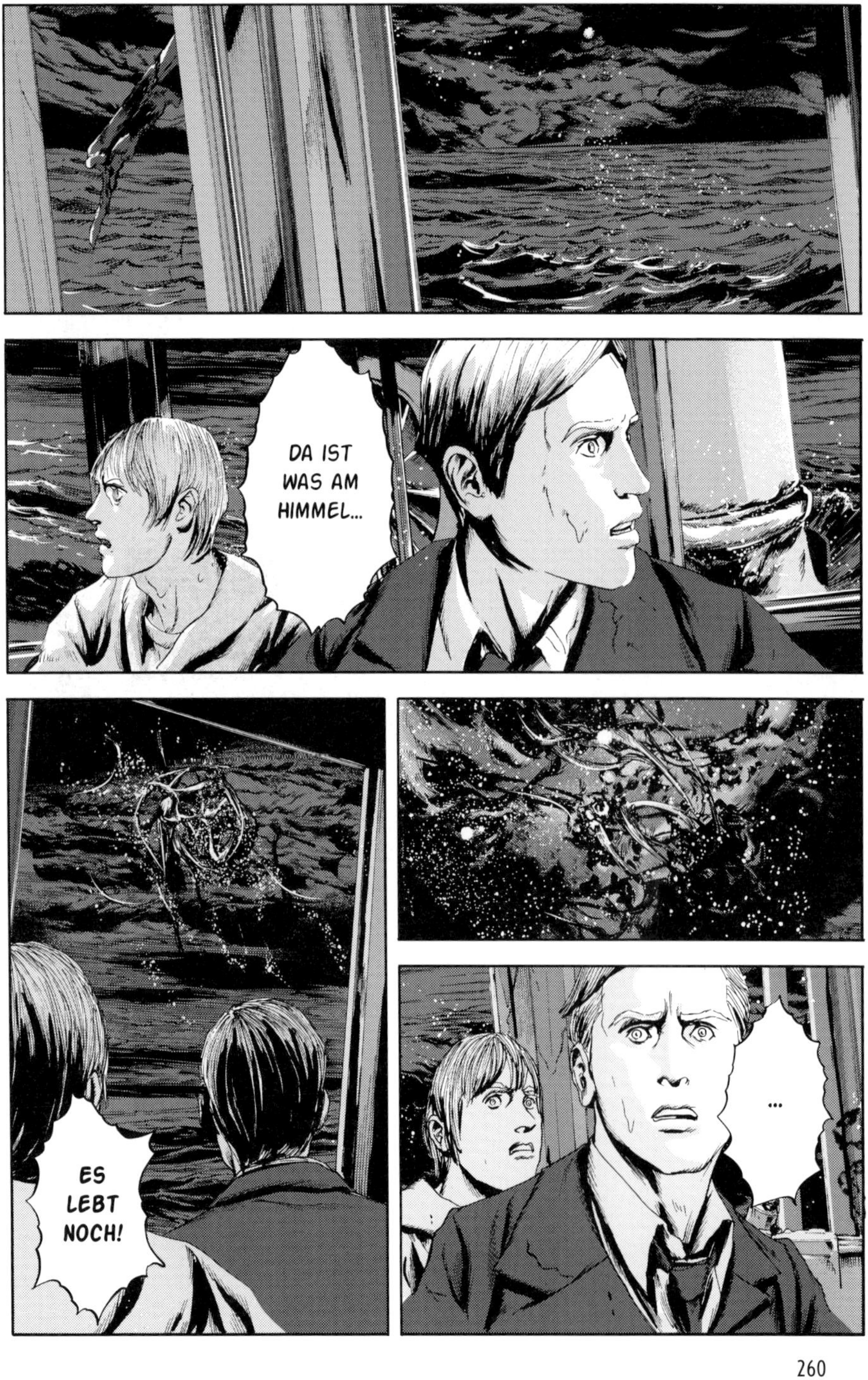
DA IST
WAS AM
HIMMEL...
ES
LEBT
NOCH!
...

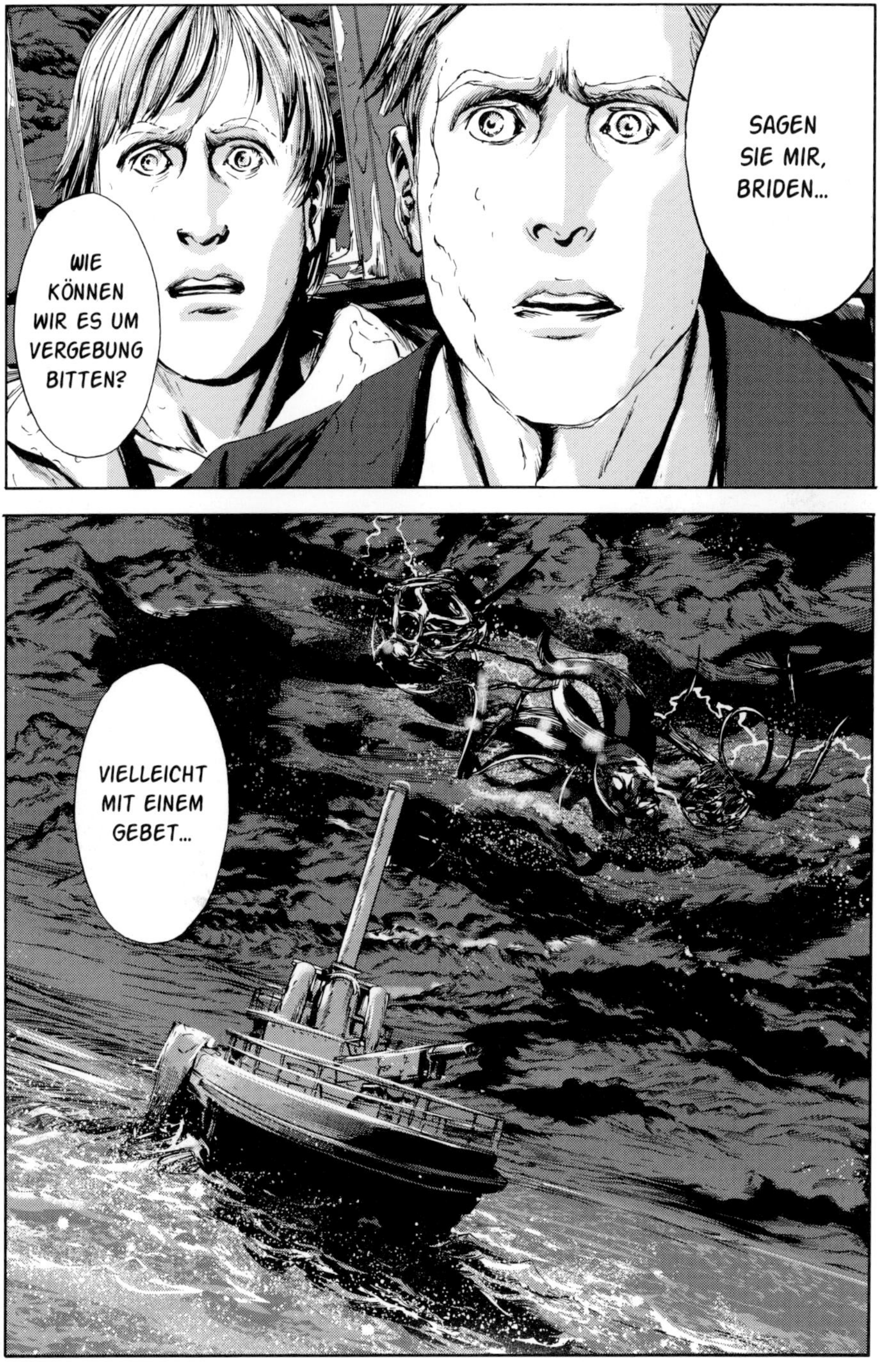
SAGEN SIE MIR, BRIDEN...
WIE KÖNNEN WIR ES UM VERGEBUNG BITTEN?
VIELLEICHT MIT EINEM GEBET...

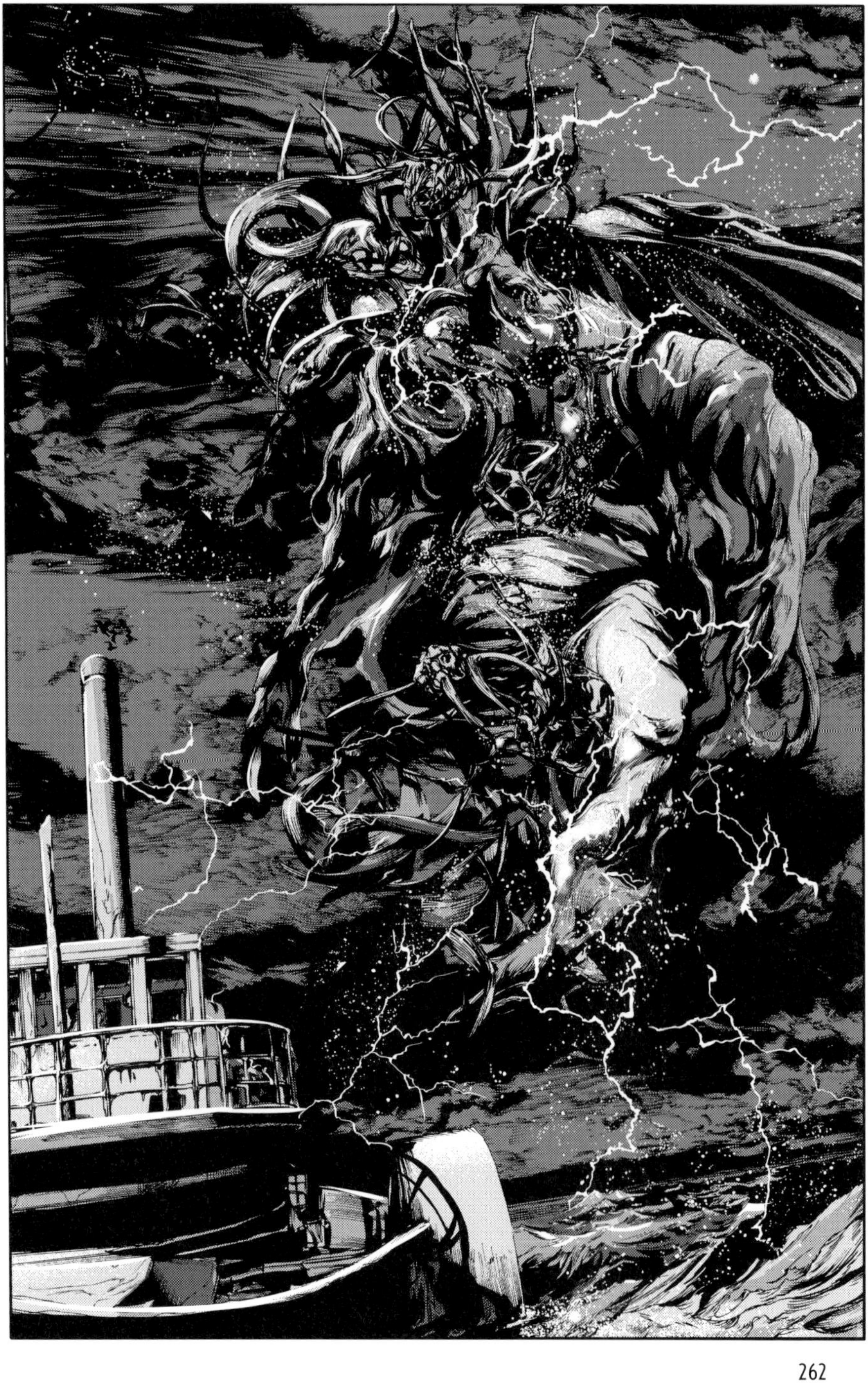

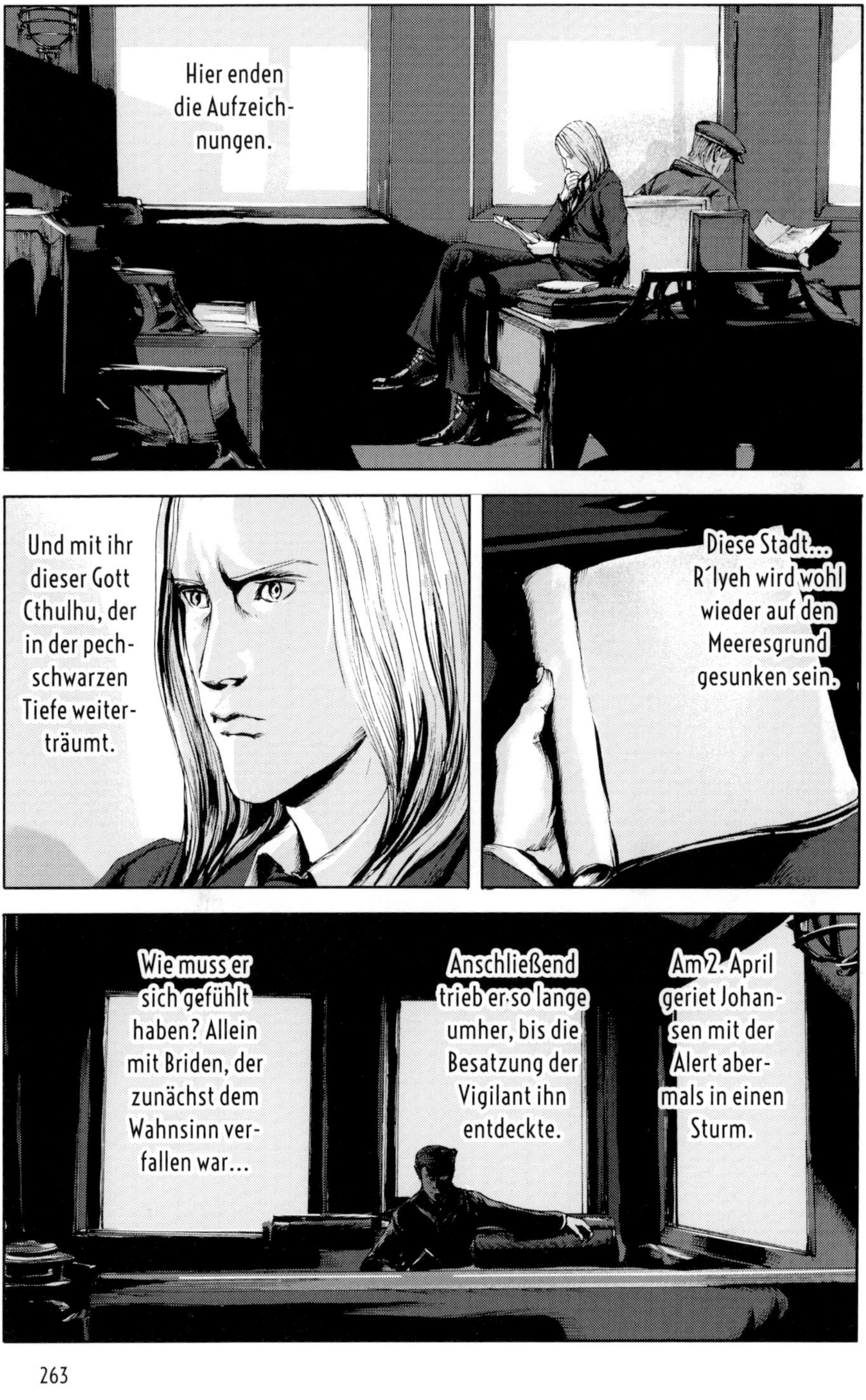
Hier enden die Aufzeichnungen.
Und mit ihr dieser Gott Cthulhu, der in der pechschwarzen Tiefe weiterträumt.
Diese Stadt... R´lyeh wird wohl wieder auf den Meeresgrund gesunken sein.
Wie muss er sich gefühlt haben? Allein mit Briden, der zunächst dem Wahnsinn verfallen war...
Anschließend trieb er so lange umher, bis die Besatzung der Vigilant ihn entdeckte.
Am 2. April geriet Johansen mit der Alert abermals in einen Sturm.

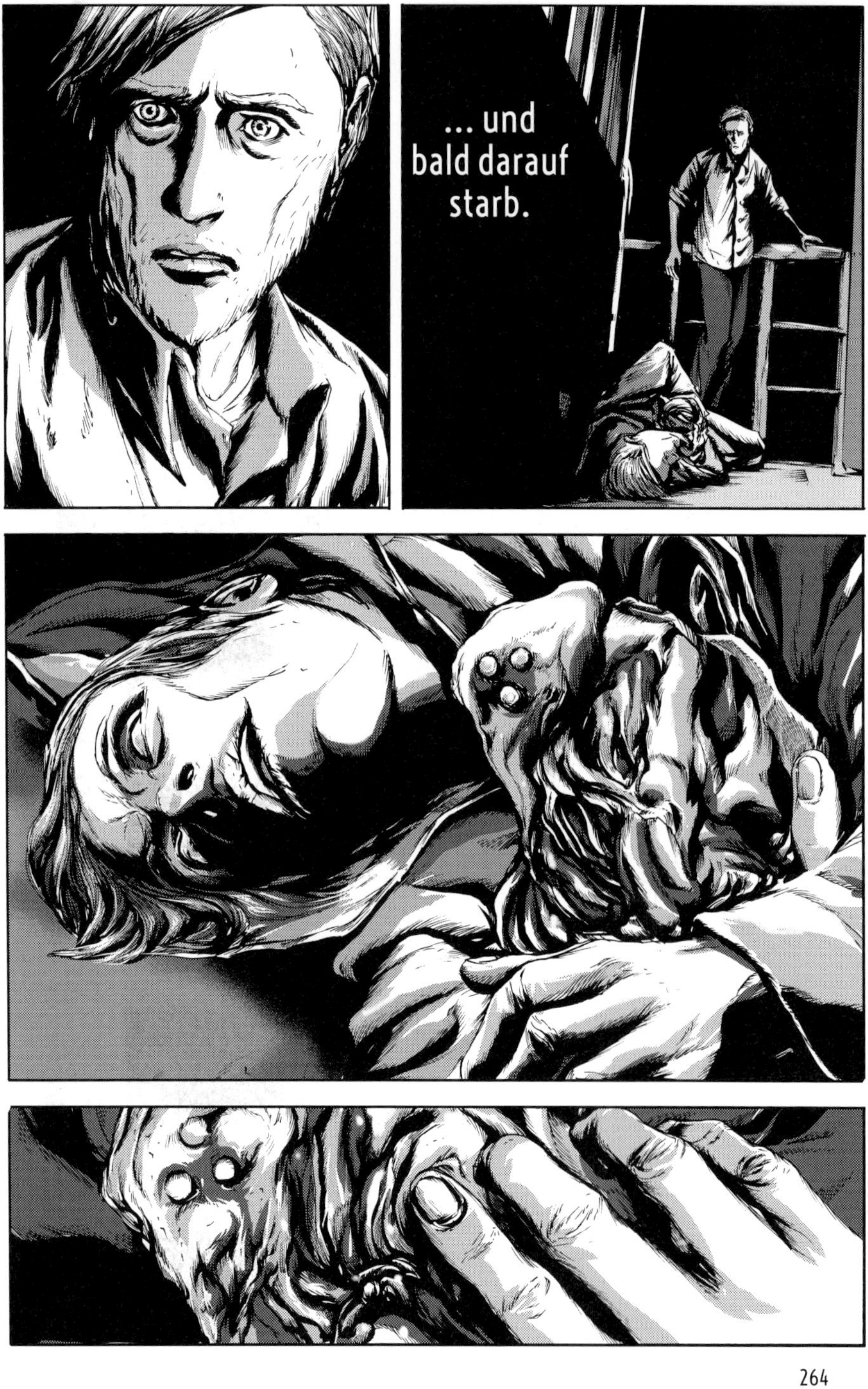
... und
bald darauf
starb.

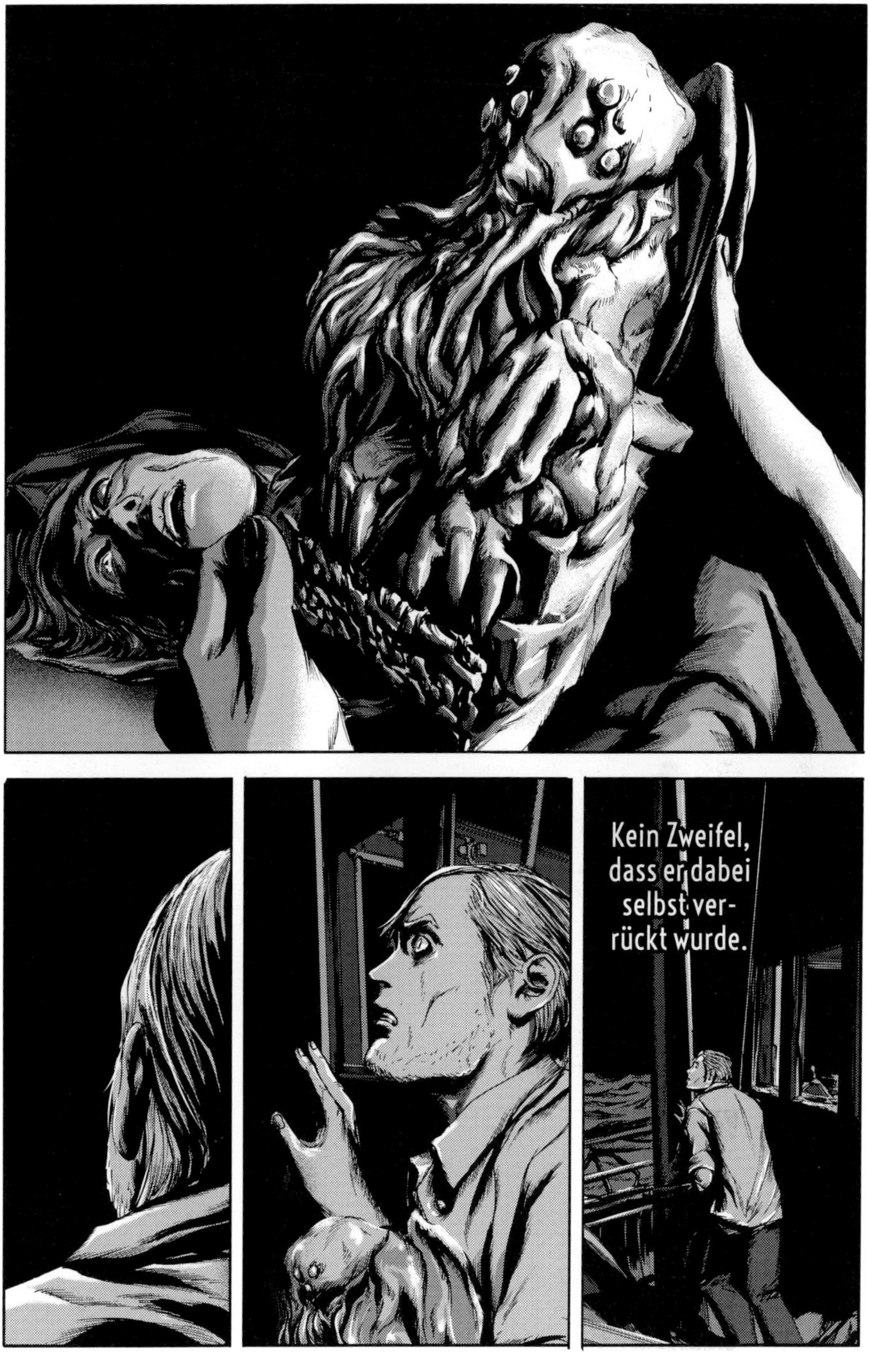
Kein Zweifel, dass er dabei selbst verrückt wurde.

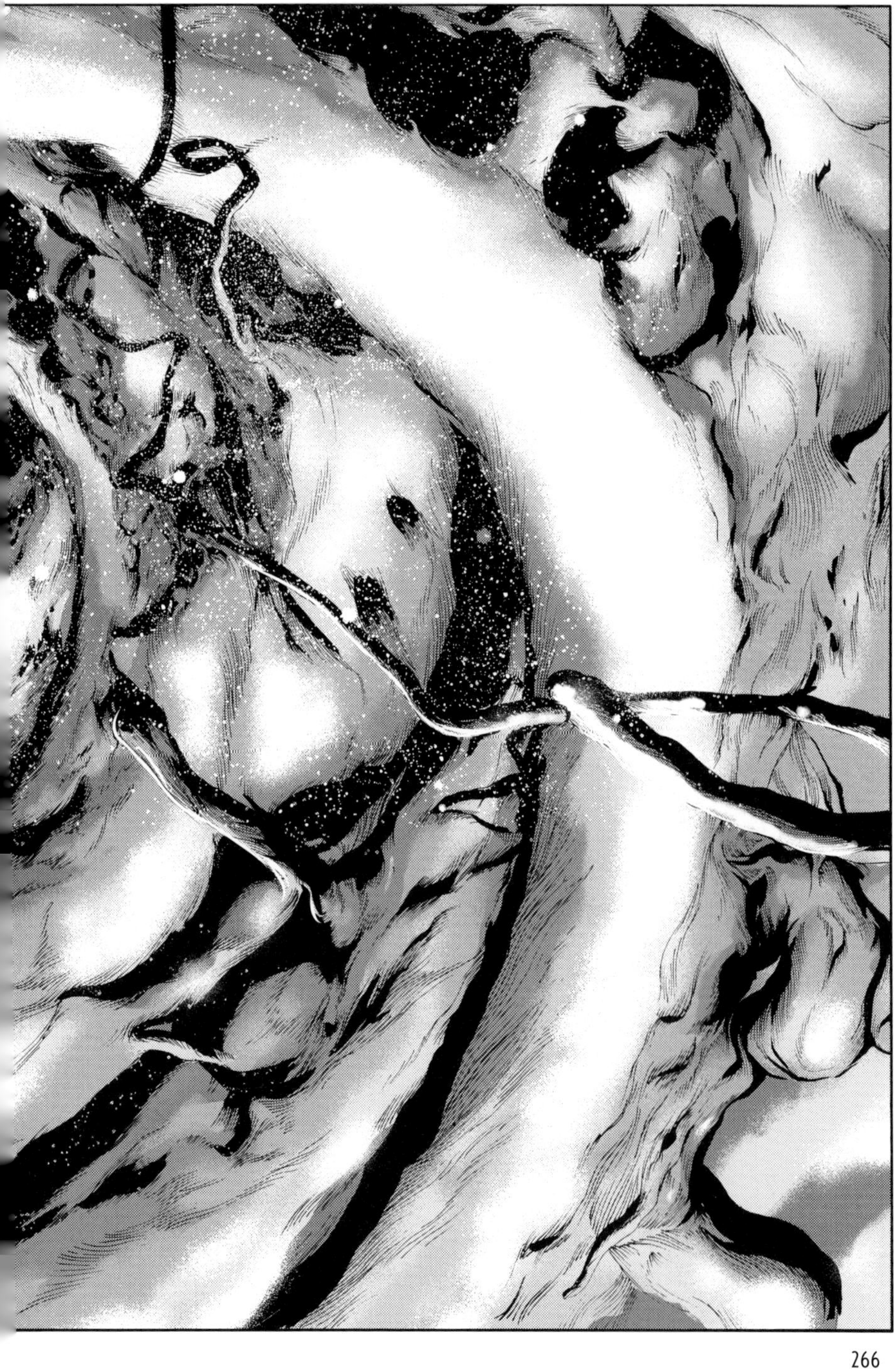

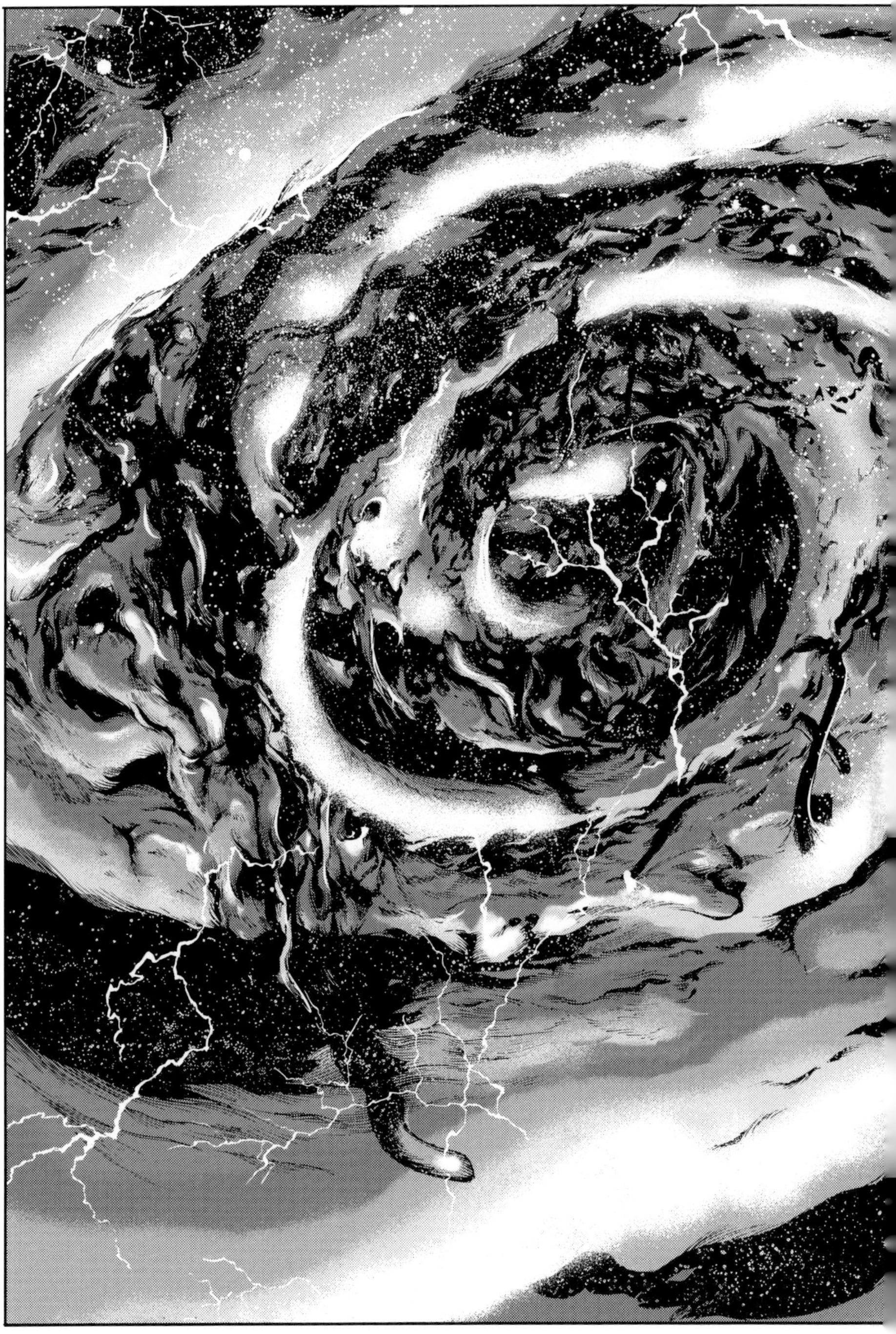

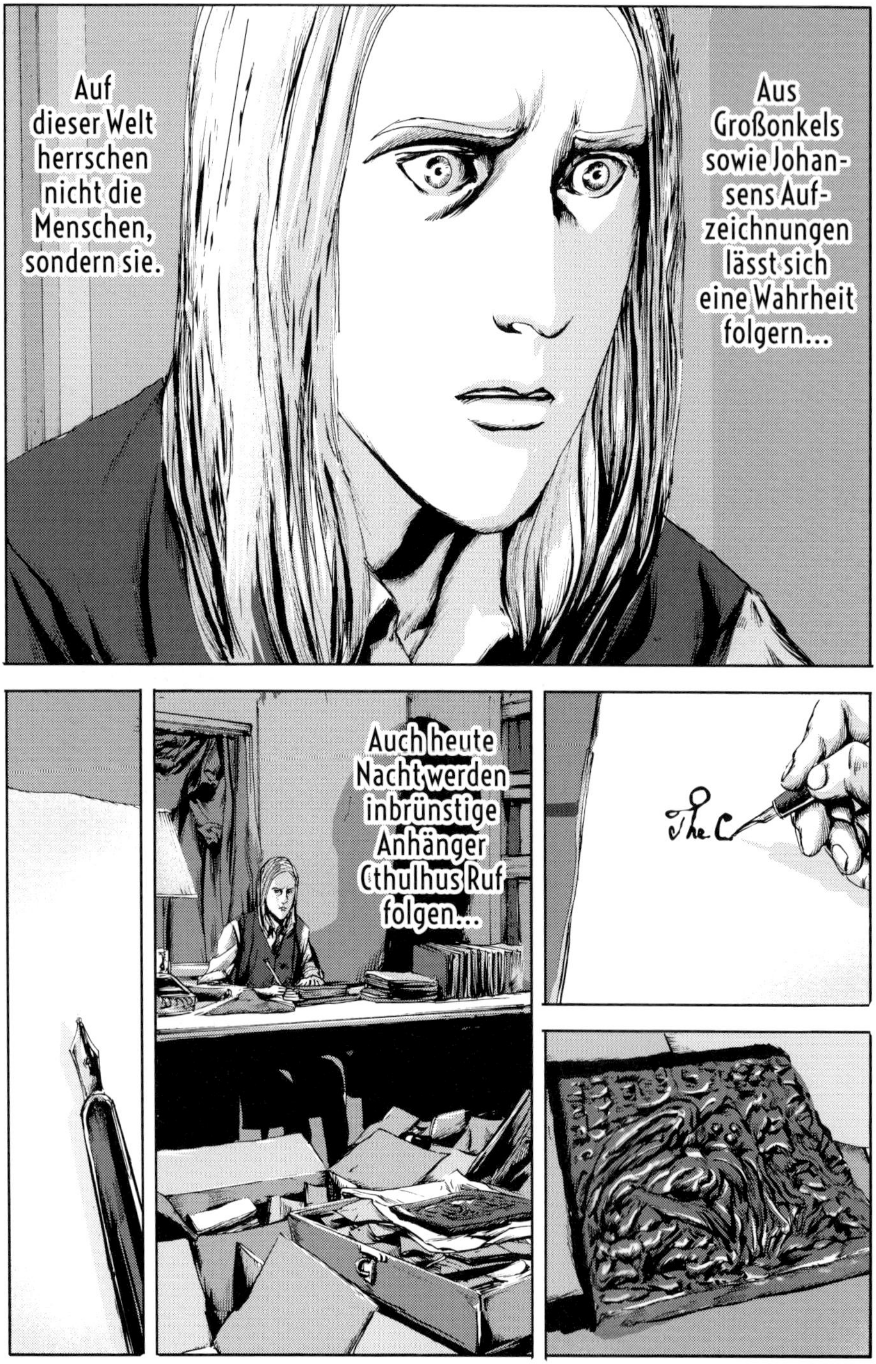
Aus Großonkels sowie Johansens Aufzeichnungen lässt sich eine Wahrheit folgern...
Auf dieser Welt herrschen nicht die Menschen, sondern sie.
Auch heute Nacht werden inbrünstige Anhänger Cthulhus Ruf folgen...
The C

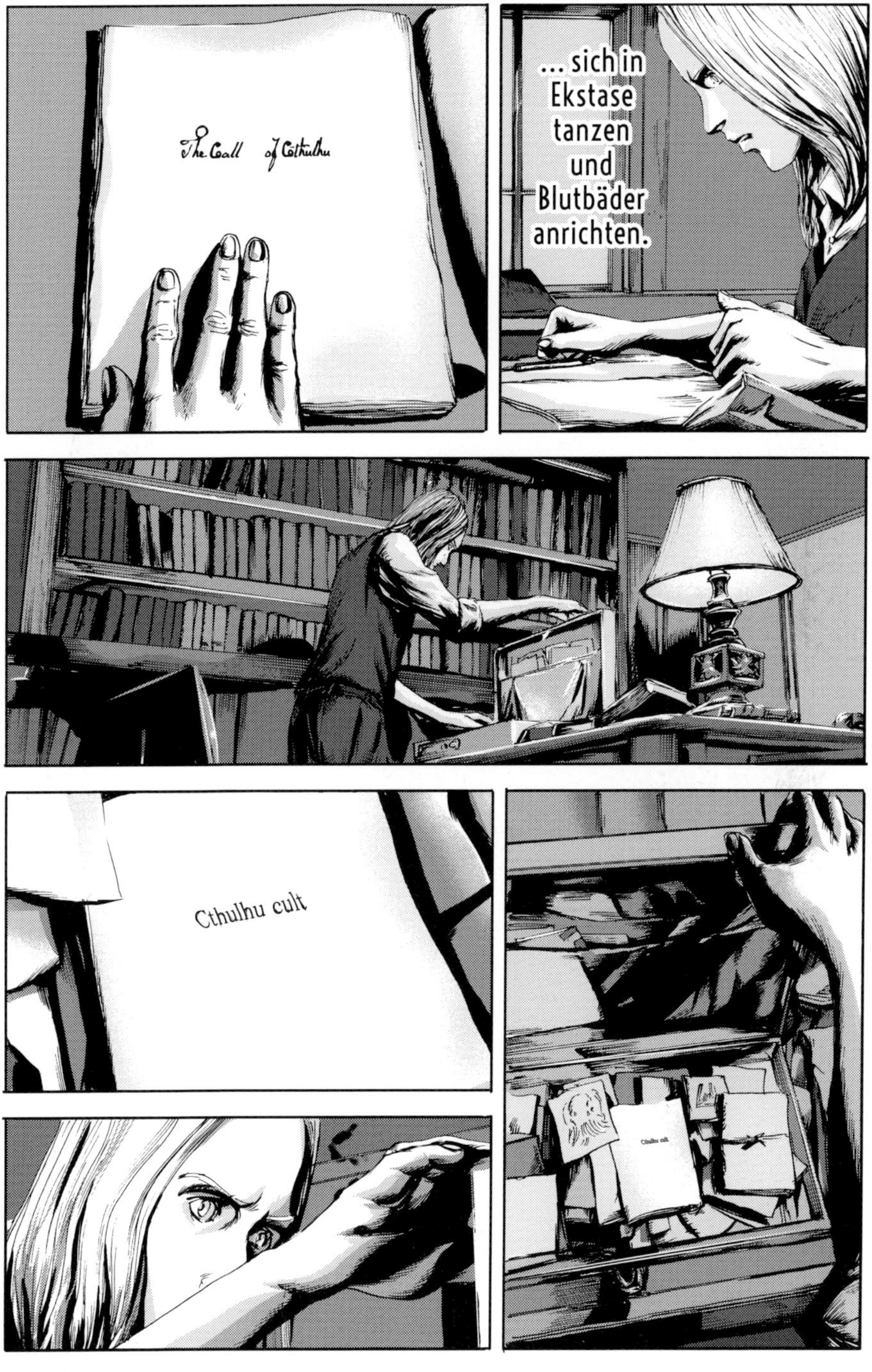
The Call of Cthulhu
... sich in Ekstase tanzen und Blutbäder anrichten.
Cthulhu cult
Cthulhu cult

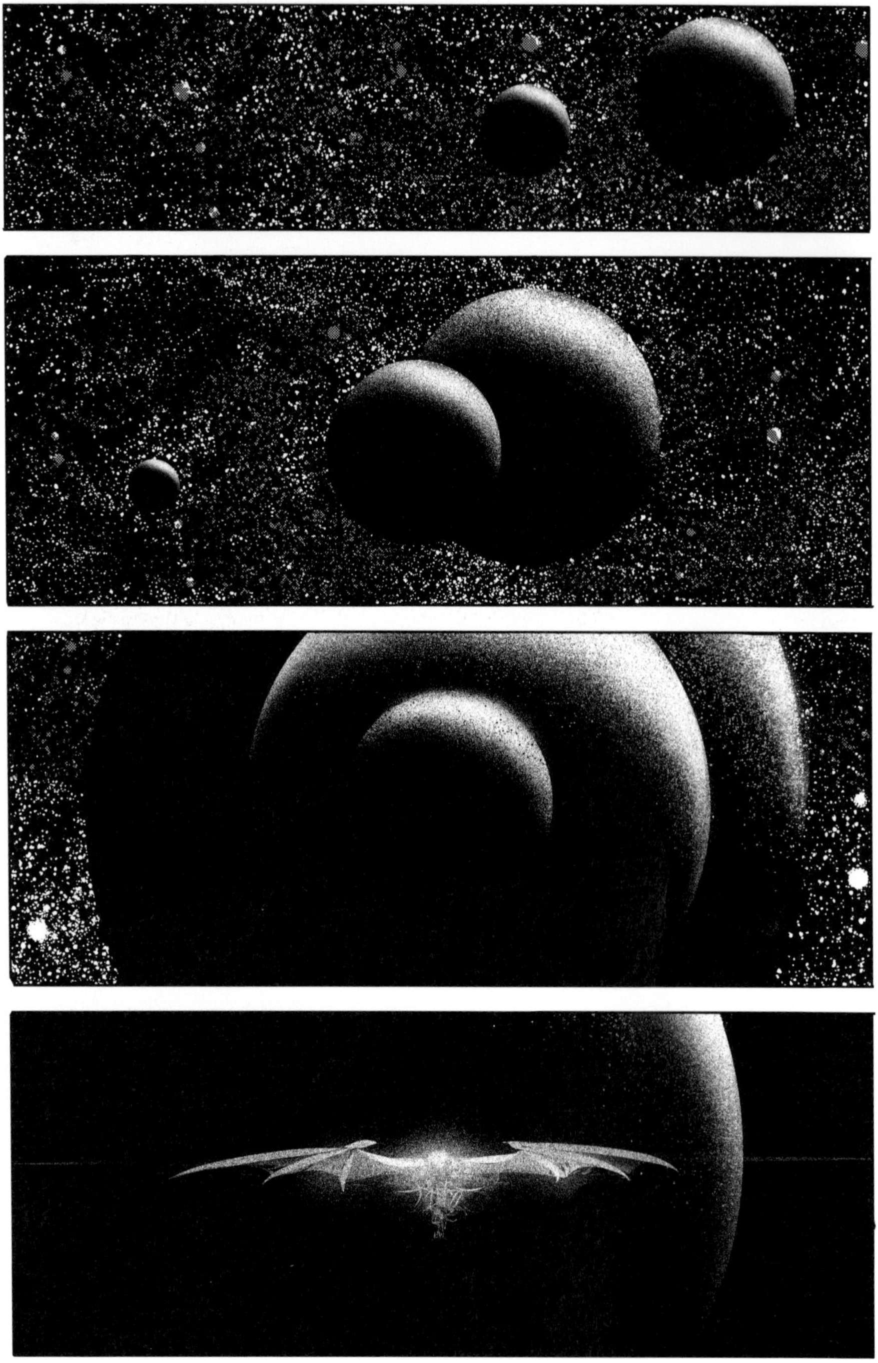

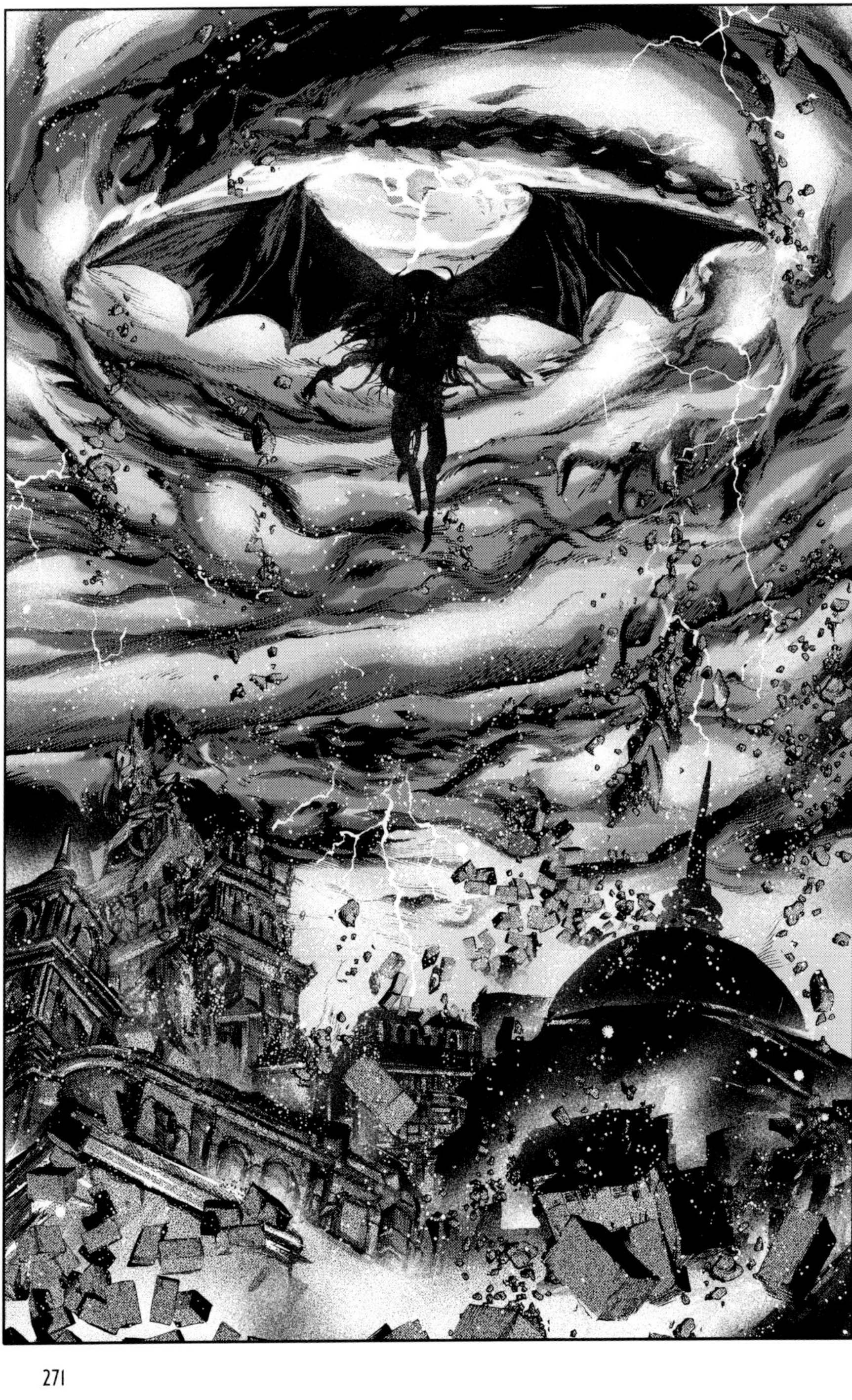

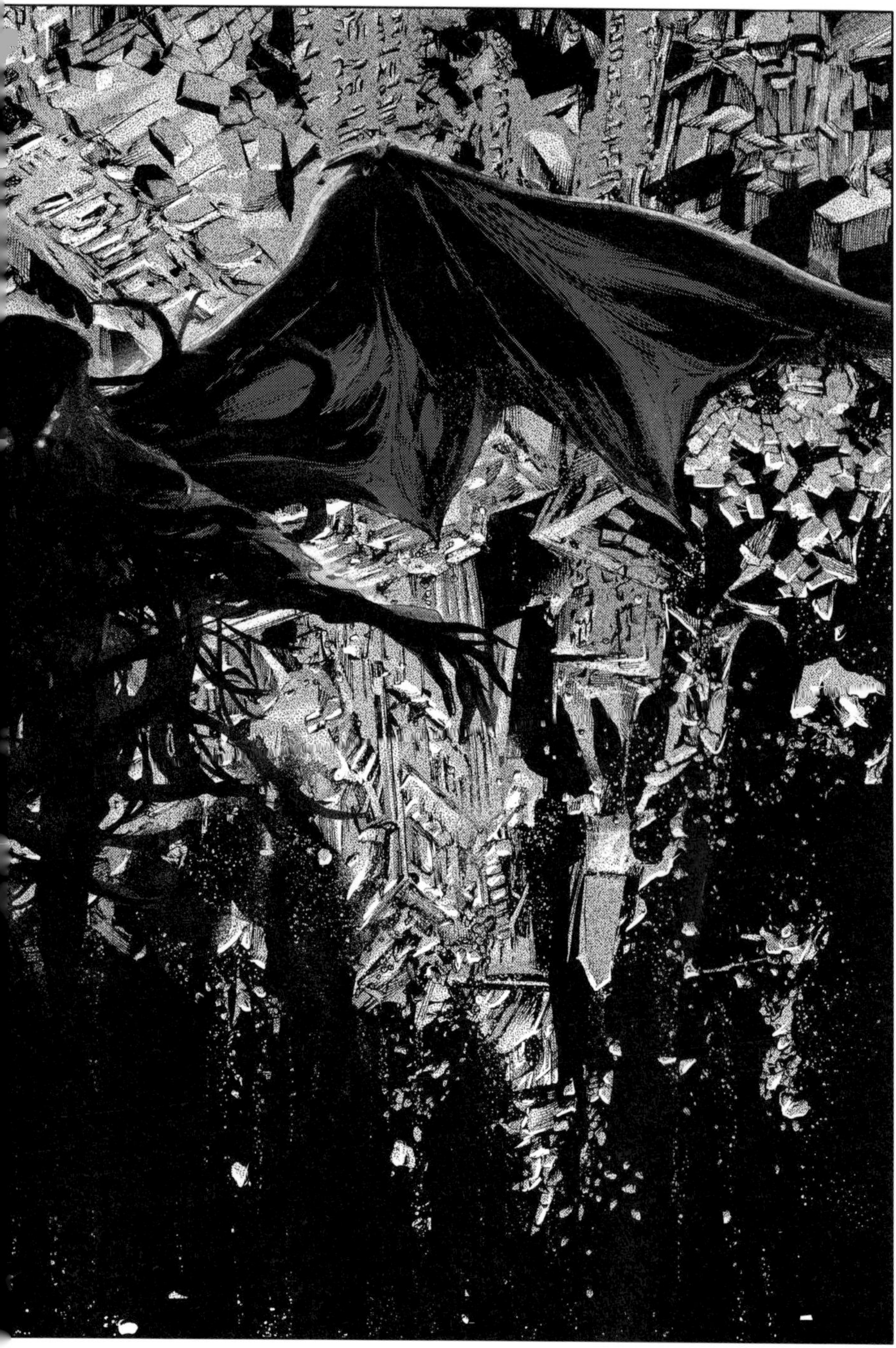

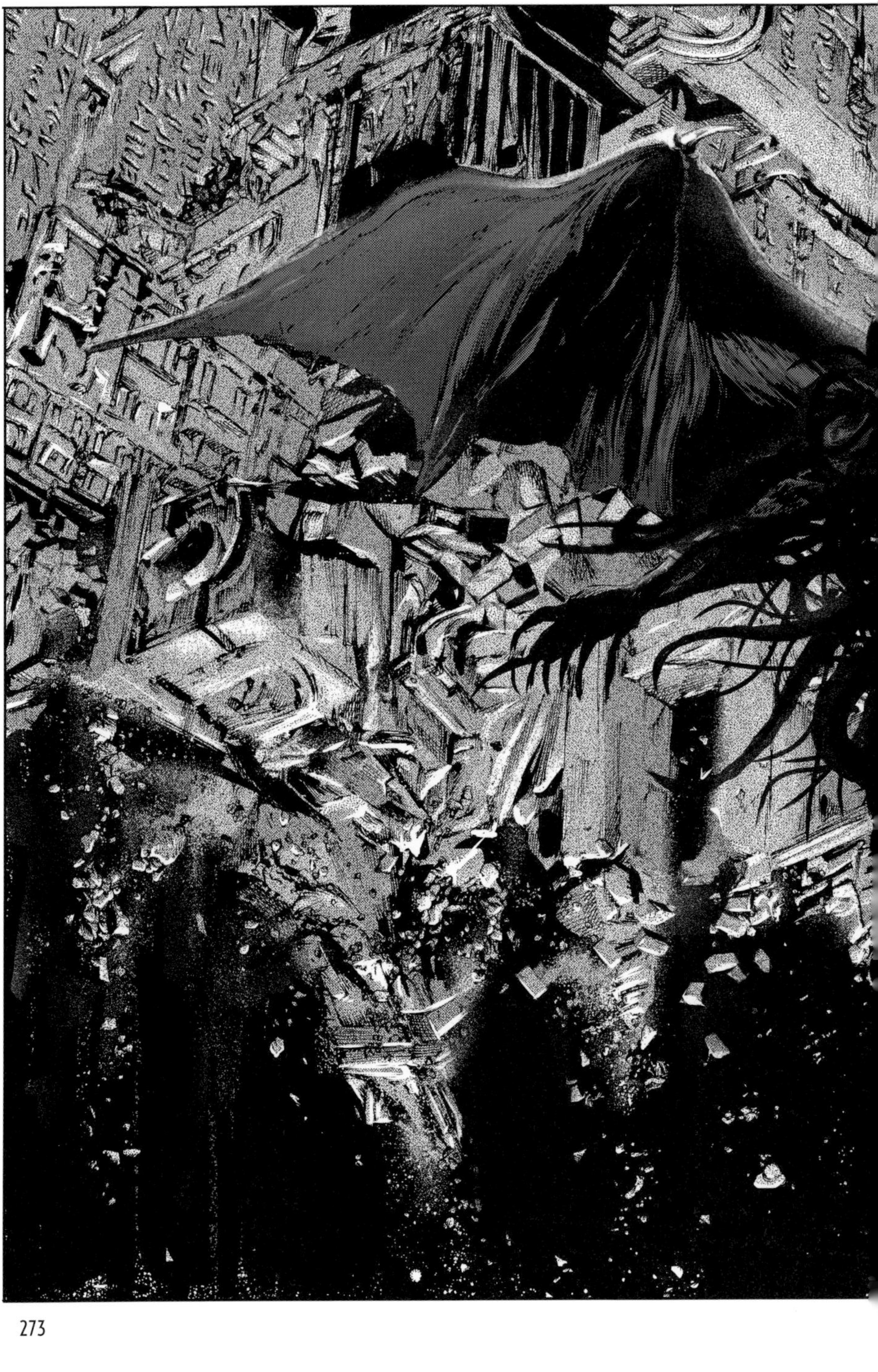

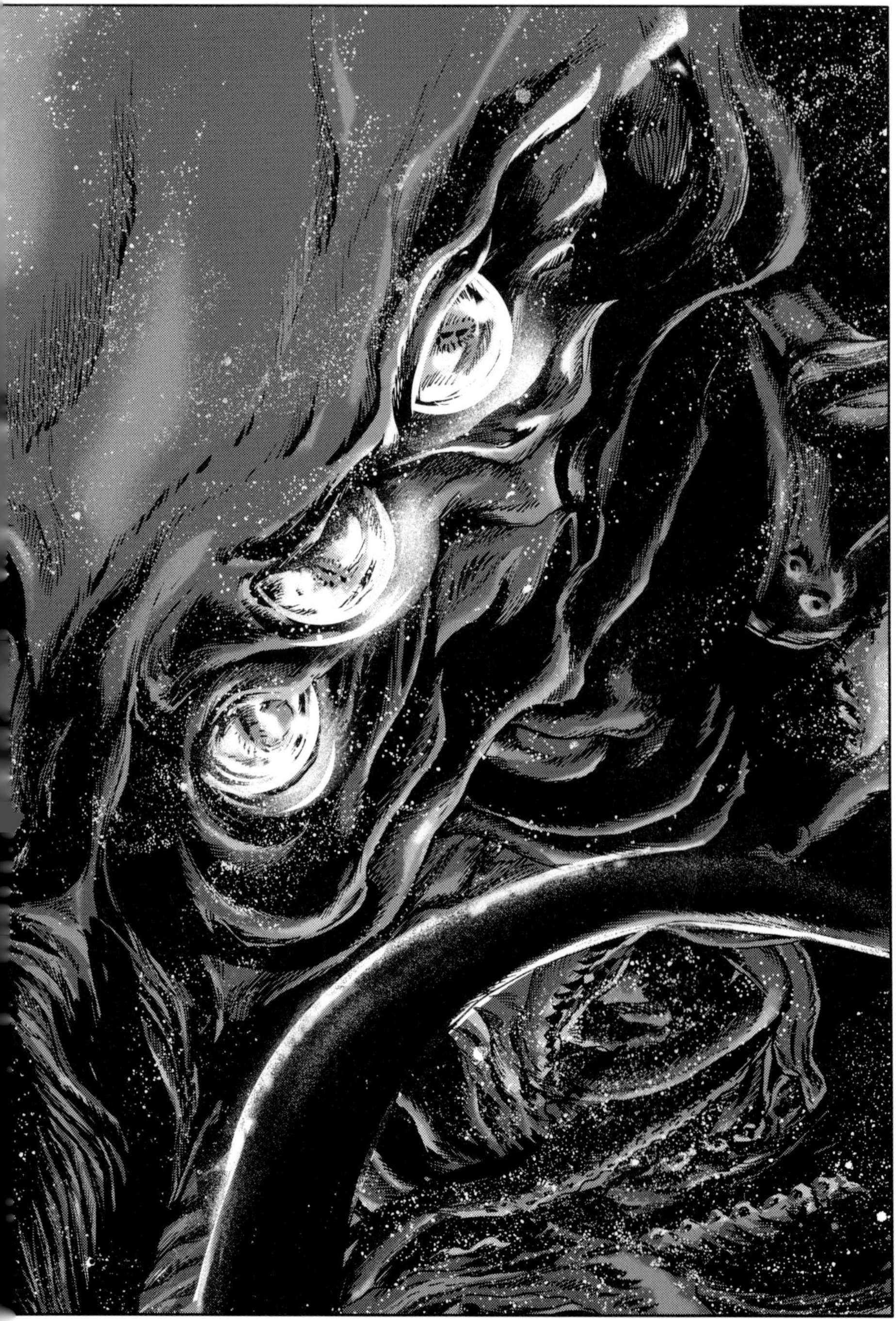

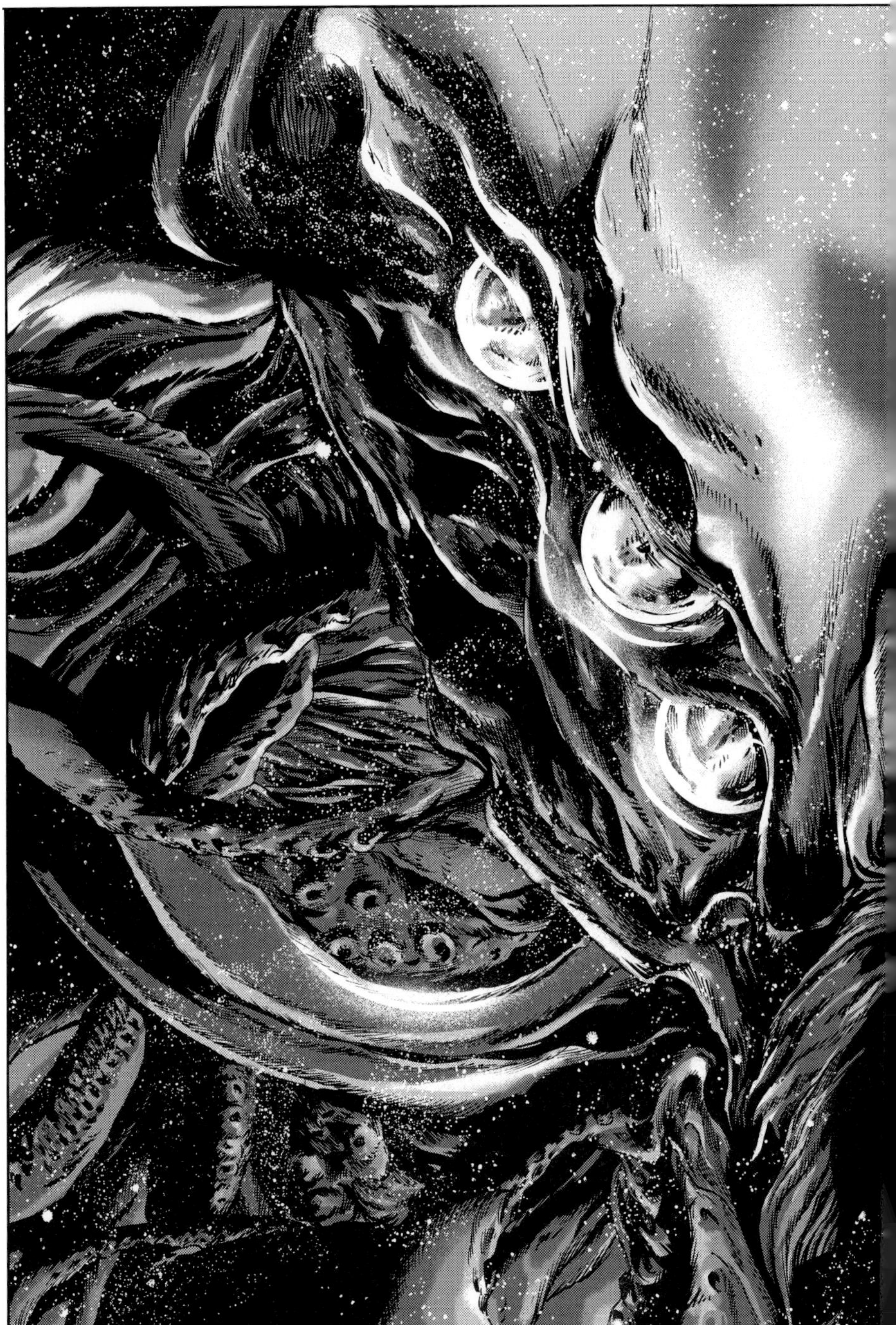

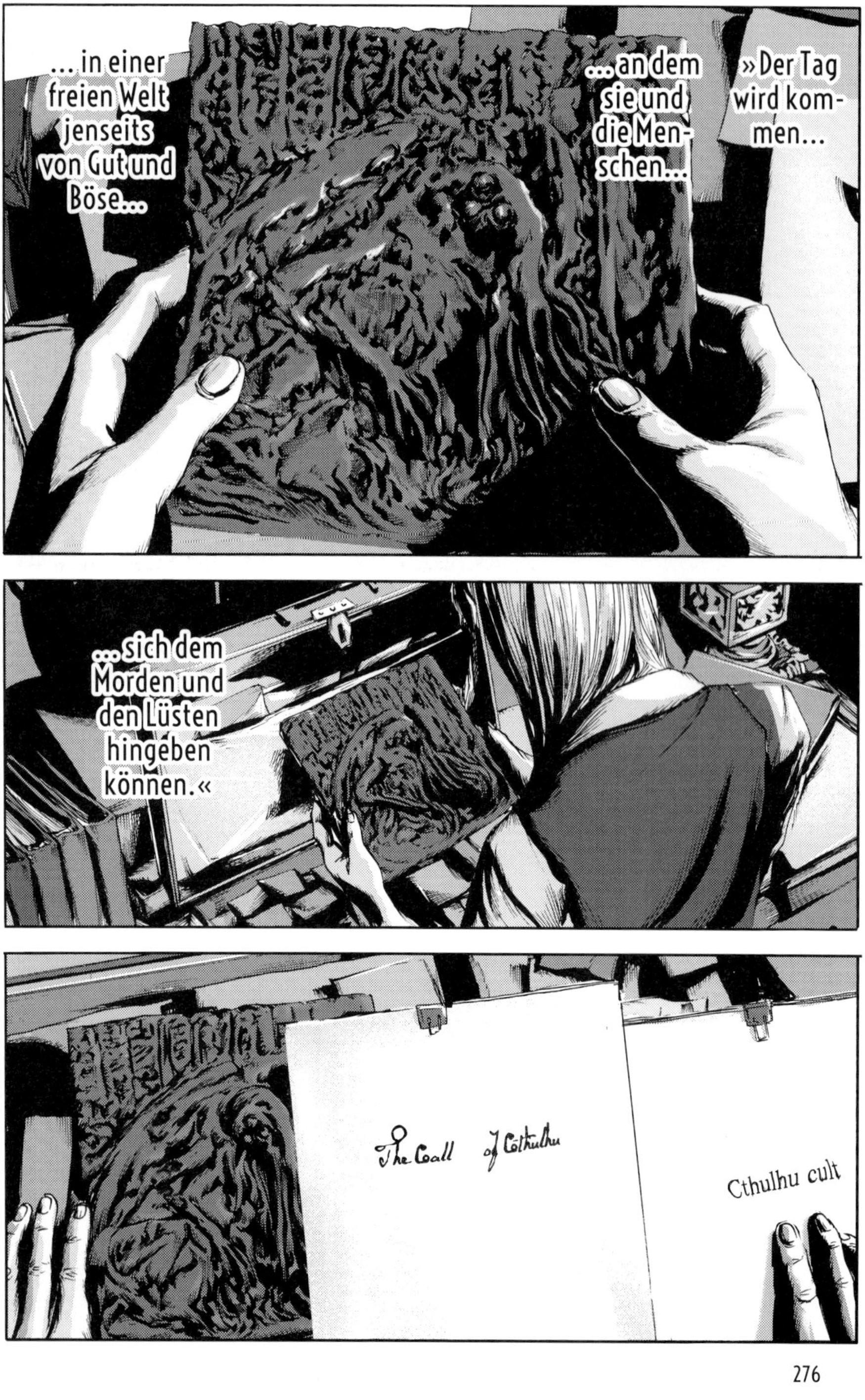
»Der Tag wird kom-men…
…an dem sie und die Men-schen…
…in einer freien Welt jenseits von Gut und Böse…
…sich dem Morden und den Lüsten hingeben können.«
The Call of Cthulhu
Cthulhu cult

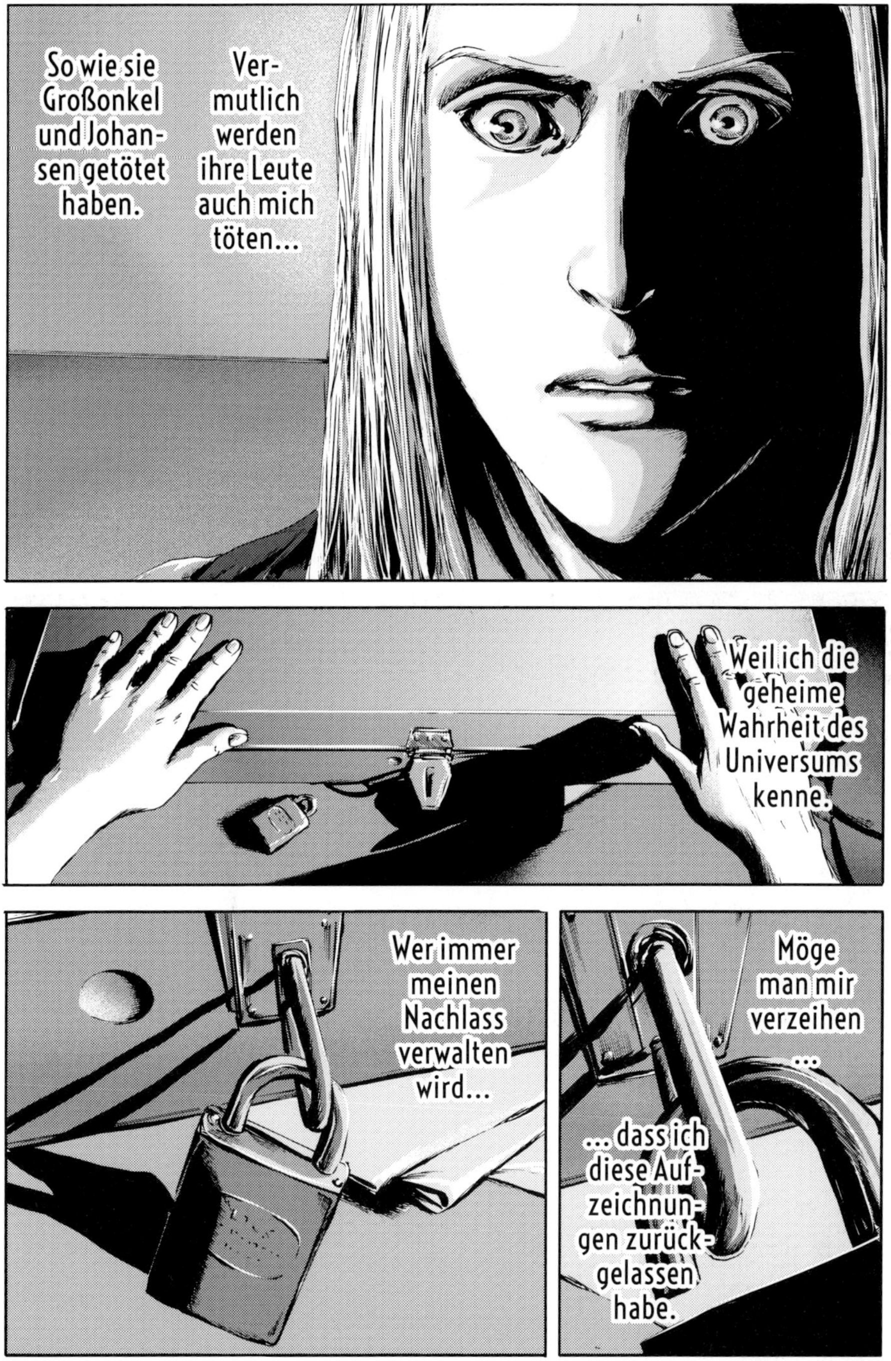
Vermutlich werden ihre Leute auch mich töten...
So wie sie Großonkel und Johansen getötet haben.
Weil ich die geheime Wahrheit des Universums kenne.
Möge man mir verzeihen ...
... dass ich diese Aufzeichnungen zurückgelassen habe.
Wer immer meinen Nachlass verwalten wird...

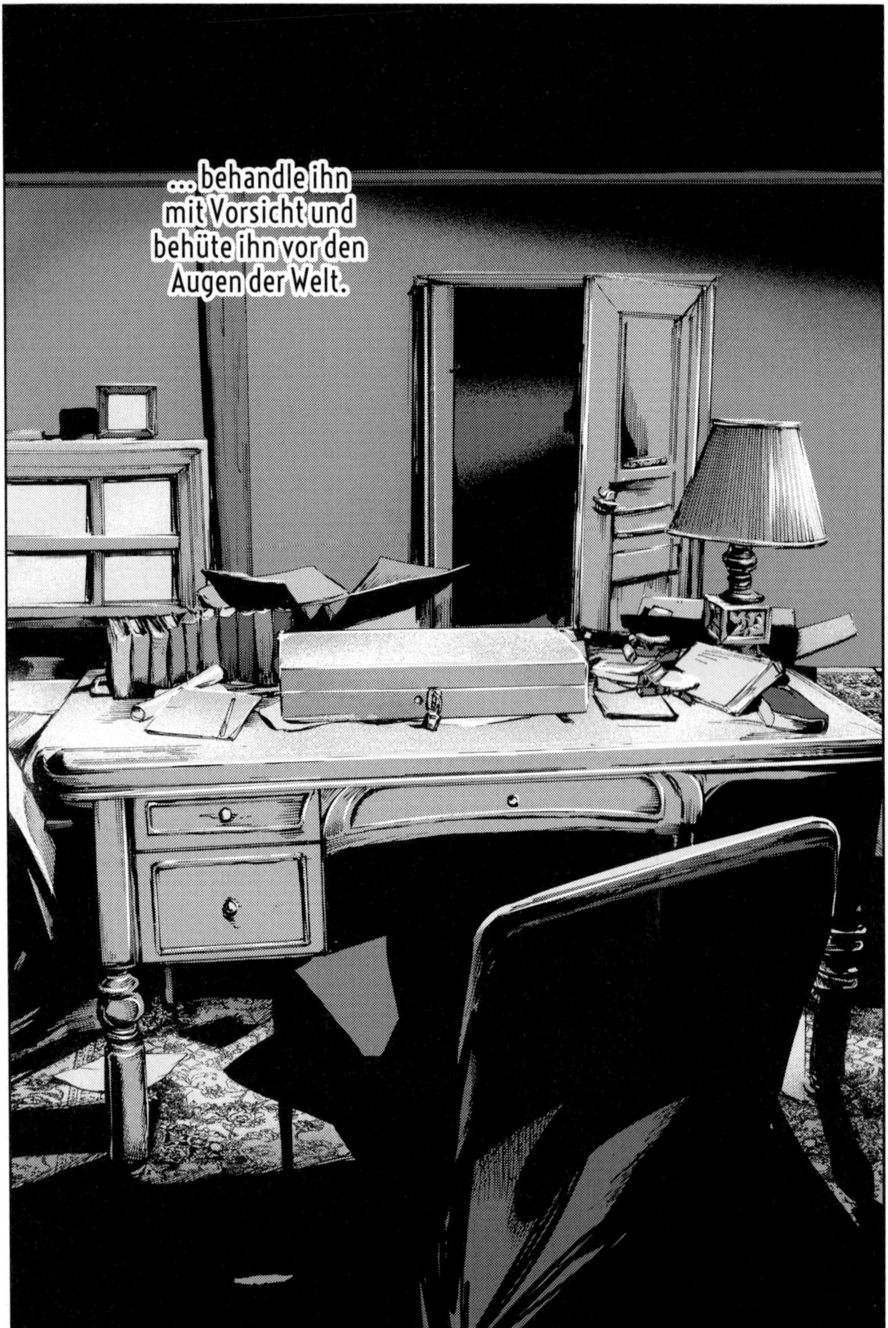
... behandle ihn mit Vorsicht und behüte ihn vor den Augen der Welt.

The Call Of Cthulhu The End

HALT!

CTHULHUS RUF ist eine japanische Serie, und in Japan wird von hinten nach vorn und von rechts nach links gelesen. Man schlägt diesen Manga also hinten auf und blättert ihn nach vorn durch. Auch die Bilderfolgen und der Erzähl- bzw. Lesefluss funktionieren auf den Seiten von rechts oben nach links unten – wie in der kleinen Grafik hier gezeigt.

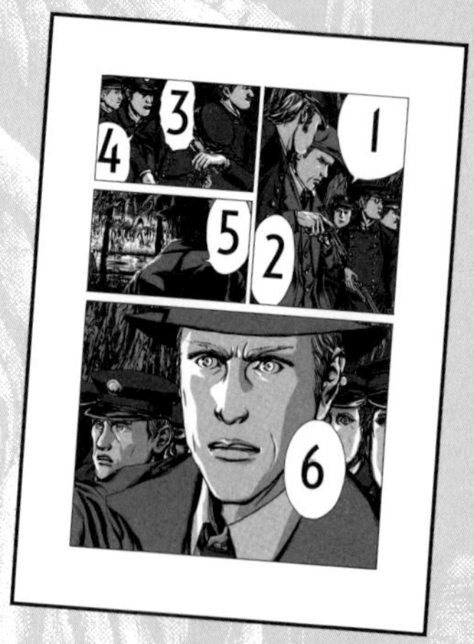

Wir wünschen unheimlich gute Unterhaltung mit H. P. Lovecraft!

FSC www.fsc.org
MIX
Papier | Fördert gute Waldnutzung
FSC® C002795

PRODUZIERT MIT VERANTWORTUNG

Carlsen Manga! News –jeden Monat neu per E-Mail!
www.carlsenmanga.de
www.carlsen.de

Völckersstraße 14-20, 22765 Hamburg
Aus dem Japanischen von Jens Ossa
CTHULHU NO YOBIGOE LOVECRAFT KESSAKUSHU

First published in Japan in 2019 by KADOKAWA CORPORATION, Tokyo.
German translation rights arranged with KADOKAWA CORPORATION, Tokyo through TOHAN CORPORATION, Tokyo.
Redaktion: Petra Lohmann
Herstellung: Karen Kollmetz

ISBN 978-3-551-76716-5
Bei Fragen zum Produkt: carlsen.de/kontakt